地方志工作文稿

（增订本）

朱佳木　著

方志出版社
Publishing House of Local Records

图书在版编目（CIP）数据

地方志工作文稿 / 朱佳木著. -- 增订本. -- 北京：
方志出版社，2016.5

ISBN 978-7-5144-1995-5

Ⅰ.①地… Ⅱ.①朱… Ⅲ.①地方志—编辑工作—中
国—文集 Ⅳ.①K290-53

中国版本图书馆 CIP 数据核字（2016）第 095091 号

地方志工作文稿（增订本）

著　　者：朱佳木
责任编辑：陈　菁

出 版 人：冀祥德
出 版 者：方志出版社
地址　北京市朝阳区潘家园东里 9 号（国家方志馆 4 层）
邮编　100021
网址　http://www.fzph.org
发　　行：方志出版社发行中心
电话　（010）67110500
经　　销：各地新华书店
排　　版：北京中文天地文化艺术有限公司
印　　刷：北京京都六环印刷厂

开　　本：700×1000　1/16
印　　张：39.5
字　　数：493 千字
版　　次：2016 年 5 月第 1 版　2016 年 5 月第 1 次印刷
印　　数：0001~1000 册

ISBN 978-7-5144-1995-5　　**定价**：68.00 元

编辑说明

2009年9月，我们编辑出版了时任中国社会科学院副院长、中国地方志指导小组常务副组长朱佳木所著《地方志工作文稿》，收录了他自2001年12月至2009年7月期间发表的44篇关于地方志工作的报告、讲话、谈话、发言和文章。该书出版后，对于地方志工作和理论研究产生了一定影响，在全国地方志系统得到了很好反响。应大家要求，我们在《地方志工作文稿》2009年版的基础上，又增加了他自2009年7月至2012年10月期间发表的52篇文稿，并收入了2016他在《方志百科全书》编委会第二次全体会议时的讲话和为“全书”写的序言2篇，与原版文稿合在一起，共98篇，形成《地方志工作文稿（增订本)》。增订本较原版增加约27万字，合计字数约49万字。

本书按照收入文稿的类型，将原版编辑的四个部分改为按七个部分编辑，即在全国性会议上的报告和讲话，在地方和部门会议上的致辞，在地方调研时的讲话，会见有关领导和接受记者采访的谈话，为会议和书籍写的贺信和序言，在中国地方志指导小组办公室会议上的讲话，附录。各部分的文稿编排，均依照发表时间为序。文稿以脚注形式注明出处，有的作了题解。作者于2005年在全国政协十届三次会议上作的题为《增强全社会对地方志工作的认识，促进地方志工作的持续发展》的书面发言和2016年为《方志百科全书》作的序言《地方志编修——中国独特而悠久的优秀文化传统》，放在卷首，作为全书序篇。

朱佳木在《地方志工作文稿》一书中，提出了许多具有创新性的观点。例如，原版中已包括的关于地方志属于意识形态，必须以马克思主义为指导，坚持正确政治方向的观点；关于地方志工作不仅要制度化而且要法制化，做到依法修志的观点；关于地方志工作同样要科学发展，力求全面协调可持续，在保证好的前提下加快的观点；关于二轮修志要重视对首轮修志经验的总结，把质量放在更加突出位置的观点；关于修志只是地方志工作任务的一部分，另一部分或更重要的任务在于开发志书资源，使志书在经济社会建设中发挥作用的观点，等等；在增订本中提出的关于建设学习型、研究型、创新型、服务型方志办的观点；关于积极推进方志学概念规范化、系统化的观点；关于从九个方面推进地方志工作创新的观点；关于在十个方面增强依法修志能力的观点；关于注意防止地方志工作中八种倾向性问题的观点；关于修志述而不论不等于没有立场、观点的观点；关于中国当代史研究与新编地方志工作应当加强交流与合作的观点；关于地方志是最全面、最系统的地情、国情资料的观点；关于志书不是畅销书却是生命力最强的书籍的观点；关于二轮修志要做到“四快一慢”，确保质量的观点；关于选好主编是保证志书质量关键一环的观点；关于修志工作中凡是需要统一规定的，必须加以统一的观点；关于法制化、信息化是地方志工作进入新阶段两个重要标志的观点；关于应当将方志馆建成国情馆、地情馆的观点；关于办方志网、建方志馆是利用地方志资源两个最新、最有效手段的观点；关于返聘老同志是缓解修志队伍青黄不接最有效办法的观点，等等。所有这些观点，都是作者关于地方志工作的思考和经验的总结，对于地方志系统进一步做好工作具有一定的借鉴意义。

书中文稿绝大多数是公开发表过的，在编辑本书时，由作者逐篇校阅了全部稿件，并作了少量文字订正。为突出文稿主要内容，有些篇目重新拟了标题，并相应作了题解。

本书编辑组

2016 年 1 月

目　　录

（三）在地方调研时的讲话

（四）会见有关领导和接受记者采访的谈话

（五）为会议和书籍写的贺信和序言

（六）在中国地方志指导小组办公室会议上的讲话

（七）附录

增强全社会对地方志工作的认识，促进地方志工作的持续发展*

——在全国政协十届三次会议上的大会书面发言

（二〇〇五年三月）

连绵不断地编修地方志，是中华民族自古以来特有的优秀文化传统。所谓地方志，是指全面系统记述某个特定地区内自然、社会、历史等方方面面情况的资料性著作。作为地方志起源之一的列国史或地理书，最早可以追溯到2500多年前的春秋战国时代。严格意义上的地方志，在秦汉魏晋时期就已出现，其体例至宋代基本定型。到了明清两朝，编修地方志逐步成为国家行为而被制度化，朝廷不仅反复颁布修志诏谕，而且以地方志为基础，多次组织力量编修国家一统志。在民国时期，方志编纂更被列为国家重要事项，曾由中央政府下令各地设立方志馆、方志局，编修省、市、县三种志书，并颁布了修志条例与规定。据不完全统计，目前我国保存下来的旧志有8000多种、十余万卷，约占现存全部古籍的十分之一。这是我国历史文化遗产中弥足珍贵的组成部分，也是人类独具特色的文明成果。正如英国著名学者李约瑟博士所说，希腊的古代文

---

* 这篇讲话曾发表于《中国地方志》2005年第3期。

化乃至近代英国，都没有留下与中国地方志相似的文献，要了解中国文化，就必须了解中国的地方志。

编修地方志在中华人民共和国成立后，受到党和国家三代领导集体的高度重视，并取得了前所未有的辉煌成就。中华人民共和国成立之初，在毛泽东主席的亲自关怀和倡导、周恩来总理的直接支持与指导下，编修地方志的任务被列入了国务院科学规划委员会制定的《十二年哲学社会科学规划方案（草案）》，并由中国科学院哲学社会科学部和国家档案局联合成立了中国地方志小组。至1960年，全国有20多个省、市、自治区的530多个县，开展了新编地方志工作，其中250多个县写出了县志初稿，正式出版的有30多部。之后，由于种种原因，修志工作一度中断。党的十一届三中全会后，新编地方志工作在邓小平等老一辈革命家的推动下，再次掀起高潮。1981年，中国地方史志协会（中国地方志协会前身）成立。1983年，中宣部批准中国地方志指导小组恢复组建，并由国务院委托中国社会科学院代管。在此前后，全国除港、澳、台以外的省、市、县三级，普遍建立了由当地主要领导挂帅的地方志编纂委员会及其编入政府序列、具有行政职能的工作机构，解放军、武警部队以及国务院有关部委也相继设立了修志机构。1985年和1996年，国务院办公厅两次发文，部署修志工作。1985年和1998年，中国地方志指导小组经国务院同意，分别颁布了《新编地方志工作暂行规定》和《关于地方志编纂工作的规定》。1986年，《中国地方志通讯》改刊名为《中国地方志》，并由陈云同志题写了刊名。

经过二十多年的努力，我国地方志工作逐步形成了党委领导、政府主持、地方志编纂委员会及办公室组织实施的修志格局。确立了“一纳入”，即把修志工作纳入各地经济社会发展计划和各级政府的任务之中；“五到位”，即领导、机构、经费、队伍、条件到位的工作原则，建立了一支由2万名专职人员和8万名兼职人员组成的修志大军。到目前为止，省、市、县三级志书已经出版了5000余部，约合36亿字，占第一轮修志规划任务的85%，其中县志完成了90%以上。此外，还出版了4万多部部门志、专业志、名山大川志、乡镇志，整理了相当数量的地情书和旧方志，编辑了大部分地方的综合年鉴，由学者和方志工作者发表、出版了4万余篇、400余部有关方志学理论的论文、专著与文集。事实说明，新编地方志工作对于我们摸清、摸准地情、国情，促进地方经济与社会发展，开展爱国爱乡和革命传统教育，传承、弘扬中华文明，加强中外学术与文化交流等等，都发挥了无可替代的重要作用。

但是，地方志工作要持续不断地向前发展，还存在不少实际困难，需要增强全社会对地方志工作的关心和支持，进一步营造方志事业健康发展的有利环境。在此，我谨提出以下建议：

第一，地方志工作应当得到各级政府和有关部门的进一步重视。

江泽民同志曾经深刻指出：“编纂社会主义时期新方志是两个文明建设的组成部分，是社会主义文化建设的系统工程。”“是一项不容易引起重视但又十分重要的工作”。他要求各级领导“要把修志工作当作一项重要事业来抓，并切实抓好”。自唐宋开始，编修志书就是“官职”“官责”，如果没有政府的重视与支持，修志工作的进度、质量都是很难保证的。现在，一些地区方志工作受到冷遇，无人问津，经费不足，连起码的工作条件都不具备，以至第一轮修志任务长期无法完成，已经完成的志书要么质量不高，要么因为没有经费而出版不了。当前，第二轮修志工作已在全国范围启动，那些还没有完成第一轮修志任务的省、市、县，应当抓紧督促和关心修志工作；已经完成或基本完成第一轮修志任务的省、市、县，应当适时开展第二轮修志工作。另外，编修地方志不仅是一项著述活动，而且自宋代以来就是一门独立的学问。目前，方志学研究虽然已得到广泛开展，但开设方志学课程和招收方志学研究生的高等院校却很少，并且没有一所高校设置地方志专业的学位授予点。因此，希望教育部门对此能予以关注，积极创造条件，为地方志事业培养更多地方志专业的高层次人才。

第二，地方志工作的机构和队伍应当继续得到稳定。

地方志编纂是一项代代相济、永续不断的工作。但是，一些地方在第一轮修志完成后，地方志工作机构即被裁撤，人员也被分流。还有一些地方，把地方志机构当成安排人的场所，不注意吸收高学历的年轻专业人才，以至修志队伍严重老化、整体素质下降。国务院办公厅1996年下发的《关于进一步加强地方志编纂工作的通知》中曾明确指出，各级地方志“每20年左右续修一次”。第一轮新编志书的下限一般断在20世纪的80年代，至今已过二十多年，续修时间已到。因此，已被裁撤的地方志机构应当尽快恢复，即使由于机构改革而不能独立的，也应保留牌子和必要的专职人员。各地方志机构在规格上也应尽量统一，避免省、市、县方志机构的级别“上下一般粗”，影响工作开展。另外，地方志工作是一项学术性很强的工作，为了使地方志机构能尽可能多地吸引和稳定具有高学历的专业人才，有关部门应允许其在人事上实行“双轨制”，设置相应的高级专业技术职称岗位。

第三，地方志工作应当加快法制化建设的步伐。

长期以来，地方志工作是依靠政府部门的文件来推动和规范的。这在当时的历史条件下有效，但现在已经不能适应新的情况了。不久前，党中央提出要“依法管理文化事业”，要“重视哲学社会科学领域立法工作”，这给地方志工作的法制化建设提供了依据和契机。2003 年，四川省人大已率先通过了第一个地方志的地方性法规。全国性的地方志立法工作目前也已列入了国务院法制部门的工作规划，正在加紧论证中。我们希望，凡是有条件的省、市、自治区，都应积极支持地方志的立法工作，使地方志工作能够早日走上法制化的轨道。

地方志上至天文，下至地理，横陈百科，包罗万象，不仅是最全面的地情书、国情书，也是中华文化的重要载体。我们要贯彻《中共中央关于加强党的执政能力建设的决定》精神，“努力铸造中华文化的新辉煌”“推动中华文化更好地走向世界”，就要增强全社会对地方志工作的认识，促进地方志工作的持续发展，使这一古老的文化传统在建设中国特色社会主义和社会主义先进文化的伟大事业中，不断发扬光大。

地方志编修——中国独特而悠久的优秀文化传统

——《方志百科全书》序

（二〇一六年一月二十日）

绵延不断地编修地方志是中华民族独特而悠久的优秀文化传统。中华文明在世界古代文明中之所以成为没有中断的文明，与这一传统有极大关系。地方志是记录中华民族历史演变和文化积淀的重要载体。编修地方志既是历史文化的继承和对当世文化的记述、整合、积累的过程，也是对中华优秀文化传统的利用和再创造的过程。在对地区文化进行综合、全景式的展示中，也在字里行间彰显了时代特点、社会走向、人文色彩。正如近代著名学者梁启超所说的那样：“民之荣瘁，国之污隆，于兹录焉。”

地方志是社会发展到一定阶段的文化产物，其形制、内容、数量、组织形式等虽然不断变化，并带有不同程度的时代烙印，但却始终保持着其固有的特点。不仅地方志本身记录了历史与社会的发展，而且历朝历代修志活动的兴衰也从侧面反映了历史的走向与社会的变迁。

编修地方志，功在当代，利在千秋。古今修志人埋首书就的不只是一种文字记录，更是一种精神力量。后人从地方志中得到和感受的不只是前人留下的足迹和文化遗产的珍贵，更是历史智慧的传承和文人骚客的千古情怀。世界则从地方志中认识中国、解读中国，领略中国地域文化的魅力。英国著名学者李约瑟博士说过，希腊的古代文化乃至近代英国，都没有留下与中国地方志相似的文献，要了解中国文化，必须了解中国的地方志。

源远流长的中国方志

中国地方志编修源远流长。可以说源于部落文明，长于秦汉隋唐，成于两宋，发展于元、明、清和近现代。一些研究者认为，它几乎和汉字的产生同步。古代部落联盟记事，已有其最初的基因。伴随秦汉隋唐中央集权国家的建立和发展，“大一统”推动了中央对地方报送社情民意的要求，催生了地记、图经等早期形态志书的产生和发展。秦代，中央要求地方上报地情称为“上计”，“计书上于太史，郡国地志，固亦在焉”。秦汉时期地方向中央报送的地情最初是人物和地理情况，之后二者逐渐融合，形成了地记。到魏晋南北朝时期，地记的编修出现了兴盛的局面，并有记、志、录、传等不同名称。隋唐时期，把文字记录与地图结合起来，地记演变为图经。隋朝开皇十三年（593），隋文帝将编修史志的权力收归官方。隋朝大业年间，开始有组织、大规模地纂修图经、图志。到了唐代，地方编修图经已有定期报送朝廷的规定，直到五代时期不曾间断。相比早期的地记，官修图经主要被用于为中央整顿地方、控制户口、确保税收等工作提供基础资料。

两宋是地方志发展的成熟时期。北宋朝廷专门设置了主管州郡编修地方志事务的九域图志局，开创了国家设立专门机构编修图志的先河。同时，图经、图志的内容也由以记述地理为主向以记述人文历史为主过渡，体例由以图为主向以文字为主过渡，称呼由以“图经”为名向以“志”为名过渡。南宋时期，被今人所称的地方志形态基本稳定下来。由于雕版印刷发达、私人著述盛行、更多的儒生雅士参与修志等原因，宋代编修地方志蔚然成风，州郡志、县志的数量大增。这一时期，人们对地方志功能的认识，已不再局限于仅供国家统治者了解全国情况之用，而是明确提出了修志需“有补于世”的要求。官吏上任，也往往通过查阅地方志以了解辖地情况。譬如南宋学者朱熹到南康郡上任，下轿就问前来迎接的官员有没有带来《南康志》，留下著名的“下轿伊始问志书”的典故。

元、明、清时期，地方志进一步发展，在体例基本定型的前提下，扩展出更多的种类。元代统治者十分重视地方志的编修。那时由于建立了行省制度，出现了以行省为单位的地方志，如李京撰大德《云南志略》。而最具代表性的修志活动，则是中央政府以秘书监为主要修纂单位，组织编纂了多达1300余卷的《大一统志》，开创了国家修志的先河。明清时期，编修地方志成为国家行为被进一步制度化。受元朝编修一统志的影响，明清朝廷设立专门机构，多次组织编修一统志，同时促进了地方修志。朝廷制定统一的修志凡例，以诏谕的形式颁降全国，地方上也尝试规划本地的修志凡例，推动地方志向编纂体例更趋完善、类目更趋规范、内容更加丰富的方向发展。除了官定体例，明清时期还实行了申详呈报、公告、乡绅呈请等一系列修志制度。修志制度的完善，带动了官修地方志的深入发展。特别是在清代，分区性的通志编修工作全面铺开，府、厅、州、县志的编修颇为盛行，还编修了关镇志、卫所志、土司司所志，以及山水志、寺院志、书院志、名胜志、风俗志、坊巷志、盐井志等专志。鸦片战争轰开了清王朝的大门，有志于寻求救亡兴国之路的中国人开始“开眼看世界”，一批记述世界的域外地志相继问世。有些志书，譬如道光《瀛寰志略》，不仅在国内备受推崇，在国外也产生了深远影响。清朝晚期，不少地方出于“用备小学课本”“务使人人由爱乡以知爱国”的需要，编修了异彩纷呈的乡土志。不过，后世学术界关于乡土志是否属于地方志仍存在不同观点。

民国时期，战乱不已，政局动荡，但地方志编修的传统仍在继续。民国初年，北洋政府的内务府即会同教育部通咨各地纂修志书，为此一些省份陆续成立了通志局、通志馆。国民政府的内政部也先后颁布《修志事例概要》《地方志书纂修办法》《市县文献委员会组织规程》等文件，指导全国编修地方志，并将地方志书的种类限定为省志、市志、县志三种。早在清朝晚期引入中国并被史学界普遍采用的章节体，很快也被应用于编修地方志。这一时期地方志的最大变革是在内容方面开始摒弃之前所注重的帝王言行，注意突出经济、科技、国计民生等。它与辛亥革命后民众思想逐渐从封建专制桎梏中解脱出来、民主共和的思想广为流传、传统文化观念受到激烈冲击的社会背景密切相关，是顺应时代发展的思想理念在地方志编修中的具体表现。

地域文化的资料宝库

历代编修的地方志为后人留下了浩如烟海、汗牛充栋的文化资源。据不完全统计，从秦汉至民国时期，存世通志、郡志、道志、府志、厅志、州志、直隶州志、县志、卫志、所志、关志、屯志、旗志、里志、场志、乡志、镇志、村志、墩志，以及山水志、名胜志、盐法志、风土志等各种志书，共计8000多种、10余万卷，占中国存世古籍的1/10左右，是中国古代文献的重要组成部分。

地方志的作用主要有存史、资治、教化三大功能。地方志编修大多取材于当地的档案、谱牒、碑碣、金石、笔记、信札、诗文集等原始材料，不少内容录存原文，故可弥补史书和其他典籍对史料原貌保存的不足；地方志横陈百科，“所承奉而施布者，吏、户、礼、兵、刑、工，无所不备”，故可“备行政官吏之省览，俾发政施令得其宜”，使“后之人览此书，治身居官，取前人之成宪以为法”“究兴衰之由，陈利弊之要，补救时政之阙失”，是“辅治之书”；地方志记载当地著名人物、事件，不免“传述忠孝节义，凛凛冽冽，有声有色，使百世而下，怯者勇生，贪者廉立”，故“可以惩恶劝善，诚有益于治道，有补于风化”，有助于“正人心，敦风尚，明正谊，垂治规”。

地方志横分门类、纵向叙述，总览一方古今，可谓包罗万象。举凡一地历史沿革、山川形胜、行政建置、人物传记、武备兵防、灾害赈恤、经济物产、风俗民情、宗教信仰、异闻逸事、辞赋文章等，无不悉数载入，不少文献资料甚至不见于史册和其他文献记载。方志学家吴宗慈在其著作《修志丛论》中指出，地方志“固有其精神、物质二者之用也”，为“吾国一切所有之总底册”“国家无量之宝库”。对于地方志资料价值的认识，古人已有之，今人更甚之。历代地方志在当代自然科学、社会科学领域，诸如历史学、考古学、建筑学、社会学、天文学、灾害学、军事学等众多学科的研究中，发挥了不可或缺的作用；在当代经济与社会发展事业中，更为合理开发自然资源、发展地方旅游事业、规划建设城市等众多方面提供了巨大助力，成功事例不胜枚举。

编修地方志是一项由人主导的社会活动，地方志中凝结了人类的世界观、价值观、历史观。创修、续修、补修、重修地方志的传统，使得历代地方志的时代性、差异性得以完好地保存下来。有些地方虽然只是细微的差别，却能反映出不同历史时期社会意识的变化。当代学者往往凭借这一点探索古人思想，正所谓见微知著。例如，有学者通过分析历代《凤凰厅志》记述与苗族、土家族相关内容时使用不同篇目名的现象，看出古代流官和儒家思想根深蒂固的“精英人士”对辖区内少数民族认识上的变化。还有学者通过分析古代地方志中对烈女的记述类型以及不同类型的记载数量，为研究古代社会对女性价值定位提供佐证。

世界上很多国家，特别是处于中华文化圈范围的一些国家和地区，将中国地方志作为研究中国的重要文献。如日本、朝鲜、韩国、越南等，在对中国文化进行长期关注、学习和双方文化交流的同时，其本土文化也不同程度地受到了中国地方志的影响。日本早在奈良时代的元明天皇和铜六年（713）及平安时代的醍醐天皇延长三年（925），就命各藩国仿照中国的图经编纂了风土记；进入江户时代的宽文四年（1644），会津藩（今福岛县）仿照《大明一统志》编纂了《会津风土记》，刺激各藩国再次兴起方志编纂热；直至明治时代，日本地方志的编修才逐渐演变成地方史的编修。朝鲜大约于15世纪或更早一些就已开始修志。越南则于20世纪初期完成由官府重修的《大南一统志》。

从近代开始，中国历代地方志被世界上许多知名图书机构竞相收藏，尤以美国、日本等国收藏最多，且不乏孤本和善本。这些地方志在世界范围内确立汉学研究和中国研究的地位起到了极大推动作用。日本京都大学人文科学研究所以中国古代志书作为研究的基础，被誉为日本中国学的发源地。美国哥伦比亚大学借助于中国地方志开展中国历史研究，建立起具有强大学术阵容的东方学。许多海外学者在撰写有关中国的研究成果时，都引用中国地方志作为自己论点的佐证。例如，英国学者李约瑟征引大量地方志资料，编写了鸿篇巨制《中国科学技术史》；日本学者加藤繁在其名著《中国经济史考证》第三卷中引用中国文献多达300余种，其中2/3是中国的历代地方志；美国哥伦比亚大学教授曾小萍在其学术著作中参考了大量的中国地方志，尤其是四川自贡地区的志书。

合理开发地方志这座文化宝库，已经成为国人一项亟待深入研究的课题。当前，利用地方志书整理编制各种资料汇编已成为开发利用历代地方志的主要形式之一；借助数字技术、信息技术等现代科技手段建立地方志数据库，为研究中国提供了更为便捷的途径。然而这些仍是远远不够的，如何采用更多、更好的形式，将尘封在历代志书这一故纸堆中的宝贵资源挖掘出来，呈现社会，从而为科学研究、经济建设、文化建设服务，依然是摆在我们面前的重要任务。

当代中国的继承发扬

中华人民共和国成立后，在毛泽东、周恩来等党和国家领导人的关怀指导下，国务院科学规划委员会于1957年把编写新方志列入了《十二年哲学社会科学规划方案（草案）》。1958年，毛泽东主席在成都主持中共中央工作会议期间，专门调阅《华阳国志》《四川通志》等志书，并选辑其中部分内容印发到会领导，指出要利用方志提高领导水平。同时，他还倡议全国各地要编修地方志。此后，周恩来总理指示："要系统整理县志，把关于各地地方志中的经济建设、科学技术资料整理出来，做到古为今用。"在中共中央的支持下，国务院科学规划委员会于同年成立了中国地方志小组，不久转归中国科学院代管，修志工作由此得到全国各地响应。1960 年，已有 20 多个省、市、自治区的 530 多个县开展了新编地方志工作。至 1965 年，250 多个县写出了县志初稿，其中 30 多部正式出版。"文化大革命"开始后，新编地方志工作基本中断。

中共十一届三中全会之后，新编地方志工作再次启动。自 20 世纪 80 年代初正式开展以来，地方志工作在机构和队伍建设、建立健全修志规范制度、地方志质量控制、旧志整理出版、促进理论研究和学科建设、积极开发利用地方志资源等方面，都取得了令人瞩目的成就。

30 多年来，除港、澳、台以外，全国省、市、县三级行政区和新疆生产建设兵团，普遍建立了由当地主要领导挂帅的地方志编纂委员会及其工作机构，大规模、不间断地开展修志工作；解放军、武警部队以及国务院一些部委也相继设立了修志机构，全面开展各种专志的编修。在修志过程中，地方志工作系统逐步形成了"党委领导、政府主持、各级地方志编纂委员会及其工作机构组织实施"的工作体制，以及约 2 万人的专职工作队伍。加上兼职人员，当前，全国参与地方志编纂的人员约有 10 万人之众。如果算上 30 多年里相继离退休的人员，前前后后参加过新编地方志工作的人，估计有 20 余万人。

30 多年来，新编地方志工作由过去无章可循、无法可依，逐步向制度化、法制化迈进。经国务院同意，中国地方志指导小组先后颁发了《新编地方志工作暂行规定》《关于地方志编纂工作的规定》等规章，对有关各方面问题进行了规范。2006

年5月18日，国务院颁布实施《地方志工作条例》（以下简称《条例》），以法规形式确定了地方志工作的地位、内涵、责任、程序。地方志工作从此由制度化进入法制化轨道，对于地方志工作的全面、规范、可持续发展起到了重要作用，产生了深远影响。2007年和2008年，中国地方志指导小组依据《条例》精神，先后颁发了《关于第二轮地方志书编纂的若干意见》《关于建立地方志书编纂规划备案制度的规定》和《地方志书质量规定》。截至2013年年底，在全国31个省、市、自治区中，已有6个制定了有关地方志的地方性法规，19个制定了有关地方志的政府规章；有150多个市、县、区，就地方志工作颁布了相应的法规、规章或规范性文件。

30多年来，新编地方志工作硕果累累。截至2013年年底，首轮三级志书编修任务已按规划全部完成（个别没完成的或撤项，或转入第二轮修志），共出版5800多部。由20世纪末、21世纪初启动的第二轮修志（大部分为续修，也有少部分为重修），至今也已出版了1400多部。这些志书继承了古代志书的编纂方法，同时，在指导思想、篇目设置、条例附录、记述原则上都有显著的和多方面的创新。自2008年启动的由国务院正式部署、中国地方志指导小组组织编纂的《汶川特大地震抗震救灾志》也通过了验收，为在国家层面修志积累了丰富经验。另外，各地、各部门编纂的各类行业志、部门志、专业志等也有20000余部，其中全军组织编纂出版的军事志多达3000余部。编纂地方综合年鉴自《条例》规定纳入地方志工作机构的职责之后，至2013年年底，全国有28个省级地方志工作机构开展了此项工作，如果算上市、县两级，由地方志工作机构编纂的综合年鉴有1700余种，累计出版了数万卷。这些新编地方志、专志、综合年鉴，成为当代社会科学领域内最大的成果群和最丰富的地情、国情调研资料。

30多年来，新编地方志工作在历代方志的普查、收藏和整理出版方面，均取得了丰硕成果。通过与海外图书馆、档案馆合作，地方志工作部门扫描、复印回来大量流失的旧志。整理出版的旧志影印本、点校本多达2000余种，有的省份还出版了本省能收集到的全部旧志。所有这些，都为保存历史文献做出了巨大贡献，为研究古代社会提供了基础性条件。

30多年来，新编地方志工作在开发利用地方志资源方面同样取得了长足进展。针对志书篇幅大、部头多、个人难以通读更难以收藏等特点，地方志工作机构想方设法，通过编辑简志、地情书、专题资料，在报刊开辟专栏，拍摄文献电视片，举办电视讲座和成果展览，开展志书进学校、进军营、进街道活动，开设有奖竞答热线等多种方式，推动读志用志，普及地情知识，宣传地域文化。另外，围绕党和政府中心工作，编写大事月报，编辑地方志简报、地情卡片等，为当地政府制定政策、招商引资、旅游开发、防灾救灾、保护历史文化遗产等工作积累信息，提供资料。特别是近年来随着信息化、互联网技术的迅猛发展和国家财力的逐步增强，地方志系统加快了数字化、网络化、数据库和方志馆的建设，给地方志资源的开发利用增添了前所未有的便捷手段。截至2013年年底，全国已有26家省级和近200家市级、470多家县级地方志工作机构开通了方志网站；另有1个国家级、15个省级、60多个市级和近200个县级地方志工作机构，已建成或正在建方志馆。最近几年出版的志书，还普遍增添了数字版。所有这些，都为群众性读志用志开辟了广阔前景。

30多年来，新编地方志工作在开展修志工作的同时，努力推动方志理论研究不断深化，取得了可喜成果。为了给地方志工作者提供发表理论研究成果、交流编纂经验和学术争鸣提供平台，中国地方志指导小组办公室除了设立专事出版方志类图书的方志出版社外，还创办了《中国地方志》杂志，各地也发行了公开或内部交流的刊物。在公开发行的地方志刊物中，省级的有 8 种；在内部交流的地方志刊物中，省级的有 21 种，省级以下的有 200 余种。为了推动方志理论研究的持续繁荣和发展，中国地方志协会经民政部门同意，于 2012 年更名为中国地方志学会。中国地方志指导小组、中国地方志学会整合各种论坛、研讨会，于 2012 年建立了统一、规范、常态化的方志学术年会制度。据不完全统计，目前有关方志理论的著作、教材、论文集已出版 1000 多部，论文、文章已发表 10 万余篇。

30 多年来，各地地方志工作机构在开展地方志各项工作的同时，还注意加强机关自身的思想建设、制度建设、业务建设、作风建设。在全国省、市、县三级共 3400 多个地方志工作机构和全国专兼职的修志队伍中涌现出许多团结奋斗的先进集体及一心扑在方志事业上的模范人物。各级地方志工作机构为了提高志书主编、组稿人员、撰稿人员的业务素质，还经常举办专题培训班、讲座，以会代训或与高校联合办学；同时，通过公开招聘等方式，引进高素质人才；通过返聘等方式，吸收身体好、经验多、责任心强的退休老同志、老专家担负主编或撰稿、审稿工作。为了调动方志队伍的积极性，各地各系统每隔几年总要举行先进集体、先进个人的评选表彰活动。最近十年，中国地方志指导小组还与人力资源和社会保障部联合，在全国地方志系统开展了两次先进集体、先进个人的评选表彰活动，每次评选后都在北京人民大会堂举办了隆重的表彰大会。

方志学科的开创发展

随着修志实践的发展，逐渐出现了对地方志的理论研究。早在宋代就有人提出“方志之学”的概念，但缺少具体内容。两宋以降，学者围绕方志的源流、性质、功能、编纂原则等问题虽然多有论述，但大多散见于各类志书的序、跋、凡例之中，缺少系统阐述。清代乾隆、嘉庆年间，章学诚等学者把地方志作为专门研究对象，对什么是地方志、如何编纂地方志的问题进行了较为深入和系统的论述，初步搭建了方志学的理论框架。进入民国时期，梁启超进一步梳理了中国地方志发展、演变的轨迹及其特征，总结了清代地方志编修的成绩、问题和缺失，在章学诚方志理论框架的基础上提出了“方志学”的概念，对之后方志学的研究和学科体系的构建产生了重要影响。

改革开放以来，方志理论研究和方志学学科建设得到了比以往更大程度的重视和更加广泛的参与，并成为地方志工作的一项重要内容。众多方志学者和地方志工作者运用辩证唯物主义、历史唯物主义的基本原理，在整理研究历代地方志和总结新编地方志编纂经验的基础上，对地方志的起源和发展、性质和作用，地方志和史书的关系以及如何编纂新志书，如何构建新方志学学科体系，如何整理历代地方志，如何开发利用地方志资源等问题，进行了热烈而深入的探讨。通过经验总结和理论研究，广大地方志工作者逐渐概括出新编地方志的一系列编纂原则，如存真求实、横分纵述、述而不论、生不立传、越境不书、详今略古、执简驭繁，等等。所有这些，为促进公认为系统、完整、规范的新方志学学科体系早日形成，为方志学作为现代社会科学意义上的一门学科进教科书、进高校、进课堂，奠定了学术基础，提供了更加有利的条件。

经过长期探索，地方志工作者取得了许多对新编地方志工作的新认识，也积累了许多关于地方志工作的宝贵经验。例如，“党委领导、政府主持、各级地方志编委会组织实施”是地方志正确的工作体制，应当长期坚持；“一纳入、五到位”是做好地方志工作的关键所在，应当不断落实；制度化、法制化是地方志事业持续稳定健康发展的必然要求，应当不断推进；开拓创新、与时俱进是引导地方志事业不断前进的思想源泉，应当不断深入；无私奉献是保证地方志事业长久发展的精神支柱，应当长期发扬，等等。再如，坚持正确的政治方向和存真求实的原则是地方志工作的灵魂，必须牢牢把握；志书质量是地方志工作的生命，必须切实保证；开发利用志书资源为当地经济、社会、文化建设服务是地方志工作的价值所在，必须大力推进；方志理论研究是促进地方志工作逐步提高水平的关键环节，必须不断深化；建设一支高素质的修志队伍是地方志事业持续发展的基础，必须狠抓不放，等等。所有这些认识和经验，凝聚着几代方志人的心血，反复被地方志工作实践证明符合我国新编地方志工作的实际，需要在不断坚持的同时，结合新的实践加以丰富和发展，做到理论创新、方法创新。

修志精神的铸就传承

地方志之所以成为中国优秀的传统文化，不仅因为它是记述地域文化的优质载体，更重要的是它传承了先人优良的精神品格。而且，当代人在长期的地方志编纂实践中，不仅继承发展了地方志文化，也形成了独特的当代方志人精神。

常言道：“万事德为首，百业德为先。”清代方志学家章学诚曾提出修志人应具有“识、明、公”三长，其中的“公”即是针对志德而言，即要公正，不徇私。陆游父子纂修《嘉泰会稽志》时，在本家为当地名门、祖上三代都颇有建树的情况下，仍坚持只将祖父陆佃一人入志立传。清代学者钱大昕在《跋会稽志》中慨叹：“古人志乘皆寓史法，不私其亲如此!”古代志家提倡据事直书、不私其亲等原则，都源于对志德的深刻认识。

当代地方志工作者继承和发扬了前人的修志品格，将创新精神、科学精神、求实精神、虚心学习的精神、艰苦奋斗的精神、百折不挠的精神结合在一起，铸就了淡泊名利、甘于寂寞、锲而不舍、一丝不苟、爱岗敬业、无私奉献的修志精神。这种精神所体现的正是社会主义核心价值观。新编地方志事业之所以能取得如此辉煌的成就，能出现今天这样“盛世修志”的局面，与这种精神的铸就和传承是分不开的。

修志是一项专业，有自身的专业知识。志稿在编纂前期，资料收集、整理工作非常烦琐；编纂过程中还要反复研究、校核，进行考据、甄别、筛选，以做到去伪存真、去粗取精、删繁就简。修志人员只有践行当代修志精神，才能干一行爱一行，干一行钻一行，干一行干好一行，才能不浮躁，不畏难，不消极，才能胜任和做好修志工作。另外，地方志机构是辛苦、艰苦、清苦的“三苦”部门。修志人员只有践行当代修志精神，才能以“三心”，即安心、专心、信心，去应对“三苦”；才能做到心甘情愿、心安气定、心无旁骛，有苦而不言苦；才能胜任和做好修志工作。多年来，全国广大地方志工作者默默耕耘，青灯黄卷不辞累，皓首穷经苦犹甘，矢志不移地践行当代修志精神，涌现出许多可歌可泣、感人肺腑的动人事迹。例如山西的燕居谦，身患绝症后，仍以顽强的毅力与病痛做斗争，坚持编纂出140万字的《交城县志》；黑龙江的耿煜，退休后主编了《黑龙江省志》的民政志、地名录两部志书，将余生奉献给了地方志事业；河南的郑永立、黄小四在修志岗位上战斗到生命的最后一刻。他们是修志战线的杰出代表，是地方志工作系统的骄傲。他们将志书视为生命延续的精神境界，是当代修志精神的诠释，为我们留下了最可宝贵的精神财富。

薪火相传的伟大事业

当前，在古老灿烂的中国地方志文化和近30多年修志实践的基础上蓬勃发展起来的新编地方志工作，已由原来的单纯修志逐步发展成志（志书）、鉴（年鉴）、库（数据库）、网（地情网站）、研（理论研究）、会（学会）、馆（方志馆）、用（开发利用）、书（专题书和专著）、刊（杂志）十业并举的局面，其规模之大、范围之广、制度之全、手段之新、成果之多已远远超过历史上的任何时期，呈现出前所未有的繁荣景象。进一步壮大这一局面和景象，是所有热爱地方志事业、致力于弘扬中国地方志文化的人的共同愿望和责任。

中国地方志编修的显著特点是世代绵延不断，新编地方志工作同样需要一代人接着一代人薪火相传。我们相信，有中共中央、国务院的高度重视，有各级党委政府的正确领导、大力支持，有广大地方志工作者的辛勤耕耘和团结奋斗，新编地方志工作一定会更好地发扬中华民族这一优秀的文化传统，一定会更充分地发挥它作为海内外炎黄子孙文化血脉连接纽带和中外文化交流重要平台的独特作用，为中国特色社会主义建设事业做出更多更大的贡献！

（一）在全国性会议上的报告和讲话

总结经验，乘胜前进，开创新世纪方志工作的新局面*

——在第三次全国地方志工作会议上的报告

（二〇〇一年十二月二十日）

在党中央、国务院的亲切关怀下，第三次全国地方志工作会议召开了。这次会议是在新世纪开始之际，在第三届中国地方志指导小组刚刚组成的时刻召开的。会议的任务是：在马克思列宁主义、毛泽东思想、邓小平理论，特别是在“三个代表”重要思想的指导下，贯彻落实“七一”重要讲话和十五届六中全会精神，总结第二次工作会议后五年来方志工作的经验，研究并部署今后五年的方志工作，动员全国广大方志工作者开拓进取、与时俱进、再接再厉、乘胜前进，努力开创新世纪方志工作的新局面。

过去五年里，在党中央、国务院的领导和第二届中国地方志指导小组的具体指导下，在各地、各部门的大力支持和全国广大方志工作者的共同努力下，方志工作在原有基础上取得了很大进展。由于年龄或工作的原因，第二届中国地方志指导小组的领导同志郁文、王忍之、王刚等离开了指导小组的领导岗

* 这篇讲话曾发表于《中国地方志》2002 年第 1 期。

位，他们为方志事业的发展付出了极大辛劳，做出了杰出贡献，让我们以热烈的掌声向他们表示崇高的敬意！同时，在基层，在方志工作的第一线，也涌现出了大批埋头苦干、默默耕耘的先进人物，让我们也以热烈掌声向他们表示衷心的感谢！

下面，我受第三届中国地方志指导小组委托做工作报告，简要回顾全国地方志第二次工作会议召开以来的工作，总结其间的基本经验，并对今后五年的工作提出意见，请代表们审议。

一　五年来全国方志工作的简要回顾

中国有句古话，叫作“盛世修志”。全国地方志第二次工作会议是1996年召开的，至今五年。这五年，刚好也是我国进行第九个五年计划建设期间。五年以来，我国国民经济持续快速健康发展，综合国力进一步增强；经济体制改革全面推进，社会主义市场经济体制初步建立；对外开放水平不断提高，全方位对外开放格局基本形成；人民生活继续改善，总体上达到小康水平；科教文卫加快发展，社会事业全面进步。特别是在“九五”期间，我国政府恢复了对香港、澳门行使主权，实现了现代化建设第二步战略目标。前年，我们隆重庆祝了中华人民共和国成立50周年；今年，我们又隆重庆祝了建党80周年，成功申办了2008年奥运会，正式加入了世贸组织。与国家的大好形势相适应，我国方志事业也取得了显著发展，为在21世纪开创新的局面奠定了良好基础。其主要表现是：

（一）首轮修志工作基本完成，各种志书硕果累累

全国地方志第二次工作会议有力地推动了方志事业的发

展，志书进入了大面积丰收年代。首轮修志原计划编修省、地市、县三级志书6129部，后将新疆生产建设兵团纳入修志计划，计划数增至6319部。到目前已出版4789部，占计划的75.8%，其中绝大部分是在这五年完成的。继安徽省在全国率先完成三级志书编纂出版任务之后，五年来，湖北、河南、四川也相继完成了三级志书编纂任务，山东、黑龙江、青海、湖南、河北、云南、山西七省完成90%以上，天津、吉林、上海、福建、重庆五省市及广西壮族自治区完成80%以上。三级志书中完成情况最好的是县志，至今已完成计划的86.3%。

原来修志工作进展较慢的地区，近五年来也采取措施，加大了工作力度，进度明显加快。如北京市因种种原因，修志工作一度滞后，1998年以前只出版了一部县志。1998年、1999年，市委书记贾庆林、市长刘淇先后听取了市地方志办公室的汇报，不但给他们充实了力量，而且给予了经费支持，要求他们在2003年基本完成第一轮修志任务。市地方志办公室采取措施，加紧工作，目前已出版了市志、县区志30部，已付梓的有13部，连同完稿的志书，占计划数的91%以上。他们在加快进度的同时，还特别强调质量，致使一批上乘之作问世。西藏自治区的修志工作起步较晚。这五年，自治区党委和政府加强了对地方志工作的领导，使修志工作加快了速度。他们计划编修三级志书151部，目前已完成志稿56部，约占计划数的37.1%；并且出版了西藏科技志、电力志、煤炭志、植物志等9部行业性志书。

在过去的五年里，首轮修志还出现了一些新志种，城市区志便是其中的一种。它们既丰富了我国传统地方志书的内涵，又反映了经济、社会发展的新趋势和时代特点。另外，部门志、行业志、名山大川志也出现了可喜的发展势头，如原煤炭部和科技部均出版了《煤炭志》和《科技志》的各省分卷，水利部出版了《长江志》《黄河志》《珠江志》《海河志》《淮河志》《松辽流域江河志》等，国家电力、邮电、民航、交通、体育系统以及国土资源部、海关总署、国家气象局、国家烟草专卖局、国家质量监督检验检疫局、中国海洋石油总公司等，也都在组织编纂志书。

全国绝大多数省市和相当多的地市、县在这五年里，还编辑出版了地方年鉴。这些年鉴的80%以上，可以说都是由地方志部门编辑出版的。目前编辑年鉴已经成为地方志部门的一项重要工作，已经作为一个有机组成部分融入了地方志事业之中。

（二）精品意识有所增强，志书质量明显提高

这五年里出版的三级志书和部门志、行业志、名山大川志等，绝大多数的质量是好的和比较好的，其中不乏受到好评的高质量志书。在1997年组织的全国志书评奖活动中，经过严格筛选，获一等奖的有51部，获二等奖的有128部。在省、区、市和国家各部委局、军队系统举办的社会科学成果评奖中，据13个省市的不完全统计，有530部志书获奖。

经过上两届指导小组的反复强调和各地的努力，地方志机构工作者的质量意识较前有了明显增强，出名志、出佳志的精品意识逐渐深入人心。许多方志机构制定了志书的质量标准和审稿、出版程序，并严把各个环节的质量关。2000年5月，由上一届指导小组和湖南省地方志编委会联合举办的全国新编地方志质量标准研讨会，还专门讨论了建立评价志书质量标准体系的问题。这些做法对志书质量的提高，起到了有力的推动作用。

（三）续修问题得到重视，续修新志开端良好

李铁映同志在第二次全国地方志工作会议上提出："方志事业要连绵不断，代代相济。""一届志书完成之日，就是新一届志书开修之时。"1997 年，黑龙江省率先制定了续志工作规划，四川省也颁布了《四川省地方志工作 2010 年目标规划纲要》。截止到 2001 年年底，以政府名义发布续修志书文件、召开大会进行动员部署的还有吉林、山东、上海、江苏、江西、安徽、重庆、甘肃、河南、湖北、天津、云南、广西、青海、河北、陕西、浙江等省、市、自治区和新疆生产建设兵团。许多省市在一些市、县还进行了续修工作的试点工作；乌鲁木齐、扬州等市也以市委、市政府名义发文，部署续修志书工作。国家一些部委局，如科技部、铁道部、水利部等，均以部委局办公厅名义发文，要求所属单位做好续志工作，其中国家邮政局已在 5 个单位进行了续修试点。

为了做好续修新志工作，上一届指导小组办公室和中国地方志协会以及一些省市召开了各种专题讨论会，从理论高度总结首轮修志工作的经验。例如，1996 年 8 月，江苏省召开了续修市志的研讨会，就续志的思想准备、结构体例、组织工作以及时空范围问题进行了讨论。1999 年 9 月，在河北石家庄召开了新方志体例篇目理论研讨会，对志书体例篇目如何适应新情况，向着更实用、更灵活、更简明、更科学的方向发展等问题，进行了深入探讨和经验交流。同年 6 月，在福建晋江召开了东部沿海省份地方志经济部类续修研讨会，对如何编好经济发展较快的东部沿海地区经济部类志书进行了研讨。2000 年 7 月，在黑龙江哈尔滨召开了全国续志篇目理论研讨会，对新一届志书的名称、断限、体裁、篇目结构的设计等问题进行了探

讨。同年10月，在北京先后召开了专家座谈会和部分省市志办主任座谈会，对如何启动续修工作、续志中的“续”与“修”的关系等问题进行了讨论。2001年5月，在浙江杭州召开了续修志书评论研讨会，对几部已经出版的续志进行剖析，总结其经验和得失，以为后来者吸纳借鉴。这些专题研讨，为续修工作的顺利开展，提供了理论上的支持。

（四）修志力量得到增强，方志人才大量涌现

第一轮修志工作开始时，由于“文化大革命”刚刚结束，普遍存在队伍准备不足的问题。在全国地方志第二次工作会议上，李铁映同志针对这一情况，特别强调要造就一批甘愿奉献、铁心修志的新一代方志工作者。1997年，在全国地方志奖颁奖大会上，李铁映同志又提议，利用浙江有修志传统的优势，在宁波大学历史学院建立地方志专业，培养修志人才。郁文同志也提出，为了高质量地完成修志任务，要大力提高专业队伍的素质，采取多种方式，有计划地加强修志人员的培训；并建议从高等学校和研究机构中吸纳有较高学历和专业水平的人才，补充到各地的修志机构中去。

五年来，根据第二届指导小组的要求和修志工作的客观需要，各地在队伍建设方面做了很多工作。其中，江苏、河南、云南、贵州、四川、湖北、山东、安徽、天津、北京、西藏等省、区、市，举办了各种培训班和研讨班，视修志队伍的不同情况进行了有针对性的培训。指导小组办公室还与一些高等院校合作，开展了方志队伍的培训和进修。宁波大学也克服困难，创办了地方志专业本科班。据不完全统计，现在全国专职修志人员已发展到2万多人，加上兼职修志人员，全国方志队伍已达10万多人。在专职修志人员中，据22个省市的统计，

具有高级专业技术职称的有 1114 人。其中不少中年同志已经成为修志工作的中坚力量，很多人还走上了各级修志机构的领导岗位。具有较高学历的青年同志是修志工作的新生力量，他们思想敏锐，精力旺盛，是方志事业的希望之所在。一些老同志虽然年事已高，许多人已退居二线，但他们热爱方志事业，具有丰富的实践经验，仍在继续发挥着重要作用。目前，在全国方志队伍中已经出现了一批地方百科全书式的专家、“活事典”，受到地方领导同志的重视和群众的尊敬。

（五）理论研究逐步深入，方志学科正在形成

近五年来，地方志理论研究和学科建设取得了显著成绩。1996 年 11 月，第二届指导小组在广西南宁召开了全国方志理论高级研讨会暨地方志工作经验交流会，从理论高度总结十多年来地方志工作的经验，探讨编纂社会主义时期新方志的工作规律。1997 年 12 月，中国地方志协会在昆明召开学术年会，王忍之同志做了题为《开创方志理论建设的新局面》的报告。会议就加强方志理论建设和续修下一届新志书的理论问题、实际问题进行了深入探讨。1998 年 12 月，在北京召开的全国地方志工作会议暨中国地方志协会常务理事会，对推进方志理论建设、加强方志学术研究作了进一步部署，要求已经或即将完成首轮修志任务的地区，相对集中时间和精力，从理论上认真总结修志经验，切实做好续修的准备工作。为了引起广大方志工作者的理论兴趣，《中国地方志》和各地的地方志刊物，还开辟专栏，组织引导方志理论研究。据统计，近几年来，发表的方志理论文章不下数千篇，出版的个人专著和教材等也有数百部之多。

各省区市以及国家部委局的史志机构、军事志办、武警编

史办、新疆生产建设兵团史志编委会，也在这五年里举行了多种形式的理论研讨，组织了多项课题研究。例如，1996 年，在福建厦门召开了全国地方志资料工作协作组第五次会议暨第三次学术研讨会；1997 年 5 月，由陕西、山西、山东、江苏、湖南、安徽、江西、四川八省在延安召开了全国革命根据地修志理论研讨会；1998 年 5 月，由山东、安徽、吉林、青海、云南、贵州、江苏、陕西八省在西安召开了全国人物志研讨会等。这些研讨会，大大调动了方志工作者理论研究的积极性，推动了方志理论研究的深入发展。山东、天津、广东、福建、四川、北京等地，还与美国、澳大利亚等国以及我国台湾地区，开展了学术交流活动，拓展了方志工作者的视野。

（六）现代化手段引入方志工作，数字化、网络化建设开始起步

李铁映同志在指导小组二届一次会议上曾提出："要尝试用现代化手段储存资料，如计算机、磁盘、光盘、录像带等。"五年来，一些省市提出了建设省情资料库的构想，打算把志书、年鉴和修志工作中收集到的地情资料进行加工处理，分类建库，构成覆盖面广、时间跨度大、资料完备的信息资料中心。其中，山东、黑龙江、吉林、福建、四川等省已经率先建成或初步建成了省情数据库，并上网服务。一些市、县，如沈阳市、渑县等，或已制成志书光盘，或已建库上网。此外，河南省出版了省志光盘，陕西省出版了音像版志书。数字化、数据库的建设，不仅改变了我国传统的修志模式，把史志工作由传统的十几年、几十年修一部志书的办法引向建立基础资料体系的新领域，而且是对地方志工作向信息化、网络化、社会化

方向发展的有益探索。

为了适应社会信息化发展的潮流，进一步落实李铁映等指导小组领导同志关于地方志工作要现代化的指示精神，2001 年 8 月，上一届指导小组与吉林省地方志编委会在长春市召开了全国地方志网络建设研讨会，全国 25 个省区市地方志部门的负责同志和信息技术公司的技术人员参加了会议。会上，已经建库上网的吉林、福建、山东、黑龙江、四川和锦州军分区、渑池县的方志办进行了网上演示，介绍了他们数据库的性能、特点、应用前景和建库经验。与会者对由指导小组办公室牵头实施全国地方志网络化建设的问题进行了探讨，并对如何加快地方志数字化和数据库建设、推进方志工作现代化建设步伐等问题，提出了许多宝贵意见。可以说，地方志数字化、网络化建设已经有了一个良好的开端。

（七）建馆设想已变现实，方志集中收藏利用可望实现

我国历史上虽有修志的传统，但没有设置过系统收藏志书的专门机构，致使历史上编修的大量极富价值的方志文献资料或毁于战乱，或散于民间，或流失国外。相比之下，倒是境外一些国家，如美、英、法、德、俄、日、韩等，很重视收藏中国地方志。改革开放后，我国建立了指导全国修志的机构，却仍然没有集中收藏志书的地方。这种状况与中国作为方志大国的地位极不相称，也不利于方志资料的开发利用。在全国地方志第二次工作会议上，李铁映同志提出："有条件的地方可以筹建方志馆，一般地区也可以在图书馆设志书室。"2000 年 4 月 20 日，李铁映同志又明确指示，指导小组办公室可与北京市联系，合建国家·北京方志馆。李铁映同志的上述意见不仅得到了方志工作者的拥护，而且得到了许多地方党政领导同志

的赞同。北京市领导贾庆林、刘淇等同志积极支持李铁映同志关于合建国家·北京方志馆的建议，国务院副秘书长高强同志还亲自听取了有关问题的汇报。目前，建设国家·北京方志馆的项目论证工作正在进行之中。

方志馆是收集、开发、利用志书资源，开展方志文化交流的基地。五年以来，方志馆的这一重要意义和它在现代化建设中的特殊作用，已为越来越多的人所认识。1996 年 6 月，广州市方志馆率先落成投入使用。随后，广西、上海、云南、湖北、湖南、四川、新疆等省区市也相继建成了具有相当规模的方志馆。据不完全统计，目前建成和在建的方志馆共有 17 个，另外还有一些地方正在筹建。

（八）用志工作得到加强，志书作用日益显现

李铁映同志十分强调“修志为用”。他多次指出“用志是新时代方志事业的新特点、新发展。用志是服务当代、以志为鉴的重要任务。用志的方法要改革，各地和方志界要大胆探索”。五年以来，各地修志机构联系本地工作实际，努力开发方志资源，组织和推动用志工作。他们利用志书以及在修志过程中收集的资料，编写成各种专题报告，为当地制定规划、基本建设、开发资源、招商引资、减灾防灾、申报自然文化遗产等工作服务，收到了明显效果。

为了扩大志书的社会影响，推动用志工作进一步开展，指导小组和吉林省地方志编委会于 1995 年 9 月在长春举办了首次全国地方志成果展，全国 40 多个单位参展，展出了 2000 余种近万册的志书、年鉴。1999 年 10 月，又在北京中国革命博物馆举办了第二次全国地方志成果展，各省区市、国家有关部委局、解放军、武警部队、新疆生产建设兵团的修志机构及国

家图书馆等45个单位参展。展览会汇集全国新编省志、市志、县志约4000种，加上部门志、行业志、名山大川志和方志理论著作共约1万种，总计70亿字。参观这次展览会的观众共数万人，仅开幕式的观众就有近万人。嗣后，广西、安徽、贵州、湖北、浙江、四川、北京等省区市也先后举办了志书成果展，引起了当地广泛关注。

根据上一届指导小组的意见，1999年11月，中国地方志协会与江苏省地方志办公室等单位在无锡召开了“全国读志用志理论研讨会”，交流读志用志的经验，探讨地方志与地域文化的关系。2000年4月，指导小组与四川省地方志编纂委员会在成都联合举办了“地方志与西部大开发”座谈会，探讨如何使地方志工作为西部大开发服务，以及如何抓住西部大开发的历史机遇发展地方志事业。《中国地方志》等方志刊物也开辟专栏，组织讨论志书资源的开发与利用问题。指导小组办公室还于2000年11月编辑出版了《中国地方志》增刊——《新编地方志资源开发与利用集例》，汇集各地用志的580余个实例，以此推动用志工作。

以上八个方面的表现充分说明，五年来，全国方志事业在原有基础上确实有了长足的发展，取得了十分显著的成绩。这个成绩首先归功于党中央、国务院的关怀与领导；其次，归功于各级党委和政府的领导与支持；第三，归功于广大方志工作者的艰苦努力。

当然，在肯定成绩的同时，我们也必须清醒地看到存在的问题。这些问题主要有四个：

一是一些志书质量较差。在已经出版的志书中，质量参差不齐，有少数志书问题比较突出，如资料取舍失当，数据统计不准，史实不确，行文不规范，前后重复，校对不精等。还有些志书突出当地领导人，把现任领导人的标准像置于突出位置，损害了志书的科学性、历史性和严肃性。

二是少数地区进度太慢。现在还有三个省区市完成任务不到一半，有的地方完成得更少。究其原因，主要是当地领导对编修方志重视不够，领导不到位，队伍不到位，方志工作机构经费严重不足，缺少应有的工作条件。个别地方体制不顺，也是影响工作进度的重要因素。

三是有的地方机构、人员不稳定。从全国情况看，少数县和个别地市的地方志机构，特别是一些完成第一轮修志任务较早的地方志机构，受机构改革的冲击较大。有些县的方志机构，或与党史办合并，或与档案局合并，或与党史办、档案局三家合并；有些名为合并，实则名存实亡；甚至有的县认为志书写完了，没事可干了，于是把机构撤了，人员散了。也有些地方，虽然工作机构还在，但修志骨干或被调出，或离退休，又没有及时补充力量，致使工作基本处于瘫痪状态。

四是相当志书资源没有得到充分开发利用。新编地方志是当代社会科学领域最大的成果群，着重反映了我国近百年来各地区的历史和现状，是最详备、最真实的地情、国情资料宝库。但是由于宣传不够，还没有被社会广泛认识和利用。有些方志工作者忙于修志，主动了解社会需求、热情服务社会、积极开发志书资源的工作做得也不够。

上述情况，虽然存在于部分地区，但足以引起我们的重视，并要在今后的工作中认真加以克服和解决。

二　五年方志工作留给我们的基本经验

过去五年，全国方志工作者在以李铁映同志为组长，郁文、王忍之、王刚同志为副组长的第二届指导小组的领导下，进行了卓有成效的工作，也为我们积累了丰富的经验。在这些经验中，哪些是最基本的，是最需要我们继续坚持、落实、推进、深化和发扬的呢？初步总结，我们认为有以下五点：

（一）“党委领导、政府主持、各级地方志编委会组织实施”是地方志正确的工作体制，我们要继续坚持

体制问题关系到地方志事业发展的根本。李铁映同志在全国地方志第二次工作会议上所做的题为《求真存实，修志资治，服务当代，垂鉴后世》的报告中提出：“修志工作不是可有可无的事，而是各级政府的职责，主要是省、市、县三级政府主要领导同志的职责。”在此之前，李铁映同志还在中国地方志指导小组二届一次会议上深刻总结我国社会主义时期地方志工作的实践经验，指出“做好地方志工作，关键在于各级党委和政府对修志工作给予足够的重视”，科学地概括出“党委领导、政府主持、各级地方志编委会组织实施”的工作体制。二次工作会议以后，各地认真贯彻落实会议的要求，逐步确立了这一工作体制，使地方志工作呈现出新的局面。

新编地方志，横陈百科，包罗万象，涉及各行业、各学科，必须发动各系统提供资料，组织各方面专家、学者参与编修工作。涉及面如此广泛的工作，只有在党委领导下，由政府出面主持其事，才可能有效地开展起来。实践证明，这一体制是从实际出发并经过实践检验的唯一正确的体制，我们必须继续坚持。

（二）“一纳入、五到位”是做好地方志工作的关键所在，我们要继续落实

李铁映同志曾多次引用江泽民同志关于编修地方志重要意义的精辟论述。江泽民同志指出：“编纂社会主义新方志是两个文明建设的组成部分，是社会主义文化建设的系统工程，是承上启下，继往开来，服务当代，有益后世的重要事业。”为了有效地落实江泽民同志的这一指示，李铁映同志在第二次工作会议上提出：“要坚持‘一纳入’，即把修志工作纳入各地经济社会发展计划和各级政府的任务之中。要坚持‘五到位’，即领导到位、机构到位、经费到位、队伍（特别是职称）到位、条件到位”。这“一纳入、五到位”，是对做好地方志工作具有普遍性、全局性、关键性问题的高度概括，切中实际，具体明确。后来，李铁映同志又对此作过多次阐述，郁文、王忍之、王刚同志也多次强调过其重要性。它在方志界产生了很大反响，给方志界以极大鼓舞，同时也引起了各级政府的广泛重视，成为检验各级领导是否重视地方志工作的标准。

全国二次工作会议后，各省区市政府都先后召开了本地区的地方志工作会议，一般均确定由当地主要领导同志担任地方志编委会主任，并明确由当地一位领导主管地方志工作，而且定期听取地方志工作的汇报，及时解决工作中的问题。目前，绝大多数省区市的修志机构都已纳入政府系列，把地方志工作列入地方政府的重要职责，像其他工作一样，政府要定期向人民代表大会做出报告。实践证明，凡是对这一指导原则贯彻得力的地方，修志工作就受到重视，机构与编制就得到确认，班子就得到加强，实际问题就得到解决，队伍就稳定，成果就显

著，工作就生机勃勃。在新的世纪新一轮修志工作中，我们要进一步落实“一纳入、五到位”的要求，推动地方志事业不断向前发展。

（三）制度化、法制化是方志事业持续、稳定、健康发展的必然要求，我们要继续推进

李鹏同志在接见全国地方志第二次工作会议代表时指出：“编修地方志要制定章程或规定，以便使工作有章可循。”李铁映同志对此很重视，指示“在总结修志工作经验的基础上，形成制度，制定法规”。郁文同志在阐述这一问题时也指出，编修地方志是省、市、县三级政府的一项重要任务，应当争取做出相应的决定，制定统一的条例或规定，使之制度化、规范化。

1996年11月9日，国务院办公厅发布了《关于进一步加强地方志编纂工作的通知》（国办发〔1996〕47号文件），对在建立社会主义市场经济体制的新形势下的地方志编纂工作的指导思想、工作任务、续志期限、志书质量、队伍建设等一系列重大问题，做出了明确的规定。通知强调，“地方各级人民政府要继续重视地方志编纂工作，切实加强领导”，“把地方志编纂工作列入政府的议事日程”。

1998年2月，经国务院领导批准，指导小组颁发了《关于地方志编纂工作的规定》，对地方志编纂工做各方面的问题做出了更加明确的规定。这是在1985年颁发的《新编地方志工作暂行规定》的基础上，总结十几年的修志实践经验，集中全国广大方志工作者的智慧，制定的全国修志工作的第一个正式规定。许多省区市政府、国家部委局，以及解放军、武警和新

疆生产建设兵团等史志机构，依据《关于地方志编纂工作的规定》，并结合各自的实际情况，进一步制定了一系列关于方志工作的文件和工作细则。这些工作，有力地推动了方志工作的制度化、法制化建设。今后，我们要沿着这个路子继续走下去。

（四）开拓创新、与时俱进是引导方志事业不断前进的思想源泉，我们要继续深化

早在20世纪80年代初，胡乔木同志就提出："要用新的观点、新的方法、新的材料，继续编写地方志。"二十多年的修志实践证明，胡乔木同志的倡导是具有远见的。今天修志和历朝历代修志，虽然在历史渊源上有继承关系，但从指导思想、方法手段到记述内容上，都已经发生了深刻的变化。因此，时代精神，创新意识，乃是推动和做好新方志事业的动力。

全国第二次工作会议之后，地方志工作更加贴近现实，志书的内容进一步突出时代的特征和区域特色，体例结构上也有显著的创新，从而使新编地方志更能从本质上反映社会发展的主流和趋势。随着社会的发展和新生事物、新兴事业的不断涌现，志书的模式与志书种类也有了新的突破及发展，产生了城市区志、企业志、行业志（如科技志、民航志、电力志）、特区志等等。特别是面对现代科技和信息化的发展，广大方志工作者主动迎接挑战，不仅积极引入现代化手段修志，大搞数字化、数据库、网络化、产业化建设，而且以新的观念审视和定位地方志工作。许多地方志机构除了组织编修地方志，还组织编辑出版年鉴，开发志书和修志过程中积累的资料，服务于两个文明建设。一些省区市，如山东、河南等地，还努力探索地方志工作发展的新途径，提出“志鉴库馆，服务开发，五业并举，协调发展”的工作思路，把用志与修志并列为地方志机构的两大主业，从工作模式、技术手段、服务方式和服务领域上，探索方志事业的改革创新之路。我们要在今后工作中进一步解放思想，更新观念，推动方志事业不断发展。

（五）无私奉献是保证方志事业长久发展的精神支柱，我们要继续发扬

地方志机构是辛苦、艰苦、清苦的“三苦”部门，因此，修志人员必须具有敬业精神，淡泊名利，无私奉献，否则是很难在这个岗位长久坚持的，也是做不好方志工作的。在全国第二次工作会议上，李铁映同志特别倡导“求实、创新、协作、奉献”的修志精神，对推动全国地方志队伍的建设产生了重要影响。目前，全国已形成了一支具有较高政治素质和业务素质的方志队伍，根据19个省市统计，在这支队伍中受到省政府表彰的先进集体有1317个，先进工作者有3779人，他们之中的很多事迹是感人肺腑的。如山西的燕居谦，身患绝症后，仍以顽强的毅力与病痛做斗争，直到卧床不起，还手操志稿，编纂了140万字的《交城县志》。再如黑龙江的耿煌，退休后仍发挥余热，呕心沥血，主编了《黑龙江省志·民政志》和《黑龙江省志·地名录》两部志书，将余生献给了伟大的方志事业。在方志界，像燕居谦、耿煌这样感人的事迹还有很多，他们是我们方志界的骄傲。正是由于我们有了像燕居谦、耿煌这样的方志工作者，我们才可能取得如此辉煌的成就，方志事业才可能出现今天这样的局面。我们应该继续高扬这种敬业奉献、艰苦奋斗的精神，这不仅是做好新一轮修志工作的保证，也是方志事业长盛不衰的有力保证。

以上五点，是过去五年地方志工作在第二届指导小组领导下，留给我们的最可宝贵的财富。我们一定要珍惜这些经验，在今后的工作中认真借鉴，使之不断发扬光大。

三　对今后五年工作的总体要求

今年5月，当时负责联系中国地方志指导小组的国务院副秘书长徐荣凯同志向国务院领导提出一份专题报告，对进入新世纪后的地方志工作提出了三点建议：一、在新世纪要继续加强编修地方志工作，要充分发挥中国地方志指导小组的职能作用；二、请李铁映同志继续担任中国地方志指导小组组长，国务院明确一名副秘书长任副组长；三、关于中国地方志指导小组成员调整、工作条件改善等问题，请中国社会科学院与有关部门研究解决。这个报告经国务院王忠禹秘书长呈送朱镕基总理、胡锦涛副主席、李岚清副总理、曾庆红同志圈阅后得到批准。

据此，中国社会科学院于今年6月开始着手制定中国地方志指导小组的调整方案，并得到有关领导的同意。方案提出，指导小组成员仍由国务院有关部委、部队和部分省市分管地方志工作的领导及有关科研机构、高等院校的学者组成；为更好地发挥指导小组的职能作用，除了中国社会科学院、国家档案局仍各出一位同志担任副组长，国务院出一位副秘书长担任副组长外，考虑到部队的特殊性，增加军事志指导小组一位同志为副组长；国务院部委成员由过去的3人增至8人；省市领导成员仍保持7人，但省份有所调整。为保持工作的连续性，学者中68岁以下的可保留为下届成员，超过65岁的原则不新进领导小组。

根据这个方案，国务院、中国社会科学院、中央军委办公厅、中央办公厅分别明确由高强、朱佳木、徐根初、毛福民同志担任新一届指导小组副组长，有关方面也先后明确了其他33名成员人选（其中有8人是上届指导小组成员，均为符合年龄要求的学者。新一届指导小组成员平均年龄为56.9岁，比上一届成立时低5岁，换届时比上一届年龄下降11岁）。于是，中国社会科学院党组向国务院写出了关于第三届指导小组成员组成的请示。同时，考虑到全国地方志第二次工作会议至今已五年，新中国首轮全国规模的修志工作已基本结束，部分省市区在启动新一轮修志工作，中国社会科学院党组又向国务院写出关于在第三届指导小组成立之际，适时召开第三次全国工作会议的请示。12月上旬，这两个请示均得到国务院的批准。

昨天，第三届指导小组在李铁映同志主持下，召开了第一次会议，讨论研究了今后五年的工作。由于这一届指导小组刚刚成立，许多同志情况还不熟悉，因此对今后五年的工作，只能提出一个大致的设想。具体安排，有待通过调查研究之后再逐项出台。

指导小组认为，从新世纪开始，我国就已进入了全面建设小康社会，加快推进社会主义现代化建设的新阶段。今后的五年，将是实施第十个五年计划，为实现第三步战略目标奠定基础，在我国经济和社会发展上都极为重要的时期。因此，全国地方志工作的指导方针应当是：高举马克思列宁主义、毛泽东思想、邓小平理论的伟大旗帜，认真贯彻“三个代表”重要思想，不断开拓进取，坚持扎实工作，抓紧完成首轮修志任务，全面启动方志续修工作，切实加强方志理论研究，努力加快数字化、网络化建设，积极推动方志资源的开发利用，努力开创新世纪方志工作新局面，为各级领导的决策服务，为党和国家的工作大局服务，为有中国特色的社会主义建设服务。

根据这个指导方针，指导小组对今后五年工作有以下一些要求：

（一）认真学习江泽民同志和党中央今年以来的一系列重要讲话和决定

今年7月1日，江泽民总书记在庆祝建党80周年大会上发表了重要讲话，深刻阐述了“三个代表”重要思想的深刻内涵；8月7日，江泽民总书记在北戴河亲切接见社会科学专家，并发表重要讲话，深刻论述了哲学社会科学对于推动历史发展和社会进步的重要作用，指明了哲学社会科学工作者的前进方向；9月24日，我们党召开十五届六中全会，通过了《中共中央关于加强和改进党的作风建设的决定》，提出“八个坚持”“八个反对”，强调把思想作风建设摆在第一位。这些重要文献都与地方志工作有着极为密切的关系，各地方志机构一定要组织方志工作者认真学习领会，并在方志工作中认真加以贯彻落实。

（二）全面启动新一轮修志工作

现在已有一些省市启动了新一轮修志工作，今后五年，我们要使其他省市续修工作也都逐一启动。为了把续修工作做好，各地首先要深入总结第一轮修志工作的经验，组织方志队伍的理论、业务培训，使续修工作有一个比较扎实的前进基础。其次，各地要认真研究续修工作面临的新情况、新问题，用改革创新的精神，深入调查研究，制订实施方案，设计篇目结构，使续志的体例结构更能符合不断发展、变化的实际。指导小组办公室也要在续修工作中加强协调，搞好服务，组织经验交流，力争使新一轮修志从一开始就有一个较高的起点。

（三）继续抓紧完成第一轮修志任务

各地、各部门的方志工作领导机构要对尚未完成第一轮志书编修任务的地方进行调研，分析其中原因，并积极与有关方面联系，促其加快工作进度。要进行分类指导，把工作重点放在完成任务差距较大的地区。要在抓进度的同时，注意抓质量，防止为赶进度而忽视质量的现象发生，使这些单位争取做到速度加快，质量也后来居上。我们要在今后五年，全部完成首轮三级志书的编修计划。

（四）切实做好年鉴的编辑和出版工作

年鉴是地方志工作的有机组成部分，它既可及时为现实服务，弥补志书出版周期长的不足，又能为续修新志积累资料，培养人才。我们主张，每个省区市地方志机构至少应办一种综合年鉴，还没有编辑年鉴的地区，要积极创造条件，争取把年鉴工作开展起来。中国地方志指导小组办公室已经决定，要从明年开始编辑出版《中国地方志年鉴》，并在明年召开一次全国地方志系统的年鉴工作会议，交流年鉴编辑工作经验，研究有关年鉴质量、工作发展和与编修地方志工作有机结合等问题。

（五）大力加快地方志数字化、网络化建设

数字化、网络化是信息化最新、最重要的手段，对社会生

活的各个领域产生了广泛而深刻的影响。国家“十五”计划已把促进信息化作为产业升级和带动工业化、现代化的关键环节，放在了优先发展的位置。地方志系统必须顺应这个大趋势，认真落实李铁映同志关于“方志部门要充分利用现代化的科技成果和手段来开拓志书的新领域，扩大志书的影响和使用，推动改革开放”的指示。指导小组办公室要组织有关同志，研究提出方案，力争在今后五年内，基本实现地方志系统数据库全国联网。

（六）稳步推动方志馆建设

方志馆是文化设施的基础建设，有了方志馆，可以将修志、编年鉴、方志学研究、志书收藏、方志资源开发、地情数据库和网络化建设、方志文化交流等多项工作，集中一处，统筹运作，发挥综合效应。一些已经建成并投入使用的方志馆，已经显示出了它的这种功能。根据李铁映同志的指示，指导小组办公室正在和北京市有关部门就合建国家·北京方志馆问题进行进一步论证，争取在国家计委早日立项。尚未建设方志馆的省区市，凡是有条件的，也要争取有关方面的理解与支持，在今后五年内把方志馆逐步建起来。

（七）积极促进方志资源的开发利用

地方志既有记述历史、传承文明的作用，也有为现实的经济、文化等多方面建设服务的功效。方志工作者既要有历史责任感，淡泊名利，潜心修志，为后世积累资料，也要有时代感，关注现实，服务当代，把案头资料工作变为直接为“四化”建设服务的工作，把静态的资料变为动态的信息，把潜在的使用价值变为现实的使用价值。这是新方志工作对传统方志工作的拓展，是地方志工作的业务延伸。我们应当对此抱积极的态度，将修志和用志放在同等重要的地位，努力创造修志、用志良性互动的机制。为了有助于用志，李铁映同志提出要在现有志书的基础上编写简志，使它们成为各级领导和学者的案头卷。我们要在今后五年内争取出版一批这样的简志，将其作为促进用志的一种探索。

（八）努力加强方志队伍的建设

队伍建设的前提是机构稳定、队伍稳定，没有机构和队伍的稳定，谈不上队伍建设。而没有一支稳定的、高素质的队伍，开创地方志工作新局面、编修高质量方志也无从说起。希望各级领导根据党中央、国务院“在新世纪要继续加强编修地方志工作”的指示精神，在机构改革中统筹全局，稳定方志工作的机构和队伍（特别是骨干队伍），并且设法为方志工作增添新的有生力量，使方志事业做到后继有人。同时，我们也要重视和善于从已退休的老先生中吸收有水平、有经验、有事业心的人，返聘他们参加编书和审稿等工作，充分发挥他们的余热，把他们也作为方志事业的一支重要力量。为了提高方志队伍的政治和业务素质，指导小组准备在明年开展第一次全国范围的方志工作表彰活动，评选先进工作者和先进集体。初步打算上半年制定办法，进行部署，下半年进行评选，年底或后年上半年召开表彰大会。另外，指导小组办公室还要和各省区市的地方志编委会及办公室合作，举办理论培训班，在今后五年里分期分批轮训方志工作的骨干。

（九）不断深化方志理论的研究

新编方志工作已积累了二十多年的丰富经验，我们今后的任务是要从这些经验中概括、提炼、升华出新的理论，建设起新的方志学科，反过来用以指导修志的实践。我们提出修志工作要逐步制度化、法制化，而做到这一点，光有经验的积累还不够，也要靠深入的理论研究。这次会议提交大家讨论的《关于全国地方志工作的若干规定》就既是对以往经验的总结，也是方志理论研究的一个成果。同样，我们对它的修改过程，也将是继续总结经验的过程和深化理论研究的过程。现在出了不少教材和方志学著作，但有些因为注重应用，理论深度和系统性还不够；有些虽然注意了理论阐述，但多是阐述传统理论，新的理论概括还不够。我们要编写出既继承传统方志理论的精华，又具有今天时代精神的新方志理论的教材，如编写李铁映同志所提议的《中国方志通鉴》。我们还要编写那些有助于加强学科基础建设的著作，如编写《中国新编地方志总目提要》等。另外，我们要积极开展对外学术交流活动。他山之石，可以攻玉。过去我们只知道美国、西欧、俄罗斯、日本等藏有大量的中国志书，改革开放以后才发现，其实在美国、西欧、日本、澳大利亚，也有和我们修志性质类似的工作。我国第一个方志学的博士学位，就是在日本获得的。所以，我们要积极进行地方志的对外学术交流工作，包括开展与港澳台地区方志界的交流。这一方面可以扩大中国的影响，促进祖国的统一大业，另一方面可以开阔方志工作的视野，吸收他人经验中的精华，提高我们的方志理论水平，促进我们的方志学科建设。

（十）坚持发挥地方志协会的作用

明年，中国地方志协会理事会要进行换届。届时应当吸收一批在第一线工作的中青年同志进入理事会，参加协会领导工作。换届后，协会要制定工作计划，充分发挥群众性学术组织的优势，广泛团结科研机构、高等院校中的方志学专家，开展志书、年鉴的评论和理论研讨，组织整理旧志和进行学术交流，协助方志机构培训业务骨干。总之，协会要在指导小组的领导下，为推进方志学的学科建设和队伍建设发挥自己的作用。

同志们，再过几天，人类社会就要进入21世纪的第二个年头了。21世纪将是中华民族伟大复兴的世纪，是充满挑战和机遇的世纪。我们地方志工作者要同全国各条战线的同志一道，紧密团结在以江泽民同志为核心的党中央周围，站在时代高度，立足本职工作，面向未来，迎接挑战，再接再厉，乘胜前进，努力开创新世纪方志工作的新局面，为中华民族的伟大复兴，做出自己应有的贡献！

发挥协会作用，促进学科建设*

——在中国地方志协会第四届理事会第一次会议上的讲话

（二〇〇二年十二月二十日）

中国地方志协会第四届理事会完成了预定的各项议程，现在就要闭幕了。我衷心感谢大家对我的信任，推选我担任新一届地方志协会的会长。

在中国地方志指导小组的领导下，协会第三届理事会做了大量工作，例如，开展与修志工作密切相关的学术讨论、理论研讨、志稿评议、年鉴评论活动，同各地修志机构和有关高等院校联合举办修志骨干的培训班、研讨班等。这些工作都对提高志书质量和修志队伍的理论素养起了很大作用，有效地配合了中指组和各级地方志编纂委员会的工作。对此，单天伦同志在昨天的报告中已作了比较全面和详细的介绍。由于年龄等方面的原因，第三届理事会的许多领导和同志这次退了下来，但他们对协会所做出的贡献，却永远留在了方志事业和人们的记忆中。在此，我谨代表中指组向第三届理事会的所有领导和同志们致以衷心的谢意！

多年来，中国地方志协会在我国新编地方志的工作中，一

* 这篇讲话曾发表于《中国地方志》2003 年第 1 期。

直发挥着重要的桥梁和纽带作用。是协会把广大方志工作者的希望和要求，迅速反映给中指组和各级地方志编委会；是协会把中指组和各级地方志编委会有关修志工作的方针、政策、任务，传达给了广大方志工作者；是协会通过开展学术活动和多种形式的培训工作，把方志工作者动员和团结了起来，推动了方志理论的研究和学科的建设，促进了方志人才的培养。事实说明，协会在方志工作的开展中已经成为中指组和各级地方志编委会的得力助手。

一个多月前闭幕的党的十六大，是我们党在新世纪召开的第一次代表大会，也是我们党在开始实施社会主义现代化建设第三步战略部署的新形势下召开的一次十分重要的会议。大会把“三个代表”重要思想同马克思列宁主义、毛泽东思想、邓小平理论一道确立为党的指导思想，提出了新世纪、新阶段党和国家的奋斗目标及行动纲领，选举产生了以胡锦涛同志为总书记的新的中央委员会，完成了中央领导集体的新老交替。江泽民同志在大会上的报告，全面分析了我们党面临的国际、国内形势，科学地总结了过去13年来的基本经验，进一步阐明了贯彻“三个代表”重要思想的根本要求，深刻回答了关系党和国家未来发展的一系列重大理论与实际问题，是一篇光辉的马克思主义的纲领性文献。党的十六大对党和国家各项事业的发展必将产生重大而深远的影响，对全国地方志工作同样具有极为重要的意义。中国地方志协会应当认真学习、深刻领会、全面贯彻十六大精神，把学习贯彻十六大精神同协会的工作实际紧密结合起来，为推进新世纪方志事业的不断发展，为建设社会主义的先进文化做出我们应有的贡献。

中国地方志协会换届之后，新一届理事会将要具体研究和部署协会今后的工作。这里，我仅就如何用党的十六大精神来指导协会工作的问题，讲几点原则性的意见。

第一，坚持先进文化的前进方向，积极促进方志学科的建设。

“三个代表”重要思想是党的十六大报告的灵魂。报告把文化与经济、政治等放在一起，作为综合国力的一个重要组成部分，并且指出：“在当代中国，发展先进文化，就是发展面向现代化、面向世界、面向未来的，民族的科学的大众的社会主义文化”。报告提出，把握先进文化的前进方向，必须坚持马克思列宁主义、毛泽东思想和邓小平理论在意识形态领域的指导地位，用“三个代表”重要思想统领社会主义文化建设；必须坚持为人民服务、为社会主义服务的方向和“百花齐放”“百家争鸣”的方针；必须把弘扬和培养以爱国主义为核心的民族精神，作为文化建设的重要任务，纳入国民教育和精神文明建设的全过程；必须坚持社会科学和自然科学并重，充分发挥哲学社会科学在经济和社会发展中的重要作用，扶持体现民族特色和国家水准的重大文化项目。今后，地方志协会的一个重要任务，就是要根据报告中的这些精辟论述，通过各种媒体，采取各种形式，向社会各界广泛宣传编纂地方志工作的重要意义；同时，团结广大方志工作者沿着报告所指引的前进方向，大力加强和发展方志学科的自身建设。

方志学是一门在我国有着悠久历史传统、具有鲜明民族特色的学问，属于广义文化的范畴。江泽民同志早在 1987 年就指出：“编纂社会主义时期新方志是两个文明建设的组成部分，是社会主义文化建设的系统工程，是承上启下、继往开来、服务当代、有益后世的重要事业。”地方志协会今后要进一步联系和团结广大方志工作者，按照十六大精神，把编修地方志工作自觉融入社会主义精神文明和文化建设之中，在建立与中华民族传统美德相承接的社会主义思想道德体系中发挥作用；使编修地方志工作切实面向现代化，面向世界，面向未来，加强对内对外的学术交流；使编修地方志工作真正具备“民族的科学的大众的”品格，不断发扬光大我国修志的优良传统。

方志学在一定程度上是史学的一部分，属于意识形态领域。修志绝不是简单地收集和汇总资料，它包含着“资治、教化、存史”等多方面功效。人们要热爱自己的祖国，首先要热爱祖国的历史。李铁映同志在第三次全国地方志工作会议上的讲话中指出：“近年来在史学研究领域中存在一个问题，通俗地讲，就是‘造史学’问题。什么叫‘造史学’呢？就是胡编乱造历史，给历史泼一盆脏水，把历史搞得污垢不堪，不堪入目，无一是处，一团漆黑。”“历史上曾经有不少这样的先例，即灭其国先灭其史，抽取历史的一个部分，加以篡改，使这个民族失去了自己的精神支柱。”地方志协会今后要进一步联系和团结广大方志工作者，按照十六大精神，自觉地以历史唯物主义为指导，牢牢把握正确的政治方向，把方志变成对人民群众特别是青少年进行爱国主义教育的有益教材，为弘扬和培育民族精神发挥自己独特的作用。

方志学还是综合性很强的学科，属于社会科学的门类。社会科学研究与自然科学研究一样，都是探索未知世界的艰苦劳动，出现错误是正常的，难免的。我们要允许方志工作者在修志实践中，在认识不断深化的过程中犯各种错误。地方志协会今后要进一步联系和团结广大方志工作者，按照十六大精神，坚持“百花齐放”“百家争鸣”的方针，在学术研究和学术讨论中努力营造宽松和谐的氛围，使大家真正做到各抒己见、畅所欲言。我们要尊重各种不同学术风格和学术观点，虚心听取各方面的意见，保证方志学科的健康发展。对于学术团体来说，最重要的莫过于树立一个能体现科学精神、学术水平和思想素质的好学风。多年来，地方志协会经过大力提倡，已经在广大方志工作者中树立起了“科学、务实、求真、创新”的学风。我们要继续提倡这一学风，为续修新志创造良好的学术环境。

要加强方志学科的建设，不仅要团结和依靠全国各地的方志工作者，而且要团结和依靠高等院校、科研机构里一切有志于方志工作的专家、学者。二十多年的修志实践，使我们形成了一支有较高理论水平和丰富实践经验的修志队伍。地方志协会今后的一项重要任务，就是要充分发挥其中老同志的作用，紧紧依靠其中中年骨干的力量，高度重视吸收和培养青年修志人员。地方志横陈百科，包罗万象，涉及多种学科和领域，我们只有不断吸收和团结相关学科的专家、学者，组织宏大的修志队伍，才可能更好地开展志书与年鉴的评论、方志理论的研讨、学术问题的交流、业务骨干的培训以及旧志的整理工作，才可能把方志事业不断推向前进。

做好地方志协会的工作，还必须接受业务主管单位、社团登记管理机关的业务指导和监督管理，这也是把握先进文化前进方向的题中应有之义。我们要严格遵守协会的章程和各项规定，使协会的工作做到既活跃又有序，把它真正办成名副其实的方志工作者之家。

第二，坚持解放思想、实事求是、与时俱进的精神，不断推动方志理论的创新。

解放思想、实事求是、与时俱进是党的十六大报告的精髓。报告特别强调理论创新，指出：“实践基础上的理论创新是社会发展和变革的先导。”今后，地方志协会的一个重要任务，就是要联系和团结广大方志工作者，深入开展方志理论研究，不断进行方志理论的创新。大家知道，包括封建时代和民国时期的旧方志理论，许多早已不再适用于编修社会主义的新方志。新时期的首轮修志之所以能在方志理论准备不足的情况下最终获得成功，一个最重要的原因，就是它在吸取旧志好的、传统的基础上，提出了许多新的观点和新的方法，在志书体例、篇目设置和内容选择等方面进行了理论创新。如果没有正确理论的指导，新时期首轮修志工作要取得成功是根本不可能的。然而，实践在不断发展，第一轮修志工作中一些成功的理论，在新一轮修志工作中又可能出现新的不适应。特别是由于我们续修任务所要面对的，刚好是改革开放后的二十多年。在这二十多年里，我国社会生活的方方面面都发生了深刻变化。作为“地情书”的方志，无论内容体例还是篇章结构，无疑也都要随之变化。方志理论只有与时俱进，才能科学、准确地反映社会实践的新变化、新特点和新规律，才能对新一轮修志工作起到正确的指导作用，才能保证新一轮志书质量的提高。

当然，现在与首轮修志初期的条件有很大不同。我们已经建立了拥有 2 万名专职、8 万名兼职修志人员的修志队伍，积累了二十多年的修志经验，出版了近 5000 部三级地方志书和大量的行业志、部门志，还有许多方志理论专著和论文。我们现在对新编地方志的认识，比起当初不知要丰富多少、深刻多少。这些都是我们进一步开展方志理论创新的良好基础，也是我们做好新一轮修志工作的根本保证。我们要对二十多年来的修志工作进行全面系统的总结，无论是成功的经验还是失败的教训都要总结，无论是新方志的属性、功能、特征，还是内容体例、篇章设置、文体文风都要研究。协会可以就这些问题组织各种研讨会、座谈会，吸收方志工作者和有关专家、学者参加。通过总结，取得带规律性的认识，进而取得新的、有创见的理论成果，使新一轮修志工作从一开始就能在科学理论的指导下，有一个较高的起点。

第三，坚持全面建设小康社会的奋斗目标，广泛开展读志用志活动。

全面建设小康社会是党的十六大报告的主题。报告指出："要坚持以经济建设为中心，用发展的办法解决前进中的问题。""必须紧紧抓住发展这个执政兴国的第一要务。""要在本世纪头二十年，集中力量，全面建设惠及十几亿人口的更高水平的小康社会，使经济更加发展、民主更加健全、科教更加进步、文化更加繁荣、社会更加和谐、人民生活更加殷实。"这一奋斗目标极大地鼓舞了全国人民，也为地方志工作者提供了新的建功立业的大好机会。今后，地方志协会的一个重要任务，就是要联系和团结广大方志工作者，紧紧围绕这一主题，大力开发志书资源，为全面建设小康社会贡献力量。

地方志是省情书、地情书，是一省一地的系统全面的资料宝库，既有记述历史、传承文明的作用，也有为现实经济、文化等各方面建设服务的功能。修志的目的在于用志，尤其在于用来为现代化建设服务。强调用志，这是时代赋予新方志工作的使命，是对传统方志工作的发展，是地方志工作业务的延伸。对读志用志，协会过去做了许多工作，今后面对全面建设小康社会的新形势，应当下更大的功夫，采取更多的措施。

实践说明，在开展读志用志活动方面，地方志协会是有很多文章可做的。除了组织力量编辑各种志书简本、专题小册子外，协会还可以协助各地方志编委会，建立方志的数据库、网站等；也可以与经济部门、文化部门，如招商引资部门、旅游部门、出版社、报社、电视台等等合作，共同开发志书资源，直接为当地全面建设小康社会服务。总之，用志的路子多得很，关键是要打开思路。我们要通过读志用志，显示方志工作的自身价值，提高方志工作的自身地位，使更多的人了解方志，喜欢方志，从方志中获益。

古人说：盛世修志。现在，中华民族正在出现一个前所未有的盛世局面。伟大的时代需要产生也可能产生质量更高、内容更多、规模更大的志书。从古至今还没有哪一个政府像今天的中华人民共和国政府这样重视修志。我们要抓住这一历史机遇，加倍努力工作，用方志工作者手中的笔，为中华民族的伟大复兴添砖加瓦，为伟大的时代增光添彩，不辜负党和政府对方志工作者的巨大关怀与期望。

同志们，再过 10 天，2002 年就要结束，2003 年的钟声就要敲响了。借此机会，我代表指导小组，代表协会的各位副会长，向第四届理事会的理事们，向到会的同志们，并通过你们向所有工作在方志战线上的同志们拜个早年，祝大家在新的一年里身体健康，家庭幸福，在工作中取得新的、更大的成绩！

在中国地方志指导小组三届三次会议上的讲话*

（二〇〇四年二月十六日）

今天的会议是地方志指导小组的三届三次会议，也是第三届指导小组成员调整后召开的首次会议。会议的主要议题是：听取并审议指导小组办公室关于2003年工作的总结和关于2004年工作的安排设想，听取指导小组办公室对《地方志工作条例（讨论稿）》［以下简称《条例（讨论稿）》］的说明，并对该《条例（讨论稿）》提出意见。

去年年初，中国地方志指导小组组长李铁映同志因工作变动，不再担任中国社会科学院院长。随后，指导小组副组长高强同志调任卫生部常务副部长，不再担任国务院副秘书长；副组长徐根初同志在军事科学院中的分工也有变动，不再分管军事志工作。同时，由于政府换届、机构改革，指导小组成员中一些省、市、自治区和国务院部门领导同志的职务或分工，也相继变化。为此，去年12月，经国务院同意，对第三届中国地方志指导小组的几位主要领导和部分成员作了相应调整。调整后的指导小组组长由全国政协副主席、中国社会科学院院长

* 这篇讲话曾发表于《中国地方志》2004年第4期。

陈奎元同志担任，原由高强同志担任的副组长改由国务院分管科教文卫工作的副秘书长陈进玉同志担任。调整后的小组新成员有国家发改委副主任李盛霖同志、国家民委副主任周明甫同志、财政部部长助理张少春同志、国家新闻出版总署副署长柳斌杰同志、河北省副省长龙庄伟同志、吉林省副省长李锦斌同志、广东省副省长谢强华同志、贵州省副省长吴嘉甫同志、新疆维吾尔自治区副主席努尔兰·阿不都满金同志、江苏省政协副主席陆军同志。另外，总参谋部最近已明确由军事科学院副院长葛东升同志接替徐根初同志出任指导小组副组长，全军军事志指导小组办公室主任姚有志同志出任小组成员，目前正在向国务院办理报批手续。这次调整幅度很大，38 名小组成员中涉及 14 人，占总数的 37%；而且，新成员都是各方面分管方志工作的负责同志，有的今天专程从外地赶来出席会议，这再一次体现了国务院和有关部门，省、市、自治区党委和政府，解放军和武警部队，对于地方志工作的高度重视和对指导小组工作的大力支持。在这里，请允许我代表第三届指导小组向各有关单位的领导表示衷心感谢，同时，代表第三届指导小组的老成员向新参加指导小组工作的同志表示热烈欢迎。

刚才，陈奎元同志在会上就继续贯彻党的十六大精神、坚持地方志工作的正确方向，加强地方志立法，以及促进地方志事业持续、稳定、健康发展和总结经验、开拓创新、继续抓紧完成首轮修志任务、全面启动新一轮修志工作等问题，发表了十分重要的讲话。他充分肯定了前一阶段地方志工作的成绩，强调了新编地方志事业对于全面建设小康社会的不可替代的积极作用，提出了借助中共中央 3 号文件的东风，大力加强方志理论研究和方志学科建设、促进方志工作的法制化建设、建立志书质量评估体系、完善方志人才培养选拔与管理机制、推动方志成果应用等一系列意见，重申了李铁映同志关于“一纳入、五到位”的要求。这些意见体现了江泽民同志关于加强哲学社会科学研究的三次讲话精神，也体现了胡锦涛总书记在全国宣传思想工作会议上的讲话精神，对地方志工作具有重要指导意义。指导小组办公室和各地各部门方志办要认真学习领会，并结合各自实际贯彻到今年和今后的工作中去。

陈进玉同志今天挤出时间赴会，转达了国务院对方志工作和广大方志工作者的关怀。他肯定了第一轮修志工作的成绩和启动第二轮修志的必要性；强调充分利用现有刊物和互联网，加强对地方志的宣传，增强社会对志书利用的意识；要求各级政府根据中央关于“五统筹”和树立科学发展观的精神，继续在财力等方面加大对地方志工作支持的力度。对此，指导小组办公室要迅速传达到全国方志工作系统。地方志工作是中国社会科学院受国务院委托代管的一项事业，有国务院给予我们经常性的指导与支持，地方志事业在今后一定会得到更加顺利的发展。

今天的会议讨论并原则通过了指导小组办公室《2003 年工作总结》和《2004 年工作安排设想》，对《条例（讨论稿）》提出了很多宝贵的意见。会后，我们要认真研究这些意见，对《条例（讨论稿）》作进一步修改，然后再征求各方面意见，并请法律专家把关，待条件成熟后报送国务院法制办公室，争取使它早日进入立法程序。

在中国地方志指导小组三届四次会议上的总结讲话*

（二〇〇六年三月二日）

三届四次会议已经完成了各项议程，现在就要结束了。今天的会议听取了指导小组办公室关于2005年工作总结的汇报和2006年工作安排的设想，原则通过了指导小组办公室起草的《关于第二轮修志工作的若干意见》（以下简称《若干意见》）和《关于建立地方志编纂规划备案制度的规定》。刚才，大家对指导小组办公室的工作汇报及两个文件稿都提出了很好的意见和建议，陈奎元同志作了非常重要的指示。对此，指导小组办公室会后要认真研究，抓紧落实。对2006年的工作要点和《若干意见》稿要作进一步的调整、修改，特别是对《若干意见》稿要进一步征求意见，认真推敲，再改出一稿，然后送指导小组审定下发。

关于制定《若干意见》，我作一点补充说明。制定这个文件，是指导小组办公室根据大部分地区已进入第二轮修志的实际情况和一些地方及部门方志机构的要求而决定的。制定这个文件可以有两种思路。一种是进一步强调地方志工作的重要

---

* 这篇讲话曾发表于《中国地方志》2006年第6期。

性，讲一些一般的道理和要求。如果是搞这种文件，恐怕必要性就不大了。因为，第一，国务院和指导小组过去多次下发过关于加强地方志工作的文件，对首轮修志工作提出过很多原则性的意见，至今仍然是有效的。如果仅仅是强调地方志工作的重要性和首轮修志中讲过的那些原则要求，只要重申一下过去的文件就行了，不一定再搞新的文件。第二，现在地方志立法工作已经进行了两年多时间，在上级有关领导和部门的关心支持下，制定《地方志工作条例》已经正式列入国务院法制办2006年的计划。如果这个文件能出台，今后地方志工作就可以纳入法制化轨道，加强地方志工作就有了法律依据，这比我们指导小组发多少文件都有用。因此，对于指导小组来说，如果要针对第二轮修志工作发一个文件，应当是在总结全国第一轮修志经验的基础上，结合第二轮修志面临的实际情况，就修志工作本身带普遍性的问题，提出一些具有前瞻性和可操作性的指导意见。指导小组办公室现在这个稿子，就是按这个思路起草的。这个稿子尽管已反复征求过意见，也修改过多次，但目前看还不够成熟，还需要再修改，力争使它发下去后能真正起到指导的作用。

从三届三次会议以来的一年多时间里，全国地方志工作在各地各级党委、政府的关怀和领导下，在地方志工作机构和同志们的努力下，又取得了一些新的进展。据统计，截至2005年，首轮修志中的省、市、县三级志书，完成率分别为83.2%、90.6%、94.6%，总的完成率是88.8%，与2004年相比，提高了近2个百分点。可以说，首轮修志工作已经取得了很大成绩，尤其可贵的是，在实践中形成了一个党委领导、政府主持、各级方志机构具体实施的工作体制。无论从编纂方法的科学性和资料搜集的全面性，还是从修志地域的广阔性和志书种类的多样性，以及已出版志书的质量和数量上看，新编地方志工作所取得的成绩都是历史上空前的，是过去历朝历代所不能比拟的。但同时要看到，由于工作经验不足，第一轮修志工作也存在这样那样一些问题。对于这些问题，指导小组办公室和各级地方志工作机构一定要高度重视，并设法在第二轮修志中加以解决。我们要按照陈奎元同志的指示，通过《中国地方志》杂志和《中国方志通讯》，加强工作交流，介绍好的经验和方法。另外，要加强培训，提高编纂队伍的素质；要健全三级审稿制度，确保志书的质量。

截至2005年年底，在第二轮修志工作方面已经发文并且开会部署的省、市、自治区（包括新疆生产建设兵团）共有29个，与2004年相比也增加了。从各地的规划看，第二轮志书的上下限一般定在1978年党的十一届三中全会召开到20世纪末21世纪初。这段时间正好是我国改革开放事业从开始进行到向纵深发展的时期。因此，把第二轮志书修好、修全面、修准确，不仅对于真实、完整、系统地保存改革开放以来经济社会各方面的资料具有重要意义，而且对于总结改革开放经验、继续深化改革扩大开放、提高改革开放水平具有重要借鉴作用。当前，我们国家正进入改革开放的新阶段和全面建设小康社会的关键时期，在这个背景下进行第二轮修志工作，要特别注意加强修志与用志的结合，做到边修志边用志，大力宣传和开发志书资源，使地方志工作在提高党的执政能力、贯彻落实科学发展观、构建社会主义和谐社会、建设社会主义新农村、实现“十一五”规划等方面，做出自己的独特贡献。

本届指导小组任期到今年年底就要届满了。经过这几年的工作，指导小组确定的工作目标虽然已接近达到，但离最终实现还有一定差距。比如，首轮修志至今约有10%的任务还没有完成。希望指导小组办公室进一步督促尚未完成第一轮修志和尚未部署第二轮修志的单位，抓紧工作。也希望已经开展第二轮修志的单位，能认真总结第一轮修志的经验教训，认真落实第二轮修志的指导思想、工作规划，切实做好编纂设计、资料搜集与总纂、文体与文字的规范等工作，抓紧进行试点和队伍的培训。此外，还有很多其他应当完成而未完成的工作要抓紧去做。我们要在剩下的任期内，再接再厉，继续努力推动全国地方志事业不断向前发展，在党中央和国务院的领导下，争取圆满完成第三次全国地方志工作会议规定的各项任务，以优异的工作成绩迎接全国第四次地方志工作会议的召开。

深入学习贯彻《地方志工作条例》，努力开创地方志工作新局面*

——在学习贯彻《地方志工作条例》经验交流会上的讲话

（二〇〇六年十月十八日）

今年是新编地方志工作大丰收的一年，是我国地方志发展史上不平凡的一年。其中最为突出的有两件事：

第一件是4月1日全国地方志系统表彰先进大会在北京人民大会堂隆重召开了。这是地方志工作有史以来第一次在全国范围开展评选先进的活动，也是有史以来地方志系统开展的评选先进活动第一次得到国家人事部门的参与和认可。经过广泛推荐、逐级把关、反复审核，共有31个单位和10名同志被授予地方志系统先进集体和先进工作者的光荣称号，还评选出了全国方志先进集体244个，先进工作者484名。这次活动扩大了地方志工作的影响，振奋了地方志工作队伍的精神，使广大地方志工作者受到很大鼓舞。

第二件是5月18日由国务院制定的《地方志工作条例》（以下简称《条例》），经过温家宝总理签署国务院令正式颁布施行了。这是社会主义新编地方志工作开展以来，也是中国历

* 这篇讲话曾发表于《中国地方志》2006年第11期。

史上自从有了地方志以来，第一部有关地方志的全国性法规，是广大地方志工作者盼望已久的。它结束了地方志工作无法可依的历史，标志社会主义新编地方志工作从此进入了依法修志的新阶段。它的制定和颁布施行，体现了党中央、国务院对地方志工作的高度重视和巨大关怀，反映了各有关方面、有关部门，特别是国务院法制办对地方志工作给予的充分理解和大力支持，凝聚了广大地方志工作者的智慧和心血。借此机会，我代表中国地方志指导小组，对国务院法制办的同志，对各省、市、自治区和全军、武警部队地方志工作机构，在《条例》起草过程中给予我们的配合协作，致以衷心的谢意！

为了搞好《条例》的学习宣传和贯彻落实，指导小组于6月下发了《关于学习贯彻〈条例〉的通知》，要求各地、各单位地方志工作机构务必抓住《条例》颁布施行的有利时机，结合首轮修志经验的总结和第二轮修志的实践，把学习宣传和贯彻落实《条例》作为当前乃至今后一个较长时期的头等重要任务，抓紧抓好。五个月来，各地各单位普遍开展了学习宣传和贯彻落实《条例》的活动，工作积极、主动、认真、富有创造性。不少地方采取多种形式，组织内部学习，帮助大家逐条理解《条例》，把握《条例》的基本精神；采取各种措施，进行宣传普及，大造舆论，形成声势，扩大了《条例》和地方志工作的社会影响；有的还及时向政府领导汇报，与法制部门沟通，动员和安排省、市领导通过报纸、电视，发表文章、讲话，带头宣传《条例》，并把学习宣传《条例》列入法制宣传教育内容中。所有这些，都反映出全国地方志工作队伍不愧是一支具有勤奋、奉献和创新精神的特别能战斗的队伍。今天，我们召开这个会议，主题就是交流前一阶段大家学习宣传和贯彻落实《条例》的经验，研究如何把学习贯彻《条例》的工作进一步引向深入，以及如何利用《条例》颁布的机遇，把地方志工作再向前推进一步，努力开创地方志工作的新局面。各省、自治区、直辖市和新疆生产建设兵团，以及全军和武警总部地方志工作机构的主要负责同志，几乎都出席了会议。一些基层工作单位的同志，也应邀前来参加会议。因此，这次会议是《条例》颁布后指导小组办公室举办的第一次全国范围的层次较高、与会人数较多的会议。希望大家充分利用这个机会，认真把会开好，争取开出成效来。

下面，我着重讲三个问题：

一　充分认识《条例》制定与颁布施行的重要意义

《条例》的颁布施行是地方志发展史上的一座里程碑，其意义极为重要和深远，可以说无论怎样估计都不为过。我们要增强学习宣传、贯彻落实《条例》的自觉性和主动性，就必须深刻认识《条例》制定与颁布施行的意义。

（一）《条例》的制定与颁布施行，是贯彻“依法治国”“加强文化法制建设”和“重视哲学社会科学领域立法工作”等一系列方略、方针的具体体现

我们党在1997年的十五大上，提出“依法治国”的方略；在2002年的十六大上，又提出要“加强文化法制建设”；在2005年中央3号文件上，进一步提出“要重视哲学社会科学领域立法工作”，为加快繁荣发展社会主义先进文化提供法制保障。《条例》的制定与颁布施行，正是对我们党所提出的这些

重要方略、方针的具体落实，是社会主义法制建设的又一成果，填补了我国文化法制建设中的一项空白。现在，文化领域中需要立法的工作有很多，国家较早地对地方志工作立法，把地方志工作纳入法制化轨道，凸显了地方志工作作为国家基础性文化建设工程的重要性。我们要从贯彻依法治国方略、建设社会主义先进文化的高度来认识《条例》制定与颁布施行的意义，把贯彻落实《条例》作为我们推进社会主义先进文化建设和文化法制建设的具体行动。

（二）《条例》的制定与颁布施行，是对我国地方志自古由国家组织编修的传统的继承和发扬

连绵不断地编纂地方志，是中华民族特有的、已经延续2000多年的优秀文化传统。据不完全统计，仅现存的历代旧志就有8000多种、十余万卷，约占我国全部古籍的十分之一。正如英国著名汉学家李约瑟博士所说，希腊的古代文化乃至近代英国，都没有留下与中国地方志相类似的文献。而我国这种独一无二的文化现象之所以能延续上千年流传至今，一个重要原因在于，自隋唐以后历朝历代都把修志当成国家行为，作为“官职”“官责”。特别到了明清两朝，更是由朝廷反复颁布修志诏谕。元朝和明清时期，朝廷还多次出面组织编修国家一统志。民国初期，中央政府甚至命令各地设立方志馆、方志局，编修从省到市到县的三级志书，并颁布过修志条例与规定。但是，无论哪朝哪代，都没有为修志立过法。因此，《条例》的颁布施行，不仅是对我国古代由国家组织修志这一古老传统的继承，更是对这一传统的发扬光大。它以国家立法的形式，从根本上保证了地方志事业的可持续发展。我们要从如何更好地继承和弘扬我国优秀文化传统的角度，深刻认识《条例》制定与颁布施行的深远意义。

（三）《条例》的制定与颁布施行，是社会主义市场经济条件下保证地方志工作有效进行的必然要求

新中国从成立初期，就对编修地方志工作十分重视。早在20世纪50年代，修志任务就被列入国务院《十二年哲学社会科学规划方案（草案）》，并且成立了中国地方志小组。至1960年，全国有530多个县开展了新编地方志工作，250多个县写出了初稿，30多部县志正式出版。以后，由于“文化大革命”等原因，修志工作一度中断。党的十一届三中全会后，新编地方志工作再次掀起高潮。1981年成立了中国地方史志协会（中国地方志协会前身），1983年恢复了中国地方志小组（改称指导小组），由国务院委托中国社会科学院代管。从此，以国务院办公厅、中宣部、中国地方志指导小组的名义发出了一系列有关地方志工作的文件。正是在这些文件的规定和指导下，全国从省到县普遍设立了地方志工作机构，并在全国范围开展了三级志书的首轮修志。截至2005年年底，首轮修志规划内的6000多部志书，已完成91.7%；全国专职地方志工作人员已接近2万人。可见，新编地方志工作无论是在政府投入的力度、修志的广度上，还是在修志的成效上，都是历朝历代所无法比拟的。这说明，过去那种靠文件来推动修志工作的方法，在当时条件下是完全可行的和有效的。但是，随着我国由计划经济体制过渡到社会主义市场经济体制，社会经济成分、组织形式、就业方式、利益关系等日益多样化，政府职能也相应发生转变。在这种新形势下，如果再像过去那样仅仅依靠政

策性文件和行政手段来组织地方志工作，已经难以适应需要，甚至在一些领域和行业已经不起作用了。怎么办？地方志工作是一项事业，不能像对待企业那样，任凭市场原则起作用。办法只能是用法律的手段确保地方志工作规范、有序、稳定、持续地向前发展，制约不自觉履行责任、义务的法人和自然人，以解决一些地方在地方志工作上随意性大、主观性强、组织协调困难、发展不平衡的问题。我们常讲要解放思想，与时俱进，推进理论创新、制度创新。我认为，《条例》的制定与颁布施行，就是地方志工作领域中一项重大的制度创新。我们应当从为社会主义市场经济条件下开展地方志工作提供法律保障的角度，来认识《条例》制定与颁布施行的重要意义。

二　深刻理解《条例》的丰富内容和精神实质

《条例》全文只有22条，不到2500字，但内容却极其丰富，不仅规定了《条例》制定的宗旨、适用范围，而且规定了地方志的内涵与外延，各级政府对于地方志工作的职责，地方志工作机构的任务，修志的原则与要求，志书编纂的权限，修志队伍的组成原则，修志的年限间隔，社会各界对修志的责任，志书审查验收的标准与办法，志书的备案与文稿管理，志书的性质与著作权、署名权归属，地方志工作的目的与责任，对地方志工作者的表彰与奖励，对未按《条例》规定修志行为的查处，以及对军事志、部门志编纂的原则规定等等。这些都是我们在工作中经常遇到的基本问题，有的还是过去很长时间含混不清或争论不休的问题。对此，《条例》都没有回避，都给予了明确回答。我们要逐条学习，逐条领会，同时，又要抓住重点，力求掌握它的主要精神。

《条例》的主要精神是什么？或者说它主要解决了哪几个比较重大的问题？从不同角度分析，可以有不同的归纳。下面，我从三个方面做些概括，提出来和大家交流，共同学习领会。

（一）《条例》明确了什么叫作地方志和地方志工作的问题

1. 关于地方志的概念。对此，方志界过去有多种观点，如说地方志是历史书、地理书、政书、历史资料、国情书、百科全书等等。1986 年，胡乔木同志在全国地方志第一次工作会议上提出："我们编出来的书是一部朴实的、严谨的、科学的资料汇集。"此后，"资料性著述"说逐渐成为主流观点。另外，地方年鉴究竟算不算地方志，各方面意见也不一致。《条例》在拟订的过程中，曾为此广泛征求过意见，并召开过专门会议进行讨论，最后明确"地方志"的内涵为"资料性文献"，外延包括地方志书和地方综合年鉴。这样的界定，不仅更加清晰了地方志概念，而且突破了传统的解释；不仅有助于提升地方志的学术品位和科学价值，而且有利于进一步拓展地方志工作的领域。当然，我们也要注意，地方志包括地方综合年鉴，不等于地方志就是地方综合年鉴。正如《条例》所说，地方志书是"历史与现状的资料性文献"，而地方综合年鉴是"年度资料性文献"。我们要防止在理解上出现偏差，用编辑年鉴来代替修志工作。

2. 关于地方志工作的概念。对这个问题，过去的看法也不是很清楚、很统一。这次，《条例》明确地方志工作并不仅仅是编书，尤其不是编一部书，而是以编纂地方志书、地方综合年鉴为中心所进行的组织管理、理论研究、编纂指导、审查验收、开发利用等一系列工作。这一点非常重要，应当成为我们开展地方志工作的指导方针。

3. 关于地方志书和地方综合年鉴的属性。过去在这个问题上也有各种说法，甚至有些纠纷。这次《条例》明确规定：第一，凡以县级以上行政区域名称冠名的地方志书、地方综合年鉴，只能由本级政府负责的地方志工作机构编纂，其他组织和个人不得编纂；第二，凡未经批准擅自编纂出版以县级以上行政区域名称冠名的地方志书、地方综合年鉴的，要依法查处；第三，凡以县级以上行政区域名称冠名的地方志书、地方综合年鉴，均为职务作品，其著作权归组织编纂的地方志工作机构，参与编纂的人只可享有署名权；第四，在地方志编纂过程中收集到的资料、实物以及形成的地方志文稿等，要由地方志工作机构集中统一管理，妥为保存，修志工作完成后，要移交档案馆或方志馆，个人不得据为己有或者出租、出让、转借，更不得损毁。这就非常明确地界定了地方志书和地方综合年鉴的“官书”性质。

4. 关于军事志、部门志与地方志的关系。过去，军事志、部门志虽然是作为地方志一个组成部分来对待的，但缺少法律依据。这次，《条例》对此虽然只附带说了一句话，然而就是这句话，给了军事志、部门志以存在的法律依据，说明它们也属于地方志范畴，只不过具有特殊性质，需要另作专门规定罢了。

（二）《条例》明确了各方面在地方志工作中的责任问题

1. 明确了各级政府的领导之责。《条例》在肯定新时期地方志工作中形成的党委领导、政府主持的领导体制的基础上，对政府的职责作了十分明确的规定。例如，明确规定县级以上政府对本行政区域内的地方志工作负有领导之责，要把地方志工作经费列入本级财政预算；规定省、自治区、直辖市政府负责制定本行政区域的修志规划，并要报国家地方志工作指导机构备案；规定国家地方志工作指导机构负有对全国地方志工作的“统筹规划、组织协调、督促指导”之责。总的精神就是，地方志工作是“官职”“官责”，各级政府要切实负起责任来，加强对地方志工作的领导。

2. 明确了地方志工作机构的工作之责。在新编地方志工作的实践中，地方志工作机构尽管一直担负着具体行政管理和业务指导的双重职能，但地方志工作机构的职责一直没有得到准确定位。这次，《条例》规定了各级地方志工作机构的五项职责，即：第一，组织、指导、督促和检查地方志工作；第二，拟定地方志工作规划和编纂方案；第三，组织编纂地方志书、地方综合年鉴；第四，搜集、保存地方志文献和资料，组织整理旧志，推动方志理论研究；第五，组织开发利用地方志资源。特别值得注意的是，《条例》还着重规定了地方志工作在为地方经济社会全面发展服务方面的责任，例如，积极开拓社会用志途径，建设地方志的资料库、网站等等。这些对于我们全面认识和明确地方志工作机构的职责，是十分必要的。

3. 明确了社会各界对地方志工作的支持之责。地方志是全面系统记述特定行政区域自然、政治、经济、文化和社会的历史与现状的地情书，离开了社会各界的支持、参与和配合，就会成为无米之炊。过去，社会的法人和自然人对于地方志工作机构所要征集的资料，可以提供，也可以不提供。而这次《条例》规定，各地各级机关、社会团体、企业事业单位、其他组织和个人，对地方志工作机构征集有关地方志资料都要给予积极支持，并且不得提供虚假材料。这一规定对于保证地方志记述的全面、系统、准确，至关重要。

（三）《条例》明确了如何保证志书质量的问题

质量是地方志的生命。《条例》从以下几个方面规定了保证地方志质量的措施。

1. 从规定地方志编纂应遵循的指导原则上保证。《条例》规定，“编纂地方志应当做到存真求实，确保质量，全面、客观地记述本行政区域自然、政治、经济、文化和社会的历史与现状”。

2. 从规定地方志编纂人员的组成上保证。《条例》规定，“编纂地方志应当吸收有关方面的专家、学者参加，地方志编纂人员实行专兼职相结合，专职编纂人员应当具备相应的专业知识”。

3. 从规定地方志的审查验收、出版批准制度上保证。《条例》规定，地方志书和地方综合年鉴必须经过省、自治区、直辖市规定的审查验收的主体的审查验收，以及本级人民政府或其确定部门的批准，方可公开出版。对地方志书的审查验收，要组织有关保密、档案、历史、法律、经济、军事等方面的专家参加，而且重点审查其内容是否符合宪法和保密、档案等法律、法规的规定，反映本行政区域的历史与现状是否全面、客观。同时还规定，未经审查验收批准就交付出版，或内容存在违反宪法、法律、法规规定的，应由上级或本级政府予以纠正，并视情节追究有关单位和个人的责任，构成犯罪的还要依法追究刑事责任。

4. 从规定政府要对在地方志工作中做出突出成绩及贡献的单位与个人给予表彰和奖励上保证。

总之，对地方志工作的所有重大问题，《条例》几乎都以法律条文给予了规定，是非常务实、非常科学、非常精炼、非常系统的。它是我们在今后相当长时间里开展地方志工作最权威的依据，最有力的武器。我们一定要认真学习，反复领会，不断加深理解，切实掌握运用。

三　抓紧抓好《条例》的贯彻落实工作

贯彻落实《条例》是一项紧迫的任务，同时也是一项长期的任务。古人说：“天下之事，不难于立法，而难于法之必行。”《条例》虽然已经颁布实施，但要真正做到有法必依，违法必究，还有大量艰苦细致的工作要做。对此，我们要树立打持久战的思想，充分认识到这项工作的长期性、艰巨性，做到持之以恒，常抓不懈。

当前和今后一个时期贯彻落实《条例》的主要任务，首先，是搞好对《条例》内容的学习和队伍的培训，把大家的思想统一到《条例》的各项规定上来。各地、各级地方志工作机构要搞好全员培训，通过举办培训班、研讨班，组织学习会、报告会、座谈会，采取“请进来、派出去”等多种办法，使地方志工作者尽快全面、准确、熟练地掌握《条例》的立法宗旨、基本原则、精神实质和具体规定，树立依法修志观念，促进机关职能和工作作风的转变。其次，要乘势而上，切实做好《条例》的宣传普及工作，使社会各界了解《条例》，了解地方志和地方志工作。各地、各级地方志工作机构要通过报纸刊物、广播电视、互联网站等多种途径，采取音像、图片、文字、对话等多种手段和群众喜闻乐见的其他形式，持续广泛地宣传《条例》。对《条例》的宣传工作做得越好，地方志工作的开展就会越顺利。再次，要抓住机遇，就《条例》贯彻落实中的问题，主动向政府领导和有关部门请示汇报，争取他们的理解和支持。只要领导对《条例》的重要意义和地方志工作的作用有了足够的认识，《条例》的贯彻落实也就有了切实可靠的保证。

关于今后一段时间贯彻落实《条例》的主要工作，我就讲这么多。下面，我想就贯彻落实《条例》中需要注意的几个问题，谈一点意见。具体说，就是搞好“五个结合”。

（一）要把贯彻落实《条例》与加紧各地地方志立法的工作结合起来

此前，有的地方人大常委会已经制定了关于地方志工作的地方性法规，走在了全国地方志工作法制化建设的前面。现在这些地方需要把过去已经出台的法规与《条例》对照一下，凡与《条例》相抵触的，需要提请有关部门作相应修改。还有的地方正在启动或打算启动地方志的立法程序，这些地方的地方志机构也应提醒有关部门，认真学习和熟悉《条例》，以便在制定地方法规时与《条例》相衔接。我们建议一切有条件的地方，都要根据《条例》精神制定地方性法规，如制定本地《条例》的实施办法等，使《条例》的贯彻实施与本地的实际情况紧密结合起来，继续推动地方志工作的法制化进程。

（二）要把贯彻落实《条例》与最终完成第一轮修志和开展第二轮修志结合起来

现在，第一轮修志虽然比五年前又有很大进展。三级志书规划的完成率，2005年年底与2001年年底相比，省志提高了22%，达到88%；市志提高了24%，达到95%；县志提高了9%，也达到95%；总完成率提高了16%，达到91.7%。但是，仍有12%的省志和各5%的市志、县志没有完成。另外，29个省、自治区、直辖市和新疆生产建设兵团，以及军队、武警部队虽然都已发文启动了第二轮修志（西藏自治区是把首轮和第二轮修志合并进行的，海南省则准备在2007年全面完成首轮修志任务后再启动第二轮修志），但工作进度参差不齐，很不平衡，还有不少涉及全局的问题有待我们研究解决。在这种情况下，《条例》的颁布施行无疑是一股东风，有助于推动第一轮修志的扫尾和第二轮修志的开展。我们要有意识地用贯彻落实《条例》来促进第一轮修志的扫尾和第二轮修志的开展，同时，用抓紧第一轮修志的最后完成和开展第二轮修志来促进《条例》的贯彻落实。

（三）要把贯彻落实《条例》与总结首轮修志的经验教训结合起来

首轮修志取得的辉煌成就有目共睹，其成绩和经验必须充分估计，充分肯定。但同时也应看到，由于仓促上马、缺乏经验、机构不健全、条件不完善、队伍不稳定等原因，首轮志书无论在内容、文字上，还是在编校、版式、装帧、印刷上，都不同程度地存在一些缺憾，有不少教训。这些经验也好，教训也好，对于我们来说都是宝贵财富，都应当认真总结，以便吸收消化，变成营养，在第二轮修志中发挥作用。

人类社会是在不断总结经验中前进的，只有善于总结经验的人才有可能取得进步。《条例》从制订到颁布三年多，其间不知开过多少会，改过多少稿。这个过程就是总结经验的过程，总结历代修志经验，特别是总结我们首轮修志的经验。因此，《条例》从一定意义上说是总结经验的产物，是经验的结晶。另外，我们这次会上要讨论的《关于编纂第二轮地方志书的若干意见》也已制订了两年多时间，中间也开了不知多少会，改过不知多少稿。为什么要反复修改，反复征求意见，一方面是为了使这个文件能切实反映编纂工作的规律，做到一有用，二可行；另一方面也反映出我们都对规律性的东西认识还不够，对经验教训总结得还不够。我希望大家在这次会上对这个稿子再认真讨论一次，如果认为还不成熟，就继续改，直到大家满意再出手。我们要用制定《条例》的那种精神来制定这个文件，使它起到与《条例》相互呼应、相互补充的作用。

从全国大多数地方看，第二轮修志的上下限一般为20世纪70年代末、80年代初和20世纪末、21世纪初。这意味着下一轮修志的时间，一般要到2020年左右才开始。因此，从总体上说，第二轮修志的时间是比较宽裕的，不必急于动笔，急于成书。我认为，在第二轮修志启动后，首要的、第一位的工作应当是结合学习《条例》，深入总结第一轮修志的经验教训，把编纂方针、记述原则、体例篇目、图文搭配、版式设计等问题进一步解决好。其中，有的是具体问题，如书名的“志”字前面有无必要加“通”字，照片集中放在书前好还是随文好等等；有的是理论问题和政策问题，如怎样理解和实行“秉笔直书”的原则，怎样更好地服从及服务于党和国家的工作大局等等。显然，要把这些问题解决好，把经验真正总结出来，不下一番功夫是难以做到的。另外，还要把规划制定好，把各种资料收集整理好，把队伍组织培训好。总之，一句话，充分做好第二轮修志的各项准备工作。因为只有这样，才能继承和发扬第一轮修志的长处，避免其不足和缺憾，使第二轮修志的质量从一开始起步，以及从内容到形式，都能比第一轮修志有一个切实的、明显的提高。

顺便说一下，方志出版社正在实施精品工程。就是说，今后凡是在方志出版社列入精品工程的志书，必须达到一定的质量标准，必须是佳志、良志、优志。反过来说，只有达到一定质量标准的志稿，方志出版社才能将其列入精品工程。希望大家支持这项工作，把好的志稿拿到方志出版社来，通过这项工程，在方志界逐渐形成自己的质量标准体系，促进大家不断增强精品意识、品牌意识，推动志书质量一步步提高。

（四）要把贯彻落实《条例》与加强读志用志工作结合起来

志书是由政府主持、专门机构和人员编纂、使用大量经费和时间、调集各方面资源而成的，其内容之庞大，资料之全面，是其他任何部门的资料书所无法相比的。它是一个无所不有的宝库，一座取之不尽的宝藏。但是，要使这个宝库、宝藏中的宝贝发挥作用，必须做好开发工作。因为，现在一部县志起码上百万字，有的几百万字，市志、省志更是动辄上千万字、几千万字。对于一般读者，不要说看，就是摆都没有地方摆。即使专门从事地方志工作的人，也很难从头看到尾。因此，把志书编写出来还只能说做完了一半工作。另一半工作，或者说更重要的工作，还在于开发利用地方志资源，搞好读志用志。《条例》把组织开发地方志资源、开拓社会用志途径，当成了地方志工作机构的法定责任。对此，我们要进一步提高认识，把加大用志力度作为贯彻落实《条例》的一个侧重点。

（五）把贯彻落实《条例》与学习贯彻十六届六中全会精神结合起来

刚刚闭幕的六中全会集中研究了构建社会主义和谐社会的问题，通过了《关于构建社会主义和谐社会若干重大问题的决定》。决定强调了建设和谐文化对于构建社会主义和谐社会的作用，提出要建设社会主义核心价值体系，形成全民族奋发向上的精神力量和团结和睦的精神纽带；树立社会主义荣辱观，培育文明道德风尚；坚持正确导向，营造积极健康的思想舆论氛围等。在这方面，地方志工作无疑具有特殊的优势，可以发挥独特的作用。因为，地方志自古具有存史、资治、教化的社会功能，是建设和谐文化的天然载体。我们要组织地方志系统的干部职工认真学习六中全会文件，从建设社会主义和谐文化的高度，对《条例》的内容和《条例》的意义进行再认识，增强用地方志工作为构建社会主义和谐社会服务的自觉性。

同志们，第三次全国地方志工作会议召开至今已近五年，第三届中国地方志指导小组的任期即将结束。我们要紧紧抓住《条例》颁布的有利时机，把学习贯彻《条例》的文章做好做足，用《条例》统一我们的思想、规范我们的行动、检查我们的工作，用《条例》推动地方志事业进一步发展，努力开创地方志工作新局面，用更多的优异成绩迎接第四次全国地方志工作会议的召开。

深入贯彻落实科学发展观，努力促进地方志工作又好又快发展*

——在第四次全国地方志工作会议上的工作报告

（二〇〇八年十一月六日）

现在，我受第四届中国地方志指导小组委托，向第四次全国地方志工作会议做工作报告，请各位代表审议。

第四次全国地方志工作会议是在改革开放即将迎来30周年，全国人民正在高举中国特色社会主义旗帜、为实现党的十七大确定的各项任务奋斗，全党正在开展深入学习实践科学发展观活动，全国地方志系统第二轮修志正在全面展开的形势下召开的。这次会议的主题是：以科学发展观为指导，认真总结交流第三次全国地方志工作会议以来地方志工作的经验，研究部署今后一个时期的工作，进一步贯彻落实《地方志工作条例》，把提高志书编纂质量放在更加突出的位置，振奋精神，锐意进取，促进地方志工作又好又快向前发展。

一　七年来全国地方志工作的回顾

在第三次全国地方志工作会议以来的七年里，我们党召开

---

* 这篇讲话曾发表于《中国地方志》2008年第11期。

了十六大、十七大两次代表大会，我们国家胜利完成了第十个五年计划，经济实力大幅提升，人民生活显著改善，特别是今年，连续取得南方部分地区冰冻灾害抢险救灾和汶川特大地震灾害抗震救灾的伟大胜利，成功举办了北京奥运会、残奥会，顺利发射了神七宇宙飞船，实现了航天员太空行走。与国家大好形势相适应，地方志事业在这七年里也取得了长足进步。尤其是2006年全国地方志系统评选先进活动的开展和《地方志工作条例》的颁布施行，使地方志工作者受到极大鼓舞，使地方志工作进入法制化的新时期，使地方志事业呈现前所未有的好局面。

七年来，全国地方志系统主要做了以下一些工作：

（一）全面展开第二轮修志工作，首轮修志进入扫尾阶段

第三次全国地方志工作会议后，除西藏自治区把首轮和二轮修志合并进行外，其他30个省、市、自治区和新疆生产建设兵团，以及解放军、武警部队，都已陆续发文并召开动员大会，启动并全面开展了二轮修志。与首轮修志相比，二轮修志在资料准备、规划制定、编纂规范、组稿管理、队伍培训等方面，都有很大改进。例如，各修志地区和部门有的制定了五年或十年工作规划、发展纲要，加强了工作的计划性；有的制定了编纂和行文规范、审稿和验收办法、编纂管理办法和资料征集报送制度，加强了工作的制度化。在大多数省、市、自治区开展二轮修志试点工作的基础上，指导小组办公室从2003年开始，先后确定了16个省、副省级城市，省市的厅局部门以及县的地方志工作机构，作为全国试点单位；召开了三次全国

试点工作经验交流会，用扶持典型、以点带面的方法，推动二轮修志健康发展。为了更鲜明地体现地方志书的“官书”性质，增强修志工作的严肃性、权威性，指导小组根据《地方志工作条例》，于2007年做出《中国地方志指导小组关于建立地方志书编纂规划备案制度的规定》，印发各地执行。

在二轮修志中，部门志、专业志、行业志和特色志的编修，也较首轮修志有明显增多。国务院有关部委局主动加强对本部门修志工作的指导，《中国烟草通志》《当代中国印钞造币志》《中国民用航空志·东北地区卷》等相继出版，《中国铁路志》《中国海关通志》《中国油气田开发志》《中国林业志》的编纂陆续启动；水利部成立了江河水利志工作指导委员会，并对水利志编纂作出部署；铁道部颁布了行业修志的第一个法规性文件——《铁路修志工作规定》。一些地方积极开展名山大川志、名胜古迹志、名镇名村志的编修，还以特定时期、特点事件为内容修志，如编修某地的抗日战争志、改革开放志等等。所有这些使修志工作呈现出多元发展的态势，为地方志工作注入了新的活力。

目前，继安徽、湖北、河南、四川四省之后，天津、辽宁、吉林、黑龙江、江苏、山东、湖南、广东、重庆、云南等十几个省市也已全部完成三级志书的出版任务。一些尚未最后完成首轮修志任务的省、市、自治区，或召开会议，或发文通报，或加强督察，正加紧扫尾工作。特别是2004年指导小组办公室召开部分省区首轮修志工作座谈会后，有关地方进一步确定了最终完成首轮修志的期限，明显加快了收尾工作的节奏，可望在最近几年陆续结束首轮修志工作。

（二）大力宣传贯彻《地方志工作条例》，依法修志取得显著成效

为适应依法治国方略实施后的新形势，指导小组办公室早在第三次全国地方志工作会议后即着手进行制定全国性法规的调研，积极争取并配合国务院法制部门的支持与法规的起草工作。经过四年努力，我国历史上第一部关于地方志的全国性法规——《地方志工作条例》（以下简称《条例》），终于在2006年5月18日以国务院令的形式颁布施行了。它对地方志工作的地位、性质、适用范围，各级政府对地方志工作的职责，地方志工作机构的职责，修志的原则与要求，志书编纂的权限，修志队伍的组成，志书编修的间隔年限，社会各界对修志的责任，志书审查验收的标准与办法，志书的备案与文稿管理，志书著作权、署名权的归属，对地方志工作者的表彰与奖励，对违反《条例》规定修志的查处办法，以及军事志、部门志编纂的原则等，都做出了具体而明确的规定。它的颁布施行，体现了党中央、国务院对地方志工作的高度重视和巨大关怀，结束了地方志工作无法可依的历史，标志地方志工作从此纳入法制化轨道，是我国方志界具有全局性、根本性、战略性的大事，对建立修志的长效机制，保障地方志工作持续健康稳定发展，都具有重要的现实意义和深远的历史意义。《条例》颁布后，指导小组迅速印发了《中国地方志指导小组关于学习贯彻〈地方志工作条例〉的通知》；各地方志工作机构和广大方志工作者也立即行动，采取多种形式，大张旗鼓地开展宣传贯彻活动。他们有的促成有关领导以政府名义召开学习座谈会，以主要领导名义发表文章和电视讲话，带头上街宣传；有的把《条

例》印成小册子散发，制作宣传条幅和标语，组织有奖知识竞赛。在此基础上，指导小组办公室召开全国学习贯彻《条例》的经验交流会，并先后派出6个调研组到15个省、市、自治区，协助国务院法制办对《条例》立法后的评估工作进行调研。《条例》颁布一周年之际，指导小组办公室又在《中国地方志》杂志和《中国方志通讯》上开辟专题、专栏，介绍各地贯彻落实《条例》的经验；各地也纷纷举办各种形式的纪念活动，掀起宣传贯彻《条例》的新高潮，为促进全社会对地方志工作依法修志的了解发挥了积极作用。

与此同时，各地的地方志立法工作也取得很大进展。继四川、山东较早制定了有关地方志工作的地方性法规之后，北京、河北、吉林、安徽、江西、山东、湖北、湖南、广东、广西、四川、陕西、宁夏等省、市、自治区，以及沈阳、丹阳、营口、杭州、西安等城市，根据《条例》，陆续制定了相关法规或规章，军队也制定了《军事志工作条例》。所有这些，都为进一步推进地方志工作的法制化提供了强有力的保障。

（三）广泛开展评选表彰先进活动，方志工作者爱岗敬业精神得到进一步弘扬

为弘扬方志工作者爱岗敬业、无私奉献的精神，进一步推动二轮修志工作和地方志事业发展，从2005年4月开始，指导小组与人事部用一年时间，联合开展了全国地方志系统第一次评选表彰先进工作者和先进集体的活动。考虑到由人事部参评的名额要受严格的人数比例限制，指导小组又独立开展了全国方志先进工作者和先进集体的评选活动。指导小组为此相应成立了两个评选表彰先进工作的领导小组及其办公室和评审委

员会。各级地方志工作机构也都予以高度重视，精心组织活动、广泛推荐人选、逐级严格把关。经过两个领导小组办公室的认真审查和两个评审委员会的慎重评选，最终选出全国地方志系统先进工作者10名、先进集体31个，选出全国方志先进工作者484名、先进集体244个。2006年4月，全国地方志系统表彰先进会议在人民大会堂隆重召开，向获奖个人和集体代表颁发了奖状，并对其中21名先进工作者给予了特别嘉奖。首都各大媒体对此都做了充分报道。

此后，20多个省、市、自治区的地方志工作机构，或与人事厅联合，或经省级政府批准，也纷纷开展本地区先进集体和先进工作者的评选表彰活动。有的省级劳动竞赛委员会，还给在修志工作中做出突出贡献的先进集体和先进个人记了功。解放军和武警部队，也在本系统表彰了军事志和武警史志工作先进集体与先进个人。所有这些，都为在地方志系统树立甘于寂寞、勤于探索、埋头苦干、严谨治学的好风气，起到了促进作用。

（四）初步建立质量标准体系，“质量第一”的原则逐步得到落实

志书质量是志书的生命，但长期以来，对志书质量一直缺少统一的规范和评价标准。因此，建立志书质量的标准体系，成为落实“质量第一”原则的迫切要求，也是地方志工作者的强烈愿望。从第三次全国地方志工作会议召开以来，指导小组及其办公室一直把如何提高志书质量作为一件大事来抓，多次邀请各地地方志工作机构的领导和方志学界的专家、学者共同研讨，在质量标准问题上，逐步达成共识。在此基础上，指导

小组办公室先后起草了《关于第二轮地方志书编纂的若干意见》（以下简称《若干意见》）和《地方志书质量规定》（以下简称《质量规定》），反复征求意见，反复修改，最后经指导小组批准，分别于 2007 年 11 月和 2008 年 9 月正式印发。《若干意见》对修志的指导思想、基本原则、编纂方式、体例篇目、内容记述、志书名称、出版印制等提出了明确要求。《质量规定》对志书的观点和体例、记述的内容和方法、资料的运用和行文的规范，以及版式和封面等给出了具体标准，使保证志书质量、审查验收志书做到了有章可循。一些省、市、自治区地方志工作机构还召开志书质量标准研讨会，举办修志质量年活动，制定本地区志书编纂质量试行标准，对地方志系统增强质量意识、落实质量第一的原则，起到了重要作用。

（五）将地方综合年鉴纳入地方志范畴，年鉴编纂事业得到迅速发展

编纂地方综合年鉴是新编地方志工作为积累资料、服务社会的必然产物，在二轮修志中应运而生。为适应年鉴工作蓬勃开展的新形势，指导小组办公室增设了年鉴工作处，创办了《中国地方志年鉴》，中国地方志协会也设立了年鉴工作专业委员会，并先后举办了全国地方志志鉴关系和年鉴编修研讨会、地方志系统年鉴培训班、地方志年鉴组稿人和撰稿人培训会议、中国地方志协会年鉴工作专业委员会学术年会，出版了有关年鉴编纂理论的论文集，开展了全国地方志系统主办的年鉴评奖活动。这些措施推动了地方志系统年鉴工作的发展，对提高年鉴编纂质量起到了促进作用。同时，各省、市、自治区地方志工作机构也普遍加强了对本地区年鉴工作的指导。尤其在

《条例》将地方综合年鉴正式纳入地方志工作范畴后，各地编纂、出版综合年鉴的热情空前高涨，数量大幅攀升，年鉴编纂培训会、理论研讨会、协作会、评奖活动此起彼伏。年鉴工作也受到各地政府的高度重视，有的将年鉴纳入哲学社会科学评奖或地方志优秀成果评奖，有的对年鉴工作先进单位和先进个人给予专门表彰，有的把原来由其他部门编纂的年鉴交给地方志工作机构编纂，有的还把全省年鉴行业管理的职能划归地方志工作机构负责。这些说明，年鉴工作已经成为地方志工作中不可或缺的组成部分，是地方志工作新的生长点。

（六）多方开发地方志资源，读志用志意识普遍增强

七年来，各地利用地方志工作成果为领导决策、科学研究，尤其是为本地区经济社会文化建设大局服务的自觉性、主动性不断增强，途径不断增多，水平不断提高。有的将志书中的内容分门别类，编写成地情概览、地名地情文库、经济发展概貌、重大事件研究，以及文化旅游、民俗风情、名人荟萃等小册子，为读者提供多方面服务；有的围绕当前中心工作，及时从志书中查出有关记载，编成简报送领导参阅；有的通过举办方志成果展，向图书馆、学校、街道文化站赠书，开设有奖竞答热线，参与文化普及周活动等方法，积极扩大志书在社会中的影响。为总结推广各地的好经验，指导小组办公室于2005年举办了全国读志用志工作经验交流会，2007年出版了《新方志开发利用成果汇编》。在此期间，各级政府和社会各界主动利用地方志资源进行科学决策、科学研究、国民教育的情况，也好于过去。军队更将志书成果积极用于新的军事实践，在军队建设和军事斗争中发挥了重要作用。

随着《条例》做出关于志书编纂过程中收集的各种资料必

须移交档案馆或方志馆的规定，提出关于建设资料库和网站、加强信息化建设是地方志工作机构职责的要求，各地对地方文献的收藏和开发利用有了新的认识，建方志馆、数字地情库、信息网站成为普遍趋势。目前，已有14个省、市、自治区，120多个地市和县（区）相继建成了方志馆，还有许多省级方志馆正在建设或已经批准立项，国家方志馆也完成项目评估，正在审批之中。至于数字地情库和网站，大部分省、市、自治区及相当多的地市、县都已建成并投入使用，有的还实现了相互链接，大大方便了人们对志鉴内容的查询，为地方志资源的开发利用开辟了新的广阔天地。为落实第三次全国地方志工作会议关于基本实现地方志系统数据库联网的要求，指导小组办公室已提出建立中国地方志网站、中国地方志全文数据库和中国年鉴网络出版总库，即“一网两库”的设想，并召开了全国地方志系统信息网络建设经验交流会，将山东省地方史志办公室作为“一网两库”建设的试点单位。目前，这一工作已得到各有关部门的支持，正在扎实推进。

（七）不断深化理论研究，方志学科建设得到进一步推动

方志理论既是修志经验的升华，又是修志实践的先导。自第三次全国地方志工作会议以来，方志界结合对首轮修志经验的总结，理论研究的力度越来越大。指导小组办公室和各省、市、自治区，新疆生产建设兵团，国务院有关部委局的史志机构，以及军事志办，武警部队编史办，都组织过各种类型的理论研讨会。其中，指导小组办公室召开了地方志性质问题研讨会、二轮修志市县志编纂经验交流会、地方志期刊工作座谈会；北京、黑龙江、河南政务志编纂办和天津市方志办、陕西省方志办，共同发起召开了全国部分省市政务志研讨会；浙江省的绍兴市、杭州市萧山区的方志办还承办过章学诚国际学术研讨会、地方文献国际学术研讨会，江苏省淮安市方志办承办过“运河之都”全国学术研讨会；城市志编纂部门也以地域和城市功能相区分，召开过多种类型的理论研讨会等。同时，中国地方志协会和各地的协会、学会，还先后举办了学术年会、专题研讨会、历史文化讲座等，充分发挥学术团体在整合研究力量、深化理论研究方面的作用。《中国地方志》杂志和各地及军队方志期刊，也开辟专栏，引导大家深入总结首轮修志经验，加强方志理论研究，促进方志学科和其他学科的学术交流。通过研究，产生了许多具有一定分量的学术成果。例如，已经出版的《新方志理论著述提要》《中国新编地方志总目提要（1）》，已经付梓的《中国方志通鉴》，正在写作或已完成阶段性成果的《中国方志理论研究五十年》《当代志书编纂教程》《中国方志志》等。所有这些，都为推动方志理论研究、创建方志学学科体系做出了贡献。

（八）高度重视历代方志的研究利用工作，旧志整理出版成果显著

随着近些年来我国经济总量快速增长、财政状况逐步宽裕和社会主义文化大发展大繁荣，历代方志的整理研究、开发利用越来越得到各方重视。2005 年，指导小组办公室召开了全国地方志系统旧方志整理与开发利用研讨会，总结这方面取得的成绩，提高了大家对进一步做好这项工作重要性的认识。目前，各地对历代方志的整理和出版，正在由过去的零敲碎打变

为有计划和成规模。例如，北京市成立了《北京旧志汇刊》编纂委员会，对元明清以及民国时期记载北京现行政区划内的府志、州志、县志，以及各种厅志、关志、山志、水志、街巷志、寺庙志的整理出版做出全面安排，并已有多部成果问世。上海市制定了《上海乡镇旧志丛书》出版计划，并已全部完成点校和出版工作。安徽省实施了《安徽历代方志丛书》出版规划，明确省、市、县地方志办公室整理校勘的书目，并对出版做出统一规定。广东省搜集和整理了现存历代方志433种，计划出版《广东历代方志集成》，并已出版了其中的省志部分。一些地市也加大了整理出版历代方志工作的力度。例如，浙江省绍兴市整理出版了《绍兴丛书·地方志丛编》，云南省楚雄彝族自治州整理出版了《楚雄彝族自治州旧方志全书》。还有一些地方志工作机构，将整理出版历代旧志延伸到地方文献。例如，广西壮族自治区方志办成立了广西古籍丛书编辑委员会，江苏省南京市和淮安市方志办分别整理出版了《南京稀见文献丛刊》18种和《淮安文献丛刻》15种，浙江省义乌市志编辑部启动了《义乌丛书》编纂工程。另外，在旧志研究方面也有可喜的进展。例如，指导小组办公室组织编辑的《明代方志研究及资料选编》已被列入北京市“十一五”重点图书出版规划，其中明代方志社会经济和社会风俗史料选编两本书被列入国家“十一五”古籍重点出版项目。这些都对挖潜旧志资源，研究修志规律，服务当代经济社会发展，具有重要的学术价值和实用价值。

（九）积极开展业务培训，队伍素质得到进一步提高

第三次全国工作会议后，首轮修志的许多业务骨干由于年龄原因，陆续从工作岗位上退出，一些年轻同志相继加入到地

方志工作队伍中来。加强队伍的业务培训，对于搞好二轮修志来说变得格外重要。为此，指导小组办公室与各地合作举办了一系列全国性的方志编修业务培训班，各省、市、自治区也普遍举办了多种形式、不同层次的培训班。其中，有进行综合业务培训的，也有进行专业志业务培训的；有对主任、主编培训的，也有对业务骨干、编写人员和委托撰稿人员培训的；有以篇目设计、编纂业务、总纂业务、专题人物为内容培训的，也有以审查验收为内容培训的；有的还举办跨地区的联合培训。国务院有关部委局和军队、武警部队的修志机构，也分别举办了本系统的专业培训。这些措施有效保证了二轮修志的人才需求。与此同时，一些地方还加强与高校合作，发挥专家、学者作用，有计划地培养修志工作的高级人才。七年来，仅指导小组办公室就与苏州大学、河北大学、宁波大学合作举办过 4 期培训班。此外，广东、陕西、新疆等省和自治区也委托宁波大学举办过培训班；浙江省和杭州市的方志办还与浙江大学合办了史志编纂研究生班，合建了社会实践基地；复旦大学历史系不仅招收了方志学的硕士研究生，还计划招收方志学的博士研究生，并要与上海市方志办联合举办历史文献学专业方志学方向的研究生课程进修班。这些已经和即将采取的措施，对于提高地方志工作队伍的素质起到了并将会继续起到重要的促进作用。

（十）主动开展境外考察访问，方志界学术交流的范围得到进一步扩大

根据第三次全国地方志工作会议提出的“要积极进行地方志对外学术交流工作”的要求，指导小组办公室于 2002 年组

织了中国方志界第一个专业考察团，赴澳大利亚、新西兰进行学术访问，标志地方志系统对外学术交流工作的起步。之后，指导小组办公室又先后四次组织地方志专业考察团，分赴欧美国家以及中国台湾地区，了解这些国家和地区对中国历代旧志、新编志书、年鉴及地方文献的收藏、利用情况，以及收藏机构在保护与整理、开发与利用志书方面的先进做法、经验，并与台湾省修志人员和学者就两岸编修方志的学术问题进行了切磋。在此基础上，指导小组办公室开始着手编辑《海外藏中国历代方志目录》，启动海外藏中国历代地方志书的复制与再造工程。在香港学术界和澳门特区政府的要求下，指导小组办公室还就港澳开展修志工作的有关问题分别提供了咨询。2007年，指导小组负责人和中央驻香港联络办负责人应邀出席了香港地方志工程的启动仪式。澳门地方志编纂工程也即将于近期启动，并计划届时在澳门举办地方志研讨会。一些省、市、自治区的地方志机构与海外学术交流也日趋活跃，有的还与海外有关收藏、编修地方志的机构建立了长期合作关系。所有这些，都为我们了解中国地方志在海外被收藏和利用的情况，学习海外保管、整理志书的先进方法，扩大中国地方志在海外的影响，加强中国方志界与海外学术界的交流与友谊，发挥了积极作用。

在肯定成绩的同时，我们也要清醒地看到工作中存在的不足。这主要表现在以下几个方面：

第一，对《条例》宣传贯彻的力度还不够大，以致于有的县级以上政府中至今没有设地方志工作机构，有的虽然与其他机构合署办公，但实际上无人负责；有的机构设置不尽合理，关系没有完全理顺；有的对修志过程中收集到的各种资料和形成的文稿、出版的志书，保存、管理得不够妥善，失佚情况比较严重；一些有条件的地方，对方志馆建设的意义还存在认识上的偏差，迟迟不能立项。

第二，对志书质量重视程度还不够高，以致有的地方忽视对首轮修志经验教训的总结，志稿编纂粗糙、审查验收不严却又急于出书，使志书在篇章设计、史实核准、内容安排、体例要求、文字表述等方面都留有不同程度的遗憾，造成难以挽回的影响。

第三，对修志人员岗位教育和业务培训抓得还不够紧，以致有些从其他部门调入和从高等院校招收到地方志工作机构的人员，较长时间对修志工作不适应；有些机构修志人员“青黄不接”的现象也比较严重，甚至存在人才“断档”的危险。

第四，开发利用方志资源、开展方志理论研究的空气还不够浓，以致一些地方志工作机构仍然存在重修轻用、重修轻研的倾向，有的在读志用志上动脑筋、想办法、下功夫不够；有的在数据库、网络建设中从建设者角度考虑多，为使用者想得少；有的在理论研究上缺乏兴趣，或者在营造不同学术观点争鸣的氛围上尚有欠缺。

对于上述问题，我们要高度重视，并要在今后工作中切实改进。但总体来说，过去的七年，毕竟是第二轮修志由开始启动到全面展开的七年，是地方志工作由靠文件推动到步入法制化轨道的七年，是地方志工作由修志到既修志也编地方综合年鉴的七年，是地方志的编纂规划、质量标准由不够规范到逐渐规范的七年，是地方志资源的开发利用由主要依赖报刊、电视到主要运用数据化、网络化手段的七年，是地方志工作队伍团结奋斗并取得丰硕成果的七年。

在这七年里，党中央、国务院以及各有关部门给予了地方志工作巨大关怀和温暖，各级党委、政府和解放军、武警部队总部机关也给予地方志工作许多指导和帮助。例如，在人事制度改革中，绝大多数省份的地方志工作机构都被批准参照公务员法管理，这对稳定近2万人专职的地方志工作队伍起到了重要作用。又如，有的地方将政府的《大事月报》划归地方志工作机构负责编印，进一步强化了地方志工作机构的政府职能。再如，各地各级政府对地方志工作机构在人员、经费、办公设备等方面的困难普遍给予重视，并千方百计予以解决，大大改善了地方志工作的条件。在此，我谨代表中国地方志指导小组，向党中央、国务院各部门和各级党委政府表示衷心感谢！

在这七年里，广大方志战线的工作者淡泊名利，默默耕耘，涌现出许多可歌可泣的动人事迹。尤其是河南省浚县原史志办主任郑永立在修志岗位上战斗到生命的最后一刻，被河南省委追认为优秀共产党员；河南省南阳市史志办主任秦俊在修志岗位上对当地经济社会文化发展做出了特殊贡献，被国务院授予全国先进工作者的光荣称号。他们和在第一次及第二次全国地方志工作会议之后涌现出来的山西燕居谦、黑龙江耿煜这两位英模人物一样，是修志战线的杰出代表，是地方志工作系统的骄傲。在此，我谨代表中国地方志指导小组向战斗在第一线的广大方志工作者表示崇高敬意和亲切慰问！

二　七年来地方志工作的基本经验

在第三次全国地方志工作会议上，我们曾对上一个五年的工作进行过总结，提出了五条基本经验，即“党委领导、政府主持、各级地方志编委会组织实施”是地方志工作正确的工作体制，要继续坚持；“一纳入、五到位”是做好地方志工作的关键所在，要继续落实；制度化、法制化是地方志事业持续稳定健康发展的必然要求，要继续推进；开拓创新、与时俱进是地方志事业不断前进的思想动力，要继续深化；甘于寂寞、无私奉献是地方志事业的核心精神，要继续发扬。七年来的实践证明，这些经验仍然符合新形势下的地方志工作实际，需要我们倍加珍惜，并在二轮修志中继续运用。同时，七年来的实践也使我们积累了一些新的经验，对地方志工作规律取得了一些新的认识。这些新的经验和认识主要有以下五个方面。

（一）坚持正确的政治方向和存真求实的原则是地方志工作的灵魂，必须牢牢把握

陈奎元同志指出："地方志作为一门学科具有特殊性，但仍然属于哲学社会科学范畴。"就是说，它在本质上仍然是一种意识形态。"述而不论"自古以来是修志者坚守的原则，也是志书区别于史书的一大特点。但这绝不意味着志书没有观点，而在于它的观点寓于记述之中。志书的观点当然不可能都有政治性，但在阶级社会中也绝不可能完全脱离政治，不可能做到所谓纯客观和非政治化。"统治阶级的思想在每一时代都是占统治地位的思想。"（马克思、恩格斯《费尔巴哈》）任何一个国家的统治阶级为了巩固其统治，都要竭力维护和发展其占统治地位的意识形态。编修志书既然属于意识形态，同样要为巩固政权服务，要"讲政治"。尤其在我国，修志和志书历来被当作"官责""官书"，与巩固政权的关系一向十分密切。所不同的是，在封建时代，修志要维护以皇权为中心的少数封建统治阶级对大多数劳动人民的统治；而在社会主义时代，占人口绝大多数的人民群众是国家的主人，为巩固政权服务与为维护占人口绝大多数人的利益从根本上说是一致的。因此，我们编修志书要理直气壮地"讲政治"，理直气壮地以马克思列宁主义、毛泽东思想、邓小平理论、“三个代表”重要思想和科学发展观为指导，理直气壮地坚持党在社会主义初级阶段“一个中心、两个基本点”的基本路线，理直气壮地执行《条例》中关于验收志书要重点审查其是否符合宪法和保密、档案等法律、法规的规定，绝不能有丝毫动摇。但是，“讲政治”也绝不等于可以篡改历史事实。相反，志书要立得住，立得长久，必须坚持实事求是的原则。在人民当家做主的时代，“讲政治”不仅要求实事求是，也完全能够做到实事求是。另外，“讲政治”也不等于“政治化”，不等于用志书为所谓政绩“歌功颂德”。那样做不仅有悖于志书的性质，而且首先是对正确政治方向的背离。

（二）志书质量是地方志工作的生命，必须切实保证

陈奎元同志指出：“志书是严谨、朴实、科学的资料性著述，它是否具有权威性，能否经得起历史的检验，关键在于志书的质量。”经过三届指导小组的反复强调和各地的努力，地方志工作系统的质量意识虽然明显增强，但保证志书质量仍然是一个不容忽视的任务。如果说第三次全国地方志工作会议之后的头几年，地方志工作中的主要倾向是对二轮修志重视不够、行动迟缓的话，那么此后通过反复推动，尤其是通过宣传贯彻《条例》，全国大部分地区对二轮修志乃至整个地方志工作已给予了足够重视。在这种形势下，一些地方又产生了另一个带倾向性的问题，即急于出书。据统计，目前出版的二轮志书至少已有 370 多部。其质量虽不能说都不高，但可以说对质量的评价标准普遍不高。古代修志一般出自一两个人或少数文人之手，而新编地方志都是众手成志。参与一本志书编纂的，少则几十人、几百人，多则上千人。这在客观上反映了现代社

会生活内容比古代极大丰富的事实，但也给志书做到篇章设计合理、内容详略得当、体例文风统一等，带来不少实际困难。如果没有地方志工作机构对编撰人员的严格训练、反复指导和对初稿的认真检查，没有具备较高文化素养和责任心的主编对全部志稿从内容到文字的亲自把关和统改，没有专家、学者对统改过的志稿进行字斟句酌的审读、评议，志书要达到较高质量是难以保证的。《条例》规定，志书每20年左右编修一次。二轮修志是20世纪末、21世纪初启动的，大约到2020年左右才结束。因此，只要加紧编写工作，较早拿出志稿，出书时间完全来得及。为什么现在一些地方的志稿没有经过认真统改、审读、评议却急于出版？原因虽然有很多，但科学发展观树立不牢，不正确的政绩观从中作怪，忽视地方志工作的特殊规律，没有把志书质量问题摆在应有位置，不能不说是其中重要原因之一。我们在整理旧志过程中往往有一个体会，就是历经岁月沧桑至今仍令人赞叹不已的，必定是饱含作者心血的良志、佳志。我们要使自己编纂的志书也能经受时间的检验，得到后人的褒奖，就要以贯彻《条例》和《若干意见》《质量规定》为契机，在修志中真正落实质量第一的原则，把“好”字放在“快”字的前面。

（三）开发利用志书资源为当地经济、社会、文化建设服务是地方志工作的价值所在，必须大力推进

陈奎元同志指出：“在全面建设小康社会开创中国特色社会主义新局面、实现中华民族伟大复兴的历史进程中，地方志具有不可替代的作用。”我国修志历史有上千年，明代以后更被制度化，有的反复颁布修志诏谕；有的下令设方志馆、方志局，编修省、地、县三级志书；有的还编修国家一统志。但像新中国成立后，特别是改革开放以来这样重视地方志工作的，在历朝历代未曾有过。近30年里，国家在省、市、县三级设立机构，给编制，拨经费，动用大量人力、财力编纂地方志，原因就在于地方志是所有国情书、地情书中最全面、最翔实、最客观的，是各级领导、专家、学者、广大群众了解国情、地情最为权威的资料性著作。修志除了为用志，没有第二个目的。如果我们经过千辛万苦、耗费巨资把书编出来，却让它束之高阁，不加利用，那不仅失去了修志的意义，而且是巨大的浪费。新编地方志书要比古代志书篇幅多得多，县志少则上百万字，多则几百万字；市志少则几百万字，多则近千万字；省志少则几千万字，多则近亿字。这么大部头的书，对于读者不要说看，就是放都有困难。因此，要像开采矿山、探寻宝藏那样，把志书中的内容，根据不同需要、运用各种方法开发出来，使它们在领导决策，党和政府部门实际工作，科学研究和普及国情、地情知识中发挥作用。《条例》已经把“组织开发利用地方志资源”列入地方志工作机构必须履行的职责中，我们要以高度的责任感、使命感，继续探索地方志价值的实现形式，使地方志工作在各地经济、社会、文化建设中表现出更大的作为，并在这个过程中彰显其自身的存在价值，在人们心目中占据其应有的地位。

（四）方志理论研究是促进地方志工作逐步提高水平的关键环节，必须不断深化

陈奎元同志指出：“二十多年来的大规模的新编地方志的编修实践，积累了丰富的实践经验，并出版了大量的方志理论研究成果。但从总体上说，方志理论研究和学科建设还是比较薄弱的环节，同时，现在又是具备条件可以形成较为完善的方志理论和方志学学科的大好时机。”地方志工作不能简单地说就是学问，因为其中还有大量的组织、协调、管理工作。但可以肯定地说，地方志编纂是学问，而且整个地方志工作是建立在地方志编纂这门学问基础之上的。没有实践的理论是空洞的理论，没有理论的实践是盲目的实践。地方志工作要使自身水平不断提高，并在学术界占有一席之地，必须加强学术研究，不断把地方志工作的实践经验上升到理论高度。个别高等院校虽然开设有方志学课程，招收方志学研究方向的本科生、硕士生，但方志学作为一门学科，至今没有被国务院学位办列入学科目录，也没有被高等院校普遍作为课程或专业。这固然有社会上对地方志还缺乏足够认识、地方志专业的学生毕业后就业出路狭窄等原因，但与方志学自身尚未形成系统的学科体系、拿不出一本为各方面公认为权威的教科书也有很大关系。现在，地方志编纂中有许多难题，需要从理论上给予回答；有许多已经确定的原则、规范，需要从理论上加以阐释。这一切都呼唤方志学的尽快成长。国外没有方志学，这并不妨碍我们建立方志学。只要我们潜心于方志理论的研究，并提倡和开展学术上的争鸣，组织力量进行难点攻关，相信在不久的将来，具有一个学科必备的全部理论和方法要素的独立、完整的方志学，一定会呈现在世人面前。

（五）建设一支高素质的修志队伍是地方志事业持续发展的基础，必须狠抓不放

陈奎元同志指出：“要确保志书的质量，保证地方志事业可持续地发展，就要不断提高修志队伍素质，下大力气加强修志队伍建设，保证我们的工作后继有人。”当前，地方志系统正处于新老交替时期，一批又一批参加过首轮修志的业务骨干陆续退出工作岗位，一批又一批从其他部门调入的干部或从高等院校毕业的学生正在加入到修志队伍中来。新陈代谢是自然法则，新成分的不断增加有助于保持机体的活力。但是，地方志工作毕竟是政治性、学术性、业务性都很强的工作，不是随便什么人都能干的，更不是随便什么人都能干好的。因此，为了保证地方志的质量，要把好进人关，要抓好业务培训，要搞好队伍的思想和作风建设。在队伍建设中，要特别强调修志人员努力学习马克思主义唯物史观的基本著作，增强用历史唯物主义立场、观点、方法分析问题的能力；树立热爱地方志事业、献身地方志事业、干好地方志事业的决心和信心；磨炼吃得了苦、耐得住寂寞的意志；培养认真负责、严谨细致、精益求精、一丝不苟的精神。志书是人写的，只有人的政治素养、理论素养、业务素养高，思想作风、工作作风、学风、文风好，志书的质量才可能好。我们要把培养人才，特别是年轻人才作为一项战略性、经常性的工作，常抓不懈。

以上对地方志工作经验的总结和规律的认识还很粗浅，希望大家继续总结，深化认识，以使我们在地方志工作中不断有所发现，有所发明，有所创造，有所前进；使我们对地方志工作的认识，不断由“必然王国”向“自由王国”迈进。

三　今后五年地方志工作的方针和主要任务

经国务院批准，以陈奎元同志为组长的第四届中国地方志指导小组已于近期成立。昨天，指导小组召开了四届一次会议，分析了当前地方志工作的形势，研究了今后五年地方志系统的方针和主要任务。会议认为，二轮修志的上下限大体是20世纪70年代末、80年代初到20世纪末、21世纪初。这20年左右的时间刚好是我国改革开放由酝酿、开启到获得巨大成功的时间。因此，搞好二轮修志，对总结改革开放的成就和经验，具有重要意义。今后五年是我国全面建设小康社会的关键时期，也是地方志系统全面完成二轮修志任务的关键时期。今后五年的地方志工作，要在党的十七大精神指引下，以科学发展观为指导，更加注重志书质量，更加注重理论研究，更加注重读志用志，更加注重队伍建设，努力为全面完成二轮修志任务而打下坚实基础。

根据这个指导方针，我们今后五年主要要做好以下几个方面的工作：

（一）深入学习实践科学发展观，促进地方志事业大发展大繁荣

科学发展观是对党的三代中央领导集体关于发展的重要思想的继承和发展，是马克思主义关于发展的世界观和方法论的集中体现，是同马克思列宁主义、毛泽东思想、邓小平理论和“三个代表”重要思想既一脉相承又与时俱进的科学理论，是我国经济社会发展的重要指导方针，也是地方志工作必须坚持和贯彻的重大战略思想。科学发展观的第一要义是发展，地方志工作要搞好，同样不能离开发展这个主题。党的十七大报告提出，社会主义文化要大发展大繁荣，其中包括地方志事业的大发展大繁荣。古人说：“盛世修志。”新中国经过近60年建设，特别是经过30年改革开放，人民当家，社会祥和，事业

兴旺，国力倍增，呈现出中国历史上的空前盛世。我们只有在注重质量的前提下加快地方志事业的发展，才能与当代中国的盛世局面相适应。科学发展观的核心是以人为本，作为地方志工作来说，这个“人”就是广大读者，包括当代的读者，也包括未来的读者。因此，我们修志，一定要本着对人民负责和对历史负责的精神，一定要时时处处为方便读者阅读和使用着想。另外，修志说到底要依靠广大修志人员，因此，我们必须关心修志人员的思想状况、业务能力、实际困难，保护他们的积极性，替他们排忧解难，为他们的全面发展创造条件。科学发展观的基本要求是全面协调可持续，地方志工作要科学发展，同样要全面安排修志与编纂地方综合年鉴、组织修志与组织开发利用志书资源，协调地方志工作机构与参与修志部门的关系，专家、学者与普通修志人员的关系，加强修志队伍的培训、地方志资料的收集和保管，以及地方志信息化建设等等，使地方志事业全面协调可持续地发展。科学发展观的根本方法是统筹兼顾，地方志工作同样要统筹全局、兼顾各方，处理好诸如推进二轮修志与完成一轮修志遗留工作、扶持典型与带动整体、抓好当前工作与为长远打基础等重大关系。总之，地方志作为中华优秀文化传统中的瑰宝，有助于提高国家文化的软实力，促进社会文化的丰富多彩，是社会主义先进文化的重要组成部分。我们要用今后五年时间，在地方志系统进一步深入贯彻落实科学发展观，争取地方志事业出现更加繁荣发展的大好局面。

（二）认真贯彻《地方志工作条例》，继续推动地方志工作的法制化建设

如果说在《条例》颁布之前，地方志工作无法可依，主要

要靠文件推动的话，那么现在，地方志工作已经实现了有法可依，摆在我们面前是能不能做到有法必依、违法必究的问题。《条例》虽然只有短短的22条，但内容十分丰富，对地方志工作中经常遇到的重大问题，几乎都做出了明确的法律规定。例如，《条例》明确了各级政府的领导之责，规定县级以上地方政府要加强对本行政区域地方志工作的领导，把其所需经费列入本级财政预算；省级政府负责制定本行政区域的修志规划，并要报国家地方志工作指导机构备案；国家地方志工作指导机构负责全国地方志工作的统筹规划、组织协调、督促指导。《条例》还明确了各级地方志工作机构的工作之责，即：规定县级以上地方政府要履行的职责包括组织、指导、督促和检查地方志工作；拟定地方志工作规划和编纂方案；组织编纂地方志书和地方综合年鉴；搜集、保存地方志文献和资料，组织整理旧志，推动方志理论研究；组织开发利用地方志资源。《条例》还明确了社会各界对地方志工作的支持之责，规定地方志工作机构可以向机关、社会团体、企事业单位、其他组织和个人征集有关地方志的资料，有关单位和个人应当提供支持，并不得故意提供虚假资料。《条例》还规定，每一轮地方志书编修工作完成后，要启动新一轮志书的续修工作；以县级以上行政区域名称冠名的地方志书和地方综合年鉴，必须经审查验收方可出版，其著作权由地方志工作机构享有；未经审查验收、批准出版而出版地方志书的，要视情节追究有关单位和个人的责任，直至追究刑事责任；擅自编纂出版以县级以上行政区域名称冠名的地方志书、地方综合年鉴的，要由出版行政部门依法查处等等。我们要贯彻《条例》，就要用它来逐条对照检查我们的工作。如有不符合的，应当视为违法，要依法予以纠正。目前，全国已有14个省、市、自治区制定了关于地方志工作的地方性法规或规章，有的已启动立法程序。今后五年，我们要在继续贯彻《条例》的同时，继续推动各地的立法工作，使地方志工作的法制化进程不断向纵深延伸。

（三）全面推进二轮修志，尽快完成首轮修志的扫尾工作

目前，尚有16个省、市、自治区没有完成首轮修志任务。虽然这些地方的县志已经基本出齐，剩下的主要是省志的分卷和一小部分市志。但剩下的往往是难啃的“硬骨头”，需要有关地方下大力气推动，限期完成，并列入政府督察范围，不能任其拖延，影响全国的进度。同时要看到，二轮修志虽然距离最后结束的时间还有十来年，但任务繁重，时间仍显得十分紧迫。在今后五年，二轮修志中列入规划的志书，大部分应当形成初稿，以便为下一个五年进行统编、阅评、修改、定稿、送审、出版打好基础。另外，二轮修志的任务并不单纯是编纂志书。除了编纂志书，在二轮修志的整个过程，地方志工作机构还要编辑地方综合年鉴，有些地方志工作机构还要整理旧志和地方历史文献，编纂各种类型的地情书。为推动地方综合年鉴工作的开展，指导小组办公室将择时创立全国地方志系统的中国年鉴学会，定期开展年鉴评比活动。为推动对历代方志的整理，指导小组办公室将在普查国内收藏和流播海外的历代方志的基础上，对全国地方志系统的旧志和地方历史文献整理工作制定统一规划，做出统一安排。特别是最近经国务院领导批准，《汶川特大地震抗震救灾志》编纂工作即将启动。这是新编地方志工作开展以来第一个由国务院交办、由指导小组承办的全国性修志工程。涉及单位多，既有中央部委局，省、市、

自治区，军队和武警部队总部机关，也有科研机构和高等院校，合计100多个单位。编纂任务重，全志共分11卷，约1100多万字。时间要求紧，2010年要基本完成编纂工作，2011年要求全部出齐。因此，今后五年对于地方志系统来说，仍然是紧张的五年，拼搏的五年。我们既要发扬不怕疲劳、连续作战的作风，又要讲究工作方法，学会“弹钢琴”，做到忙而有序，使各项任务都能保质保量，圆满完成。

（四）正确处理质量第一与抓紧进度的关系，切实做到二轮修志又好又快

强调质量第一、时间服从质量，不等于不讲进度，不要速度和数量。相反，工作必须抓紧，任务必须完成，绝不能松松垮垮、拖拖拉拉。但从总体上说，今后五年要集中力量，重点贯彻指导小组的《若干意见》和《质量规定》这两个文件，在提高志书质量上多下功夫，下狠功夫。此外，各地要进一步制定和完善各种保证志书质量的体制、机制，要切实选好志书的主编和总纂。主编和总纂不一定非得是在职人员，也可以是退休的老同志。从一定意义上说，只要有高度的责任心、厚实的文化底蕴，而且身体健康，摆脱了日常事务的老同志担任主编、总纂，对保证志书质量更为有利。为提高志书质量，指导小组曾在1993年、1997年先后两次组织全国新编地方志书的评奖，产生了很好的效果。今后五年，指导小组将再组织一次全国性的志书评奖活动。指导小组办公室下属的方志出版社还将实施精品工程，推动各地争创名志、佳志。

（五）深化方志理论研究，促进方志学科建设

地方志工作者平时有大量编纂工作和事务性工作要做，静下心钻研理论问题确实不是一件容易做到的事。但他们有大量修志的实践经验，因此，有研究条件的人在做好日常工作的同时，要挤出时间参与理论研究，与方志学者一起推动方志学学科体系的构建。从历史渊源讲，方志学与史学有着天然的联系。尤其二轮修志，基本对象是改革开放的三十年。这段时间已经完全处于中华人民共和国史的范围。因此，加强方志学界与史学界，尤其是与国史学界、当代地方史学界的合作，对于构建方志学学科体系也会有很大裨益。今后五年，指导小组将启动《方志百科全书》的编纂工程，通过这一工程，组织方志学的理论队伍，促进方志学理论的系统化、规范化。另外，中国地方志协会要在近期进行换届工作。换届后的地方志协会要把工作重点放到组织会员，尤其是长期从事地方志工作的老会员，开展学术交流、推动理论研究上。指导小组和中国地方志协会将适时召开全国地方志系统首届理论研讨会，并相应建立学术年会制度。

（六）加强地方志资源开发利用，努力实现地方志资源数字化、网络化

地方志资源的开发利用路子很宽，办法很多，我们要继续在开发利用上下功夫，探索更多的路子，采用更多的办法，使志书最大限度地发挥存史、资政、教化的功能。但在信息化技术普及的情况下，把地方志资源数字化、网络化，建成大大小小、多种多样的地情数据库和网站，是开发利用地方志资源最有效的手段。今后五年，各地要继续加强地方志系统的数字化、网络化建设，积极招聘和培养这方面的专业人才，改进技术和设备，加快现有地情资料的数字化，做到市与市、省与省

的地情网站联网，实现资源共享。有条件的地方，要积极争取有关部门的支持，早日建设方志馆。指导小组办公室要继续推进“一网两库”（中国地方志网站，中国地方志全文数据库和中国年鉴网络出版总库）建设，并在国家方志馆建成后，立即启动地方志系统的全国联网工程。

（七）进一步搞好地方志队伍建设，全面提高修志人员素质

地方志工作机构要利用近些年高等院校毕业生择业难的机会，多吸收一些文史专业的高素质人才；同时，要继续抓紧现有人员的业务培训。指导小组办公室除了要和各地共同举办各种形式的培训班外，还要积极争取在中国社会科学院研究生院和其他一些高等院校举办地方志研究方向的研究生班，招收这方面的研究生。另外，绝不能把业务培训作为队伍建设的全部内容。今后五年，指导小组办公室和各地举办的培训班都应有历史唯物主义基本原理的课程，努力增强修志人员的马克思主义理论素养。同时，要把开展评选先进集体和优秀工作者等活动经常化，在地方志系统进一步树立爱岗敬业、勇于创新的精神。

同志们，新编地方志工作如果从新中国成立初期成立中国地方志小组和把修志任务列入《十二年哲学社会科学规划方案（草案）》，并在二十多个省、市、自治区的五百多个县开展修志工作算起，已经走过了五十多年的历程；如果从改革开放初期恢复组建中国地方志指导小组，并在全国省、市、县三级普遍设立地方志机构和开展大规模修志算起，已经走过了二十多年的历程。在此期间，我们的前人手举修志这个承载中华优秀

文化传统的火炬，编纂了近 6000 种地方志书和 4 万多种专志，出色地完成了历史赋予他们的使命。现在，这个火炬传递到了我们手上。我们要继承前人的工作，把火炬更高地举起，并在完成历史赋予我们的光荣任务后，把它完好无损地交给接替我们的人。

让我们紧密团结在以胡锦涛同志为总书记的党中央周围，高举中国特色社会主义伟大旗帜，再接再厉，开拓奋进，争取用未来五年时间，把地方志工作再推上一个新台阶，谱写地方志事业的新篇章！

贯彻落实第四次工作会议精神，推动全国地方志工作向纵深发展*

——在2009年全国省级方志工作机构主任会议上的讲话

（二〇〇九年三月十三日）

这次会议是在第四次全国地方志工作会议开过四个月之后召开的，因此，除了总结去年工作和研究今年工作之外，一个重要的内容是交流各地学习、传达、贯彻、落实第四次工作会议精神的经验，进一步推动全国地方志工作按照第四次工作会议的精神向前发展。

下面，我借这个机会谈两个问题。

一　什么是第四次工作会议的精神

要领会第四次工作会议的精神，我认为应当从以下两个方面入手。

第一，弄清会议的背景和它所面临的形势和任务。

第四次工作会议是在全党全国正全面贯彻党的十七大精神、深入开展学习实践科学发展观活动，以及全国第二轮修志

* 这篇讲话曾发表于《中国地方志》2009年第4期。

工作全面展开的背景下召开的。它面临的形势是新中国成立后的大规模首轮修志已基本结束，地方志工作由过去经验不多变为经验丰富，需要总结消化；由过去靠文件推动变为步入法制化轨道，需要依法修志；由过去单纯修志变为修志与编纂年鉴、整理旧志、开发方志资源、研究方志理论并行，需要统筹兼顾；由过去编纂规划、质量标准不够规范变为逐渐规范，需要乘势推进；由过去地方志资源开发利用主要依赖报刊、电视变为主要运用数据库、网络化等手段，需要加强建设。它面临的任务是深入总结第三次工作会议之后七年来的工作，全面推进大体以 20 世纪 70 年代末、80 年代初至 20 世纪末、21 世纪初，即改革开放头二十年为记述对象的第二轮修志，力争利用第五次工作会议之前的五年时间，把地方志工作提升到一个新的水平，为 2020 年左右完成第二轮修志和启动第三轮修志打下坚实基础。

第二，弄清会议的主要收获。

在第四次工作会议上，中共中央政治局委员、国务委员刘延东和全国政协副主席、中国社会科学院院长、中国地方志指导小组组长陈奎元做了重要讲话，我代表指导小组做了工作报告，一些省级单位的地方志机构的领导做了大会发言。我在工作报告中，根据地方志工作七年来的实际，归纳了十个主要成绩，指出了存在的四点不足，总结了五条新鲜经验，并提出了今后五年的七项主要任务。代表们普遍反映，这次会议的意义比较大，收获比较多。那么，什么是最主要、最需要我们牢记在心的收获呢？我考虑有以下六个：

一是会议进一步明确了地方志工作对提升国家软实力的意义和各级政府在贯彻《地方志工作条例》、保证依法修志上的责任。刘延东同志在讲话中指出：“一个国家、一个民族不仅要有经济实力，而且还要有文化魅力。推动地方志事业的发展，既能展示中华文化的博大精深和无穷魅力，也能体现现代文明与历史文明的一脉相承。在建设中国特色社会主义的伟大实践中，进一步推进地方志事业的发展和繁荣，对于促进社会主义文化大发展大繁荣，提高国家文化软实力具有十分重要的意义。”她还指出：“《地方志工作条例》确立了地方志在经济社会发展中的法律地位，是新编地方志工作开展以来，第一部地方志工作的全国性法规。”“地方志编修是一项复杂的社会系统工程，需要人力、财力的综合支撑。各地要按照《地方志工作条例》规定，切实加强领导，健全修志机构，把修志工作所需经费纳入本级财政预算，保证必要投入，改善修志工作条件，改善志书收藏条件。……要关心修志人员生活待遇，稳定修志队伍。对在地方志工作中做出突出成绩和贡献的单位和个人，要给予表彰和奖励。”这是继2006年国务院颁发《地方志工作条例》（以下简称《条例》）以来，国务院领导同志对地方志工作重要性的明确表态和对各级政府贯彻《条例》所提出的明确要求。

二是会议进一步明确了科学发展观是地方志工作的指导方针。陈奎元同志在讲话中指出：“科学发展观是发展中国特色社会主义必须坚持和贯彻的重大战略思想，也是指引地方志事业繁荣发展的根本指导方针。地方志工作者要把地方志工作与当前开展的深入学习实践科学发展观活动有机结合起来，增强以中国特色社会主义理论体系特别是科学发展观指导地方志工作的自觉性和坚定性，使我们的工作更好地为经济社会发展服务，更深刻地体现社会主义核心价值体系的内涵，更充分地融入社会主义先进文化建设的进程。”这是迄今为止，中国地方志指导小组主要领导同志关于地方志工作指导方针最为明晰的表述。

三是会议进一步明确了志书编纂质量是志书的生命。陈奎元同志指出："质量是志书的生命，必须始终坚持质量第一的原则。志书质量是一个综合体系，涉及方志理论和编纂实践的许多方面，指导思想是否正确，体例是否科学，内容是否全面，记述是否准确，时代和地域特点是否鲜明，资料是否翔实，文风是否端正等等，这些都是衡量一部志书质量高下的基本标准。我们要把提高质量贯穿于地方志工作的全过程。要坚持质量第一，进度服从质量，严把资料关、体例关、史实关、保密关和审核关。志稿形成后，要仔细推敲，反复打磨，广泛征求各方面意见，认真加以修改完善，不要为了赶进度、急于出版而降低志书的质量标准，更不能为限期完成任务而草率收场，使质量不高甚至粗制滥造的志书出版发行。这是关系地方志成败的根本问题，只讲编纂进度，不注重志书质量，不仅不能发挥其应有的作用，而且会失去其存史的意义。中国地方志指导小组在第二轮修志工作全面开展的时机，制定出台《关于第二轮地方志书编纂的若干意见》和《地方志书质量规定》，就是针对目前业已出现的某些重进度、轻质量的不良苗头，从总体上对提高志书质量提出的统一标准和要求，这是加强志书编纂规范、确保志书质量的重要举措。我们一定要从地方志的价值和使命的高度，把提高志书的编纂质量作为地方志工作头等重要的大事来抓。"

四是会议进一步明确了加强方志理论研究、建立和完善方志学学科体系是推动方志编纂实践深入发展的重要途径。陈奎元同志指出："在方志编纂实践中，方志理论不断丰富和完善，取得许多成果。我们要注重处理好方志理论研究和编纂实践的关系，认识到两者同等重要。为方志编纂提供理论指导，是方志理论研究的根本任务，也是衡量方志理论研究是否成熟的重要标志。方志理论研究首先要坚持以历史唯物主义理论为指导，要学习借鉴传统的方志理论，同时要与方志编纂紧密结合，从实践中创新理论，在应用中建立和完善方志学学科体系。新编方志与古代传下来的方志，有一脉相承的关系，也有截然不同的面貌和特征，坚持继承和创新的结合，既能解决地方志工作中的具体问题，推动方志编纂实践的深入，又能体现方志理论和学科建设的真正价值和意义，符合地方志事业发展对方志理论研究的客观要求。”

五是会议进一步明确了服务经济社会发展是地方志事业发展的出发点和落脚点。陈奎元同志指出：“发挥志书的社会效益，是地方志服务当代、惠及后世的重要任务，也是事业不断发展壮大的内在动力。地方志工作者要本着修志为用的原则，不断拓展用志渠道，让修志编鉴和研究成果更为广泛地服务社会。我们要把用志作为地方志工作的一项主要任务来抓，积极探索用志的新路子和新方法。方志工作部门要有意识地培养懂得现代信息技术的人才，对方志资源分门别类做好开发利用的前期准备工作。既要搭建自身的网络信息平台，也要加强与当地数据库和网站的合作，将方志机构收藏的各种有价值的信息资料，转化为电子书、网络版等社会喜闻乐见的载体形式，通过方志馆、网站等平台，广泛提供给社会共享。还可以采取‘走出去’的办法，借助公信力较高的信息网络机构，加大地方志资源的宣传推介力度，扩大地方志资源的辐射面和影响力，展示地方志工作的重要价值，为地方志事业的发展营造良好的社会氛围。”

六是会议进一步明确了加强地方志工作队伍建设、努力培养高素质修志人才是地方志事业发展的根本保证。陈奎元同志说：“编纂地方志是一项专门学问，没有高素质的人才和队伍，修志工作无法正常开展，编纂高质量的志书就更无从谈起。必须高度重视人才选拔和培养工作，在专业化修志队伍建设方面下大力气。”“要完善培养、教育和奖励人才工作机制，为引进优秀的专业修志人员创造良好的条件。”“要对专业修志人员进行定期的岗位培训和继续教育，丰富他们的专业知识，提高他们的业务素质。要选好精通业务、熟悉地情、具有丰富修志经验的主编和主笔，培养一批具有一定专业和理论功底，又具有实践能力的修志人员。”“要吸收其他学科的专家、学者共同参与修志工作。”“努力造就一支既有较高政治素质，又有较高业务素质的修志队伍。”

只要把以上两个方面，即会议的背景、面临的形势和任务，以及主要收获加以综合观察，我们便不难看出，第四次工作会议的主要精神就是：在党的十七大精神指引下，以科学发展观为指导，深入贯彻落实《条例》，在认真总结首轮修志经验的基础上，全面推进二轮修志和年鉴编纂、旧志整理，利用今后五年左右的时间，使志书质量、方志学研究、地方志数据库、网络化建设和修志队伍的素质有一个明显的变化，为地方志工作的全面协调可持续发展打下更加坚实的基础。其中，最根本、最核心的一条是，要用科学发展观指导地方志工作，促进依法修志和志书编纂质量的提高。

二　传达贯彻第四次工作会议精神应当注意哪些问题

这次会议之前，中指组办公室给我送了几份会议材料。从中看出，各地对第四次工作会议精神的传达贯彻，具有行动快、层次高、范围广、声势大的特点。例如，工作会议之后，北京市志办立即向市主要领导和主管领导做了汇报，并先后召开主任办公会、全体干部会、市志主编工作会，对会议精神进行传达。市长郭金龙还在市政府常务会议上听取了关于全国会议情况的汇报，研究了北京市贯彻会议精神的有关问题，要求全市有关部门进一步提高思想认识，以到位的组织工作、精确的文字表达，扎实做好地方志编纂工作。随后，他又出席了为贯彻第四次工作会议精神而召开的市第六届地方志编委会扩大会议，并就北京市如何落实国务院《条例》和本市《实施办法》、健全修志机构、加强修志队伍建设、创新体制机制、处理好部门中心工作与修志工作关系等问题发表了讲话。在此基础上，北京市于今年1月初又召开了全市地方志工作会议，对全国会议精神进行传达。广东省志办于会后立即召开党组会、全办中层干部会和干部大会进行传达，同时向省委、省政府分管领导做了汇报。今年2月，广东召开了全省依法修志工作电视电话会议，传达全国会议精神，要求把它们落实到今年和今后几年的工作安排之中。山西省史志研究院在会后第一时间，分别向省委分管副书记和省政府分管副省长作了专题汇报，并组织方志所的全体同志学习会议文件，同时下发了关于在全省方志系统学习贯彻全国会议精神的通知。去年12月，山西召开了全省贯彻落实会议精神的市级方志机构主任会，分管副省长到会讲话。随后，各市迅速向各自分管市长汇报，引起了他们的高度重视。太原市市长在年初“两会”上的《政府工作报告》中，专门提到了地方志工作。朔州市边传达边贯彻，使方志办机构这个长期悬而未决的问题得到了解决。安徽等省今年年初也召开了全省方志办主任会议，传达贯彻全国会议精神，分管副省长到会发表了讲话。这些说明，全国省级单位的志办主任队伍确实是一支爱岗敬业并且特别能战斗的队伍，地方志工作在省级单位党委和政府领导心目中的地位确实比过去有了很大提高，地方志事业确实越来越呈现出蒸蒸日上、欣欣向荣的气象。

同时，我们也要看到，截至目前，为传达落实贯彻第四次工作会议精神而召开辖区地方志工作会议或三级志办主任会议的省、市、自治区及新疆建设兵团，合计只有23个，占省级单位的70%；尚有占全国30%的9个省级单位没有召开辖区地方志工作会议或三级志办主任会议。即使开过辖区会议的单位，所属市、县也没有都做到层层传达贯彻。因此，继续搞好第四次工作会议精神的传达贯彻，仍然是今年地方志工作系统的一项重要工作。下面，我就如何搞好传达贯彻问题，再讲几点意见。

第一，要把传达贯彻第四次工作会议精神与开展学习实践科学发展观活动结合起来。

前面讲了，第四次工作会议最根本、最核心的精神，就是要用科学发展观指导地方志工作。而当前全党正在进行的学习实践活动，其宗旨也是为了把科学发展观落实到各项工作中去。所以，传达贯彻第四次工作会议精神，与开展学习实践活动，目标是一致的。地方志工作系统应当把传达贯彻第四次工作会议精神，作为开展学习实践活动的载体之一；同时，要用开展学习实践活动，促进第四次工作会议精神的传达贯彻。正如刘延东同志在讲话中所说："要进一步明确在新的历史条件下全面开创地方志工作新局面所面临的新课题、新任务，着力改变不适应、不符合地方志事业科学发展的思想观念，着力找准并解决影响和制约科学发展以及广大修志工作者反映强烈的突出问题；要把解决问题与建立长效机制紧密联系起来，从地方志工作和事业发展的要求出发，创新体制机制，建立健全相关制度，进一步提高地方志工作水平，推动地方志事业全面协调可持续发展。”从材料上看，许多已开展了学习实践活动的地方志工作机构，正是这样做的。现在，参加第一批学习实践活动的中央和省级单位的活动业已结束，由地市级参加的第二批学习实践活动刚刚拉开序幕。无论是搞完活动还是正在进行活动的地方志工作机构，都应当用这一要求抓整改措施的制定和落实。凡是没有这样做的单位，应当补上这一课。

第二，要把原原本本传达第四次工作会议文件、逐项落实会议要求与按照本地实际情况创造性地开展工作结合起来。

第四次工作会议的几个主要文件，都是对过去七年来地方志工作经验的总结，是全国方志工作机构智慧的结晶，地方志系统广大干部职工心血的凝聚。其中，刘延东同志的讲话是从国务院角度讲的，陈奎元同志的讲话和我的工作报告是从中国地方志指导小组角度讲的。无论哪个角度，都是就全国范围而说的。因此，我们一方面要重视其中观点和要求的普遍意义，不要借故本地情况特殊而忽略对文件的传达贯彻，更不要蜻蜓点水，敷衍了事；另一方面，在传达贯彻中又要注意结合本地实际情况，有所发明，有所创新，不要照本宣科，更不要只当收发室、传达室。在这方面，有些省志办做得很好。例如，第四次工作会议提出“四个不足”，有的省志办从本地情况出发，又提出了没有根本改变“一本书”传统工作模式的问题。第四次工作会议提出要进一步贯彻落实《条例》，有的省志办便提出，要会同省法制办等部门组织对全省县级以上政府贯彻《条例》和本省规定情况进行一次全面检查。第四次工作会议提出要把提高志书编纂质量放在更加突出的位置，特别要选好志书的主编和总纂，有的省志办又进一步酝酿出台“驳回重修”制度，建立专兼职结合的专家评审队伍；按照方志出版社精品工程的标准，抓好样板志稿的培植。第四次工作会议提出加强地方志队伍建设，有的省志办便提出要调整充实具有本省特色的“八个一优秀”评选内容和办法，向基层倾斜，完善评先树优的激励机制；开展业务培养系统工程，制订人才培养长期规划，整体提高全省修志人员的业务和理论水平。所有这些，都是把第四次工作会议精神与本地实际相结合的表现，值得各地学习推广。

第三，要把着眼当前与规划长远结合起来。

从全国范围看，现在距离第二轮修志结束还有十年左右的时间；从第四次工作会议对工作的部署看，所需时间也有五年之久。但是，从会议对志书质量和各项工作的要求上看，要想高标准完成第二轮修志工作，全面实现会议提出的目标，时间是非常紧张的。因此，必须珍惜每一天，以只争朝夕的精神，抓紧对会议精神的传达贯彻（目前距离会议已有四个月）；并且一边传达，一边结合本辖区、本单位实际，逐项落实会议提出的要求。首先，各地要根据会议精神，搞好今年的工作计划，努力做好今年的工作。与此同时，建议各级地方志工作机构着手制定本单位今后五年的工作规划，这也是贯彻第四次工作会议精神的题中应有之义。古人说：“不谋全局者，不足谋一域；不谋长远者，不足谋一时。”地方志工作同样如此。所谓制定规划，也就是根据会议提出的今后五年工作方针和主要任务，结合本辖区、本单位实际，提出自己在今后五年的工作方针、主要任务和进度安排。例如，我考虑在今后五年内，仅中指组办公室就有十项任务是必须完成的：一是督促各地完成首轮修志的扫尾工作，以调研、考察、发文件等形式，促进难点问题的解决，推动首轮修志的最终完成；二是组织对已出版的第二轮志书的评奖活动，启动方志出版社的精品工程，促进志书质量的提高；三是组成《地方志百科全书》编委会，着手制定编纂方案，进行编纂的组织工作，以此推动方志理论的系统化、规范化，促进方志学的学科建设；四是召开首届全国方志理论研讨会，促使方志理论研究的广泛开展和深入发展；五是做好国务院交办的《汶川特大地震抗震救灾志》编纂的组织协调和其中《总述》《大事记》《附录》三个分卷的编纂，确保11卷能全部、高质量、按时出齐；六是完成中国地方志协会的换届工作，使协会充分发挥作为方志学术研究与交流平台的作用，加强全国方志界工作者和学者的联系与合作；七是成立地方志系统的年鉴学会；八是建立中国地方志网站，争取全国地方志数据库、年鉴数据库初具规模；九是建成并启用国家方志馆；十是加强地方志办公室自身建设，使机关无论在健全规章制度、严格工作程序、提高办文水平上，还是在人员的政治思想、业务素质、工作能力、工作作风上，都能有一个新的、明显的改观。可见，对于中指组办公室来说，未来五年的任务非常繁重，时间并不宽裕。因此，要有一个五年规划，对什么时候干什么、怎么干，要做出具体安排。我想，各地地方志工作机构的情况也都差不了多少，也都需要把未来五年的规划做好，然后报经上级审批，以便作为今后工作的依据，分步实施，逐件落实。

第四，要把整体推进与重点突破结合起来。

第四次工作会议提出的任务很多，每一项都是不可或缺的。例如，深入学习实践科学发展观，继续推动地方志工作法制化建设，全面推进二轮修志，尽快完成首轮修志的扫尾工作，正确处理质量第一与抓紧进度的关系，深化方志理论研究，加强地方志资源的开发利用，努力实现地方志资源数字化、网络化，进一步搞好地方志队伍建设，全面提高修志人员素质，等等。所有这些任务，哪一项不是我们必须做好的呢？因此，贯彻第四次工作会议精神，应当是全面的，而不是片面的；是整体推进的，而不是零敲碎打的。但是，同时又必须看到，各地情况并不完全一样，各有各的特点。因此，在整体推进时，要抓住自己的薄弱环节或关键环节，争取先行突破。例如，目前有15个省、市、自治区尚未实现本地的地方志立法，这些地方在制定规划时，就可以考虑把争取本地立法，作为突破的重点。又如，目前还有15个省、市、自治区没有完成首轮修志任务（西藏自治区首轮和二轮合修），这些地方在制定规划时，就可以考虑把全面完成首轮修志扫尾工作，作为突破的重点。再如，目前许多省、市和县出版了第二轮修志中的志书，这些地方在制定规划时，就可以考虑把加强志稿审读、严格志稿验收、提高质量标准，作为突破的重点。总之，要学会“弹钢琴”，既要注意“乐曲”的完整性，又要突出“主旋律”，通过抓重点、抓关键来带动全局。这也是科学发展观的要求。

以上意见，谨供大家在传达贯彻第四次工作会议精神时参考。

今年是新中国成立60周年，在此，我想顺便谈谈加强共和国史研究与地方志工作之间联系与合作的问题。方志学属于史学还是属于地理学、编纂学，抑或是独立于其他学科之外的学问，学术界尚有不同看法，对此可以继续讨论。但是，多数人认为，方志学属于史学范畴，是史学的一个分支学科。有人甚至认为，方志体不过是中国古代史籍中，除纪传体、编年体、纪事本末体、典志体、史地体之外的又一种体裁。可见，在我国，历史编撰与地方志编纂具有天然的联系。另外，当前二轮修志记述的基本上是20世纪70年代末以后的事情，就是说，新编地方志工作的对象，早已进入到1949年新中国成立后的历史领域。因此，共和国史研究，特别是当代地方史编纂的时空范围，与地方志工作已经越来越趋于一致。事实上，在有的省份，当代史研究部门就放在地方志工作机构之中。2007年，当代中国研究所与陕西省志办还合作举办过学术会议。今后，当代地方史研究、国史研究与地方志工作部门的关系一定会更加密切，合作的空间一定会更加广阔。国史学会和地方志协会今年都要换届，我建议利用这个机会，相互加入对方的学术团体，以便于彼此参加对方的学术活动，共同开展对新中国历史资料的收集、整理和研究工作，使双方的优势在互补中得到充分发挥。

突出协会特点，加强学术活动*

——在中国地方志协会第五届理事会第一次会议上的讲话

（二〇〇九年七月八日）

中国地方志协会第五届理事会第一次会议已经完成了预定的各项议程，即将闭幕。首先，我代表中国地方志指导小组和陈奎元同志，向各位新当选的理事致以热烈的祝贺和亲切的问候！其次，我代表中国地方志指导小组和中国地方志协会，向由于年龄、工作调动等方面原因不再继续担任协会理事和领导的同志致以崇高的敬意与衷心的感谢，并希望他们今后一如既往地关心和支持协会的工作！

这次会员代表大会继续选举我为协会理事，五届一次理事会又继续选举我为常务理事和会长，这是各位代表和理事对我的信任。对此，我深表感谢，也深知使命的光荣和责任的重大。我将遵照协会章程的规定，认真履行自己的职责，竭诚为广大会员服务，同全体理事一起努力把协会办得更好，切实办成会员之家，不辜负各位代表和理事的重托。

第四届理事会自 2002 年年底成立以来，在常务理事会的领导、全体理事的努力和广大会员的积极参与下，做了大量工

---

* 这篇讲话曾刊登于《中国方志通讯》2009 年第 41 期。

作，取得了许多成绩。尤其值得一提的是，在过去六年半的时间里，协会创办了会刊，成立了城市区志专业委员会，规范了年鉴专业委员会工作，召开了经验交流会和学术会议，开展了首次年鉴评奖活动，举办了年鉴培训班、培训会。这些都使协会的工作大大向前迈进了一步，必将载入协会发展的史册。同时，我们也应看到，协会工作还存在不少问题和缺憾，例如，管理还不够规范，活动还不够活跃，联系还不够广泛。这些都需要我们通过新一届理事会的工作，逐步加以解决和克服。

当前，全国地方志工作系统正在科学发展观的指导下和《地方志工作条例》（以下简称《条例》）的推动下，认真贯彻落实第四次全国地方志工作会议精神。这次会议是在新中国大规模首轮修志已基本结束、第二轮修志已全面展开，地方志工作已积累了丰富经验，步入了法制化轨道，扩大了工作范围，掌握了数字化、网络化手段的背景下召开的。它进一步明确了地方志工作对提升国家软实力的意义和各级政府贯彻《条例》、依法修志的责任，进一步明确了科学发展观是地方志工作的指导方针，进一步明确了志书编纂的质量是志书的生命，进一步明确了加强方志理论研究、建立和完善方志学科体系是推动方志编纂实践深入发展的重要途径，进一步明确了服务经济社会发展是地方志事业的出发点和落脚点，进一步明确了加强地方志工作队伍建设、努力培养高素质修志人才是地方志事业发展的根本保证。所有这些，也应当是中国地方志协会第五届理事会的指导思想和奋斗目标。

地方志协会与地方志工作机构之间，既有联系，也有区别；地方志协会既要配合地方志工作机构的工作，也要相对独立地开展工作，否则也就不必要成立协会了。对于协会工作，6 年前我在广州召开的四届一次理事会上曾讲过三点原则性意见，即：坚持先进文化的前进方向，积极促进方志学科的建设；坚持解放思想、实事求是、与时俱进的精神，不断推动方志理论的创新；坚持全面建设小康社会的奋斗目标，广泛开展读者用志活动。这些原则并没有过时，今后还应当坚持。但有关这方面的意见，我过去已讲过很多，在最近召开的第四次全国地方志工作会议和全国地方志机构主任工作会议上又讲过，而且它们也是地方志工作系统都应当做的。所以，这类意见我今天就不再重复了。下面，我仅就协会自身发展的一些问题，比如，协会如何进一步彰显自己的特点，如何进一步发挥自己的优势，如何进一步配合地方志工作机构独立地开展工作等问题，谈一点不成熟的意见，以便和大家共同探讨，争取在第五届理事会任期内有所解决，有所突破，有所进展。

第一，关于协会的名称问题。

毫无疑问，地方志协会是一个社会团体。但社会团体中既有行业团体也有学术团体，地方志协会究竟是行业团体还是学术团体呢？我们协会的章程明文规定，中国地方志协会是“全国性地方（史）志学术团体”。但学术团体的名称一般应为“学会”，行业团体才叫“协会”。我认为，这不是简单的名称问题。常言道：“名不正则言不顺，言不顺则事不行。”经过二十多年的实践，我们对协会属性的问题应当看得很清楚了。因此，我主张在本届理事会任期内，通过民政部门规定的手续，将“协会”正式更名为“学会”，从而使它的学术性更加鲜明，更加突出。

第二，关于协会活动的重点问题。

协会要做的事、可做的事是很多的，比如，协助地方志工作机构推动地方志工作的法制化建设，推进第二轮修志，加强地方志资源的开发利用，提高修志人员的素质等等。但是，作为方志界的学术团体，我认为最重要也最适宜开展的活动应当是推动方志学的学科建设，进行方志编纂经验的总结和开展志书的阅评。这三件工作都涉及方志理论研究的加强和志书质量的提高，都是第四届全国地方志指导小组要着力抓好的重点，因此，各级地方志工作机构也都要做。但地方志工作机构既要负责编纂志书、年鉴，又要处理大量日常事务，任务十分繁重，要做好这三件工作，难以拿出充足时间，往往心有余力不足。然而，协会的组织特点和人员构成，恰恰可以弥补这个不足。协会可以跨单位、跨行业，整合社会资源；而且可以吸收退休人员，发挥老同志经验丰富的长处。所以，把协会活动的重点放在推动方志学的学科建设、进行方志编纂经验的总结、开展志书的阅评上，是比较适合协会特点的。

第三，关于协会活动的载体问题。

人们常说，协会工作重在活动。而要活动，就要有活动载体。地方志协会活动的载体，一般来说，主要是举办研讨会、评比会、培训会，开展对外学术交流。这些活动，我认为凡是宜于协会同地方志工作机构共同进行的，就共同进行；凡是宜于协会单独进行的，就单独进行。比如，第四次全国地方志工作会议确定，要由指导小组和协会共同召开全国地方志系统的首届理论研讨会，并相应建立学术年会制度。但年会制度建立后，可以根据实际情况由指导小组办公室为主筹办也行，以协会名义筹办也行。再比如，第四次全国地方志工作会议确定，今后五年内要组织一次全国性志书评奖活动。但指导小组组织的评奖活动不宜过多，因此，我考虑协会可以独自设立一种奖项，比如叫“协会奖”，每年评比一次，委托各个团体会员单位轮流承办。总之，只有开展经常性的活动，协会才会有生气，才能体现出自身的价值。

第四，关于协会活动的骨干问题。

协会章程规定，协会是由各省、市、自治区、副省级城市的地方志学会，国务院有关部委、军队和武警的史志单位，科研单位、大专院校的相关专业团体，以及从事地方志研究和编纂的个人自愿组成。但是，实践告诉我们，参加协会的单位和个人会员不一定就是协会的积极分子。只有热爱地方志事业并有一定研究能力的人，才可能是协会的骨干力量和基本队伍。只有调动他们的积极性，协会的工作才可能真正开展起来。这些人可以是在职人员，也可以是退休人员；可以是地方志工作系统之内的人员，也可以是地方志工作系统之外的人员。为了把协会的骨干队伍建立起来，每个团体会员单位首先应当有一位领导分管协会工作，并把协会日常工作落实到一个具体部门；其次要主动在退休人员和地方志工作系统之外的人员中发展会员，并从中发现和培养积极分子，编制他们的花名册。我数了一下，仅第四届理事会学术委员会委员加上第五届理事会新进入学术委员会的委员，就有 49 人。这些人大部分都已退休，而且都是长期从事地方志编纂工作的同志，或在方志学上有造诣的专家、学者。我还请人提供了一个高等院校和科研机构中对方志学有专长的学者名单，仅粗略统计就有 20 多人，其中不少人在高校开过或正在开方志学的课程。我们的任务就是要通过协会这个平台，发现分散在各行各业、各单位中的方志学学者，并把他们组织起来，使他们更多地参与到地方志学术活动中。今后协会举办学术研讨会，要请他们写文章；开展志书、年鉴评比，要请他们当评委。第四次全国地方志工作会议确定，近期要启动《中国地方志百科全书》的编纂工程。这是关系到地方志学科体系构建和地方志理论水平的大事，更需要邀请他们设计条目，撰写条目。总之，要把协会变成联系和团结广大方志学者的桥梁与纽带，使协会办出特色，办出水平。

第五，关于协会活动的外延问题。

地方志协会，顾名思义，是地方志的学术团体。但应当看到，史志自古是一家，尤其第二轮修志开展以来，地方志记述内容已基本上是20世纪70年代末以后的事情，也就是说，已进入新中国成立后的中国现代史或当代史领域。因此，当代史研究，特别是地方当代史编纂，与地方志编修的时间段已经越来越趋于一致。当然，史志也有分工不同。历史研究的任务是在弄清历史事实的基础上揭示历史变化的原因，探寻历史发展的规律，总结历史得失的经验，因此，史书的特点是述论结合，夹述夹论，以述带论。而志书是资料性文献，地方志编修的任务是客观、全面、系统记述特定区域自然与社会的历史与现状。因此，志书的特点是述而不论，寓观点于记述之中。正因为史志之间有这种区别，更显出二者加强联系与合作的必要。我在多个场合提出，地方志工作和现代史或当代史研究要通过学术团体这个渠道进行交流，做到取长补短，相互促进，相辅相成，共同发挥存史、资政、育人的作用。现在，一些地方志工作机构和地方志工作者已经加入了中华人民共和国国史学会或地方当代史学会。我主张，地方志协会也要主动吸收各地当代史研究机构和研究者加入，以延伸自己的活动范围，使地方志工作和现代史或当代史研究做到你中有我，我中有你。

同志们，当前地方志工作正处于历史上的最好时期，地方志协会的工作也应当跟上去，与这个形势相适应。古人常说："光阴荏苒，时不我待""贤人惜日，圣人惜时"。五年时间，一晃就会过去。协会里的职务相对于党政职务来说虽然是虚差，但我们要把它当成实事来办。我希望通过诸位的努力，使本届理事会多干一些事，多干成一些事，争取在地方志发展史上留下浓重的一笔。这样，在五年之后，当我们把"接力棒"交到别人手里时，可以毫无愧色地说：我们没有虚度光阴。

切实加强自身建设，努力打造“四型”方志办*

——在2010年全国省级方志工作机构主任会议上的讲话

（二〇一〇年四月八日）

2010年全国省级方志工作机构主任会议，今天在具有浓厚文化底蕴的古都南京召开了。刚才，曹卫星副省长介绍了江苏近几年的经济社会发展概况，使我们进一步了解了江苏省在科学发展观指导下，加快经济强省、文化大省建设所取得的可喜成就。同时，我们也通过调研和接触，深切感受到江苏省委、省政府对地方志工作的高度重视、热情关怀和大力支持。在此，我代表中国地方志指导小组向江苏省委、省政府表示衷心的感谢！同时，我也代表中国地方志指导小组和陈奎元同志向全体与会的方志办主任们表示亲切的慰问！

去年3月在厦门召开的全国省级方志办主任会议，交流了各地对第四次全国地方志工作会议精神的学习、传达、贯彻、落实的情况和经验。今年南京会议的主要任务，是总结第四次工作会议一年多来的工作，进一步推动各地对第四次工作会议精神的贯彻落实。从各地报送的会议材料和我了解到的情况

* 这篇讲话曾发表于《中国地方志》2010年第5期。

看，这一年多来，全国地方志系统把贯彻落实第四次工作会议精神与开展学习实践科学发展观活动相结合，着力改变不适应、不符合地方志事业科学发展的思想观念，结合本地实际逐项落实会议要求，在做好眼前工作的同时积极制定五年发展规划，在整体推进工作的同时找准薄弱环节、实施重点突破，使地方志工作在法制化建设、志书质量提升、年鉴编纂、旧志整理、方志资源开发利用、方志理论研究、人才队伍建设等方方面面，都取得了很大进展。但也要看到，我们的工作还存在不少不尽如人意的地方。例如，有的地方首轮志书编修任务至今还没有完成；有的省份至今尚未出台地方志工作的法规或《地方志工作条例》的实施细则，有的即使颁布了法规，也没有完全落到实处；有的地方在修志中仍然没有把质量放在第一位，不是精益求精，而是急于出书。因此，地方志系统今后一个时期的工作重点，仍然是继续狠抓第四次工作会议精神的贯彻落实。

在厦门会议上，我曾就什么是第四次工作会议的精神，以及怎样传达贯彻第四次工作会议精神的问题，讲了几点意见。今天，我想利用这个机会，再就各地各级方志办应当建设成为什么样的方志办的问题，谈几点意见。

《地方志工作条例》规定：县以上地方人民政府负责地方志工作的机构主管行政区域的地方志工作；编纂地方志应当做到存真求实、确保质量；编纂地方志应当吸收有关方面专家、学者参加，专职编纂人员应当具备相应的专业知识；对地方志书进行审查验收，应当组织有关保密、档案、历史、法律、经济、军事等方面的专家参加；修志工作完成后，应当将修志过程中收集到的各种资料和志稿，依法移交本级国家档案馆或者方志馆保存、管理，个人不得据为己有或者出租、出让、转借；以县级以上行政区域名称冠名的地方志书、地方综合年鉴为职务作品，著作权由组织编纂的负责地方志工作的机构享有，参与编纂的人员享有署名权；地方志工作应当为地方经济社会的全面发展服务等等。这些规定既明确了地方志工作的主管机构是各地各级的地方志办公室，同时又对地方志办公室提出了很高的要求。新编地方志 30 年来的实践告诉我们，全国地方志工作能否搞好，关键在于各地各级的地方志办公室能否把自身建设好。方志办自身建设有许多方面的内容，例如制度建设、队伍建设、作风建设、领导班子建设等，这些都需要不断加强。不过，我今天主要是从另一个角度来谈方志办的建设问题。我认为，面对二轮修志的形势和任务，应当特别强调加强方志办自身的学习意识、研究意识、创新意识和服务意识，就是说，要建设学习型、研究型、创新型和服务型的方志办。

第一，要建设学习型方志办。

2009 年 9 月召开的党的十七届四中全会号召，要在全党营造崇尚学习的浓厚氛围，使各级党组织成为学习型党组织。各地各级的方志办作为负责地方志编纂工作的机构，应当借助这股东风，在本系统、本机关大力提倡学习。地方志编纂在本质上是一种意识形态工作，在学科分类上属于史学学科。因此，要做好编纂工作，首先要学习党中央有关意识形态工作的指示精神和关于历史问题的决议，学习历史唯物主义的基本理论，努力掌握其立场、观点、方法，以保证地方志工作始终坚持马克思主义的指导，坚持正确的政治方向，坚持中国特色社会主义道路。地方志上至天文，下至地理，远至上古，近至当前，可谓横陈百科，无所不包，其内容之丰富，知识之广博，是任何一项工作都难以企及的。因此，要做好编纂工作，必须虚心学习各门学科的知识，不仅要学习旧知识，还要不断学习新知识。另外，地方志编纂本身也是一项专业，也有自己的专业知识。因此，要做好编纂工作，还要学习和掌握地方志的编纂业务。地方志系统有相当多的同志没有参加过首轮修志，缺少编纂经验；即使参加过的同志，也会碰到许多新情况、新问题。这些都使各地各级方志办更有必要在本系统、本机关组织修志人员学习基本理论，学习各种知识，学习编纂业务。只有虚心才能不断学习，只有不断学习才能跟上时代，才能适应地方志工作的新形势、新任务。我们要把提倡学习、组织学习，作为加强修志队伍建设、提高修志人员素质、保证志书质量的重要措施，把方志办切实建设成为学习型方志办。

第二，要建设研究型方志办。

方志办无论编纂地方志书还是编纂地方综合年鉴，现在都是由两部分工作组成的：一部分是组织有关各部门编纂，一部分是自己进行编纂。前者更多的是管理性工作，后者更多的是学术性工作。但无论哪种工作，都有其自身的规律，要做好都要研究和找出其中带规律性的东西。尤其编纂业务，更是整个地方志工作的基础。作为方志办的工作人员尤其是领导干部，你要组织其他部门编纂，要指导和检查本行政区域内的地方志工作，如果自己不研究编纂中的经验、规律和理论，是难以胜任工作的。当前，方志学还没有被列上国务院学位办公室的二级学科目录，高等院校中也很少有设方志系、方志专业和开方志课的。其中原因固然很多，但与地方志系统自身的理论研究还相对薄弱，方志学作为一门学科还没有形成完整、系统、规范的学科体系，还拿不出一本为各方面所公认为权威的教科书等原因，也不无关系。正因为如此，第四次全国工作会议强调，要深化方志理论研究，促进方志学科建设，而且宣布指导小组要在本届任期内启动《地方志百科全书》编纂工程，指导小组和地方志协会要召开全国地方志理论研讨会，并建立地方志系统学术年会制度。为了加强当代史与地方志工作的学术交流与合作，也为了给地方志理论研讨会探路，当代中国研究所、中华人民共和国国史学会、中国地方志协会和广东省方志办于去年年底决定，今年9月在广州召开主题为“中国当代史研究与地方志编纂”的国史学术年会。我希望各省方志办主任积极支持《方志百科全书》的编纂和地方志理论研讨会的召开，也希望广大方志界的学者能踊跃参与上述活动。我们要积极想办法，定措施，在地方志系统营造浓厚的研究空气，把方志办切实建设成为研究型方志办。

第三，要建设创新型方志办。

地方志编纂最早可以追溯到2500年前，即使从改革开放后新编地方志大规模开展算起，至今也有30年历史。在此期间，地方志自身发生了很大变化，地方志所要记述的对象更是发生了翻天覆地的变化。从本世纪初至本世纪20年代大约20年左右的时间，是新编地方志进行二轮修志的阶段，也是我国由总体达到小康水平向全面实现小康目标迈进的时期。在这个时期，人们思想活动的独立性、选择性、多变性、差异性明显增强并将继续增强，对于社会主义先进文化已经提出并将继续提出更高的要求。二轮修志所记述的对象，大体为20世纪70年代末、80年代初至20世纪末、21世纪初这20年左右时间。这段时间已经完全是新中国的历史，是中国的现代史、当代史，而且是一个新的历史时期，是改革开放由启动到全面展开的时期。在这个时期，市场化、信息化、城市化、国际化等新鲜事物层出不穷。所有这些变化，都会影响到地方志的编纂方式、篇目设计、内容记述。因此，必须以改革创新的精神对待和加强二轮修志工作。例如，首轮志书的篇幅普遍比较长，二轮志书是否还要延续那样的规模？首轮志书的篇目已经形成了某种模式，二轮志书能否有所增删？首轮志书的体裁大多是章节体，二轮修志是否可以在章节体中融入一些条目体？首轮志书的图片一般都集中在卷首，二轮志书是否可以有一部分图片随文？首轮志书基本没有地形地貌图，二轮修志是否应当加上？对于这些问题，如果不从变化了的实际情况出发给予研究解决，而是墨守成规，要搞好二轮修志是不可能的。另外，第四次工作会议要求继续推动地方志工作的法制化建设，正确处理质量第一和抓紧进度的关系，加强地方志资源的开发利用，进一步搞好地方志队伍的建设。要做到这些，也要解放思想，勇于创新，拿出一些新思路，采取一些新办法，不能总是老一套。例如，现在修志工作都是由方志办集中制定规划，再由各承编单位分散撰写初稿，最后由方志办汇齐组装。在这种情况下，一本志书如果没有一个有能力、负责任的主编统稿；或者主编有名无实，只挂帅不出征；又或主编有职无权，不能支配编辑组的人员，说了话不算数，那么，保证志书质量就会是一句空话。因此，要落实质量第一的原则，必须改革某些不适应新情况的制度，在主编负责制问题上有所创新，有所突破，保证为每本志书找一位好主编，保证每位主编有名有实，有职有权。创新是一切学术性工作的生命，地方志工作同样要提倡与时俱进的精神，把方志办切实建设成为创新型方志办。

第四，要建设服务型方志办。

修志是各级方志办的首要任务，但它并不是方志办的全部任务和最终目标。应当看到，方志办编好志书，只是完成了自己工作的一半，另一半或者说更为重要的一半，是开发志书中蕴藏的宝贵资源，把它对于地方经济社会全面发展的潜在作用变为现实作用。因此，方志办要为当地经济社会的发展服务，除了要把志书编好外，还必须做好读志用志工作。在各种有关国情、地情的资料书中，地方志可以说是最为全面、最为翔实的一种，也是各级政府投入人力、物力、财力最多的一种。如果我们千辛万苦地把志书编出来，却让它束之高阁，无人问津，那不仅是我们的失职，也是对于国家最大的浪费。现在，志书越编越厚，县志少则上百万字，多则数百万字；市志少则三四本，多则十几本；省志少则几十卷，多则近百卷。这么大的部头，不要说看，就是放都很难放。因此，我们一定要在开发利用上多下功夫，下大功夫。当前，开发利用最有效的办法就是使志书数字化、网络化，凡是没有做到的地方要抓紧做，已经做到的地方要不断完善。再有，编简志以供一般读者使用，出简报以供领导机关参考，也是开发利用地方志资源的有效形式。这里我还要特别谈谈方志馆的问题。自从方志馆这个概念列入《地方志工作条例》以来，越来越多的地方在建方志馆。方志馆当然要有收藏和展示志书，保存和管理修志档案资料的功能。但是，如果花很多钱建了方志馆，仅仅让它具有这些功能未免太可惜了。我主张，凡有条件建方志馆的地方，首先要把它办成地情馆、国情馆，就是说，要利用方志馆对广大观众尤其是青少年学生进行地情教育、国情教育、爱国主义教育。总之，我们要牢固树立服务意识，千方百计开发利用地方志资源，为地方经济社会发展服好务，并在为地方现代化建设事业服务的过程中显示地方志的独特价值，把方志办切实建设成为服务型方志办。

第四次全国地方志工作会议开过已经一年半了，距离下一次会议只剩下三年多时间，而第四次工作会议布置的任务还有很多没有做，有的虽然已经做了，但要按时完成也很紧迫。大家要进一步振奋精神，以只争朝夕的精神，抓紧各项工作的进度。不过我们也要看到，二轮修志的截止时间大体在2020年，距离现在还有十年，只要抓紧工作，完成二轮修志任务，时间还是充裕的。因此，志稿拿出来后，要多征求意见，多打磨修改，其中需要大改的要大改，需要推倒重来的要推倒重来，千万不要为了赶进度而急于出书。志书虽然不是畅销书，但它绝对是流传时间最为久远的书，是最有生命力的书。我们今天仍在评论古人的志书，后人同样也会评论我们的志书。我们要对后人负责，也要对自己负责，一定要把志书质量放在第一位，下大力气出精品佳志，千万不要匆匆忙忙、粗制滥造。否则，不仅会把遗憾带给后人，还会把骂名留给自己。为了增强地方志系统的质量意识，促进《地方志书质量规定》的贯彻落实，第四次全国地方志会议安排在本届指导小组任期内启动志书出版的精品工程，组织对二轮志书的评奖活动。我衷心希望各位在推动地方志工作的同时，切实加强地方志办公室的自身建设，努力把自己所辖区域的方志办建成学习型、研究型、创新型、服务型的方志办；希望大家在全面推进第二轮修志的同时，狠抓志书质量的提高，争取所辖区域能有志书被列入精品工程，能有志书在评比中获奖。

积极推进方志学概念的规范化和理论的系统化*

——在《方志百科全书》编委会成立暨第一次全体会议上的讲话

（二〇一〇年九月十五日）

经过精心组织和筹备，《方志百科全书》编委会成立暨第一次全体会议今天召开了。这次会议的主要任务是：成立《方志百科全书》编委会，聘请全书的主编和副主编，讨论全书的总体设计、编纂原则、设条标准，确定编纂工作的组织规程和具体安排。刚才，田嘉同志宣读了编委会主编、副主编、成员以及编辑室成员名单。我代表中国地方志指导小组，对大家给予《方志百科全书》编纂工作的关心和支持，表示衷心的感谢！

编纂《方志百科全书》的动议早在2005年就提出来了。2008年11月，我代表中国地方志指导小组在第四次全国地方志工作会议上所做的工作报告中，把编纂《方志百科全书》列入“深化方志理论研究，促进方志学科建设”的具体内容，正式提出：“今后五年，指导小组将启动《地方志百科全书》的

---

* 这篇讲话曾发表于《中国地方志》2010年第10期。

编纂工程，通过这一工程，组织方志学的理论队伍，促进方志学理论的系统化、规范化。”2009年3月，我又在全国省级方志工作机构主任会议上的讲话中，将编纂《方志百科全书》列为中指组办公室今后五年内必须完成的十大任务之一。随后，中指组办公室将编纂《方志百科全书》作为专项课题，向财政部申请立了项。并按照指导小组的指示精神，组建了编委会及其领导下的编辑室，确定了主编、副主编，草拟了撰稿人员名单，又请段柄仁和王樵裕两位同志主持起草了《方志百科全书》的总体设计、设计原则、人物独立设条标准、分类目录等文件。这些前期准备工作，为《方志百科全书》编纂提供了必要条件，奠定了扎实基础。我们这个会，就是在上述背景下召开的。

下面，我就编纂《方志百科全书》的问题谈三点意见：

一　编纂《方志百科全书》是进一步推进地方志事业的需要

百科全书是概要记述人类一切知识门类或某一知识门类的工具书，主要用于供人们查检必要的知识和事实资料。它采用条目体编纂，一般由各知识门类的专家撰写条目，具有完备性、准确性、客观性、规范性的特点。编纂大百科全书或专业百科全书，有利于扩大科学知识的传播，促进学科理论的梳理，增强专家、学者的沟通。现代百科全书事业，由18世纪中叶的法国唯物主义哲学家狄德罗和他所邀请撰稿的许多杰出思想家及社会活动家所开创。《中国大百科全书》由20世纪80年代开始编纂，现已出第二版，并出版了大量专业和地方百科全书，对繁荣和发展中国的文化事业发挥了重要作用。但令人遗憾的是，至今没有一部关于方志学的百科全书。

编修地方志是中华民族独有的优秀文化传统，如果从春秋战国时期的列国史或地理书算起，已有2000多年的历史；即使从出现严格意义上的地方志书算起，也有2000年左右的历史。目前保存下来的新中国成立前的旧志有8000多种、10余万卷，约占现存全部古籍的1/10。新中国成立后，编修地方志被列入哲学社会科学规划，部分省市县还开展了新编地方志工作。20世纪80年代以来，新编地方志受到党和政府前所未有的重视，不仅普遍开展了首轮修志，而且在省、市、县三级均设立了专门的修志机构。至今，全国共出版三级志书6000余部，还编纂出版了大量部门志、行业志、山水名胜古迹志、特色志和乡镇村志，以及地情资料书和地情教材。这些成果蔚为大观，不仅在中华民族历史文化中占有重要地位，而且对传承文明、促进地方经济社会的发展具有重要意义。然而，看过志书的人并不多，了解地方志本身知识的人更少。这就需要我们从事地方志工作的人通过多种形式，运用各种手段，做好地方志知识的传播和普及工作。而在所有传播、普及的形式和手段中，百科全书是最具现代性和权威性、最适合读者需要、社会影响最大的一种。正因为如此，当前很有必要着手编纂一本《方志百科全书》。

中国地方志在编纂过程中，不仅形成了大量志书，而且涌现了许许多多对方志学和方志编纂有着深入研究和独到见解的学者，积累了不胜枚举的理论著述。据统计，近些年来，方志专家、学者和各级方志工作机构撰写出版的关于方志的理论著作、教材、论文集、志书评论集已达700多部。在《中国地方志》和省、市、县各级地方志刊物上发表的论文，总数也在10万篇以上。不过，这些研究大多侧重于对实践经验的归纳和总结，理论上的深入与升华不够，以至于方志学至今未能形成公认为系统、完整、规范的理论体系，甚至连一些基本的概念，如什么是方志、什么是方志学等等，在方志学界内部的认识都不够统一。这种状况与我国上千年的修志历史很不相称，也难以适应《地方志工作条例》颁布后出现的新形势。我在第四次全国地方志工作会议的报告中讲："没有实践的理论是空洞的理论，没有理论的实践是盲目的实践。地方志工作要使自身水平不断提高，并在学术上占有一席之地，必须加强学术研究，不断把地方志工作的实践经验上升到理论高度。""现在，地方志编纂中有许多难题需要从理论上给予回答，有许多已经确定的原则、规范，需要从理论上加以阐释。这一切都呼唤方志学的尽快成长。"而编纂《方志百科全书》，正是促进方志学尽快成长的必由之路，也是编纂方志学教科书的必要前提。这是因为，百科全书的性质决定了它的每个条目都要由该领域的权威学者来撰写，每个条目的释文都必须是准确的、标准的，引用的事实和数据也应当是可靠的、具有典型意义和经得起检验的。所以，编纂《方志百科全书》有助方志学概念的规范化和方志学理论的系统化。

改革开放以来，我国已形成一支由2万多名专职人员和8万多名兼职人员组成的修志队伍。但其中从事方志理论研究的人不多，有造诣的方志理论工作者更少。由于他们分散在方志工作机构、高等院校和科研院所，平时也很少能有机会在一起交流学术、探讨问题。而百科全书的编纂需要尽可能把各知识门类或某个特定知识门类的知名专家、学者邀集在一起，使他们能够就条目撰写中的问题随时交换意见。当年狄德罗在主持第一部百科全书的编纂时，就把著名的思想家孟德斯鸠、伏尔泰、卢梭、爱尔维修等人团结在了百科全书的旗帜之下。他们自称“百科全书派”，为反对封建制度和天主教会、促成法国大革命起了重要作用。因此，编纂《方志百科全书》可以为方志学界的专家、学者提供一个聚会交流的好机会，并为在全国范围组织方志学理论队伍奠定良好的基础。

二　当前启动《方志百科全书》编纂工程已具备充分条件

编纂《方志百科全书》的必要性很充分，那么，现在编纂的条件是否具备呢？也就是说，是否具有现实可能性呢？我认为，这种可能性不仅是存在的，而且同样是很充分的。

首先，我们的前人已有2000年的修志历史，积累了丰富的修志经验和对方志学研究的成果。自新编地方志工作开展以来，我们自己也进行了30年的修志实践，积累了自己的经验。同时，我们还进行了大规模的旧志整理工作和广泛的方志理论研究。尽管这种研究从总体说还不够深入系统，但毕竟产生了一批在学术上有独到见解的方志学专家、学者，形成了许多有相当深度的方志学理论著述。所有这一切，都为编纂《方志百科全书》提供了基础性条件。

其次，为了编纂《方志百科全书》，我们组织了一个由地方志工作领导干部和方志学专家、学者共同组成的编委会，初步拟定了一个几乎囊括当今分散于各地、各部门的方志学领域顶尖学者的名单，又组织了一个由中指组办公室干部、百科全书专家、方志出版社编辑共同组成的三结合的编辑室。尤其值得庆幸的是，我们邀请到了北京市人大常委会原副主任段柄仁同志和中国大百科全书出版社的老编辑王樵裕同志，分别担任这部书的主编和副主编之一。段柄仁同志是中国地方志指导小组成员，不仅长期主持北京市地方志工作，担任《北京市志》的主编，而且担任过两版《北京百科全书》编委会常务副主任。不仅有丰富的地方志工作和地方百科全书编纂工作的领导经验，而且在地方志及百科全书的编纂理论方面有着深入的研究，出版过这方面的论文集。王樵裕同志曾经担任过中国大百科全书的社长助理，是中国大百科全书航空航天卷等书的责任编辑，主持过多本北京等地方百科全书的编辑部工作，有着策划和编辑百科全书的丰富经验。为了启动《方志百科全书》，中指组办公室与段柄仁、王樵裕等同志经过反复磋商，起草了全书的总体设计、设计原则、人物独立设条标准和条目分类目录、汉语拼音目录等可供讨论的框架性文件。所有这一切，都为编纂《方志百科全书》提供了组织上的必要条件。

再次，为了编纂《方志百科全书》，中指组办公室争取到了一笔专项经费，这为全书编纂工程的启动和进行，提供了必要的物质保证。

正是基于以上三点，我认为现在着手编纂《方志百科全书》不仅是必要的，而且是可能的，已具备了充分条件，可以说万事俱备，只欠启动。

三　编纂《方志百科全书》要坚持高起点、高标准、高质量

我们要编纂的这本《方志百科全书》，不是处在改革开放初期、新编地方志工作刚刚开始起步的时候，而是处在中国特色社会主义事业进入新世纪、新阶段，全国首轮修志已经结束、二轮修志正在全面展开，而且《地方志工作条例》已经颁布四年，第四次全国地方志工作会议也已开过近两年的时候；

不是某个地方、某个单位、某个个人的行为，而是由中国地方志指导小组负责组织、全国方志系统参与的正规化和较大规模的文化工程。因此，它应当代表我国方志界在方志学理论方面目前能达到的最高水平，应当而且必须具有较高的学术性、科学性、权威性。为此，我认为在编纂这本全书时，起码有以下几点是必须做到的。

第一，必须以马克思主义和中国特色社会主义理论体系为指导。地方志在一级学科的归属上究竟属于哪门学科，虽然在方志界还有不同意见，但多数人主张它属于历史学。因此，志书尽管有着述而不论的特点，但不等于没有观点，不受某种理论的指导和意识形态的支配。新编地方志工作是由我们党领导的政府行为，必须以我们党的指导思想马克思主义和马克思主义在当代的最新理论成果——中国特色社会主义理论为指导。同样，编纂全面反映地方志历史和方志学知识的《方志百科全书》，也必须以马克思主义和中国特色社会主义理论为指导。这既是全书保持正确政治方向的要求，也是全书具有较高学术性、科学性和权威性的重要保证。

第二，必须全面、客观、准确、规范地反映方志学的全部知识和方志学界的最新认识。《方志百科全书》是概要记述从古至今方志编修与方志学知识的工具书，每个条目都应尽可能选择该条目所涉领域中最为适合的专家、学者撰写释文。但必须指出的是，写百科全书的释文与写文章、写论文又是不一样的，与写辞典的条目也不完全相同。它既要保证知识的完整性、准确性，又要体现百科全书的权威性、客观性，还要具备语言文字的规范性、精练性。尤其在遇到与撰稿人有某种关联的问题或学术界有不同见解的问题时，撰稿人一定要摆脱个人意见的束缚，客观、公正地评价相关问题，全面介绍各种有价值的不同意见。为了做到这一点，我们编委会、撰稿人队伍和编辑室的同志，都要切实贯彻“百花齐放、百家争鸣”的方针，力求把《方志百科全书》的编纂过程，当成相互学习、平等切磋、取长补短、共同提高的过程。这既是学术工作者应有的风范，也是全书具有较高学术性、科学性、权威性的重要保证。

第三，必须从内容到形式都按照精品的要求打造。百科全书在各个国家都被当作知识的荟萃、书籍的代表，被称为“工具书之王”“没有围墙的大学”。因此，它往往被当成知识界、出版界的标志性图书对待，汇聚该知识领域的一流人才参与撰写，用最科学、最适合读者检索的方法编辑，用最华贵的纸张、最精美的图片、最先进的印刷、最典雅的装帧出版。《方志百科全书》作为方志界的第一部百科全书，作为世界各国百科全书种类中独一无二的品种，理应在质量上的要求更高一些，使它不仅成为传播方志知识最为全面、准确、权威的工具书，而且成为方志界对外宣传的礼品书。

方志界期待已久的《方志百科全书》编纂工程就要在我们手中启动了。它是贯彻落实第四次全国地方志工作会议精神的一项具体行动，是对方志学界学术水平的一次集中检验，是组织方志学理论队伍的有效途径，是构建现代方志学学科体系、编写《方志学教科书》的重要阶梯，是全国方志界共同的大事。编委会、编辑室要以高度的责任感、使命感对待这项工作，各省、市、自治区和有关部门的方志工作机构也要积极支持这项工作。我们要齐心协力把这部书编好，不辜负方志界的期望。

建立和加强中国当代史研究与新编地方志工作的学术联盟*

——在第十届国史学术年会上的开幕词

（二〇一〇年九月二十五日）

由当代中国研究所、中华人民共和国国史学会、中国地方志协会和广东省地方志办公室共同举办的第十届国史学术年会，今天在充满生机与活力的广州城开幕了。首先，我代表会议主办各方，对应邀参加本届年会征文活动并经评审入选的各位专家、学者，表示衷心祝贺和热烈欢迎；同时，代表当代中国研究所和中国地方志指导小组，对给予本届年会以巨大支持的广东省委、省政府领导，以及具体承办会议的广东省地方志办公室，表示衷心感谢！

本届年会的主题是“中国当代史研究与地方志编纂”。之所以选择这个主题，主要基于以下三个考虑。

第一，新编地方志中有大量经过收集、整理、核实、编选的当代史资料，尤其二轮修志更完全进入当代史部分，当代史特别是当代地方史工作者对此应当给予高度关注和充分利用。

所谓地方志，是指全面、系统地记述特定行政区域内自

* 这篇讲话曾发表于《当代中国史研究》2010年第6期。收入本书时，作者作了个别修改。

然、政治、经济、文化、社会等方方面面的历史与现状的资料性文献或资料性著述。连绵不断地编修地方志，是中华民族自古以来特有的优秀文化传统。方志起源如果从春秋战国时期的列国史和地理书算起，有2500年以上的历史；如果从魏晋南北朝时期的地志算起，有近2000年的历史；即使从宋代地方志书编纂体例大体定型算起，也有1000多年的历史。明清两朝，编修地方志逐渐成为国家行为而被制度化，朝廷不仅反复颁布修志诏谕，而且多次组织力量编修国家一统志。民国时期，地方志编修也被列为国家重要事项，由中央政府下令各地设修志局、修志馆，负责编修省、市、县三种志书，并颁布了修志条例与规定。据统计，我国目前保留下来的旧志有8000多种、10余万卷，约占现存全部古籍的1/10。这是我国历史文化遗产中弥足珍贵的组成部分，也是人类独具特色的文明成果。英国著名学者李约瑟就说过："希腊的古代文化乃至近代英国，都没有留下与中国地方志相似的文献，要了解中国文化，必须了解中国的地方志。"可以说，中华文明在人类最先发达的少数几个古老文明中，之所以延续至今没有中断，很大程度上得益于这种官修志书的传统。

新中国成立后，编修地方志受到党和国家的高度重视，取得了前所未有的辉煌成就。早在20世纪50年代，修志就被列入国务院《十二年哲学社会科学规划方案（草案）》，并成立中国地方志小组，负责此项工作。至1960年，全国有20多个省、市、自治区的530多个县，开展了新编地方志工作，其中250多个县写出了县志初稿。以后，由于种种原因，修志工作一度中断。党的十一届三中全会后，新编地方志再次掀起高潮，不仅中国地方志指导小组得以恢复，而且从省到市到县普遍建立了由当地主要领导挂帅的地方志编纂委员会，设置了负责修志的专门工作机构，形成了党委领导、政府主持、地方志工作机构组织实施的修志格局。1985 年和 1996 年，国务院两次发文，部署修志。2006 年，国务院颁发了《地方志工作条例》，规定地方志每 20 年编修一次，使修志工作从此纳入法制化轨道，成为长期性工作。现在，首轮新编地方志工作已基本结束，二轮修志正全面展开，已出版的省、市、县三级志书约有 6000 余部，还出版了大量部门志、行业志、山水名胜古迹志和乡镇村志。由于首轮修志的下限一般在 20 世纪 70 年代末、80 年代初，有的甚至到了 90 年代，因此这些志书的记述时段已深入当代中国，起码包括改革开放之前 30 年的内容。至于二轮修志，其上下限一般由 20 世纪 70 年代末、80 年代初到 20 世纪末、21 世纪初，记述时段基本是改革开放时期，完全属于当代中国的范围。往后的三轮、四轮修志，情况更是如此。这个事实说明，当代史研究和地方志编纂的对象早已有所重合，现在更加趋同，今后将会并轨。

历史研究离不开史料，当代史研究同样要建立在史料的基础之上。但令人遗憾的是，现在从事当代史研究的学者，很少有人利用志书，有的连看都没有看过；更有甚者，至今不知地方志为何物。所以，很有必要呼吁当代史特别是当代地方史的工作者，重视对地方志书的利用。这当然不等于说当代史工作者可以对志书中的材料不加鉴别、拿来就用，也不等于说当代史工作者不用再去做收集史料的工作，只看志书就行了。而是说，一本志书的编修往往要经过许多环节、花费很长时间，其中的史料一般都要反复核对审查，具有相当的可靠性，当代史工作者起码应当从中发现线索。否则，对于地方志工作者来说是精力的一种浪费，对于当代史工作者来说也是一种资源的流失。

第二，当代史特别是当代地方史工作者对当代中国全国性、地方性的事件和人物有比较深入的研究，并已产生大量成果，地方志工作者对此也应当给予高度关注和充分利用。

地方志的性质决定了它与史书最大的不同在于，它只记述事实，一般不加分析和评论，即人们常说的述而不论。这是志书的特点，也是它的优点。但这绝不意味着志书没有观点，可以不受编纂者世界观、方法论，特别是历史观的影响。客观存在的史实与史实记述者之间总会有一定的距离，志书编纂者在修志过程中，不可避免地会把这样或那样的历史观渗透到史实记述之中。这就决定了地方志编纂者，同样必须用科学的理论来指导编纂工作。具体到由我们党领导的社会主义新方志工作，就以马克思主义及其在当代的最新理论成果——中国特色社会主义理论体系为指导，严格遵守党中央关于建国以来和改革开放以来历史问题的结论，同时借鉴当代史研究者运用马克思主义对历史问题和历史人物所作出的理论分析和评价。

对当代史的研究虽然早在20世纪50年代就已存在，但严格意义上的研究是在党的十一届三中全会之后开始的，至今已产生了大量成果。我们不能说这些研究成果对新中国历史事件、历史人物的分析和评价全都符合马克思主义的立场、观点、方法，全都准确地反映了历史的真相，全都系统地总结了历史的经验。但我们可以说，历史学的性质决定了史书不仅要告诉人们历史是什么，而且要说明为什么是；史学工作者不仅要弄清历史事实，而且要把大量精力用在探究和解释历史原委上。因此，他们对于历史事件和人物的研究，一般比地方志纂修者要更深入一些，理论化的程度也更高一些。另一方面，地方志虽然述而不论，但它既然要全面、系统地记述特定行政区域内政治、经济、文化、社会等方方面面的历史与现状，总会碰到如何记述当代中国地域性乃至全国性历史事件和人物的问题。借鉴当代史研究中对历史事件与历史人物的理论分析与评价，无疑有助于地方志工作者在修志时斟酌用语、推敲措词。这当然不等于说地方志工作者不需要研究历史事件和历史人物，也不等于说可以不加鉴别就使用当代史著作中的观点。而是说，既然国史特别是当代地方史工作者已经对这些事件和人物作过比较大量和深入的研究，得出了比较明确的结论，地方志工作者起码应当拿来看一看，以丰富知识，开阔思路。然而令人遗憾的是，以往很多地方志工作者同样不大留意国史特别是当代地方史的研究成果，不少人甚至不知道有本地区的当代史著作。这不能不说也是一种精力的浪费和资源的流失。

第三，当代史研究与地方志编纂从大的学科范畴说都属于史学，具有类似的社会功能，当代史和地方志工作者之间完全可以也应当加强学术交流与合作，并结成紧密的联盟。

地方志究竟属于什么性质的书，目前在方志学界还存在不同意见。多数人认为，它在体裁、体例、内容上虽然有别于史书，但广义上仍属于史书中的一种。正如古人所说："郡之有志，犹国之有史。"以地方志为研究对象的方志学，更被普遍认为应当属于中国史学的分支学科。而中国当代史即中华人民共和国史，是中国历史的现代部分或当代部分，是中国近代史的延伸。因此，当代史研究无疑属于中国史学的分支学科。这个事实决定了，地方志和当代史工作者在运用马克思主义历史观方面，在创新史志研究和编纂方法方面，在继承和发扬中国史学优良传统方面，在有批判地借鉴国外尤其是西方新史学的理论和方法方面，都有可以交流的广阔空间。尤其应当看到，当代史研究是一门新兴学科，开展时间不长，学科理论还不够成熟、系统，学科体系仍在构建之中；而方志编纂和方志学虽然早已出现，但从现代社会科学的意义上说，其学科理论也不够规范和完整，其学科体系仍然需要进一步构建。在这个大背景下，加强二者的学术交流与合作，使二者结成紧密的联盟，对于加快双方的学科体系建设，显然更有意义。

当前，地方志系统有2万名专职工作者和8万名兼职修志人员，其中不乏国史和当代地方史方面的学者；另一方面，分散在全国科研机构、高等院校、军队系统的国史和当代地方史学工作者中，也有不少人参与了修志工作或方志学的研究。但从总体看，这两支队伍的学术交流与合作都很不够。史志原本一家，后来随着社会发展虽然逐渐分为了各有侧重的两种工作，但在存史、资政、育人、护国等社会功能上，并无根本不同。我们应当在开展当代史研究和地方志编纂中，在构建当代史和地方志学科体系中，充分整合这两支队伍的资源，使国史特别是当代地方史工作者更加积极地参加地方志协会的活动，使地方志工作者特别是方志学者更加积极地参加国史学会和当代地方史学会的活动，从而建立和加强史志两家的学术联盟，做到彼此沟通，优势互补，在中国特色社会主义建设和中华民族伟大复兴的事业中，共同发挥存史、资政、育人、护国的作用。

国史学术年会自2001年创办以来，至今已举办过9届。其中除两次国际论坛外，其他7次基本面对的是国内的国史学界。本届年会第一次把当代史与地方志的关系问题作为了会议的主题，第一次联合中国地方志协会主办，也是第一次吸收方志界的学者参加。它是促进当代史与地方志学者相互关注、彼此交流的具体步骤，也是促进方志界进一步加强理论研究的重要举措。在本届年会入选的78篇论文中，中国地方志指导小组组织的有10篇，广东地方志办公室组织的有4篇。当代中国研究所采用征文方式，经过评审入选的64篇中，论述国史问题的占60%，论述地方志问题的占26%，论述史志关系的占14%。在论文作者中，具有高级职称的占60%，40至60岁的占58%，40岁以下的占28%。这些数字表明，本届年会得到了史志两界学者的积极响应，是一次史志学者相结合、老中青学者相结合的学术盛会。

1961年12月，毛泽东同志在广州写下一首著名诗篇《卜算子·咏梅》。其中写道："俏也不争春，只把春来报。待到山花烂漫时，她在丛中笑。"49年后的今天，我们在广州召开以"中国当代史研究与地方志编纂"为主题的学术研讨会，正是为了报告史志联盟这个"春天"的到来。我相信，等到史志联盟的"山花"开遍学术界时，今天在座诸位的脸上也一定会露出灿烂的笑容。

在中国地方志指导小组四届二次会议上的总结讲话*

——在《方志百科全书》编委会成立暨第一次全体会议上的讲话

（二〇一〇年十二月十六日）

自第四次全国地方志工作会议召开以来，指导小组办公室和各地各级地方志机构做了大量工作，取得了显著成绩。这些成绩主要表现在：全国地方志系统在贯彻《地方志工作条例》及推动各地地方志工作法制化方面迈出了新的步伐，第二轮修志工作得到了新的加强，志书质量建设和方志理论建设有了新的进展，地方志资源开发利用工作取得了新的成效，修志队伍的工作水平和业务能力也有了新的提高。特别要指出的是，由国务院交办的《汶川特大地震抗震救灾志》编纂任务，要求高，头绪多，时间紧，在有关各方共同努力下，现已陆续拿出初稿，开始进入总纂阶段，进展总体顺利。明天即将召开的全国地方志系统表彰先进大会，是人力资源和社会保障部与指导小组联合开展表彰活动以来的第二次，各地高度重视，评选认真、规范，反响十分热烈，起到了调动广大方志工作者积极

* 这篇讲话曾刊登于《中国方志通讯》2010年第59期。

性、促进地方志工作进一步发展的积极作用。这些说明，指导小组办公室和各地各级地方志工作机构在贯彻第四次工作会议精神的两年里，思路是正确的，工作是努力的。希望指导小组办公室认真领会和吸收指导小组各位领导、成员提出的意见与建议，发扬成绩，克服不足，改进工作，推动地方志事业不断向前发展。

当前，地方志工作的形势很好。在贯彻落实《地方志工作条例》的推动下，各地各级党委、政府对地方志工作的重视程度普遍提高、支持力度也普遍加大，地方志工作的内涵普遍扩大，二轮修志的进度普遍加快，地方志工作队伍的士气和干劲普遍增强。但越是在形势好的时候，我们越要保持头脑清醒，越要看到存在的矛盾和问题。如果说前些年，我们需要防止的主要倾向是对二轮修志不重视、迟迟不予启动的话；那么，近些年来我们需要防止的主要倾向则是忽视质量、急于出书。现在一些地方之所以急于出书，原因有很多，其中不正确的政绩观的作用，不能不说是重要原因之一。全国第二轮修志大体始于20世纪末、21世纪初，按照《地方志工作条例》关于志书“每20年左右编修一次”的规定，其结束时间和第三轮修志开始的时间，应当大体在2020年左右。因此，二轮修志的时间还是充裕的。我们应当提醒各地，部署任务、制定计划、设计篇目、组织队伍、开展培训、收集资料、起草初稿等要快，但定稿出书要慢，否则质量难以保证。地方志是编纂周期很长、经费投入很大、权威性和生命力都很强的著作，我们一定要抱着对人民、对历史负责的态度，把质量第一的原则落到实处，防止为赶进度而粗制滥造，使二轮修志留下恶名。

陈奎元同志在第四次工作会议上指出：“志稿形成后，要仔细推敲，反复打磨，广泛征求各方面意见，认真加以修改完善，不要为了赶进度、急于出版而降低志书的质量标准，更不能为限期完成任务而草率收场，使质量不高甚至粗制滥造的志书出版发行。这是关系地方志成败的根本问题，只讲编纂进度，不注重志书质量，不仅不能发挥其应有的作用，而且会失去其存史的意义。”他强调：“我们一定要从地方志的价值和使命的高度，把提高志书的编纂质量作为地方志工作头等重要的大事来抓。”指导小组办公室要高度重视陈奎元同志的这一指示，在工作中大力宣传，认真贯彻，使它在地方志系统深入人心，并变为大家的自觉行动。

本届指导小组的任期已过去两年多了，第四次全国地方志工作会议部署的任务有的还没有做；有的虽然已经做了，但要按时圆满完成，任务也很艰巨。希望指导小组办公室的同志们加强自身的学习意识、研究意识、创新意识和服务意识，抓住当前地方志工作难得的发展机遇，进一步振奋精神，再接再厉，维护好、发展好地方志工作的大好形势，为组织和推动全国地方志工作机构顺利完成第四次工作会议部署的各项任务而继续奋斗！

营造学先进氛围，弘扬方志人精神*

——在第二次全国地方志系统表彰先进会议上的讲话

（二〇一〇年十二月十七日）

今天，人力资源和社会保障部、中国地方志指导小组在庄严的首都人民大会堂联合召开会议，隆重表彰为地方志事业做出突出贡献的先进集体和先进工作者。会前，中共中央政治局委员、国务委员刘延东同志，全国政协副主席、中国社会科学院院长、中国地方志指导小组组长陈奎元同志亲切接见了与会代表。刘延东同志在接见时还发表了重要讲话。这些充分体现了党中央、国务院对全国地方志工作者的关怀，表达了党和国家领导人对获得表彰的先进集体、先进个人的崇高敬意及对地方志事业的殷切希望。刚才，人力资源和社会保障部及中国地方志指导小组的领导同志，分别宣读了受表彰的名单，并向受表彰的先进集体、先进个人代表颁发了奖状、奖章和证书。在此，我谨代表中国地方志指导小组和陈奎元同志，向所有受到表彰的集体和同志们表示热烈的祝贺！并通过你们向全国广大地方志工作者转达诚挚的问候！

这次由人力资源和社会保障部、中国地方志指导小组联合

---

* 这篇讲话曾发表于《中国地方志》2011 年第 1 期。

开展的全国地方志系统表彰先进活动，是自 2005 年开展首次表彰先进活动以来的第二次。五年来，在党中央、国务院的亲切关怀下，在各地各级党委、政府的坚强领导和大力支持下，在广大地方志工作者的共同努力下，全国地方志事业在几代修志人奋斗的基础上，又取得新的显著进步和成就。

首先，在这五年里，国务院颁布施行了《地方志工作条例》，使地方志工作的制度化、法制化建设进入了前所未有的新阶段。

中国自从有了地方志以来，历朝历代都把它当成国家行为，作为“官职”“官责”。到了明清时期，更由朝廷反复颁布修志诏谕。新中国成立后，特别是进入改革开放新时期，地方志工作受到党和国家的高度重视。但在很长一段时间内，这一工作都是靠文件推动的。随着依法治国方略的实施和社会主义市场经济的深入发展，再像过去那样仅仅依靠文件，显然不能适应新形势的需要了。正是在这种情况下，作为国家行政法规的《地方志工作条例》于 2006 年及时出台。它结束了地方志工作无法可依的历史，标志着地方志工作从此纳入法制化轨道，保证了地方志工作的可持续发展，凸显出地方志工作作为国家基础性文化建设工程的重要性，在地方志发展史上具有划时代的意义。各地在认真学习宣传和贯彻落实《地方志工作条例》的同时，也加快了地方志工作的法制化步伐。到目前为止，全国已有近 20 个省、自治区、直辖市人大常委会或政府出台了相关的地方性法规和规章；还有不少地方的法规、规章，或已进入立法和审批程序，或正在酝酿起草。依据《地方志工作条例》及其相关法规、规章，各地还普遍制定了志书编纂规划备案制度和评审验收制度，开展了对地方志工作的执法检查和行政督察，加大了解决地方志工作机构设置、人员编制、经费保障等突出问题的力度，推动了地方志工作系统参照公务员法管理的进程。所有这些，都使地方志工作者的底气更足了，士气更高了，干劲更大了。

其次，在这五年里，地方志工作的内涵和外延有了进一步扩展，使地方志工作从形式到内容出现了前所未有的新局面。

修志是地方志工作的主业，但在首轮修志后还要不要开展续修工作，以及间隔多长时间续修合适，过去认识上是不大明确的。《地方志工作条例》关于“每20年左右续修一次”的规定，使地方志的不断编修及其间隔时间有了法律上的依据。2008年召开的第四次全国地方志工作会议，对二轮修志工作做出了进一步部署。目前，绝大部分省、市、县都已开展了二轮修志工作，并陆续出版了700余部志书。许多部门和行业，甚至一些有条件的乡、镇、村也在纷纷编修志书。综合年鉴是社会各界了解一个地区或行业年度情况的重要参考资料，也是修志的重要资料来源。但由于种种原因，编纂部门过去很不统一。自从《地方志工作条例》把这项工作列为地方志工作机构的职责之后，地方综合年鉴如雨后春笋，呈现出空前繁荣的景象。据统计，目前由地方志工作机构编纂的省、市、县年鉴，已有上千种之多，在存史、资政、科研、教育、招商引资等方面，发挥了不可替代的作用。根据《地方志工作条例》，搜集、保存地方志文献和资料，组织整理旧志，推动方志理论研究等工作，也被纳入地方志工作机构的职责。目前，整理出版或影印出版的旧志已不下2000余种。为了推动具有现代社会科学意义上的方志学学科体系的建设，中国地方志指导小组办公室于今年启动了《方志百科全书》的编纂工程；地方志协会也与中华人民共和国国史学会等单位合作，召开了以“中国当代史研究与地方志编纂”为主题的学术研讨会。特别要指出的是，

2008年，经国务院批准和部署，由中国地方志指导小组组织协调上百个部门和部分省市，着手编纂《汶川特大地震抗震救灾志》，开创了新中国成立以来第一次国家层面的修志，目前已陆续拿出初稿开始进入总纂阶段。香港、澳门两个特别行政区由于历史原因，过去从未修过志。2007年和2008年，《香港通志》和《澳门通志》的编纂工程也已先后启动。所有这些，都充分表明地方志工作正在向其广度和深度进军，并被越来越多的社会群体所认可、所接受。

再次，在这五年里，方志网和方志馆建设有了迅猛发展，使地方志资源的开发利用呈现了前所未有的新气象。

地方志是最全面、最翔实、最完备的地情资料书，其资源之丰富、卷帙之浩繁，是其他任何一种资料书都难以企及的。正因为如此，也给它的开发利用带来了一定难度。过去，开发利用地方志的手段比较简单，效果往往差强人意。然而，近五年来，随着信息技术的普及，大大加快了地方志的信息化建设。现在，大批首轮志书已被数字化，二轮志书出版时也大多附有电子版。在此基础上，各级地方志机构已建成400多家地情网站和相当数量的地情数据库，使地方志资源的开发利用出现了崭新的便捷形式。另外，各地随着经济实力的增强，对方志馆的建设也在加大支持力度。目前，全国已建成了50多个省级和市级的方志馆，还有一些省和市的方志馆即将建成或正在筹建之中。所有这些，都为保存、挖掘、开发、利用地方志资源，提供了新的、更加有利的条件。

五年来的修志实践告诉我们，要保持和发展地方志事业的大好形势，必须进一步认识地方志工作对于中国特色社会主义建设的重要意义。刘延东同志在今天接见与会代表时的讲话中指出：“新中国成立60多年来，在党中央、国务院的高度重视和亲切关怀下，经过各地区、各部门的不懈努力，地方志事业得到全面发展，取得了巨大成就，积累了宝贵经验，走出了一条中国特色社会主义的地方志发展道路。”中国地方志是中华文化的精粹之一，连绵不断地编修地方志是中华民族特有的优秀文化传统，它历经上千年时间，形成了自成一体的方志文化。但要看到，这种文化在本质上仍然是一种意识形态，不同阶级、不同观点写出来的志书肯定是不相同的。我们要使地方志事业大发展大繁荣，就一定要让它融入社会主义文化事业之中，坚持用中国特色社会主义理论体系指导地方志的编修，坚持用社会主义核心价值体系作为判断是非、臧否人物的标准，坚持用地方志为建设中国特色社会主义事业服务，使它在提高国家软实力的过程中发挥出独特的魅力，在增强中华文化影响力的过程中放射出耀眼的光芒。

五年来的修志实践还告诉我们，要保持和发展地方志事业的大好形势，必须进一步调动广大地方志工作者的积极性，不断提高修志队伍的综合素质。目前奋斗在修志战线的10万名专兼职人员中，虽然还有不少参加过首轮修志的同志，但主体已是年富力强的中青年干部了。地方志事业之所以能取得今日如此辉煌的成绩，正是因为这支队伍一代又一代薪火相传、默默耕耘的结果。今天受到表彰的先进集体和先进工作者，便是他们中间的佼佼者。我们要使地方志事业大发展大繁荣，就一定要更加关心和爱护这支队伍，尽可能改善他们的工作条件，为他们排忧解难；同时，加大对他们的培训力度，用更高的标准要求他们，不断提高他们的理论政治水平和业务能力，增强他们的使命感、责任心和质量意识，努力造就更多地方志事业的领军人物和拔尖人才，以确保我们编修的志书无愧于时代、经得起历史的检验。

五年来的修志实践还告诉我们，要保持和发展地方志事业的大好形势，必须进一步总结和发扬地方志工作的宝贵经验。五年前，陈奎元同志在全国地方志系统首次表彰先进会议上的讲话中，提出了需要我们坚持和发扬的五条最基本、最重要的经验，即：第一，“党委领导、政府主持、各级地方志编委会及办公室组织实施”是开展地方志工作正确的工作体制；第二，“一纳入、五到位”是做好地方志工作的基本要求；第三，制度化、法制化是地方志事业持续发展的根本保障；第四，确保志书质量是地方志事业发展的第一要求；第五，建立一支高素质修志队伍是修志工作的重要保证。实践说明，这些经验完全符合地方志工作的实际，至今仍然有效。我们要使地方志事业大发展大繁荣，就要倍加珍惜这些经验，继续运用这些经验，并使它们不断发扬光大。

地方志系统在长期工作过程中，形成了一种爱岗敬业、淡泊名利、一丝不苟、锲而不舍、开拓进取、甘于奉献的修志人精神。今天受到表彰的先进集体和先进工作者，便是这种精神的集中体现者。我们希望受到表彰的集体和同志们要珍惜荣誉，发扬成绩，不断奋斗，再立新功；也希望全国各级地方志工作机构和广大地方志工作者以他们为榜样，学习先进，赶超先进。我们的工作虽然取得了很大成绩，但距离党和人民的期望还有很大差距。我们要继续努力，在科学发展观的指引下，全面贯彻落实第四次全国地方志工作会议精神，为社会主义文化的大发展大繁荣，为中国特色社会主义的建设事业，做出新的更大的贡献！

大力弘扬创新精神，把地方志工作不断推向前进*

——在2011年全国省级方志工作机构主任会议上的讲话

（二〇一一年三月二十九日）

2011年全国省级方志工作机构主任会议，今天在我国第一个经济特区深圳市召开了。这次会议不仅为地方志系统的领导干部再次提供了交流经验的好机会，也为地方志系统提供了就近学习深圳人民开拓创新、敢为人先精神的好机会。我自从分管地方志工作以来，曾多次到过广东，深感广东省及深圳市的地方志工作之所以做得好，与广东省委、省政府及深圳市委、市政府的一贯重视、长期指导、持续关怀和始终支持是分不开的。借此机会，我谨代表中国地方志指导小组向广东省委、省政府及深圳市委、市政府表示衷心感谢和崇高敬意！

第四次全国地方志工作会议召开到现在，已经过去了两年零四个月。两年多来，全国地方志系统的广大干部职工以科学发展观为指导，认真贯彻第四次工作会议精神，努力落实《地方志工作条例》（以下简称《条例》），积极推动第二轮修志，全面开展年鉴编纂、旧志整理、理论研究、读志用志、人员培

* 这篇讲话曾发表于《中国地方志》2011年第5期。

训等各项工作，使地方志事业呈现出前所未有的繁荣景象。这两年多，在原先一些地方颁布实施地方志法规、规章的基础上，又有江苏、甘肃、新疆、云南四个省（自治区），以及十多个市、县（区）出台了地方志法规、规章。在原先大部分省份已开展二轮修志的基础上，又有天津、上海、江苏、新疆等省（自治区、直辖市）正式启动了二轮修志。在原先大部分省份已将综合年鉴编纂工作纳入地方志工作范围的基础上，又有甘肃省综合年鉴编纂工作划归了地方志工作机构，海南省全面启动了省、市、县三级综合年鉴编纂工作，江苏省实现了县级年鉴工作的全面覆盖。在原先大量旧志整理出版的基础上，又有浙江省出版了《宋元浙江方志集成》14 册，广东省出版了《广东历代方志集成》276 册，使整理出版或影印出版的旧志多达 2000 余种。在原先大部分省级地方志网站建立的基础上，又有天津、山西、广西、新疆等省（自治区、直辖市）的地情网正式开通。此外，前年中国地方志协会也完成了换届工作。特别是去年，全国地方志系统在事隔五年后，又开展了第二次先进集体、先进工作者的评选活动，并在北京人民大会堂隆重召开了表彰大会。经国务院部署、中国地方志指导小组负责组织编纂的《汶川特大地震抗震救灾志》，陆续拿出了各分卷初稿，已开始进入总纂阶段。酝酿已久的《方志百科全书》编纂工程终于启动，并成立了由地方志工作机构领导干部、方志界学者和百科全书编纂专家三结合的编委会，在方志学科建设上迈出了重要一步。中国地方志协会与中华人民共和国国史学会等单位合作，首次举办了以“中国当代史研究与地方志编纂”为主题的学术研讨会，为史志工作者的交流、合作开了好头。指导小组办公室与中央电视台合作，联合摄制并在中央电视台播出了十集电视纪录片《方志中国》，为扩大地方志影响产生了积极作用。继全国十多个省级方志馆建成使用之后，江苏省方志馆正式开馆并举办了展览，江西省方志馆已经竣工，国家方志馆也开始了内部改造装修并可望于今年投入使用。所有这些成绩的取得，是全国各地及军队、武警系统方志人共同奋斗的结果。借此机会，我谨代表中国地方志指导小组和陈奎元同志向出席会议的志办主任们，并通过你们向方志战线全体干部职工表示亲切的慰问！

我参加全国省级方志工作机构主任会议已是第三次了。在前年的厦门会议上，我着重谈了应当怎样理解和贯彻第四次全国地方志工作会议精神的问题。在去年的南京会议上，我着重谈了应当把各级方志办建设成为什么样的方志办的问题，提出要建设学习型、研究型、创新型、服务型方志办。今天在深圳会议上，我想专门就如何用创新精神推进地方志工作发展的问题再谈几点意见，供同志们参考。

现在，全国上上下下、方方面面都在谈创新。国家要建成创新型国家，高校要办成创新型大学，中国社会科学院最近也启动了哲学社会科学的创新工程。为什么大家都这么重视和强调创新呢？这是因为，面对客观事物的不断变化，人类实践的不断发展和时代的不断前进，一个国家、一个民族、一个政党、一项事业如果安于现状、不思进取、墨守成规、止步不前，不仅不能发展，连生存都难以维持。尤其在科学技术日新月异、国际国内形势瞬息万变的今天，情况更是如此。毛主席曾说过："人类的历史，就是一个不断地从必然王国向自由王国发展的历史。这个历史永远不会完结。……在生产斗争和科学试验范围内，人类总是不断发展的，自然界也总是不断发展的，永远不会停留在一个水平上。因此，人类总得……有所发现，有所发明，有所创造，有所前进。"（《毛泽东文集》第8

卷，第325页，人民出版社1999年版）胡锦涛总书记在中共十七大报告中也指出："实践永无止境，创新永无止境。"要"解放思想、实事求是、与时俱进、勇于变革、勇于创新，永不僵化、永不停滞"。我们地方志事业要繁荣要发展，同样要在前人宝贵经验的基础上不断创新才行。

地方志作为中华民族的优秀文化传统，从2500年前出现雏形，到1000多年前开始定型，再到60年前进入新编地方志阶段，本身就是一个不断创新的过程。中共中央政治局委员、国务委员刘延东在去年全国地方志系统第二次表彰先进会议的讲话中指出："当今世界正处在大发展大变革大调整时期，当代中国正站在一个新的历史起点上。在这样的历史背景下，地方志事业作为社会主义文化建设的重要组成部分，在凝聚民族精神、增强中华文化软实力等方面的地位更加突出，作用更加重要，任务也更加艰巨。希望各级地方志工作机构和广大地方志工作者进一步增强责任感、使命感，再接再厉，开拓创新，努力做好地方志工作。"可见，地方志工作的创新，是时代的呼唤，也是党中央、国务院对我们的要求。我们要深刻认识客观形势的新变化，深刻认识这种变化给地方志工作机构提出的新任务，深刻认识创新对于完成好这些新任务的重要作用和意义，大力弘扬创新精神，把地方志工作不断推向前进。

人们现在讲的创新，无外乎指理论创新、制度创新、方法创新。具体到地方志工作，我认为创新主要体现在和应当体现在以下九个方面。

一　制度创新

中国在修志之初，本无成形的制度。隋唐以后，修志被纳入“官职”“官责”。从明清开始，由朝廷出面颁发修志诏谕。民国初年规定，省、县两级政府都要修志，而且要成立修志机构。新中国成立后，修志任务被列入国家中长期哲学社会科学规划，并且成立了国家地方志工作指导机构。改革开放后，中央恢复了中国地方志指导小组，由国务院委托中国社会科学院代管。此后，以国务院办公厅、中宣部、中国地方志指导小组名义发出了一系列有关修志工作的规定、决定、通知、意见，形成了一整套行之有效的制度，例如，省、市、县三级修志制度，“一纳入、五到位”制度，评稿会制度，志书审查验收制度，资料报送制度，等等。尤其 2006 年《地方志工作条例》的颁布实施，更使地方志工作由制度化进入法制化轨道，开启了依法修志的新时期，成为修志史上最大的制度创新。

但是，能不能说地方志工作的制度创新到此就结束了呢？不能说。首先，地方志工作虽然在国家层面有了法规，但要使它得到有效贯彻，还需要由地方各级法规制定部门制定《条例》的实施细则或相应的地方性法规。目前，全国已有 19 个省（自治区、直辖市）、20 多个有立法权的市和民族自治地方的人民代表大会及其常委会，制定了《条例》实施办法或本行政区域的地方志工作条例、管理办法，还有十多个省级和大多数有立法权的市及民族自治地方没有制定这方面的地方性法规和单行条例。其次，还有一些不够入法条件但却很重要的问题，仍然缺少由各级政府和地方志工作机构制定的相应规章、制度。例如，地方志工作机构如何设置，每轮修志如何启动等。所有这些，都有待我们通过制度创新进一步解决。再次，随着形势的发展，在地方志工作已有的制度中，有的需要修改完善，有的需要重新制定。前一时期，中指组为了指导二轮修志工作，就依据《条例》并结合首轮修志实践和二轮修志面临的新情况，制定了有关二轮修志的“24条”，即《关于第二轮地方志书编纂的若干意见》；为了确保地方志书的编纂质量，又依据《条例》和国家关于出版管理的法律、法规，在总结修志经验、征求各地和各方面意见的基础上，制定了有关志书质量的“50条”，即《地方志书质量规定》。为了体现地方志书作为国家行为的严肃性和规划的统一性、权威性，中指组还依据《条例》，制定了志书编纂规划的备案制度。这些都是制度创新的成果。与此同时，各地也依据《条例》，结合发展了的实际，重新制定或修订了许多规章、制度。这些同样是制度方面的创新。总之，只要地方志工作存在，地方志工作的制度创新就不会完结。

二　体制机制创新

所谓体制，一般指一定工作系统的组织形式。修志早期，最常见的大概是由地方行政长官聘请士绅、鸿儒参加志书编撰的体制。新编地方志工作开展以后，逐步创立了省、市、县三级设立地方志工作机构和党委领导、政府主持、各级地方志编纂委员会及其办公室组织实施的修志体制。实践说明，这种体制基本符合新中国开展地方志工作的实际，保证了首轮修志的顺利完成。但是，这种体制在少数地方至今仍然未能完全实行。例如，有的地方志工作机构放在党委系统，造成领导关系的不顺；有的地方志工作机构与其他部门合署办公，造成骨干的流失和规划的落空；有的省、市两级地方志工作机构处于同一级别，造成工作指导上的困难。要改变这种状况，需要继续推进在大部分地区已经实行并被实践证明是有效的体制创新。这是一方面的问题。另一方面，近些年面对社会主义市场经济条件下政府机构的多次改革和社会组织形式的深刻变化，原有修志体制已经难以完全适应地方志工作的实际，需要在坚持原有大体制不变的前提下，积极探索便于具体操作的新体制。例如，在志书承编主体多元化后，地方志工作机构应采取何种体制组织管理修志；在地方志工作机构与其他机构合署办公后，应采用何种体制履行组织实施修志的职责，等等。如果我们不继续推进体制创新，诸如此类的一些问题显然是难以解决的。

所谓机制，一般指有机体内部客观存在的自然功能，泛指工作系统自身具有的起能动作用的内在方式。我们讲要进行机制创新，意思是说要通过改革，建立起能使地方志工作机构产生内在压力和动力、工作人员产生工作主动性、积极性的制度。在这方面，地方志系统已有的一些制度，如岗位责任制、任务分工制、倒计时工作制、审稿登记制、评比制等，发挥了很好的作用，不同程度地改变了忙闲不均、办事拖拉、干好干坏一个样的现象。但是，要从根本上解决问题，仍然需要在机制上继续创新。例如，在大部分地方志工作机构参照公务员法管理以后，如何实行灵活的用人制度，如何建立起适合的人能进入、不适合的人能退出的制度，如何使奖惩制度做到常态化，如何从制度上解决调动学术骨干、技术骨干积极性的问题等等，都需要进一步研究解决。总之，要通过不断改革创新，营造有利于地方志事业持续繁荣发展的体制机制。

三　工作内容创新

地方志工作在相当长的历史时期内只有一项内容，就是编修志书。即使新编地方志工作开展初期，情况仍然是这样。改革开放后，地方志事业逐步拓展，工作内容日益丰富，除了编纂本行政区域内的志书，又加上了组织、指导、督促和检查所辖区域修志的工作，以及编纂地方综合年鉴，编纂各种专志，组织整理旧志，推动方志理论研究，开发利用地方志资源等任务。由于这些新的工作内容符合时代特点，大多被作为地方志工作机构的职责写入了《条例》。最近，经过进一步总结，大家普遍认为地方志工作内容应有九项，即志（三级志书）、库（数据库）、馆（方志馆）、鉴（年鉴）、用（服务开发）、刊（方志期刊）、网（地情网站）、会（地方志学会）、研（理论研究）。这九个字是否囊括了地方志工作全部内容了呢？也不一定。比如，有的省委、省政府就把编写本省《大事月报》的任务交给了方志办；还有不少地方的方志办被赋予了行政执法权，工作人员经过培训，取得了行政执法证，为履行督促、检查地方志工作的职责提供了方便。有一句老话说："工作是抓出来的。"只要本着为人民服务的宗旨，从为党和国家多做贡献的愿望出发，大家肯定还能想出一些需要做也可能做的工作。当然，在创新工作内容时，千万不要忘记修志这个主业。我们不能再搞"一本书主义"，但也不能搞"喧宾夺主"。地方志工作中的所有内容，都是建立在修志这个基础之上的，都是修志的延伸。我们只有在做好这项主要工作的基础上创新工作内容，才可能把地方志工作做得越来越有声有色。志书修不出来或修得不好，其他工作搞得再热闹，也不能算地方志工作做好了。

四　志书编纂创新

志书编纂中的基本问题是指导思想、篇目设置、体例规范和编纂方法。在这些问题上，同样需要创新。

（一）关于指导方针的创新

地方志作为史籍中的一种，从一诞生起，就是以特定行政区域内的自然面貌、社会状况为记述对象的。力求如实准确地反映行政区域内的实际情况，是方志遵循的基本指导思想。但如同其他史籍一样，方志也是由人著述的，因此不可避免地会留下著述者主观性的烙印。方志的编纂原则虽然是述而不论，但由于著述者所处的时代不同、社会地位不同，决定了他们对同一事物所持的立场、观点也会不同，因此在记述同一事件、同一人物时，遣词造句必然有所差异。例如，同样是东三省的志，中国人写和日本人写肯定不会一样；同样是大陆的志，共产党人写和国民党人写也不可能一样。新中国成立前，指导方志编纂的历史观无外乎是天命史观、循环史观、英雄史观等唯心史观。新中国成立后，马克思主义的辩证唯物论和唯物史观成为包括方志编纂在内的意识形态领域的指导思想。我们现在之所以把新中国的成立作为旧方志与新方志的分水岭，原因主要就在这里。可见，以马克思主义为指导，是地方志编纂最大的指导方针的创新。我们今天强调指导方针创新，不是要用其他思想来代替马克思主义，恰恰相反，是要求大家，特别是年轻同志通过学习马克思、恩格斯、列宁的基本著作，切实掌握唯物史观的基本原理，并用于指导方志的编纂。另外，马克思主义本身也在发展。我们强调指导方针创新的另一层意思，是要求大家注意学习、掌握马克思主义与中国实际相结合的产物——毛泽东思想，以及马克思主义中国化的最新理论成果——邓小平理论、“三个代表”重要思想和科学发展观，并把它们作为地方志编纂的指导思想。例如，前一阶段，有些地方在城市化过程中搞脱离实际的“豪华型”，在建设新农村过程中搞脱离实际的“高楼化”。对这些事情，用还是不用科学发展观衡量，评价大不一样，记入方志时的用语自然也会有所不同。我们强调指导方针创新，还有一层意思，就是对方志编纂业务的指导原则，在理解上也要与时俱进。例如，过去只讲实事求是、质量第一、述而不论、生不立传等，现在显然应当加上依法修志。即使对实事求是、质量第一、述而不论、生不立传这些原则，也要根据时代的发展变化，不断深化认识。例如，什么叫实事求是，它是否等于有闻必录。再如，志书质量中所规定的坚持正确的政治观点是什么意思，它是否等于只能记述本地的优势、成绩和经验，而不能反映劣势、不足和教训。对这类问题，我们都应当用创新精神加以研究和解决。

（二）关于篇目设置的创新

志书的篇目设置，是自然与社会状况以及著述者对自然与社会状况认识的反映。自然与社会状况在变化，著述者对自然与社会状况的认识在深化，志书篇目设置上自然会有所体现。新编地方志首轮修志的篇目，较之旧方志不知丰富了多少。二轮修志对其成功的地方，无疑应当承接，以保持连续性。但应当看到，首轮修志启动到现在又过去了30年，而且这30年恰恰是中国在市场化、城市化、国际化、信息化的推动下发生深刻变化的30年，也是地方志工作者通过修志实践积累大量新鲜经验的30年。在这种情况下，二轮修志较之首轮修志，篇目设置肯定会进一步调整和增加。例如，信息产业、新能源产业、证券业、社会保障体系等等，在首轮修志时还不很发达或不很健全，而在二轮修志记述的时期却有突飞猛进的发展；相反，乡镇企业在首轮修志时很兴旺，而在二轮修志记述的时期要么破产兼并，要么成为在乡镇的大企业，与原来说的乡镇企业已经不再是一个概念。像这类变化还有很多，我们如果不在谋篇立章上创新，志书篇目就可能脱离实际，难以反映时代气息，也不可能富有地方特色。

（三）关于体例规范的创新

体例指书籍的组织形式和表现形式，某种体例一旦形成，往往具有较大的稳定性。但即使在这个领域，方志编纂也有可以创新之处。新编地方志的首轮修志，在体例上就比旧方志有了很大创新。例如，广泛采用了章节体，志首普遍设置了概述和大事记，并大量使用了照片、表格、附录等新体裁，形成了以志为主，述、记、志、传、图、表、录七体并用的新体例。二轮修志中，方志界在志书体例方面又有不少创新。例如，不少地方将章节体与条目体相融合，强化“述”体的运用，提升了志书的整体性；实行“详特略同”的原则，出现了特记、专记、调查报告、索引、注释等新体裁；在志书尤其是省志的总体设计上，打破了部门界限，按事业或行业分类，设置了多卷综合体志书。对原来就有的体裁形式，也有需要创新和可以创新的地方。以地图为例，旧志中主要是地域图，新方志普遍采用了行政区划图。随着科技和出版业的进步，二轮修志还应当更多地采用航拍图、卫星地图、三维地形图、交通图、物产图、气候图、导游图等。附录也应当更加灵活，不仅在志末附，还可以随篇附、随章附，而且可以附章、附篇。另外，在体例方面还有一个大问题，就是志书的上下限。新编地方志首轮志书的上限一般为远古时期，下限一般为 20 世纪 70 年代末、80 年代初。二轮志书的上下限没有明确规定，但考虑到二轮修志基本形式是续修，《条例》规定地方志书每 20 年续修一次，以及最好在志书中保持改革开放初期内容的相对完整性，中指组提倡把其上限放在20世纪70年代末和80年代初，把其下限放在20世纪末和21世纪初。现在，有些二轮志书的上限推到了20世纪90年代，下限延伸到了近两三年，有的甚至延伸到2010年或者更迟。这不仅影响今后各轮修志上下限的总体统一，也不利于做到资料收集的尽可能完备和对历史认识的尽可能客观。正因为对这个问题没有明文规定，所以更应当用创新的精神加以思考和解决。

（四）关于编纂方法的创新

这里所说的编纂方法，主要指写什么，怎么写，由谁写。新方志与旧方志相比，内容要丰富得多。因此，更需要修志人员注意材料的筛选，内容的取舍，做到详略得当，主线分明。另外，旧方志一般出自一两个人或少数人之手，而新方志由于记述对象极其广泛，只能由地方志工作机构组织有关部门共同编写，即我们常说的众手成志。因此，更需要地方志工作机构加强对参编单位的组织和参编人员的培训，以及各分卷书稿的统编、审改。这些新情况决定了，我们在志书编纂方法上也必须有所创新。现在，各地在总结首轮修志经验的基础上，在编纂方面采取了许多新方法。例如，各承编单位在打破行政体制的基础上，实行主编负责制；各分卷编委会确定牵头单位，负责各单位日常协调联络的工作；对专业性较强的章节，采用课题制，聘请外单位甚至省外专家承担；地方志办公室与承编单位建立例会制度，定期碰头，等等。另外，对一些老大难问题，也应当进一步解放思想，通过编纂方法的创新加以解决。比如，有些偏远地区，经济落后，人烟稀少，修志力量薄弱，要他们和其他地区一样编出志书，确有实际困难。对这样的地区，就可以考虑由省志办出面协调，或者让条件好且修志任务已完成的地区，组织力量承包落后地区的志书编纂；或者从各地区抽调人员，组成修志专业队，专门负责落后地区的修志任务。否则，这些地区长期拿不出志书来，不仅拖本省的后腿，也会影响全国的进度。

五　资料收集创新

资料收集涉及两个方面，一为对象，二为手段。随着时代发展，方志编纂在这两个方面也都有不少创新。例如，旧方志编纂主要以档案、书籍资料为主，辅以一些传说。新编地方志开展特别是首轮修志以来，无论资料来源还是收集途径，都与旧方志时期不可同日而语。近些年，网络等新型媒体逐渐成为修志资料收集的重要对象，同时成为资料收集的主要手段之一。地方综合年鉴自从被正式纳入地方志工作范围后，既成为方志工作的重要成果，也成为修志资料的重要来源。为了多角度、全方位地反映本行政区域内的地情，一些地方志工作机构还筹措资金，组织高校力量，围绕热点问题进行社会调查，并将调查报告的内容纳入方志之中。还有的运用现代口述史的工作方法，对当事人、知情人进行录音录像，整理成文字资料，与历史文献相互印证补充。针对当前机构经常变动、企业不断改制改组的新情况，有的地方志工作机构还经过政府批准，在本行政区域的各单位推行地方志资料的年报制度。这些创新经验，都应当及时总结，并在地方志工作系统推广。

六　质量管理创新

质量是志书的生命。首轮修志仓促上马，仅用 20 年左右的时间，就编纂出版了6000余部三级志书，成就是巨大的，也是显著的。但认真检查，其中仍存在不少质量问题，留下了难以弥补的遗憾。为了保证和提高质量，我曾在多个场合提出，二轮修志要坚持“四快一慢”的原则，即：工作启动要快，制定体例、设计篇目要快，组织和培训队伍要快，收集资料、撰写志书要快，但定稿、出版要慢。要多用一些时间征求意见，推敲修改，反复打磨。二轮修志在2020年左右才结束，只要抓紧拿出书稿，出书时间来得及。据说现在各地出版的三级志书，加在一起已有700多部。我相信这些书在质量上都是下了很大功夫的，但质量是否都有保证，恐怕很难打保票。早在七八年前，方志出版社就启动了精品工程，但要么编纂单位不敢把书稿纳入这个工程，要么出版社对于想纳入这个工程的书稿不满意，结果至今没能出版一本。这个事实起码从一个侧面说明，志书质量仍然不容乐观，需要我们切实把质量摆在修志的第一位。

质量问题并非修志特有的问题，目前整个学术界，质量滑坡都是令人忧虑的大问题。中国社会科学院最近进行的问卷调查显示，82%的学者、干部认为，“追求成果数量忽视质量”“缺乏创新低水平重复”“浮躁急功近利”是不良学风的前三位问题。志书质量也并非新编地方志才有的问题，旧方志中就良莠不齐，说明同样存在质量问题。那为什么这个问题在今天特别突出，特别需要高度重视、反复强调呢？我认为这是由以下三个因素决定的。

第一，是由地方志的性质和地位决定的。地方志虽然与文艺类、理论类书籍相比不是畅销书，甚至不如史书好卖，但志书所承载的有关自然、社会的信息，与包括资料类书籍在内的所有书籍相比，都是最大量、最全面、最系统的。正因为如此，它的生命力与其他书籍相比，也是最顽强的。我曾经打过两个比喻。一是假如一条船上装满了书，船漏了，要往水里扔书。扔什么书呢？我想首先会扔那些畅销的文艺书，其次是扔社会类的书。最后只剩下史书和志书，还需要扔一种，要我选择，肯定扔史书。因为，留下志书还可以写出新的史书，而留下史书写不出新的史书，更写不出志书。二是假如有一天人类要乘宇宙飞船到其他星球上去，飞船上只能带一种书，带哪种书呢？我想只能是志书。因为，没有哪种书承载的信息量比志书更大、更多、更全面了。所以，志书如果质量不高，谬误漏洞很多，贻害要比任何书的错误更大、更久。

第二，是由新编地方志的成本决定的。古代修志也需要投入，但无论哪朝哪代的投入，都无法与新编地方志相比。为了修志，国家设机构、定编制、拨经费、配车辆、给设备。据不完全统计，现在全国地方志机构的工作人员约有 2 万人，参与修志的专兼职人员约有 10 万人。如果把地方志工作机构的经费和用在修志方面的钱加在一起，经费投入更是多得无法计算。因此，如果志书质量不高，粗制滥造，势必给国家造成极大浪费，无法对人民交代。

第三，是由地方志新的编纂方法决定的。前面说到，新方志是众手成志，参与单位多，环节也多。这是新方志区别于旧方志的一大特点，同时也带来了旧方志难以碰到的保证质量方面的困难。我们如果在组稿、统稿、审稿的任何一个步骤上稍有松懈，很容易出现质量漏洞，造成难以弥补的损失。

正因为有以上三个原因，从首轮修志开始，国务院办公厅、中宣部、中国社会科学院，以及各级党委、政府发出的有关地方志的文件，都强调确保质量，而且提出了相应措施。地方志工作机构为保证和提高志书质量，相继建立了目标考核责任制、督察通报制、评审验收制等一系列工作制度。《条例》也把确保质量作为一条规定，载入其中。为了贯彻落实这个规定，中指组又专门制定了《地方志书质量规定》，从观点、体例、内容、记述、资料、行文，直至出版中的印刷、版式、开本、差错率等方面，规定得十分具体。目前，中指组办公室已开始启动和将要启动全面质量标准体系建设和全程质量管理体系建设，着手制定和准备制定《地方志书记述内容要素》《志书行文规范》《志书评审验收办法》《年鉴编写基本规范》等文件。方志出版社为了实施精品工程，还采取了对书稿编辑的提前介入和修志全程跟踪措施。各地为保证和提高志书质量，也在采取新的措施，创造新的经验。有些制度虽然实行已久，但要使它们落到实处，仍然需要以创新精神不断加以细化和深化。例如，主编负责制是保证志书质量的关键性制度，但一些志书质量出问题的事实说明，有的主编不称职，有名无实；有的主编调动不了编辑组力量，有职无权。要解决这个问题，就需要在主编负责制上进一步创新，使主编不仅得其人，而且有其权，负其责，署其名。还要看到，一些地方所以急于出书，与有关领导干部不正确的政绩观和现行财政预算制度也有一定关系。因此，要保证志书质量，在领导干部的观念和相关部门的管理制度上，也有需要创新的地方。

七　学科理论创新

早在18世纪，就有学者把地方志作为研究对象，开启了方志理论研究，初步搭建了方志编纂学的理论框架。在20世纪20年代，学术界明确提出了方志学的概念。自从新编地方志开展以来，方志界学者一方面承继旧方志学研究取得的成果，另一方面运用辩证唯物主义、历史唯物主义的基本原理，依据新编地方志的实践，在旧方志学体系和相关理论问题上进行创新，开启了现代社会科学意义上的新方志学体系建设。30年来，广大方志工作者在对旧方志整理研究和新方志编修及经验总结的基础上，从地方志的起源、属性、功能，以及志书编纂的内容、原则、方法两个方面，开展了广泛而深入的研究，产生了大量理论成果。据统计，仅方志专家、学者和各级地方志机构工作人员撰写的有关理论著作、教材、论文集就有700多部，在《中国地方志》杂志和各级地方志刊物上发表的论文、文章更多达10万余篇。但是，从总体上说，新方志学的理论体系还不够系统、不够完整、不够规范，仍然需要方志界的同仁持之以恒、锲而不舍地进行理论创新。去年由中指组办公室启动了《方志百科全书》编纂工程，从各省地方志工作机构和高校选调有一定学术水平的同志担负撰稿和审稿任务。今年中指组办公室还将按照第四次工作会议提出的建立学术年会制度的要求，召开首届中国地方志协会学术年会——方志文献国际学术研讨会。所有这些，都是这一创新努力的组成部分。我们要继续深入总结首轮修志的经验，继续开展对内对外的学术交流，继续整理和研究旧方志及其理论，推动理论创新不断向前发展。

八　方志资源开发利用创新

方志编纂的目的是为了让人读、让人用，舍其没有第二个目的。因此，读志用志并非自新编地方志始。但是，主动引导读者读志用志，把开发利用地方志资源作为地方志工作机构的工作职责，却是新编地方志以来的创新。这项工作开展初期，主要形式有编写简志或利用志书材料编写专题性书籍，在报纸或电视上开辟方志专栏，借用台历等载体刊登方志中的小知识、小故事，等等。尽管方志系统的同志为开发利用地方志资源绞尽脑汁，使尽浑身解数，但终因志书部头太大，宣传不够，效果一直不尽如人意。近些年，随着信息技术的发展，特别是互联网的普及，地方志资源开发利用的途径和效果发生了翻天覆地的变化。现在已有400多个地方志工作机构建立了地情网站，越来越多的志书在出版同时被数字化。广大读者只要坐在办公室或家中的电脑旁，就可以看到电子版的志书；有检索功能的，只要点击关键词，就可以很快查到自己想要的志书资料。这种读志用志的便捷程度和广泛程度，是历史上任何时期都无法比拟的。

那么，是不是说开发利用方志资源的方法已经没什么可创新的了呢？也不是。除了要进一步推进数字化、网络化建设以外，我认为方志馆是又一个在开发利用志书资源方面的好形式。问题在于，我们对方志馆要重新认识、重新定位，就是说，要在方志馆的定义上创新。现在大家都要求建方志馆，但究竟什么是方志馆，要使方志馆发挥什么样的功能？认识上并不十分清楚。历史上说的方志馆，是指机构的名称，即编写志书的单位。而近些年方志界提出要建的方志馆，则是指一种建筑，一种设施，一种能保存地方志书和资料、展览修志成果、便于市民查阅方志的场所。实践告诉我们，这样的方志馆一方面立项非常困难；另一方面，即使建成了，发挥的作用也十分有限。因为，如果只是为了存放志书，完全可以在图书馆建设中扩大点面积，何必再盖一个方志馆呢？如果只是为了保存方志资料，用扩建档案馆或增加方志办办公面积也可以解决，也不必搞什么方志馆。如果是为了便于群众在电脑上查阅志书，前些年还有必要性，现在大部分人家里都有电脑，完全可以上网查阅，何必非得建方志馆呢？从已建好的方志馆看，要么基本上是办公室，要么基本上是志书的专业展览馆，没有也不可能有很多观众去参观。所以，我认为过去对方志馆的定位存在误区，应该打破框框，解放思想，在定位上另辟蹊径。

地方志是一个非常特殊的文化现象，应该有一种设施来展示它的内容。但这个内容不应当理解为仅仅是志书，而应当把它理解为修志的对象。方志书实际上是地情书，方志办公室实际上是地情办公室，方志网实际上是地情网。照此类推，方志馆就应该是地情馆。其中，市志馆是市情馆，省志馆是省情馆，国家方志馆是国情馆。因此，方志馆应该像志书横陈百科那样，用沙盘、实物、模型、挂图、雕塑等展品，声光电等技术手段，分门别类地介绍本行政区域内的政治、经济、文化、社会、交通、地理、气候、物产等情况。它既可以成为对广大群众和青少年进行地情国情教育的场所，开设面向市民和大中小学生的地情知识讲座，开展方志学学术研讨，又可以起到与历史博物馆、城市博物馆互补的作用，成为展示中国独特文化现象的标志性建筑。如果这样给方志馆定位，我相信有条件的地方政府一定会对它的立项和建设给予积极支持与大力促进，在它建成以后也一定会有络绎不绝的观众特别是中小学生前往参观，使它的效益最大化。现在中央非常强调国情教育，但这方面教育一般都是用书本，缺少一个用物品进行教育的展馆，方志馆刚好可以发挥这种作用。所以，只要对方志馆重新定位，一定可以使它成为在开发利用方志资源不亚于数字化、网络化的又一个好形式。

九　修志队伍组织与培训创新

组织和培训修志队伍，是新编地方志开展以来的一项工作创新。多年来，各级地方志工作机构在组织和培训修志队伍方面，采取了许多好办法，积累了许多好经验。但随着形势发展，有些办法已经过时了，有些经验则需要进一步丰富。先说组织队伍。过去要组织的对象，主要是政府各部门参与修志的人员，随着机构改革的深入，再仅仅组织他们已经不能适应形势了，必须适当吸收社会力量，并尽可能多地返聘那些60来岁、愿意继续参与修志、身体健康的老同志。另外，在地方志工作机构普遍实行参照公务员法管理的制度后，如何留住和延揽学术人才、技术人才，也是一个值得用创新思维去思考和解决的问题。近些年来，中指组与人事部合作，在全国地方志系统开展评选先进的活动，在调动修志人员积极性上起到了明显作用，就可以说是组织队伍的创新举措。再说培训队伍。过去，培训人员基本的办法就是办培训班。应当说，这种办法是必要的、有效的。但随着形势的发展，也要不断改进办班形式，进一步增强办班实效。比如，培训班要分不同类型和不同层次，要注意提高授课人员水平，等等。另外，还要实行岗位培训、持证上岗、带薪参加继续教育等办法。现在有的地方志工作机构与高校结合，办一年期或两年期的研究生班，使修志人员得到深造，就是一种值得提倡的培训队伍的新办法。

以上讲的九个方面创新，只是我在大家实践基础上的归纳，其中很多是大家已经做了的或正在做的。我之所以着重把它们提出来，目的在于引起大家的进一步思考，以便在地方志工作的理论、制度、方法上，实现更多的创新，切实把各级方志办办成创新型方志办。

同志们，我们正处在改革创新的伟大时代。当前，全国各族人民在党的领导下，已胜利完成了“十一五”规划，正满怀豪情地开始进行“十二五”建设。我们方志人要紧紧跟上时代前进的步伐，不辜负党和国家赋予的使命，就必须大力弘扬创新精神，把地方志工作不断推向前进。创新并不是随心所欲，更不可能一蹴而就，而要对前人经验进行认真总结，对客观规律进行深入探索，并从事大量艰苦、细致的工作。因此，创新既要开动脑筋、解放思想，又要实事求是、深入调研；既要大胆探索、勇于试验，又要埋头苦干、不怕失败。我们只要把创新精神与科学精神、求实精神、虚心学习的精神、艰苦奋斗的精神、百折不挠的精神结合在一起，紧紧依靠广大修志工作者，尊重和鼓励修志工作者的首创精神，充分调动他们的积极性，发挥他们的聪明才智，就一定会在地方志工作原有成就和经验的基础上有所发现、有所发明、有所创造、有所前进，就一定会推动地方志工作的法制化、制度化、理论化、信息化建设不断迈上新台阶，就一定会开创地方志事业的新局面，为中国特色社会主义建设做出新贡献。

踏着老一代方志工作者的足迹继续前进*

——在纪念国务院《地方志工作条例》颁布5周年和中国地方志协会成立30周年座谈会上的讲话

（二〇一一年五月十八日）

今天，我们在这里隆重集会，纪念国务院《地方志工作条例》颁布5周年和中国地方志协会成立30周年。

5年前的今天，广大地方志工作者盼望已久的国务院《地方志工作条例》（以下简称《条例》）正式颁布实行了。这既是社会主义新编地方志工作开展以来，也是中国自从有了地方志以来，第一部有关地方志的全国性法规。它结束了地方志工作无法可依的历史，标志新编地方志工作从此进入依法修志的新阶段，在地方志发展史上具有划时代的意义。5年来，各地各级党委、政府高度重视、认真落实《条例》，对地方志工作进一步加强领导、加大投入、加紧采取一系列保障措施；各地地方志工作系统的干部职工大力宣传、积极执行《条例》，对地方志工作更加热爱、更加尽责、更加充满信心，使地方志事业在原有基础上发生了明显变化，呈现出前所未有的好形势。

再过两个半月，将迎来中国地方志协会的前身——中国地

* 这篇讲话曾发表于《中国地方志》2011年第6期。

方史志协会成立30周年的纪念日。1978年年底召开的党的十一届三中全会给文化园地送来阵阵春风，使编修地方志这一有着悠久历史和独特传统的文化事业，同其他文化事业一道，在经历“文化大革命”的寒冬之后，得以解冻、复苏。1981年7月25日至8月1日，首届地方史志学术研讨会通过近一年的筹备，终于在山西太原胜利召开。会上成立了中国地方史志协会，提出了地方志工作的基本原则和方针任务，并就恢复和重建全国地方志工作领导机构一事向党中央、国务院发出了建议信。这次会议的召开和中国地方史志协会的诞生，标志新中国成立后大规模、正规化的新编地方志时代的到来。1982年，编修地方志被列入国家“六五”计划。1983年，中国地方志指导小组恢复组建。1984年，全国北方片和南方片的县志志稿评议会先后召开。1985年，国务院办公厅转发了中国社会科学院《关于加强全国地方志编纂工作领导的报告》，明确地方各级政府要负起编修地方志的领导之责，修志的工作班子要作为政府的事业单位，其专职人员要有编制、有办公用房、有经费。从此，中国地方志发展史上空前繁荣灿烂的新时期开始了。

30年来，新编地方志工作积累了丰富经验，形成了一整套行之有效的工作制度。其中最重要的有，省、市、县三级修志中的党委领导、政府主持，地方志编委会组织实施的工作体制，对地方政府有关工作进行检查的“一纳入、五到位”的标准（即把修志工作纳入当地经济社会与发展计划和各级政府的任务，坚持领导到位、机构到位、经费到位、队伍到位、条件到位）。另外，各地各级党委、政府还制定了目标考核责任制、督察通报制、资料报送制等制度；各地修志机构也普遍制定了志书编纂行文规定、志书审查验收办法等制度。尤其可喜的是，自《地方志工作条例》颁布至今，全国已有19个省、自治区、直辖市，以及20多个市和民族自治地方，制定了本行政区域的地方志工作条例、实施办法或管理办法，使地方志工作在加强制度化建设的同时，不断向法制化迈进。

30年来，新编地方志工作产生了大量具有存史、资治、教化作用的志鉴成果。在首轮新方志编修过程中，全国共出版三级志书约6000部，行业志、部门志、专业志约2万部，山水名胜古迹志约400余部，地情书约7000部。在20世纪末、21世纪初启动的第二轮修志中，也有700余部三级志书出版面市。自《条例》将编纂地方综合年鉴列入地方志工作机构的任务之后，全国地方志工作系统编纂的三级地方综合年鉴已多达1500余种。与此同时，各地修志机构还开展了历代旧志的整理与出版工作。据统计，截至2009年，全国整理影印的历代旧志已有2000部左右，使地方志工作机构由单纯修志变为既编修新志又整理旧志，成为古籍整理的一支生力军。尤其值得指出的是，2008年国务院决定组织编纂《汶川特大地震抗震救灾志》，并为此组成了由党中央、国务院、中央军委各有关部门负责人组成的编委会。这是新中国第一部在国家层面编修的专志，它所包含的11卷虽然还未成书，但已陆续拿出了初稿，正在进行总纂工作。

30年来，新编地方志工作在方志资源的开发利用方面取得了丰富而显著的成绩。开发利用方志资源是新编地方志工作区别于古代修志的一大特点，也是一大优点。各地修志部门在编纂出版志书、年鉴的同时，根据当地经济和社会发展的需要，利用本部门的人才和资料优势，出版了一系列地情书籍，编印了大量地情资料，在服务地方政府决策、基建项目论证、旅游项目开发，拯救物质和非物质文化遗产，开展爱国主义教育，密切海峡两岸和海外华人与祖国亲情等方面，发挥了积极作用。一些省级修志机构还为方志资源开发利用设置了专门部门，建立了地方文献中心、地情资料中心、区域研究和课题咨询中心等等。特别是随着信息化、数字化、网络化技术的普及和方志馆建设的进展，使方志资源的开发利用拥有了前所未有的崭新手段和无限广阔的美好前景。目前，除中国地方志网站和《中国地方志》期刊网站外，各地的地方志工作机构已建成400多家地情网站和相当数量的地情数据库，为广大读者查阅志书内容提供了极大便利。与此同时，全国还建成了50多家省市级的方志馆，并有多家方志馆正在筹建之中，为地方志工作机构利用这一公共文化设施和方志资源，在广大群众特别是青少年中开展国情、省情、市情教育创造了极好条件。

30年来，新编地方志工作在整理研究旧志和总结新志编修经验的基础上，创立了独具特色的新方志理论。据不完全统计，截至2010年年底，仅在《中国地方志》杂志和省级地方志刊物上发表的论文总数就有6万篇左右；全国地方志工作机构编辑出版的方志理论著作、教材、论文集，以及各种讲义、编纂手册也有800余部。此外，中国地方志协会和各省地方志学会都把开展新方志理论研究、提高修志队伍的理论业务水平和志书的编写质量作为自己的主要职责，不断举办理论研讨会，深入开展方志理论研究。为了加强地方志编纂与当代史研究之间的学术交流与合作，中国地方志协会还与中华人民共和国国史学会、广东省人民政府地方志办公室等单位共同举办了以“中国当代史研究与地方志编纂”为主题的学术研讨会。为了加强地方志与年鉴编纂之间的联系，中国地方志协会年鉴专业委员会举办了地方志志鉴关系研讨会和年鉴编修研讨会。为了促进新方志理论的系统化、规范化，指导小组办公室不仅组织编纂出版了《当代志书编纂教程》《中国方志通鉴》等理论书籍，而且组织方志学专家、百科全书专家和地方志工作机构领导干部三结合的班子，着手编纂《方志百科全书》。所有这些，都为新方志理论体系的形成，以及现代社会科学意义上的方志学学科的构建，奠定了坚实基础。

30 年来，新编地方志工作在修志过程中，形成了一支老中青和专兼职相结合、具有良好作风的方志人队伍。首轮修志开始时，从事地方志工作的人不多，有过修志经验的人更少，多数人是仓促上阵。第二轮修志启动以来，首轮修志的许多业务骨干因为年龄原因陆续退出工作岗位，一些年轻同志相继补充进来。尤其是随着时代的进步，新编地方志要反映的内容比起以往社会不知要丰富多少倍，再像过去那样，一部志书仅由一两个人或少数人编修已不可能了，必须众手成志。因此，参与修志的除地方志工作机构的人以外，更多的人来自党政军机关、人民团体、高等院校、国有企业等单位。这些实际情况决定了，组织修志队伍在新编地方志工作中具有特别重要的位置；举办不同形式、不同层次、不同类别的培训班培训修志人员，是组织修志队伍的基本形式。为了提高修志人员的素质，近些年来一些地方志工作机构还和高等院校合作，举办进修班和研究生班。通过建立修志的专门机构和培训各方面参与修志的人员，使修志队伍逐渐发展壮大。据不完全统计，现在全国专职修志人员已有 2 万多人，兼职修志人员有 10 万余人。他们中间既有管理骨干，也有专家、学者；既有像燕居谦、耿煌那样的模范人物，也有受到人事部门和地方志工作机构联合表彰的全国及省级先进个人、先进集体。这支队伍不仅是新编地方志工作得以轰轰烈烈开展的重要原因，而且本身也是 30 年地方志工作的一个重要成果。

上述成就的取得，首先得益于党中央、国务院对地方志工作的重视、关怀和指导。

早在20世纪50年代，以毛泽东为核心的党的第一代中央领导集体就倡导、支持过地方志编纂，将编修地方志列入了国务院科学规划委员会制定的《十二年哲学社会科学规划方案(草案)》，并建立了负责这项工作的中国地方志小组，在20多个省、市、自治区的530多个县开展了新编地方志的工作。改革开放后，以邓小平、江泽民为核心的党的第二代、第三代中央领导集体和以胡锦涛为总书记的党中央，恢复了被一度中断的地方志事业，并使它得到了超过以往任何时代的繁荣和发展。早在1979年，时任中共中央秘书长、中宣部部长的胡耀邦就在建议重修县志的群众来信上批示："大力支持在全国开展修志工作。"1980年，时任中共中央副秘书长、中国社会科学院院长的胡乔木在中国史学会代表大会上提出："地方志的编纂也是迫切需要的工作。""我们要大声疾呼，予以提倡。要用新的观点、新的方法、新的材料继续编写地方志。"1981年，时任中共中央副主席的陈云倡议抓紧整理包括大量旧志在内的中国古籍，并在此后为《中国地方志》杂志和八部志书题写了刊名、书名。1986年，时任中共中央政治局委员、书记处书记、国务院副总理的万里，接见了出席第一次全国地方志工作会议的代表并发表讲话。1987年，时任中共中央委员、上海市市长的江泽民在上海市地方志编委会成立大会上，全面阐述新方志编修的重要意义，指出"编纂社会主义新方志是两个文明建设的组成部分，是社会主义文化建设的系统工程，是承上启下、继往开来、服务当代、有益后世的千秋大业"；强调"各级领导要把修志工作当作一项重要事业来抓，并且切实抓好"。在他担任中共中央总书记以后，仍然十分关心新方志的编修，曾委托中央办公厅负责同志听取地方志工作的汇报，还为一些志书亲笔题写了书名。1995年，时任中共中央政治局委员、国务委员的李铁映出任中国地方志指导小组组长。1996年，时任中共中央政治局常委、国务院总理的李鹏接见了出席第二次全国地方志工作会议的全体代表，指出“新编地方志是社会主义文化建设事业的一个组成部分，一定要认真做好”。2001年，时任中共中央政治局常委、国务院总理朱镕基，中共中央政治局常委、国家副主席胡锦涛，中共中央政治局常委、国务院副总理李岚清，中共中央政治局候补委员、书记处书记、中组部部长曾庆红，圈阅批准了关于中国地方志指导小组换届、人事调整和地方志工作概况的报告。2003年，中共中央委员、全国政协副主席、中国社会科学院院长陈奎元接任中国地方志指导小组组长。2006年，中共中央政治局常委、国务院总理温家宝签署国务院第467号令，公布了《地方志工作条例》。2008年，中共中央政治局委员、国务委员刘延东出席第四次全国地方志工作会议并发表讲话，指出“地方志编修是一项复杂的社会系统工程，需要人力、财力的综合支撑”；强调“各地要按照《地方志工作条例》，切实加强领导，健全修志机构，把修志工作所需经费纳入本级财政预算，保证必要投入，改善修志工作条件，改善志书收藏条件”。她还在2010年，接见了由人力资源和社会保障部、中国地方志指导小组联合开展的全国地方志系统表彰先进活动中评选出的先进集体代表和先进工作者，再次强调“编修地方志不仅是地方志机构的任务，也是各级政府、各部门的重要职责”。同年，中共中央委员、国务委员兼国务院秘书长马凯出席《汶川特大地震抗震救灾志》编纂委员会成立大会暨第一次全体会议，并发表讲话。另外，中央宣传部和国务院办公厅，先后四次就加强地方志编纂工作发出或转发通知。所有这些，充分体现了党中央、国务院对地方志事业的关怀；充分说明地方志工作取得的每一步进展、获得的每一个成就，都是和党中央、国务院的正确领导、亲切关怀密不可分的。

上述成就的取得，也得益于地方各级党委、政府的大力支持。改革开放后，新编地方志工作从一开始就是在各地党委、政府大力支持下进行的。无论是最初的各省修志筹备小组还是后来的省、市、县三级地方志编纂委员会，都是由当地党委或政府的主要领导同志挂帅的。每轮修志启动时，也总是由当地党委或政府下发正式文件，出面召开动员大会，提出具体要求。在各地党委、政府的支持下，省、市、县三级一般都设有地方志工作机构，省、自治区、直辖市的地方志工作机构一般都被定为厅级单位，而且工作人员一般都已参照公务员法管理。人民解放军、武警部队也积极响应党中央、国务院关于修志的号召，分别组建了专门的修志机构。特别令人感动的是，许多地方在编制、经费等条件并不宽裕的情况下，首先保证地方志工作机构的需要，并千方百计为它们解决办公用房、交通工具、现代化办公设备等方面的困难。有许多地方还注意选择事业心强、文化素养高的优秀干部，配备到地方志工作机构担负领导职务。还有许多地方的党政领导，经常深入地方志工作第一线慰问干部，了解情况，及时回应地方志工作机构的请示和报告。所有这些都说明，我们取得的每一个成就，同样离不开各地各级党委、政府，以及人民解放军、武警部队领导的关心和支持。在此，我代表中国地方志指导小组和陈奎元同志，向多年来始终关心、支持地方志工作的地方、部门、军队、武警的领导同志，致以崇高敬意和衷心感谢！

上述成就的取得，还得益于参与地方志工作的广大方志工作者的辛勤耕耘、共同努力。修志工作是一项连绵不断的事业，需要新陈代谢，薪火相传。新编地方志工作涉及各行各业，包含方方面面，需要广泛参与，相互配合。如果说一条战线的工作人员平均每过30年换完一茬人的话，那么从改革开放后的首轮修志到现在，前前后后参与过修志的恐怕不下20万人。这些人中有的从进入地方志工作机构的门直到离退休，从没有离开过修志岗位，有的甚至倒在修志岗位上；有的来到地方志工作机构时还是朝气蓬勃的年轻人，而当离开时已是两鬓斑白的老人；有的从加入到地方志工作队伍的那天起就编写志书，直到离开时仍没见到志书出版。但他们无怨无悔，不计名利，筚路蓝缕，黄卷青灯。正是因为拥有这样一支队伍，新编地方志工作才可能在30年来取得那么多辉煌的成就。在此，我代表中国地方志指导小组和陈奎元同志，向所有在地方志工作战线上奋斗过和正在奋斗的同志们，特别是向那些为恢复新编地方志事业出过力的老同志，致以亲切慰问和良好祝愿！

《条例》规定，我国地方志书每20年左右编修一次。按照这个规定，第二轮修志结束的时间应当在2020年左右。就是说，到第二轮修志结束和第三轮修志开始，大体上还有10年时间。因此，未来的10年将是完成第二轮修志的关键时期，也是新编地方志由兴起到走向成熟的重要时期。我们纪念《条例》颁布5周年和新编地方志工作开展30周年，就要深入总结过去30年修志的宝贵经验，认真学习老一代方志人的奋斗精神和优良作风，努力巩固和发展地方志事业的大好形势，为地方志事业的进一步发展打下更加坚实的基础。在此，我就如何把地方志事业继续推向前进的问题提出四点意见。

第一，继续贯彻第四次全国地方志工作会议精神。第四次工作会议的精神，就是在党的十七大精神指引下，以科学发展观为指导，深入贯彻落实《条例》，认真总结首轮修志经验，全面推进第二轮修志和年鉴编纂、旧志整理，使志书质量、方志学研究、地方志数据库和网络化建设、修志队伍素质等有一个更加明显的变化，促进地方志工作又好又快地向前发展。其中最关要紧、最应着力的一点是，要运用科学发展观全面检查地方志工作，把落实依法修志和提高志书质量放在更加突出的位置，并把提高志书质量贯穿于地方志工作的全过程，始终坚持质量第一、进度服从质量的原则，切实防止为了赶进度而使质量不高的志书出版发行，以致谬种流传、贻误子孙、损害地方志的声誉。

第二，继续在前人经验的基础上不断创新地方志工作。地方志作为中华民族的优秀文化传统，从 2000 多年前连绵延续到现在，本身就是一个不断创新的过程。今后要使地方志工作向前发展，仍然离不开创新。我们不仅要在工作制度上创新，修志体制、机制上创新，还要在工作内容上创新，志书编纂上创新，资料收集上创新，质量管理上创新，学科理论上创新，方志资源开发利用上创新，修志队伍的组织培训上创新。在志书编纂的创新中，还要做到编纂指导思想上的创新，篇目设置上的创新，编纂体例、方法上的创新等等。要做到这些创新，一方面要开动脑筋、解放思想，另一方面要实事求是、深入调研；一方面要大胆探索、勇于实践，另一方面要埋头苦干、扎实工作。总之，要把创新精神与科学精神、求实精神、虚心学习的精神、艰苦奋斗的精神、百折不挠的精神结合起来。只有这样，才能使地方志工作不断迈上新台阶，再现新水平，创造新辉煌。

第三，继续加强地方志工作机构的自身建设。新编地方志工作 30 年来的实践告诉我们，全国地方志工作能否搞好，关键在于各地各级地方志工作机构能否把自身建设好。地方志工作机构的自身建设有许多内容，例如，制度建设、队伍建设、作风建设、领导班子建设等等。所有这些都不能忽略，都需要加强。不过，面对第二轮修志的新形势和新任务，当前更应当注重增强学习意识、研究意识、创新意识、服务意识，努力把各级地方志工作机构建设成学习型、研究型、创新型、服务型的工作机构。

第四，继续发扬“方志人精神”。所谓“方志人精神”，就是广大地方志工作者在工作中形成的爱岗敬业、开拓进取、淡泊名利、甘于奉献、锲而不舍、一丝不苟的精神。这是几代地方志工作者，通过长期修志实践留给我们的最为宝贵的精神财富。人们常说，地方志工作是坐“冷板凳”的工作，地方志工作部门是辛苦、艰苦、清苦的“三苦”单位。但是，冷和热、苦和乐从来是相对的、辩证的。长期以来，广大方志工作者用安心、甘心、专心去应对“三苦”，有苦不言苦，苦中寻找乐，把“冷板凳”坐得热热乎乎，把“苦差事”干得有声有色。可见，地方志工作尽管需要一定的物质条件，地方志工作者虽然也需要必要的物质待遇，但无论任何时候，精神的力量都是支撑地方志事业最为重要的支柱，是地方志事业得以不断发展的灵魂。我们要继承和弘扬“方志人精神”，安心坐“冷板凳”，甘心为人民做奉献，专心编撰精品佳志；同时，要团结进取，奋发向上，争取把地方志事业搞得更加红红火火，轰轰烈烈。

同志们，朋友们，我们今天在这里举办这个纪念座谈会，目的就在于回顾过去，审视现在，展望未来。新时期的新编地方志事业是伴随改革开放而发展壮大的，它也必将伴随改革开放的深化而不断前进。30 年的修志历程和老一代方志工作者已为我们积累了丰硕成果和宝贵经验，是地方志事业继续前进的基础和动力。我们要以纪念《条例》颁布5周年和中国地方志协会成立30周年为契机，抓住当前地方志工作出现的好形势，激发广大修志工作者全面创新地方志工作的热情，进一步繁荣发展地方志事业，为建设中国特色社会主义做出新的更大的贡献。

增强方志学术交流，促进方志文化繁荣*

——在第一届中国地方志学术年会暨

方志文献国际学术研讨会上的致辞

（二〇一一年八月九日）

正当台风梅花刚刚过去，农历二十四节气中的立秋刚刚到来之际，筹备已久的方志文献国际学术研讨会在美丽的甬城宁波隆重开幕了。在此，我谨代表中国地方志指导小组和中国地方志协会，向来自海内外的专家、学者表示热烈的欢迎和衷心的感谢！

连绵不断地编修地方志，是中华民族源远流长的优秀文化传统，其起源可以上溯到2500年前春秋战国时期的列国史、地理书和地图。秦汉魏晋时期，随着郡县制的逐步完善，地方官员每年要向中央汇报管辖区域内的户口、垦田、钱谷、风俗、治安等情况，称为“上计”。在此基础上，出现了地方志的早期形态——地记和图经。隋唐五代时期，随着国家的统一和经济文化的发展，由地方上报风俗、物产、地图的制度进一步受到中央政权的重视，地方志的编撰也逐渐由地记为主变为图经为主，由私修为主变为官修为主，由不定期为主变为定期

* 这篇致辞曾发表于《中国地方志》2011年第9期。

为主。两宋时期沿袭并发展了隋唐制度，朝廷不仅多次颁布要求各地按时编送图经的诏书、谕旨，而且设置了主管州郡编纂地方志事务的九域图志局，开创了国家设立专门机构修志的先河；地方志编撰也逐渐由地理为主向横陈百科过渡，由图经为主向偏重文字过渡，地方志著述体例基本稳定下来。元明清三朝进入修志的鼎盛时期，不仅规模大，而且志书体例、种类更加完备；不仅频繁颁布修志诏谕，而且开始制定统一的修志凡例；不仅编修省府州县志，而且编修全国一统志和边关、山水、厅卫等专志。民国初年，北洋政府的内务府即会同教育部通知各地纂修志书，一些省份为此设立了通志局或通志馆。1929 年、1944 年、1946 年，国民政府内政部先后颁布《修志事例概要》《地方志书纂修办法》《市县文献委员会组织章程》等文件，将地方志书明确分为省志、市志、县志三种，并对志书中的地图、照片、表格、大事记的内容和形式，以及方志编纂机构的组织和任务做出了具体规定。据不完全统计，从秦汉至中华民国，历代旧志共有 8000 多种、十余万卷，约占现存全部古籍的十分之一。这是我国历史文化遗产中弥足珍贵的部分，也是人类文明中独具特色的成果。英国著名学者李约瑟博士曾说过，希腊的古代文化乃至近代英国，都没有留下与中国地方志相似的文献，要了解中国文化，必须了解中国的地方志。

中华人民共和国成立后，编修地方志工作受到中国共产党和人民政府的高度重视，使这一古老而优秀的文化传统得以继承和极大发扬。早在新中国成立初期，国务院就将编修地方志列入了《十二年哲学社会科学规划方案（草案）》，并成立了指导方志编修的中国地方志小组。随后，全国 20 多个省、直辖市、自治区的 530 多个县开展了新编地方志工作，其中 250

多个县写出了初稿。但由于众所周知的原因，这项工作一度中断。20 世纪 80 年代初，地方志事业同我国其他文化事业一道，在中共十一届三中全会精神的鼓舞下开始走向复兴。1981 年，在首届地方史志学术研讨会上成立了中国地方史志协会，提出了修志工作的基本原则和方针任务，发出了就重建全国地方志工作领导机构一事给党中央、国务院的建议信。1982 年，编修地方志被列入国家五年计划。1983 年，中国地方志指导小组恢复组建。随后，全国省、市、县三级普遍设立了地方志工作机构，地方志编纂委员会主任均由各级政府主要领导人担任，地方志工作机构的编制和经费均由政府拨给。大规模、正规化的新编地方志时代，由此到来。为了推动修志工作，国务院办公厅于 1985 年和 1996 年两次发文，对各地政府提出要求。尤其是 2006 年，国务院颁布了中国历史上第一部有关地方志的全国性行政法规——《地方志工作条例》，用法规形式，对地方志工作的内涵与外延，各级政府对修志工作的职责，地方志工作机构的任务，修志的原则与间隔年限，志书的审查验收标准与办法，志书的备案与文稿管理，志书和地方综合年鉴的冠名权、著作权、署名权的处置等等，均做出了明确规定，使地方志工作从此进入了依法修志的新阶段。

在新编地方志工作的 30 年里，我们不仅产生了大量志书和地方综合年鉴，而且积累了丰富的修志经验，形成了一整套行之有效的工作制度，充分开发利用了地方志资源，开展了旧志整理和新方志理论的研究工作，形成了一支老中青和专兼职相结合的修志队伍。30 年来，我们逐步形成了党委领导、政府主持、地方志编纂委员会及其办公室组织实施的修志格局，确立了“一纳入”（即把修志工作纳入各地经济社会发展规划和各级政府的任务之中）、“五到位”（即领导、机构、经费、队伍、条件到位）的工作原则，制定了关于修志的目标考核责任制、督察通报制、资料报送制等制度。30年来，全国共出版首轮修志中的三级地方志书6000余部，行业志、部门志、专业志约2万部，山水名胜古迹志约400部，地情书约7000部；由地方志工作机构负责编纂的地方综合年鉴已有1500余种，累计出版不下数万册。自20世纪末、21世纪初开始编纂的志稿上限大体为20世纪70年代初、80年代末的全国第二轮修志，目前也已出版地方三级志书700余部。自2008年启动的由国务院部署、中国地方志指导小组组织编纂的新中国第一部国家层面的志书——《汶川特大地震抗震救灾志》，也正在编纂之中，预计明年可以出版发行。30年来，各地修志部门还编印、出版了大量地情书籍、地情资料，在服务地方政府决策、开发旅游项目、拯救物质的和非物质的文化遗产、密切海峡两岸和海内外华人的联系等方面，发挥了积极作用。尤其随着信息化、数字化、网络化技术的普及和地方经济实力的增长，各地纷纷建设方志网站和方志馆。目前除中国地方志网站和《中国地方志》期刊网外，全国地方志工作机构已建成了400多家地情网站和相当数量的地情数据库，为广大读者查阅志书提供了极大便利。30年来，在旧志整理和理论研究方面也是硕果累累。截至2009年年底，约有2000部旧志被整理影印出版，数万篇有关方志理论的论文被报刊发表，数百本有关方志学的专著、教材、论文集、资料书被出版发行。为促进新方志学理论的系统化、规范化，中国地方志指导小组办公室还组织编纂了《当代志书编纂教程》和《中国方志通鉴》等书，正着手编纂《方志百科全书》。据不完全统计，目前在全国各级地方志工作机构中工作的专职人员有2万人，分散在各部门承担修志任务的兼职人员多达10万余人。这一切充分说明，新中国修志事业的规模之大、制度之全、范围之广、手段之新、成果之多，已经远远超过历史上的任何时期。

女士们、先生们：

由于种种原因，我国历代旧志中有相当一部分在不同时期流播到了海外，被世界上许多知名图书馆所收藏、许多知名学者所研究所利用。受方志文化的影响，我国周边一些国家和地区也不同程度地存在效法地方志编撰的文化实践活动和类似志书体例的著述。特别是近些年来，随着海内外文化交流的不断深入，越来越多的海外图书馆开始收藏我国大陆新编地方志书，越来越多的海外学者开始就地方志编纂和方志学研究问题与我国大陆有关机构及学者进行沟通、交流与合作。因此，探究方志文献的传播与利用，加强海内外有关方志文献研究成果的交流，对于丰富方志文化内涵、促进方志文化发展、密切国际方志学界联系，显得尤为必要和重要。正是出于这一考虑，中国地方志指导小组办公室和中国地方志协会主办了这次会议。这是由这两家机构、团体召开的首次国际学术研讨会，也是它们决定建立中国地方志学术年会制度后举办的首次年会。令人欣喜的是，会议得到了海内外学者的热烈响应，来自美国、澳大利亚、日本、韩国、越南和中国大陆及港、澳、台地区的近百位专家应邀赴会，提交论文70余篇，其中，既有涉及方志资料、方志编纂的，也有关于方志研究、方志整理、方志考证和方志教学、传播、利用、数字化的，可谓群贤毕至、鸾翔凤集。我衷心希望与会学者本着求真务实、取长补短的精神，把这次会议开成一次国际方志学界的学术盛会，为增进海内外学者的相互了解和友谊，为共同繁荣和发展方志文化做出贡献。

宁波向来以名志迭出而著称于世，流传至今的《宋元四明六志》是古代方志中的佼佼者，民国时期的《鄞县通志》是蜚声海内外的佳志，新中国的《宁波市志》更在1997年全国地方志评选中荣获过一等奖。在地方志收藏方面，宁波也有着悠久历史。现存最早的中国私家藏书楼宁波天一阁，就以志书收藏之多、之全而名闻天下。1999年，天一阁特别增设了中国地方志珍藏馆，至今已收藏全国各级各类新编地方志书数千册，成为大陆地区收藏新编志书的专业图书馆。方志文献国际学术研讨会选在这里召开，使与会专家、学者不仅可以领略宁波的美丽风光，更能身临其境地感受到浓郁的方志文化气息。在此，我谨预祝研讨会获得圆满成功，并祝诸位在甬期间健康愉快！

不断增强依法修志的能力，推动地方志事业大发展大繁荣*

——在2012年全国省级方志工作机构主任会议上的讲话

（二〇一二年四月十九日）

一年一度的全国省级方志工作机构主任会议，今天在天下闻名的三峡大坝所在地湖北宜昌市召开了。首先，我代表中国地方志指导小组和陈奎元同志，向与会的各省、市、自治区，新疆生产建设兵团，全军和武警部队方志办领导同志表示亲切慰问，向应邀出席会议的湖北省、宜昌市的领导同志和为会议召开做出重要贡献的湖北省方志办全体人员表示衷心感谢！

今年的方志办主任会议，是在全国上下深入贯彻党的十七届六中全会通过的《中共中央关于深化文化体制改革、推动社会主义文化大发展大繁荣若干重大问题的决定》（以下简称《决定》）的大背景下召开的。《决定》回顾了改革开放特别是党的十六大以来我们党推动文化建设取得的成就及其对党和国家事业全局做出的贡献，强调当今世界各种思想文化交流、交融、交锋更加频繁，文化在综合国力竞争中的地位和作用更加凸显，维护国家文化安全任务更加艰巨；强调必须在坚持以经

* 这篇讲话曾发表于《中国地方志》2012年第5期。

济建设为中心的同时，自觉把文化繁荣发展作为坚持发展是硬道理、发展是党执政兴国第一要务的重要内容，作为深入贯彻落实科学发展观的一个基本要求；提出文化改革发展必须坚持以马克思主义为指导，坚持社会主义先进文化前进方向，坚持以人为本，坚持把社会效益放在首位，坚持改革开放；要求大力发展哲学社会科学，使之更好地发挥认识世界、传承文明、创新理论、资政育人、服务社会的重要功能；坚持基础研究和应用研究并重，传统学科和新兴学科、交叉学科并重，结合我国实际和时代特点，建设具有中国特色、中国风格、中国气派的哲学社会科学，实施哲学社会科学创新工程，发挥国家哲学社会科学基金示范引导作用，推进学科体系、学术观点、科研方法创新，着力推出代表国家水准、具有世界影响、经得起实践和历史检验的优秀成果。《决定》中的这些重要精神，完全符合地方志工作的实际。这次全国省级方志工作机构主任会议以及地方志工作今后很长一个时期的重要任务，就是要在地方志系统全面深入地贯彻《决定》精神，用《决定》精神指导和推动地方志工作，把《决定》精神落到地方志工作的实处。

去年，地方志系统纪念了大规模新编地方志工作开展30周年和《地方志工作条例》颁布5周年。30年来，特别是近5年来，新编地方志工作积累了丰富经验，形成了一整套行之有效的工作制度；拓展了地方志编纂的内容，整理了大批历代旧志，产生了大量具有存史、资治、教化作用的志鉴成果；适应了时代要求和地方经济社会发展的需要，取得了地方志资源开发利用方面的显著成绩；开展了方志理论研究和学术交流，创立了具有时代特征的新方志理论；加强了人员培训和机关建设，形成了老中青和专兼职相结合、具有良好作风的修志人队伍。所有这一切，是党中央、国务院高度重视、亲切关怀和正确指导的结果，是地方各级党委、政府坚强领导和大力支持的结果，是广大方志工作者辛勤劳动、团结奋斗的结果。对于这些，我们必须足够认识，充分肯定，无比珍惜。同时，我们又要清醒地看到，地方志工作还存在许多不足，特别是在依法推动地方志工作方面还有欠缺。这些欠缺，既有体制机制等客观原因，也有地方志系统的主观原因；既有理论水平还不够高、工作作风还不够硬、实际工作抓得还不够紧的问题，也有执法能力还不够强的问题。因此，我们要深入贯彻党的十七届六中全会精神，推动地方志事业大发展大繁荣，就必须进一步加强地方志工作机构的能力建设，特别是增强依法修志的能力。

自从2006年《地方志工作条例》（以下简称《条例》）颁布以来，新编地方志工作进入了依法修志的崭新阶段，出现了前所未有的好形势。尤其值得一提的，截至目前，全国已有22个省、市、自治区和20多个有立法权的市及民族区域自治地区的立法机关，制定了《条例》的实施办法或本地区的地方志工作条例、管理办法。但是，在工作过程中，仍然存在不少时常困扰我们的实际问题。例如，有的地方至今没有地方志工作机构，有的虽然有机构牌子，但没有相应的人员、任务、经费；有的地方上下级地方志工作机构级别一样；有的地方的地方志工作不能列入国民经济与社会发展规划，年度会议也未被列入省市政府的会议计划中；有的地方二轮修志进展缓慢，甚至首轮修志的任务都没有完成；有的地方二轮志书的书名不统一、上下限参差不齐；有的地方对志书质量把关不严，审查验收中存在走过场的现象；有的地方在落实志书的著作权和署名权上存在问题；有的地方对志书编纂过程中收集的资料、形成的档案保管不善，没有完整移交档案馆或方志馆；有的地方综合年鉴至今仍然未能纳入地方志工作机构；有的地方重“修”

轻“用”、轻“研”，数据库、网站建设进展迟缓，理论研究冷冷清清。其实，只要认真分析一下就会发现，所有这些问题，《条例》几乎都有相应的法律条文给予了规定，问题在于我们没有深入学习、真正领会、切实掌握、大力宣传、充分运用。因此，我们一定要对《条例》进行再学习、再领会、再宣传、再贯彻，切实增强依法修志的能力。下面，我就这个问题讲几点意见，供同志们参考。

一　增强依法敦促地方政府负责人和有关部门履行修志职责的能力

《条例》明确规定：“县级以上地方人民政府应当加强对本行政区域地方志工作的领导。地方志工作所需经费列入本级财政预算。”“县级以上地方人民政府负责地方志工作的机构主管本行政区域的地方志工作。”这些规定说明，各地各级政府有责任设立地方志工作机构，并且要给予该机构相应的级别、职责、编制、经费。现在，有的地方的县级以上政府中至今没有设立地方志工作机构；有的虽然设有与其他机构合署办公的机构，但只挂了一块牌子，实际上并没有人负责；有的机构在设置上不尽合理，关系没有完全理顺，给工作开展带来种种不便。这些都是不符合《条例》精神的，地方志工作机构应当向这些政府的主要负责人和有关部门，以及向他们的上级积极宣讲《条例》，促使这些问题早日得到解决。

二　增强地方志工作机构依法履行职责的能力

《条例》明确规定地方志工作机构要履行五个职责：第一，

组织、指导、督促和检查地方志工作；第二，拟定地方志工作规划和编纂方案；第三，组织编纂地方志书、地方综合年鉴；第四，搜集、保存地方志文献和资料，组织整理旧志，推动方志理论研究；第五，组织开发利用地方志资源。现在，有的地方把地方志工作机构仅仅当成修志的单位，对组织、指导、督促、检查有关部门和下级机构的工作重视不够，在旧志整理、理论研究、开发利用地方志资源等方面，很少下功夫。尤其有的地方综合年鉴，至今没有划归地方志工作部门。我们只要认真看看《条例》就会发现，《条例》不仅把组织编纂地方综合年鉴规定为地方志工作机构的职责之一，而且《条例》所讲的地方志，本身就"包括地方志书和地方综合年鉴"。《条例》之所以做出这样的规定，是因为志书与年鉴都是记述一定行政区域内自然、政治、经济、文化和社会等方方面面情况的资料性文献。因此，有关地方志工作机构应当全面履行《条例》赋予的职责，并通过贯彻《条例》，促进地方政府将综合年鉴的编纂部门早日划入地方志工作机构中。

三　增强依法制定规划与规划备案的能力

《条例》明确规定："省级政府要制定本行政区域地方志编纂的总体工作规划，并要报国家地方志工作指导机构备案。"为此，中国地方志指导小组于2007年制定了建立地方志书编纂规划的备案制度，规定了规划的具体内容和备案的具体要求，要求规划包括指导思想、篇目体例、目标、主要任务、分工、完成时间和实施办法等，上报备案时要附"地方志书编纂规划汇总表"，规划如有调整要及时上报备案。现在有的地方规划制定不及时，规划要素不齐全，规划备案不主动，规划调整不备案。像这类问题，也需要依靠进一步贯彻《条例》精神来加以解决。

四 增强依法统一修志时限和志书上下限的能力

《条例》明确规定："地方志书每20年左右编修一次。每一轮地方志书编修工作完成后，负责地方志工作的机构在编纂地方综合年鉴、搜集资料以及向社会提供咨询服务的同时，启动新一轮地方志书的续修工作。"这个规定起码说明了以下三点：

首先，地方志书的编纂不是一次性、临时性工作，而是要世世代代、连绵不断进行的长期性、永久性工作。一些地方在首轮修志后即将地方志工作部门撤销，是违反《条例》规定的。

其次，每轮志书的编纂时间，应当控制在20年左右。新时期大规模首轮修志基本始于20世纪80年代，按照志书每20年左右编修一次的规定，其结束时间应当大体在20世纪末和21世纪初。然而至今仍然有11个省、市、自治区和新疆生产建设兵团没有最后完成首轮修志任务（浙江省、西藏自治区首轮修志因与二轮合并除外）。这种情况不能再无休止地继续下去了，希望有关单位重新摸一下底，了解一下自己负责区域内究竟还有几本地方志书没有出版或编完，进度到哪里了，原因是什么，下一步打算采取什么措施，然后分别不同情况处理。凡是已经完稿或接近完稿的，要与政府有关部门进行联合督察，促其尽快组织评审验收，力争年底前结项出版；凡是志稿审查合格仅仅因为经费问题而迟迟不能出版的，要积极争取上级财政部门给予支持，尽快出版；凡是离完稿还有较大距离或由于种种原因短时间内难以通过审查验收的，要动用行政手段，勒令其撤项，并将其并入二轮修志。总之，我们一定要从实际出发，采取积极而灵活的措施，在今年年底至迟明年全国方志办主任会议前，彻底结束首轮修志，不要让首轮修志的扫尾工作再拖到第五次全国地方志工作会议去部署了。

再次，志书的记述时间范围，除首轮因为上限自远古起而横跨数千年外，凡续修都应限制在20年左右。首轮志书的下限既然大体是20世纪70年代末、80年代初，那么，二轮志书的上限就应当是20世纪70年代末、80年代初，而下限则应当是20世纪末、21世纪初。中指组在《关于第二轮地方志书编纂的若干意见》中一开始就指出，二轮志书“内容的上下限，大致为20世纪70年代末至21世纪初”。中指组制定的《地方志书质量规定》中明确提出，记述的时间界限“不随意突破志书的上限和下限，严格控制上溯和下延”。但从现在已经出版和即将出版的二轮志书看，上下限可以说五花八门，有的上限为20世纪90年代，有的下限为21世纪第一个10年的后期，有的甚至要下延至21世纪的第二个10年；有的时限为20年，有的为30年，还有的为十来年。我们常说地方志是由党委领导、政府主持、全国统一编纂的书，就是说，它是“官书”。既然如此，其上下限除首轮志书情况特殊外，从二轮修志起就应当大体统一起来。如果二轮志书不统一，势必要影响到三轮、四轮志书的统一。而且，把二轮志书记述时段严格限制在20世纪70年代末到20世纪末、21世纪初，有利于使这轮志书完整记述改革开放的起步阶段，为第三轮修志留下空间。否则，像现在一些地方把二轮志书下限延伸到眼前，不仅使第三轮志书的起止发生困难，也不符合志书编修的规律。记载历史，总要与现时有一点间隔，使历史有一点沉淀，不能靠得太近。有些地方的领导希望把志书下限与现时挨得近些，一个重要原因是希望把自己任期内的政绩写进去。这种心情可以理解，但并不符合志书编纂的规律。在这个问题上，既要遵守《条例》的有关规定，提倡尊重修志的规律，也要坚持正确的政绩观。

五 增强依法搜集资料的能力

《条例》明确规定："县级以上地方人民政府负责地方志工作的机构可以向机关、社会团体、企事业单位、其他组织以及个人征集有关地方志资料，有关单位和个人应当提供支持。"编修志书，除了人员和经费外，最重要的条件就是资料。没有足够的资料，志书无法编修，即使勉强编修，质量也高不了。古人总结战争经验，常说的一句话叫"兵马未动，粮草先行。"地方志工作套用这句话，也可以说"志书未修，资料先行。"现在，《条例》将地方志工作机构搜集资料、有关单位和个人向地方志工作机构提供资料，都作为了具有法律效力的权利和义务加以确定。我们要善于利用这一有利条件，破解在搜集资料中遇到的困难，扩大资料的搜集领域和种类，既重视搜集文献资料、报刊资料、档案资料，也要注意搜集口碑资料、实物资料。

当前正在进行二轮修志所要记述的是改革开放开始后的内容，这个时段由于经济社会发展和机构改革等原因，一些行业的管理体制变动很大，使原有资料搜集的渠道、方式都发生相应改变，给搜集资料的工作带来意想不到的困难。在这种情况下，更要善于运用《条例》赋予的权利，积极争取有关各方的支持，加强资料搜集工作。北京市方志办针对行政区域志与专业志内容相互交叉的情况，积极组织召开部分区县志和专业志承编单位的资料交流会，建立资料搜集的互助渠道，减少了修志部门在资料搜集工作中的重复劳动，很值得各地借鉴。还有一些地方，充分利用《条例》赋予的权利，促使以政府名义发文，推行各部门、各单位资料向地方志工作机构的年报制度，使方志资料搜集工作做到了常态化、规范化、制度化，这种做法值得学习，应当推广。

对于收集到的文字资料、图表、照片、音像资料、实物等，以及修志过程中形成的文稿等的收藏保管问题，《条例》也做出了相应规定，要求地方志工作机构要“指定专职人员集中统一管理，妥善保存，不得损毁；修志工作完成后，应当依法移交本级国家档案馆或者方志馆保存、管理，个人不得据为己有或者出租、出让、转借”。在这方面，有的地方不够重视，首轮修志中的档案资料和文稿档案已经残缺不全，甚至连志书本身都找不到了；而有的地方则做得比较好。据说，山东省史志博物馆馆藏的《山东省志·农业志》，不仅附有成书过程中的资料长编200多万字，而且还有6000多万字的资料卡片。修志工作是一种资料性工作，不仅要重视搜集资料，也要重视收藏和管理各种资料，以便为今后的修志工作打下资料基础。

六　增强依法保证志书质量、严格审查验收制度的能力

《条例》明确规定：“编纂地方志应当做到存真求实，确保质量，全面、客观地记述本行政区域自然、政治、经济、文化和社会的历史与现状。”还规定：对地方志书的审查验收，“重点审查地方志书的内容是否符合宪法和保密、档案等法律、

法规的规定，是否全面、客观地反映本行政区域内自然、政治、经济、文化和社会的历史与现状”。这就告诉我们，确保志书质量，最重要的是看记述是否客观、全面，是否符合宪法，是否遵守了国家有关保密、档案等法律、法规的规定。

什么叫客观、全面？怎样才能做到客观、全面？站在不同立场、秉持不同观点，看法和做法都是不一样的，有的甚至截然相反。我们所从事的修志工作，是由党领导的一项意识形态工作，是社会主义文化的组成部分，是哲学社会科学的一门分支学科。因此，我们在修志过程中，必须站在党和人民的立场上，站在中华人民共和国的立场上，必须秉持科学的理论观点，遵守我国宪法和法律，坚持党的基本路线。中指组《关于第二轮地方志书编纂的若干意见》中提出，志书编纂“必须以马克思列宁主义、毛泽东思想、邓小平理论和‘三个代表’重要思想为指导，深入贯彻落实科学发展观，坚持党在社会主义初级阶段‘一个中心、两个基本点’的基本路线”。《地方志书质量规定》在“观点”一章中也要求，“以马克思列宁主义、毛泽东思想、邓小平理论和‘三个代表’重要思想为指导，全面贯彻落实科学发展观，坚持辩证唯物主义的立场、观点和方法。”“记述社会主义时期的内容，应体现社会主义时代精神风貌，全面反映发展中国特色社会主义事业的历程和成绩，正确反映历史发展中的曲折和问题。”这些规定都不是套话，不是抽象的、可有可无的，而是实实在在的、具体的、必须遵守的。

我多次说过，志书编纂虽然是述而不论，但不等于没有立场、观点，不需要理论水平和政治水平。同样是志书中有关古代史的部分，特别是有关农民起义的部分，例如黄巾起义、黄巢起义、李自成起义等等，封建统治阶级记述与我们的记述肯定不一样。同样是志书中有关近现代史的部分，特别是有关中国革命的部分，例如太平天国运动、义和团起义、“五四”运动、大革命、十年内战、抗日战争、解放战争、新中国成立等等，国民党人与共产党人的记述肯定不一样。同样是东三省志，日本人与中国人的记述肯定不一样。同样是台湾省志，“台独”分子与主张一个中国的人记述也肯定不一样。可见，在有阶级的社会里，所谓客观、全面从来是具体的、有阶级性的，不是抽象的、超阶级的。

我们经常要求地方志工作者要坚持实事求是的原则，做到“秉笔直书”，从本质上讲，就是要求大家站在党和国家、人民的立场上，运用马克思主义的立场、观点、方法，从实际出发来“求是”、来“直书”。而要做到这一点，就必须认真学习马克思、恩格斯、列宁的基本著作，学习马克思主义与中国实际相结合的产物——毛泽东思想，学习马克思主义中国化的最新成果——邓小平理论、“三个代表”重要思想和科学发展观，学习《中华人民共和国宪法》和《关于建国以来党的若干历史问题的决议》。因为只有这样，我们在志书编纂中才能掌握历史唯物主义的基本原理，才能熟悉党中央对新中国各个历史时期的基本评价，才能了解《中华人民共和国宪法》和法律的基本精神，才能把历史问题放到特定历史条件下来认识，才能有政治敏锐性和鉴别力，才能准确地把握历史的本质和主题、主线和主流，才能掌握评判事件臧否人物的正确标准，才能把好政治关。尤其二轮修志所记述的时段，刚好是我国改革开放事业由开始到全面发展，社会主义现代化建设由启动“三步走”战略到人民生活水平总体达到小康水平的时期。我们只有认真学习和深刻领会中国特色社会主义理论，才能准确把握改革开放初期那 20 年的历史脉络，才能使篇目设置反映那段历史的本质，才能使记述真正做到客观、全面。

我们要对志书质量负责，一定要从始至终坚持质量第一的原则，切实做到进度服从质量。《条例》规定每轮修志在20年左右，这就意味着二轮修志的截止时间大体在20世纪的2020年左右，也就是说，还有七八年时间。因此，本轮修志的时间还是充裕的，只要大家抓紧部署工作，抓紧组织编纂，抓紧培训队伍，抓紧起草和拿出初稿，反复征求意见、反复打磨修改都是来得及的，不要急于出版。要把好志稿出版前的验收关，防止走过场，要像《条例》要求的那样，“组织有关保密、档案、历史、法律、经济、军事等方面的专家参加，重点审查地方志书的内容是否符合宪法和保密、档案等法律、法规的规定，是否全面、客观地反映本行政区域自然、政治、经济、文化和社会的历史与现状”。当然，确保志书质量不只限于政治观点正确，还要做到史实准确、布局合理、体例规范、文字简洁、要素齐全、编纂严谨。总之，我们要善于运用《条例》来推动志书质量的管理，努力使我们笔下的志书成为经得起实践和历史检验的佳志、良志。第四次全国地方志工作会议上宣布，中指组将组织一次全国性的志书评比活动，方志出版社要组织实施精品工程。这些都是为了促进志书质量提高而采取的措施，希望有关部门要抓紧落实。

七　增强依法开发利用地方志资源的能力

《条例》除了把“组织开发利用地方志资源”作为地方志工作机构必须履行的职责之一，规定地方志工作机构在每一轮志书编修工作完成和启动新一轮志书续修的同时要负责“向社会提供咨询服务”之外，还列出专条，规定“地方志工作应当为地方经济社会的全面发展服务”。该条指出：“县级以上地方人民政府负责地方志工作的机构，应当积极开拓社会用志途径，可以通过建设资料库、网站等方式，加强地方志工作的信息化建设。”这就告诉我们，地方志工作已经不再是仅仅限于修志的工作，而是必须同时负责开发利用修志的成果；开发利用修志的成果已经不再是地方志工作机构一项可以做也可以不做的工作，而是必须做的工作；开展读志用志工作已经不再是把志书改编成简志或专题书、在电视和报刊上开辟方志专栏那样的工作，而是要利用数字化、网络化的新技术手段将志书制成具备检索功能的光盘，要建立网站使其上网，让读者以最便捷的方式查阅和利用志书。

加快地情网站建设，是信息化时代开发利用地方志资源最为有效最为重要的手段。据统计，截至2010年年底，全国方志工作机构建设的地情网站已有502家，其中，省级23家，市级151家，县级328家。这说明，还有很多省、市、县没有建立网站。尚未建立地情网站的机构要尽快建立，已建成的地情网站要继续加以完善。要克服目前志鉴数据库建设中结构单一、数据无统一标准、检索功能不便捷等弊端，逐步建设方志全文库、影像库、书目库，以及人物资源库、事件资源库、文献资源库、地名资源库、景观资源库等专题资源库。要不断优化检索界面，提升检索功能，加强地情网站信息的采集、编写和发布，加快网站内容的更新，提高网站的访问量和影响力。要有意识地培养精通现代信息技术的人才，改进数字化、网络化的技术和设备。要争取地情网站与当地其他网站的合作，做到互惠互利，实现资源共享。指导小组办公室也要积极推进“一网两库”建设，在国家方志馆投入使用后，立即启动地方志系统的全国联网工程。

另外，我利用这个机会再谈谈关于方志馆建设的问题。关于这个问题，我在前年和去年的全国地方志机构主任工作会议以及其他场合曾多次谈过，提出凡有条件建方志馆的地方，对方志馆要重新定位，不要再像过去那样，仅仅把它当成存放志书和展览修志历史的场所，而应当把它建成地情馆、国情馆，使它成为开发利用地方志资源的又一个重要手段。方志馆这个东西，古代并没有，民国时才出现，当时指的是修志机构，与我们今天讲的方志馆不是一个意思。今天修志机构的名称已经改叫地方志办公室，所以，我们今天讲的方志馆不是指机构，而是指设施。那么，它应当是一种什么设施呢？要回答这个问题，首先要弄清楚什么是方志书，什么是方志办。大家都承认，方志书本质上是地情书，方志办实际上是地情办。既然如此，方志馆就应当是地情馆，即展示地情的设施。然而，我在全国看了很多叫方志馆的地方，印象基本上是地方志工作机构的办公楼，与其他办公楼不同的地方在于放图书的面积大一点，有的有介绍志书和修志历史的展览。修志史的展览需不需要呢？也需要。但全国有一两个、两三个就足够了，不必要到处都搞，否则没有多少人去参观，会造成很大浪费。过去国家方志馆和许多省市方志馆申请立项之所以困难重重，与我们对它的定位不准确有很大关系。相反，如果我们把方志馆定位为地情馆、国情馆，情况就大不一样了。

现在，从中央到地方，各级党委、政府都在强调地情教育、国情教育，却缺少一个进行全面教育的场所。历史博物馆、城市规划馆等虽然也可以进行地情、国情教育，但前者只是纵向展示历史的，并且往往以文物为中心，很少涉及现状；后者虽然介绍的是现状，但主要展示的是城区建设，且往往侧重于远景规划。而作为地情馆的方志馆，则以一个行政区域为单位，用沙盘、模型、塑像、展板、影视等形式和声、光、电等手段，全面介绍该区域内的城市与乡村、自然与社会、历史与现状。就是说，把志书中的文字变成实物，把平面的东西变成立体的东西，用生动形象的现代化手段，全方位地展示地情和国情。如果这样给方志馆定位，中小学校一定会把它当成对孩子们进行地情、国情教育的课堂；当地干部群众和国外、境外及外地来旅游、出差、经商、打工、求学的人，特别是外地的考察团和国外的访问团，一定会把这里当成宏观、全面、快速、形象了解当地情况的场所。观众多了，方志馆的社会效益自然就发挥出来了，政府的投入就值得了，申请立项也就容易了。因此，无论从办好方志馆的角度，还是从促成方志馆立项的角度，都应当把它定位为普及地情知识的地方。

党的十七届六中全会的决定提出，要加强公共文化服务设施和爱国主义教育示范基地建设，其中提到了文化馆、博物馆、图书馆、美术馆、科技馆、纪念馆。我认为，只要把方志馆定位为地情馆和国情馆，在公共文化服务设施和爱国主义教育示范基地的建设中，今后也肯定会有它的位置。此外，我主张有条件的城市，最好把方志馆放在显眼的位置，并在外观设计上赋予其民族特色、地方特色，使它成为地标式建筑，成为城市的一个景点和亮点。这样，不仅可以用它普及地情知识，而且可以用它来提升城市的文化品位，彰显中华文化的独特魅力。现在，随着经济实力的提升，很多地方都在建设或计划建设方志馆，我建议大家在进行设计之前，最好到一些按照地情馆、国情馆模式进行方志馆建设的地方看一看，取取经。

八　增强依法开展方志理论研究的能力

前面已经提到，《条例》在规定的地方志工作机构的职责中，包括组织整理旧志和推动方志理论研究。这对我们开展理论研究既提出了要求，也提供了保障。30 年的新编地方志实践，积累了丰富的经验，形成了方志编纂、方志管理、方志应用的基本理论；同时，通过对旧志的整理、研究和对传统地方志编纂历史的梳理，逐步建立起了方志基础理论和方志史学。但哲学社会科学学科意义上的方志学，至今尚未形成系统、完整、规范的学科体系，尚未拿出一本为各方面公认为权威的教科书，尚未被国务院学位办列入学科目录，也未能被高等院校普遍作为课程或专业设置。这种状况与我国上千年的修志历史不相称，也与地方志事业创新发展的形势不相适应。尤其现在，许多地方志工作机构在参照公务员法管理后，从事理论研究的积极性没有评聘职称时那样高了。而科研机构和高等院校虽然有人致力于旧志整理和方志发展史的研究，但由于不参与当前修志的实践，缺少与修志人员的交流与合作，因此对新编地方志的了解和研究也很不够。这更需要我们想方设法调动广大修志人员和社会力量，特别是科研机构和高等院校的学者开展方志理论研究的积极性。能否深入持久地开展方志理论研究，能否尽快创立系统、完整、规范的方志学学科体系，是对我们依法修志能力的又一个检验。为此，我们要注意抓好以下几个环节：

首先，要进一步总结修志经验。方志学是建立在地方志编纂的理论基础之上的，而地方志编纂理论的来源是地方志编纂的经验。自己的经验最可宝贵。地方志工作机构要在开展二轮修志的同时，高度重视对本地、本部门首轮修志经验的总结，通过总结经验，加深和提升对地方志编纂的规律性认识，并将这些认识作为经验积累下来，上升到理论，用以指导当前和今后的修志实践。另外，也要重视他人的经验，通过横向交流与走访学习、开展志稿评议、学术研讨、联合培训等方式，相互汲取经验、取长补短，促进理论的完善和升华。

其次，要进一步整理和研究旧志。首轮新方志的编纂是在理论准备不足的情况下开展的，当年的地方志工作者在边实践、边总结经验的同时，通过对旧志的整理和研究，归纳旧志序、跋中一些零散的编纂理论，借鉴旧志编纂的体例、框架，逐渐形成了新方志编纂的理论。可以说，没有对旧志的整理与研究，没有对旧方志理论的继承与批判，就没有新方志理论的产生和发展。地方志编修是我国独有的文化传统，有一套独特的编纂理论和学术话语。我们在旧志整理与研究中，要注意深入挖掘和研究旧志对于地方志表述的话语及语境，这对于新方志学学科的建设具有重要意义。

再次，要进一步归纳整合理论研究成果和规范学术概念。在方志理论研究中有许多重大问题还没有得到明确回答或取得统一认识，一些基本的概念也需要进一步加以规范；在地方志编纂中也有许多共性问题需要从理论上给予回答，有许多已经确定的原则需要从理论上加以阐释。目前正在编纂的《方志百科全书》，就是为了加快新方志学学科建设和提高学科理论研究能力而开展的一项重要工作。编纂过程中遇到的一些困难，恰恰说明以往方志理论研究的薄弱和不足，使我们更加认识到归纳整合理论研究成果和规范学术概念的艰巨性及紧迫性。地方志工作机构要重视并鼓励有理论兴趣和功底的同志多写文章，并充分发挥目前已有的学术团体、学术期刊的平台作用。

最近，中指组为了促进方志理论研究的深入开展，做出两项决定，一是建立地方志系统的学术年会制度，将目前的各种论坛、研讨会统一整合到学术年会中来，并且把去年在宁波召开的方志文献国际学术研讨会确定为首届学术年会；二是将中国地方志协会更名为中国地方志学会，并且已经过协会常务理事会通过，上报民政部审批。今后，我们要充分利用学术团体的特点和优势，整合社会力量，发挥有理论功底的老同志的作用，吸收科研机构和高等院校的学者加入，扩大方志理论研究的队伍。此外，各省也要发挥地方志学术团体的作用，积极举办各种理论研讨会，发动大家踊跃写文章。《中国地方志》杂志和各地的方志期刊，要努力办好理论研究的专栏，营造学术争鸣的氛围，引导大家深入总结修志经验，开展理论研究，促进方志学科和其他学科的学术交流。对于优秀论文，要给作者以奖励。

九　增强依法表彰先进的能力

《条例》明确规定："县级以上地方人民政府对在地方志工作中做出突出成绩和贡献的单位、个人，给予表彰和奖励。"中指组早在《条例》颁布之前就联合人力资源和社会保障部，在全国方志系统开展过一次先进集体和个人的评选、表彰活动。《条例》颁布后，中指组又根据《条例》规定，再次联合人力资源和社会保障部开展了一次评选和表彰活动。这些活动极大地鼓舞和振奋了广大地方志工作者的士气。现在方志系统有专职人员 2 万名，兼职人员 10 万名。他们中有许多富有献身精神、默默耕耘的先进人物，有许多感天动地、可歌可泣的先进事迹。今后我们要充分运用《条例》赋予的权利，在每两次全国工作会议之间，都搞一次全国规模的表彰先进活动，使它制度化、常态化。同时，各地也要善于利用这一规定，定期开展本地区的评比、表彰活动，不断增强地方志工作队伍的自豪感、使命感、责任感和凝聚力。

十　增强依法开展军事志、部门志编修的能力

《条例》虽然没有对军事志、部门志编修做出具体规定，但规定编纂地方志涉及军事内容的，“应当遵守中央军委关于军事志编纂的有关规定”。还规定：“国务院部门志书的编纂参照本条例的相关规定执行。”这就在实际上明确了军事志和部门志的法律地位。有关单位和部门也应充分利用这一规定，积极主动地开展各自工作。

同志们，《地方志工作条例》的制定与颁布实施，是贯彻依法治国、加强文化法制建设及重视哲学社会科学领域立法工作等党和国家一系列方略、方针的具体体现，是对我国地方志自古由国家组织编修的传统的继承与发扬，是社会主义市场经济条件下保证地方志工作有效进行的必然要求。它在相当长时间里是开展地方志工作最为权威的依据、最为有力的武器，我们要反复学习，深刻领会，切实掌握，大力宣传，严格执行，充分运用。我们要抓住当前全党全国深入贯彻党的十七届六中全会精神，各地纷纷制定文化发展规划的大好机遇，争取将地方志工作纳入到规划中去，乘势推动地方志事业大发展大繁荣。只要我们认真贯彻第四次全国地方志工作会议精神，努力打造学习型、研究型、创新型、服务型的方志办，大力推进地方志工作的制度创新、体制机制创新、工作内容创新、志书编纂创新、资料搜集创新、质量管理创新、学科理论创新、方志资源开发利用创新、修志队伍组织与培训创新，再加上不断增强依法修志的能力，我们就一定能为促进各地经济社会全面发展，为增强国家文化软实力，为建设社会主义核心价值体系，为弘扬中华文明，做出自己的贡献。

在中国地方志指导小组四届三次会议上的讲话（摘要）

（二〇一二年七月十三日）

自 2010 年 12 月 16 日中国地方志指导小组召开四届二次会议以来，至今已近两年。由于有关文件急需指导小组批准，一些工作进展情况也需要向指导小组同志报告，听取大家的意见，故经全国政协副主席、中国社会科学院院长、指导小组组长陈奎元同志同意，今天在这里召开四届三次会议。陈奎元同志原本要出席会议并讲话，因临时有事来不了，委托我代他向大家表示问候。

本次会议的主要议程有：听取《地方综合年鉴编纂出版规定（试行）》起草工作情况的汇报，并进行审议；听取《汶川特大地震抗震救灾志》编纂工作情况的汇报，《方志百科全书》编纂工作情况的汇报，中国地方志指导小组四届二次会议召开以来中国地方志指导小组办公室主要工作和下一阶段工作安排的情况汇报，并请各位成员发表意见。

2006 年颁布的《地方志工作条例》，将地方综合年鉴工作以法规形式纳入地方志工作范围。6 年来，全国大部分省市的方志工作机构开展了综合年鉴的编纂工作，并在实践中积累了丰富经验，需要及时总结，使这项工作更加规范。《地方综合年鉴编纂出版规定（试行）》是一个涉及全国地方综合年鉴编纂的规范性文件，对于整个年鉴事业的发展，具有重要意义。文件起草前进行过充分调研，并吸收地方上的有关专家、学者参加起草小组，初稿形成后进行过反复修改。今天原则通过后，指导小组办公室要根据大家提出的意见，对文件稿作进一步修改完善，然后送指导小组同志审阅，再以正式文件印发。

自 2008 年年底《汶川特大地震抗震救灾志》编纂工作启动以来，指导小组办公室根据国务院统一部署，一方面组织协调各参编部委、省市进行编纂，另一方面集中力量进行自己承担的其中三卷的编纂。这是新中国新编地方志工作开展以来，第一部国家层面的志书。目前，任务已接近完成，到了最后阶段也是最为关键的阶段。指导小组办公室要再接再厉，做好志稿的定稿、审批工作，并做好该书的出版、宣传和编纂总结等各项工作，以“万众一心、众志成城、不畏艰险、百折不挠，以人为本、尊重科学”的抗震救灾精神，按时间、高质量地完成这件国务院交办的光荣而艰巨的任务。

当前，全国地方志工作在《地方志工作条例》的正确指导和有力保障下，在《中共中央关于深化文化体制改革、推动社会主义文化大发展大繁荣若干重大问题的决定》的鼓舞和指引下，在各地各级党委、政府的领导和主持下，在包括军事志、武警志、兵团志、部门志在内的全国方志系统广大职工的共同努力下，在修志编鉴、读志用志、理论研究、队伍培训等各方面都取得了新的显著成绩，呈现出前所未有的好形势。对此，我们应当充分肯定。但也要看到，地方志工作目前还存在不少缺点和问题。根据我的观察，这些缺点和问题主要表现在以下几个方面：第一，忽视志书质量与忽视编纂进度的情况并存；第二，忽视修志统一标准与忽视自身特点和创新的情况并存；

第三，忽视方志理论研究与忽视修志实践的情况并存；第四，忽视地方志工作机构干部选配的特殊要求与忽视现有干部在职培养的情况并存。这些缺点和问题虽然不是工作的主流，但如果不引起足够重视，不拿出有效对策，也会给工作造成损失，甚至给今后工作埋下隐患。希望各地地方志工作机构在大好形势下保持清醒头脑，继续认真学习、深入领会、全面落实条例和中指组印发的关于二轮志书编纂的若干意见、关于建立志书编纂规划备案制度、关于志书质量规定等文件。同时也希望各地党委、政府和有关部门进一步关心地方志工作，重视对地方志工作机构干部特别是领导干部的选配，加强对地方志工作及其工作机构的指导。我们要抓住地方志工作难得的发展机遇，乘势而上，不断维护和发展好当前的大好形势。

关于当前加强方志学研究的几个问题*

——在第二届中国地方志学术年会上的讲话

（二〇一二年十月十六日）

在全国上下迎接党的十八大的喜庆气氛中，在秋高气爽、丹桂飘香的美好季节里，第二届中国地方志学术年会在古老与现代完美结合的滨海名城南通市召开了。在此，我代表中国地方志指导小组和中国地方志学会，向来自全国各地的专家、学者和地方志工作机构的领导们表示热烈欢迎！向给予本届学术年会以巨大支持的江苏省地方志办公室和南通市委、市政府领导，以及具体承办会议的南通市地方志办公室的同志们表示衷心感谢！

地方志的编修，最早可以追溯到春秋战国时期，距今已有2500多年的历史。以地方志为研究对象的方志学，如果从清代的章学诚算起，距今也近300年。新中国成立后继承了中华民族连绵不断编修志书的传统，尤其改革开放后，更在全国范围掀起新编地方志的热潮，建立了省、市、县三级地方志工作制度，并普遍开展了地方志的理论研究。30多年来，无论地方志和专门志的编修成果，还是方志理论的研究成果，从数量上都

* 这篇讲话曾发表于《中国地方志》2012年第12期。

大大超过了历史上的任何时期。2006 年，国务院颁布的《地方志工作条例》将“组织整理旧志，推动方志理论研究”列入地方志工作机构的职责。2008 年，全国政协副主席、中国地方志指导小组组长陈奎元同志在第四次全国地方志工作会议上强调：“要注重处理好方志理论研究和编纂实践的关系，认识到两者同等重要。”根据上述精神，我在第四次全国地方志工作会议的报告中提出：“指导小组和地方志协会将适时召开全国地方志系统首届理论研讨会，并相应建立学术年会制度。”同样根据上述精神，我在 2009 年召开的中国地方志协会五届一次理事会上，进一步提议将协会的名称改为学会，以突出地方志协会的学术性；学术年会制度建立后，可由指导小组办公室为主举办，也可以学会名义主办。随后，指导小组办公室和学会决定，将过去举办的各种名目的论坛、研讨会统一整合成学术年会，每次年会确定不同的研讨主题，并于 2011 年 8 月在浙江宁波举办了同时为首届地方志学术年会的方志文献国际学术研讨会。最近，经过学会申报和民政部批准，中国地方志协会正式更名为中国地方志学会。本届学术年会正是在上述背景下召开的，因此，它在新中国方志学的研究史上具有特殊的意义。

下面，我利用这个机会，就进一步加强方志学研究的问题，谈几点意见，供大家参考。

一　当前为什么要强调加强方志学研究

（一）发展地方志事业的需要

我国修志历史虽然十分悠久，但在相当长时期内，方志界都把主要精力放在修志上，只是从清代以后，才在修志同时开始了对地方志较为系统的理论研究。但把地方志理论研究以及开发利用地方志资源等等正式纳入到地方志工作之中，与修志一样被列为地方志工作的一项任务，则是20世纪80年代新编地方志首轮编修开展以后的事。

新编地方志工作从规模、内容、对象来说，都是以往历朝历代不可同日而语的。从工作规模上看，古代修志一般只涉及少数文人，而新编地方志工作不仅从省到市到县都建立了专门机构，并且牵涉党政军各个部门，仅专职工作人员就有2万人，加上兼职修志人员，全国从事地方志工作的约有10万人之众。从工作内容上看，古代修志一般只是撰写志书，而新编地方志工作除了编修三级志书外，还要编年鉴、办期刊、建网站、搞服务。从工作对象上看，古代修志面对的经济与社会生活相对简单，而新编地方志工作面对的经济与社会生活却异常丰富。所有这些都决定了新编地方志工作对于理论的需求，比以往任何时候都更为强烈；理论研究的范围，也比以往任何时候都更为广泛。随着时代的不断进步和地方志事业的不断发展，这种趋势会越来越显著。因此，加强方志学研究是顺应形势之举，是不以人的意志为转移的。

（二）改进方志学研究的需要

当前，方志学研究相对于方志编纂的实践，总体上仍显得比较薄弱、比较滞后。

首先，自新编地方志工作开展以来，方志界虽然产生了不胜枚举的理论著述，但从总体上看，理论的高度和深度均显欠缺。据不完全统计，截至2010年年底，仅在《中国地方志》杂志和省级地方志刊物上发表的论文就有6万篇左右，由全国地方志工作机构编辑出版的方志理论著作、教材、论文集，以及各种讲义、编纂手册也有800余部。但这些著述大多是修志者的体会和心得，侧重于经验的归纳和总结，理论升华不够，称得上学术成果的并不多。

其次，方志学虽然早已有之，但现代社会科学意义上的方志学学科体系，至今尚未建立起来。作为一门正规学科必须明确的一些基本概念，如什么是地方志、什么是方志学、什么是续志、地方志应包括哪些内容、续志应如何编修等，在方志界内部认识仍不够统一；必须拥有的学科理论，如方志学研究的对象、研究的范畴有哪些等等，在方志界已有论著中的表述也不够规范。直到目前，国务院学位办的学科目录仍没有把方志学摆在应有的位置上，绝大多数高等院校也没有设立方志学系和方志学专业，甚至连方志学课都很少有人讲。这其中的原因固然很多，但不能不说与方志学学科还不够成熟有很大关系。

再次，方志学研究的力量大多分散在地方志工作机构和科研院所、大专院校，相互之间缺少交流，许多方志学的选题要么无人问津，要么重复研究。而且，一些在地方志工作机构中从事方志编修的人往往缺乏学术研究的兴趣，而一些在科研院所和大专院校中从事方志学研究的学者又往往远离当前修志的实践。这种理论研究与编修实践相脱节的现象，也是阻碍方志学发展的一个重要原因。

最后，方志界中热心于理论研究的人本来就不多，随着《地方志工作条例》的颁布，各级地方志工作机构普遍参照公务员法管理，不再评聘职称，更在一定程度上削弱了方志工作者进行理论研究的积极性，影响了他们撰写论文的热情。

正是由于上述情况，使加强方志学研究在当前不仅显得十分必要，而且显得十分紧迫。

二　当前方志学研究应把重点放在哪里

方志学作为一门学问，不同时期自有不同的重点；方志学学者作为研究的主体，不同人也会有不同的重点。但从理论工作要从实际出发、为现实服务的角度看，当前应当把以下几个问题作为方志学研究的重点。

（一）关于地方志的性质和作用问题

地方志的性质是方志学全部理论的立足点，也是方志界长期争论的焦点之一。首轮修志开展以来，方志界在继承前人学说的基础上，对地方志性质问题开展了大讨论，其中仅给地方志下的定义就多达几十种。《地方志工作条例》中关于“地方志书，是指全面系统地记述本行政区域自然、政治、经济、文化和社会的历史与现状的资料性文献”的定义，正是在这个讨论的基础上，整合了方志界各种见解的结果。

然而，这一定义针对的毕竟是地方志书，并不能完全代替对地方志的定义。因此，关于地方志的性质，在学术上仍有讨论的必要，也有讨论的空间。比如，应当如何理解地方志的客观性、全面性、真实性？“秉笔直书”是否等于有闻必录？“述而不论”是否等于没有立场和观点？“质量第一”中的质量都包括哪些方面？有没有客观的、统一的衡量标准？如果没有，“质量第一”的原则应当如何掌握？“坚持正确的政治方向”是否等于只能记述本地的成绩和经验，而不能反映失误和教训？避免志书不适当的“政治化倾向”与肯定志书作为“官书”“政书”的性质之间是否存在矛盾？如果没有矛盾，应当如何理解和坚持志书的“官书”“政书”性质？如何克服实际存在的某些不适当的“政治化倾向”？所有这些问题，都与地方志的性质有关，也都是我们在编纂志书过程中经常碰到的问题。如果不能从理论和实际的结合上对这些问题做出有说服力的回答，就难以澄清地方志书编纂中存在的许多模糊认识，难以使党的有关文化工作的方针和中国地方志指导小组有关志书编纂的原则得到正确的贯彻和落实。

关于地方志的作用问题，也是古今方志学者历来关注的一个热点问题，有关论述很多。新编地方志工作开展后，一些学者将历代有关地方志作用的论述加以梳理、提炼，形成“资治、教化、存史”的概括。这一概括比较准确地反映了地方志的功能，但随着地方志事业的不断发展，这一概括的内涵变得更加丰富，需要进一步阐释。同时，概括本身也显得不够全面，需要进一步提炼。继续从学术上研究地方志的功能，尽快拿出能让方志界普遍接受的新概括，对于人们更深刻地认识地方志的意义，更充分地发挥地方志工作的作用，显然是非常必要的。

（二）关于地方志的编纂及其组织管理问题

方志学是建立在地方志编纂基础上的学问，也是以方志编纂学为主体的学问。加强方志学研究，很大程度上应当是指加强方志编纂学的研究。这一研究的任务很大程度也是要解决方志编纂中碰到的各种理论问题，或者说要从理论上回答方志编纂中碰到的各种实际问题，以便把编纂经验层面上的东西上升到理论层面。

新编地方志工作在总结自身30多年编纂实践经验和汲取旧方志上千年编纂经验的基础上，已经形成了比较规范系统的编纂规则和方法，并为首轮修志的完成和第二轮修志的开展提供了重要的制度保证。但是，其中一些制度还不够完善、不够统一，一些制度在形成正式文件后没有得到认真贯彻执行；还有一些制度随着形势的发展已经过时，需要进行修改，或者创造出新的制度。所有这些，都涉及学术和理论问题，如果不从学术和理论的层面加以解决，势必阻碍实际工作的进一步发展。下面，仅举几个例子来说明。

由中国地方志指导小组下发的《关于第二轮地方志书编纂的若干意见》规定，志书名称应当冠以规范的行政区域名称，如“××省志”“××市志”“××县志”，续修志书要标明上下限年份，如“××县志（××××—××××）”。但是现在有的地方志书的名称，仍然称“××通志”。《关于第二轮地方志书编纂的若干意见》中还提出，第二轮志书的上下限大致为20世纪70年代末至21世纪初。但是现在不少地方志书的上限推至二十世纪八九十年代，下限延至2010年，甚至要到2020年。还有的地方将第二轮志书的上下限间距定为30年，或者更长。这些问题涉及如何认识地方志的“官书”“政书”的性质，如何理解《地方志工作条例》中关于地方志书每20年续修一次的规定，如何把握地方志工作的规律，如何保证志书的客观性，如何避免不适当“政治化倾向”等问题。可见，志书体例本身也存在学术性和理论性的问题。要解决编纂体例的问题，也要进行学术和理论上的研究，以便求得统一认识，做到统一步调。

志书的篇目设置同自然与社会、历史与现状，以及修志者的认识水平之间都存在密切关系。自然与社会在变化，历史与现实在发展，修志者的认识在提高，这些在志书篇目的设置上必然会有所体现。新编地方志的首轮修志，无论修志主体的指导思想，还是修志对象的客观情况，较之旧志所处的时代都有翻天覆地的变化，因此，篇目设置较之旧志也有很大发展。第二轮修志的对象刚好是新中国由开始改革开放到社会主义市场经济体制初步建立的时期，这个时期的经济与社会较之改革开放前又发生了深刻变化，因此，篇目设置较之首轮修志仍会有所发展。但是，篇目设置既要反映经济、社会的变化，又要符合志书的基本规则；既应当有创新的部分，也应当有稳定的部分。究竟哪些要变，哪些不能变？要弄清楚这些问题，除了总结编纂经验，同样需要从学术上进行论证，为篇目设置的发展变化提供理论依据。

新编地方志工作中的管理职能，是旧志编纂所没有过的。今天，各级地方志工作机构的任务主要不再是自己动笔编写，而是组织政府各部门的有关工作人员和科研机构、高等院校的学者编写，并要为此进行思想动员、任务分配、人员培训、督导检查，以及收稿、汇稿、统稿、组织有关部门审查验收，最后负责交付出版等工作。这也就是方志界平时所说的众手成志。省、市两级地方志工作机构除了要组织本级政府部门修志外，还要管理、指导下级地方志工作机构的修志。特别是近些年来，由于政府多次机构改革，许多原有的部门被撤并，使地方志工作部门在组织编纂方面的难度越来越大，为此投入的力量越来越多，导致行政性的倾向越来越强。面对这种新形势、新情况，地方志机构究竟应当建立何种体制才能适应工作？特别是在即将开展的事业单位改革中，地方志机构究竟应当划入何种类型？如果划入公益类，今后如何组织管理地方志的编纂，如何履行其政府职能？如果划入行政类，志书编纂、年鉴编辑、旧志整理等非行政类工作又如何处理？另外，志书编纂需要较长的周期，一部志书的完成时间很可能要跨越多个财政年度，一部志书中的所有分册也往往不可能一下子全部出版。而现行财政制度却规定当年预算不能兑现的要予以收回，迫使一些地方志工作机构为完成预算而急于出书，从而妨碍志书质量的提高。所有这些既是实际问题，也有理论问题，亟须我们加强学术上的研究，做出有理论高度、有说服力的回答。

（三）关于地方志资源的开发利用问题

组织开发利用地方志资源，乍看上去，纯粹是一个实践问题，但深入分析一下便会发现，这其中也有理论性的问题。比如，现在《地方志工作条例》将开发利用地方志资源当作各级地方志工作机构的一项重要职责。这同时带来一个问题，就是把开发利用地方志列入地方志工作范围究竟对不对？如果对，为什么对？另外，开发利用地方志资源都有哪些途径和手段？如何认识和利用这些途径和手段？现在许多地方都在建设或计划建设方志馆，究竟什么是方志馆？它到底是机构的名称还是一种设施的名称？如果是设施的名称，应当是一种什么设施？是仅仅能办公、能存放志书和修志资料的设施，还是具有展览功能的设施？如果是有展览功能的设施，应当是展示修志历史和历代志书、仅为方志界服务或向社会普及修志知识的设施，还是用沙盘、展板、电子屏幕、模型、塑像和声、光、电等手段开发利用地方志资源，或者说利用修志成果对广大群众尤其是青少年学生进行地情、国情教育，向社会普及地情、国情知识的设施。如果是后者，理由是什么？对这些问题，都需要从学术上和理论上进行研究，加以明确，以便使开发利用工作更加适合新形势，更加方便有效，也避免因为方志馆定位不准而给国家造成浪费，给自己形成包袱。

（四）关于地方志工作的机构设置、队伍建设问题

早在20世纪90年代，中国地方志指导小组就提出地方

志工作要“党委领导、政府主持”，要“一纳入、五到位”。现在，这个方针在大部分地方早已深入人心。但是也有一些地方，对这些原则至今仍然未能落实。例如，有的地方志工作机构归属政府，有的归属党委，有的与档案工作部门合并，有的与党史研究机构合并。这种五花八门的归属，使“党委领导、政府主持”很难实施，给工作造成一定困难。再如，“一纳入”指的是把地方志编纂纳入到地方的国民经济与社会发展规划中，这一条很多地方没有做到。“五到位”中有一条是机构到位，而有的县级单位至今未设地方志工作机构，有的省和市级机构的级别“上下一般粗”。这些问题要解决，需要通过加强学术和理论研究，进一步阐明“党委领导、政府主持”的合理性和“一纳入、五到位”的必要性。

地方志工作机构是一个业务性很强的部门，但有些地方却把它当成干部安置的去处。从事史志工作的人在60岁上下的时候，往往是他们的最佳年龄，但其中许多有经验、有水平的人却因为到龄退休而离开了修志队伍。从事方志编修需要有灵活的用人制度，使合适的人能进得来，不合适的人能出得去，但许多史志专业的大学毕业生仅仅由于未能通过公务员考试而被拒之门外，而一些被证明并不适合在地方志工作机构工作的人却由于缺乏退出机制而走不了。所有这些都是妨碍地方志工作队伍素质进一步提高的原因。要解决这些问题，当然要通过与有关部门的沟通，设法使相关制度更多地从地方志工作的实际情况出发，更符合修志工作的特殊规律。但是，要征得有关部门的理解和支持，就要加强学术和理论研究，力争从理论上说清楚解决这些问题的合理性和必要性。

三　当前应当如何加强方志理论研究

（一）要加强对马克思主义理论的学习

中国地方志指导小组《关于第二轮地方志书编纂的若干意见》明确指出，第二轮修志“必须以马克思列宁主义、毛泽东思想、邓小平理论和‘三个代表’重要思想为指导，深入贯彻落实科学发展观，坚持党在社会主义初级阶段‘一个中心、两个基本点’的基本路线”。这绝不是一句空话、套话，不是可有可无、走走形式的话，而是一个有丰富内涵的为包括新编地方志工作在内的全部社会实践所证明的正确方针。马克思主义是人类“科学思想中的最大成果”（列宁语），是完备深刻而无片面性的学说，是认识世界、改造世界的锐利思想武器。辩证唯物主义和历史唯物主义是它最根本的世界观、方法论，始终站在最广大人民一边是它最鲜明的政治立场，坚持一切从实际出发、在实践中检验和发展真理是它最重要的理论品质。中国革命之所以成功，靠的是马克思主义的指导；中国历史学之所以成为一门科学，也是有了马克思主义指导的结果。二十世纪三四十年代，我国一批马克思主义史学家在学术上获得了巨大成功，其中最重要的原因，就在于他们接受并运用马克思主义观察和分析了中国历史的变迁。地方志编修和方志学研究在本质上都属于意识形态，从大的学科分类上也都属于史学。我们要在方志学研究中掌握正确的立场、观点、方法，提高分析问题、发现事物规律的能力，增强辨别是非、抵制错误思潮的本领，同样要学习马克思主义，特别是唯物史观。邓小平理论、“三个代表”重要思想和科学发展观，是在改革开放后形成的马克思主义中国化的最新成果，是认识中国特色社会主义的根本指导思想。我们要在改革开放的大背景下开展方志学研究，就要学习和掌握这一科学理论体系。在学习中要坚持理论联系实际的学风，努力做到在掌握马克思主义基本原理、领会其精神实质上下功夫，注重运用其立场、观点、方法去解决方志学研究中的具体问题，力争在地方志理论研究上有所发明、有所创新、有所前进。

（二）要制订研究规划

地方志工作机构在方志编纂方面一向是有规划的，但在方志理论研究方面还缺少规划。实践告诉我们，要做好一项工作，特别是涉及范围较大、时间较长的工作，一定要先有规划。从一定意义上说，制订规划的过程，也是对这项工作进行调查研究、组织力量的过程。制订方志理论研究的规划，可以多层次、多部门进行，但最重要的，是全国层面的规划。可以考虑，先制订一个关于方志学学科建设的三年规划，其中包括目标、重点项目、实施办法等等。在目标上，可以设想将方志学列入国务院学位办学科目录中历史学科下面的二级学科，在部分高校中设置方志学专业、开设方志学课程等等。在重点项目中，除目前正在编纂的《方志百科全书》之外，还可组织编纂具有权威性和教科书性质的《方志学概论》，并争取把它列入社科基金资助项目。除了已经建立的地方志学术年会制度外，还可建立优秀志书、年鉴的定期评选制度，组织力量撰写方志学研究的前沿问题报告和年度研究综述。在实施办法上，可以把《中国地方志》和各省级方志刊物作为平台，组织开展方志学学科问题的讨论；也可由学会每年发布课题指南，凡经评审中标的项目可给予资金支持，优秀成果还可给予适当奖励。对此，中国地方志指导小组办公室要通过调研，先拿出一个可行性方案，争取明年正式制订和启动这个规划。

（三）要组织研究队伍

我在前面讲了，现在从事方志理论研究的人很多，有较高学术造诣的人也不少，可惜分散在各个系统，缺乏力量的整合。因此，我们要以地方志工作机构、地方志学会为主，将社会上分散的研究力量整合到一起。目前，中国地方志学会下面设有城市区志、年鉴等专业委员会，正在筹建旧志整理专业委员会，今后还可成立方志学专业委员会，通过这个平台，以及面向全国的学术年会征文和课题指南发布等办法，把他们吸引到方志学研究队伍中来。我们还要重视那些已经退出工作岗位但有丰富修志经验和相当理论水平、身体健康的老同志，通过返聘或吸收进入学会，使他们退而不休，在方志学研究领域继续发挥作用。除了组织现有的研究力量之外，还要从长远着眼，为地方志事业培养新生的研究力量。要积极争取在有条件的高校设置方志学的硕士学位、博士学位授予点，或与它们合办一年期或两年期的在职研究生班。同时，地方志工作机构的领导也要采取开明态度，送有培养前途的年轻干部带薪参加这类脱产的研究生班。只有这样，方志学研究才能做到后继有人，薪火不断。

同志们，第四次全国地方志工作会议至今已近四年，要完成会议布置的“深化方志理论研究、促进方志学科建设”的任务，还有很多工作要做。我们要继续提倡和发扬“淡泊名利、甘于寂寞、锲而不舍、一丝不苟、爱岗敬业、无私奉献”的方志人精神，在积极推动第二轮修志的同时，大力开展方志学研究，为地方志事业的持续发展提供理论支撑，谱写出方志学发展史上的新篇章。

我不是方志学的研究者，对方志学的历史和现状都缺少了解，之所以讲这些意见，主要是通过接触地方志工作，感到其中许多实际问题与学术和理论问题有着密切联系，亟须从学术和理论上加强研究，做出解答。其中难免有外行话，不对之处，请大家批评指正。

在《汶川特大地震抗震救灾志》终审验收工作会议上的总结讲话

（二〇一三年二月二十二日）

我根据会议议程和大家的意见，对会议作以下四点小结。

第一，《汶川特大地震抗震救灾志》全志 11 卷 13 册（如含“索引”卷共 14 册），经过编委会各成员单位四年多的编纂和各卷的初审、复审，已形成了 1500 万字的终审稿，基本具备了终审验收条件。各分卷观点鲜明，主题突出，结构合理，体例规范，内容充实，资料翔实，文字通顺，全面、系统、客观地记录了汶川特大地震灾害，全景式地展示了党中央、国务院、中央军委带领全国人民沉着应对特大地震灾害、夺取抗震救灾斗争和灾后恢复重建工作胜利的历史过程，深入总结了抗震救灾、恢复重建中积累的成功经验，热情讴歌了在此过程中涌现的英雄模范事迹和形成的抗震救灾精神。在涉及部门多、资料收集难、编纂时间短的情况下，志稿能达到目前这个水平实属不易。它是全体参编人员，特别是各部门、各地方参编同志共同奋斗的结果，是党中央、国务院及有关各部委、各省市领导正确指导、大力支持的结果。会议充分肯定了终审稿的质量，一致同意予以原则通过。可以相信，该志出版后，必将引起各方面高度重视和积极反响，起到存史、资政、教化的作用，作为一部精品良志而传之后世。

第二，这套志书是新中国成立以来第一部在国家层面上组织、针对特大自然灾害而编纂的专题性志书，社会关注度很高，历史影响久远，因此政治上要慎之又慎，该走的程序一定要走到。原则上每卷志稿都应该听取四川、甘肃、陕西三省，以及发展改革委、民政部、公安部、卫生部、地震局等承担任务较重部门的意见。对涉及党和国家领导人的记述，应参照党史和党中央大事记等重要文献史料的编纂方法，送请相关领导同志处审核。其中，涉及党中央领导同志的，请编委会准备好送审材料，经国务院办公厅转中办秘书局协助送审；涉及国务院领导同志的，请国办秘书局协助送审。关于涉及领导同志记述条目的数量和分量的平衡问题，由编委会办公室商国务院应急办拿出处理原则，报有关领导审核批准。

第三，目前志稿在细节上还有一些欠缺，需要进一步打磨。一是表述要进一步规范。志稿中的重要提法，应以中共中央、国务院的正式文件表述为准。如不宜提“恢复重建精神”，而应统一提“抗震救灾精神”。二是重要内容要进一步完整。如中共中央、国务院、中央军委和中央领导同志在震后第一时间就抗震救灾工作发出的文件、做出的指示和部署，应力求完整反映，避免遗漏。三是数据要进一步核准。志书中引用的数据要确保权威性，各卷前后和各卷之间的同一个数字必须一致。一些重要数据要尽量精确，少用大约数表述。如果各方面提供的数字有矛盾，要选用其中最具权威性的。四是评价性的话要进一步稳妥。如“创造了人类历史上××奇迹”之类的表述，要做到言之有据，避免发表后受到质疑。五是文字要进一步平实。要把握好文字感染力与客观记述之间的关系，少用修饰性和程度性的形容词。如果必须用，也应有所遵循，减少随意性。

第四，今天会议结束后，编委会办公室与各分卷编纂室要在汲取各位领导和专家意见及建议（如“英雄模范”卷的名称、“索引”卷的编法等）的基础上，拿出详细的修改方案，并逐条加以落实，力争向党中央、国务院交出一份令人民满意、经得起历史检验的合格答卷。需要向有关领导部门请示或请有关领导部门支持的，要抓紧时间做好前期工作。待终审验收工作小组提出的主要问题一一解决后，再进行第二阶段终审验收工作，最终履行终审验收手续。完成终审验收的时间可初步定在汶川地震5周年之前；形式可以是召开终审验收工作小组第二次会议，也可以采用通讯方式。另外，编委会办公室经请示国务院应急办，以编委会名义起草了全志“说明”，今天也发给了各位，请大家审阅后将修改意见退给编委会办公室，待履行终审验收手续时一并通过。关于新闻报道问题，由编委会办公室请示国务院应急办处理。关于出版后的宣传、总结、表彰问题，待终审验收后由编委会办公室提出意见，报国务院有关部门审定后实施。

《汶川特大地震抗震救灾志》的终审稿在春节前才送给各位领导和专家审阅，时间紧，文字量大，但大家抱着强烈的责任感，牺牲了春节的休息，耗费了大量精力，付出了很多辛劳，提出了很多宝贵的修改意见和建议，为本次会议的顺利召开打下了坚实基础。全志编委会办公室和各分卷编纂室的同志们也为召开本次会议，牺牲节假日的休息，做了大量准备工作。在此，我代表全志编委会，向大家一并表示衷心感谢！同时，也请今天到会的各卷编委会领导传达全志编委会对全体参编同志的崇高敬意和亲切慰问！

注意防止倾向性问题，巩固和发展地方志事业大好形势*

——在2013年全国省级方志工作机构主任会议上的讲话

（二〇一三年四月十二日）

今年的全国省级方志工作机构主任会议，是在全党全国深入学习贯彻党的十八大精神的背景下召开的。习近平总书记在新一届中央政治局就深入学习贯彻十八大精神进行的集体学习时指出：坚持和发展中国特色社会主义是贯穿党的十八大报告的一条主线。什么是中国特色社会主义？从他十八大之后的一系列讲话中可以看出，所谓中国特色社会主义，就是科学社会主义原则与中国实际和时代特征相结合的社会主义，就是对新中国头30年历史加以继承和发展的社会主义，就是坚持走共同富裕道路的社会主义，就是经济、政治、文化、社会、生态文明五个建设全面推进的社会主义，就是依法治国和以德治国相结合的社会主义，就是既坚持和平发展又不放弃国家正当权益的社会主义，就是引领中华民族实现伟大复兴的社会主义。志书和史书不一样，不是史论结合，而是述而不论，但绝不意味着志书没有立场、观点。相反，大多数志书的立场、观点都

---

* 这篇讲话曾发表于《中国地方志》2013年第5期。

很鲜明，只不过立场、观点寓于记述之中罢了。第二轮修志的内容已深入改革开放时期，更需要认真学习和掌握十八大精神，以进一步端正观察问题、判断是非、遣词造句的出发点和落脚点，并指导、检查、总结、推动我们的各项工作。

第四次全国地方志工作会议召开到现在已四年多。四年来，全国地方志工作在各地各级党委领导、政府主持下，深入贯彻《地方志工作条例》，大力开展第二轮修志、年鉴编纂、旧志整理、理论研究、读志用志、人员培训等工作，使地方志事业呈现出前所未有的繁荣景象。

过去四年，在地方志工作法制化建设方面，31 个省、市、自治区中又有 2 个制定了地方性法规（原有 4 个），8 个制定了政府规章（原有 10 个）；50 个有立法权的城市中，有 1 个制定了地方性法规（原来没有），有 9 个制定了政府规章（原有 1 个）；30 个有立法权的自治州中，有 2 个制定了政府规章（原来没有）。至此，颁布地方性地方志工作法规、政府规章的省份已有 24 个，市、县、区已有 140 多个。在第二轮修志方面，又有 8 个省级单位先后全面启动，全国省级单位的第二轮修志已全部开展；规划中的 5882 部志书中，又出版了 842 部，使第二轮志书已累计出版 1348 部。在地方综合年鉴编纂方面，又有 3 个省份的年鉴工作划归到地方志工作机构，使全国地方综合年鉴工作划归地方志工作机构的省级单位已达到 26 个。在旧志整理出版方面，又新出版了 400 余部，使整理出版或影印出版的旧志累计达到 2000 余部。在地方志网站建设方面，又新开通省级网站 7 个、市级网站 81 个、县级网站 212 个，使省级网站达到 26 个，市级网站达到 196 个，县级网站达到 471 个，合计 693 个。在方志馆建设方面，又新建成省级馆 4 个、市级馆 22 个、县级馆 80 个，使省级馆达到 13 个，市级馆达到

53个，县级馆达到190个，合计256个。这里需要说明的是，目前有的方志馆还有名无实，就是说，还没有像样的成规模的建筑，或者虽有建筑，但主要是放书，实际是志书馆。

过去四年，由国务院交办的新中国第一部国家层级的专门志《汶川特大地震抗震救灾志》，经过数百个参编单位的共同努力，已按计划完成了全部11卷的编纂和初审、复审工作，形成1500万字的终审稿，进入终审验收阶段，可望于今年内出版。由中指组办公室主持编纂的《方志百科全书》，已完成大部分编写任务，有望今年内成书。中国地方志协会完成了换届，并经民政部审批，将“协会”更名为“学会”。中指组办公室和中国地方志学会联合建立了地方志学术年会制度，并先后在宁波和南通举办了两届年会。中指组在人力资源和社会保障部支持下，开展了地方志系统第二次先进集体、先进工作者的评选活动，并在北京人民大会堂举行了隆重的颁奖典礼。中指组办公室还与中央电视台联合摄制了十集电视纪录片《方志中国》，并在中央电视台播出，受到海内外好评，扩大了地方志文化的影响。

所有这一切表明，我国新编地方志事业在已有基础上，正步入一个全盛时期。

但是，历史经验反复告诉我们，越是在形势大好的时候，越要保持头脑的清醒；越是在集中力量解决一种主要倾向的时候，越要注意被掩盖着的另一种倾向。毛主席讲过：“对任何事情都要分析，弄清什么是正确的，什么是不正确的，因为事情都有好的光明的一面和不好的黑暗的一面。”（《毛泽东文集》第7卷第64页）现在，大家都承认，地方志事业的形势是好的光明的，而且是前所未有的好。但是不是没有问题了呢？不是的。在大好形势里，也有不那么好的一面，存在不少或明或暗，或浅或深的倾向性问题，应当引起我们的足够警惕。比如，从全国范围看，既存在忽视方志理论建设和资源开发利用的倾向，也存在忽视志书编纂的倾向；既存在忽视志书质量的倾向，也存在忽视修志进度的倾向；既存在忽视尽力收集资料的倾向，也存在忽视精选精编的倾向；既存在忽视自身特点的倾向，也存在忽视统一规定的倾向；既存在忽视改革创新的倾向，也存在忽视总结经验、继承传统的倾向；既存在忽视履行组织、指导、督促、检查等行政职能的倾向，也存在忽视提高自身编纂业务水平的倾向；既存在忽视人员培训的倾向，也存在忽视人员选配的倾向；既存在忽视解决地方志工作中实际困难的倾向，也存在忽视尊重志书编修客观规律的倾向。对于这些倾向性问题，我们都应当给予高度重视。

过去老话讲，“成绩要说够，问题要说透”“成绩不说跑不了，问题不说不得了”。当然，成绩还是要说，不说，看不到成绩，也会影响信心。但看不到问题，则可能使小问题酿成大问题，更有危险性。毛主席指出：“我们必须学会全面地看问题，不但要看到事物的正面，也要看到它的反面。在一定条件下，坏的东西可以引出好的结果，好的东西也可以引出坏的结果。”（《毛泽东文集》第7卷第238页）“矛盾着的对立的双方互相斗争的结果，无不在一定条件下互相转化。在这里，条件是重要的。没有一定的条件，斗争着的双方都不会转化。”（《毛泽东文集》第7卷第239页）他还说过：“没有预见就没有领导，没有领导就没有胜利。”（《毛泽东文集》第3卷第396页）在座的各位，都是省级、副省级单位的地方志工作机构负责人。作为领导，头脑中一定要有问题意识、忧患意识，而且，看问题要比别人站得更高一些、看得更远一些，解决问题要比别人抓得更准一些、办法更多一些。只有这样，才能挑起带领大家不断前进的担子，使来之不易的大好形势得以巩固和发展，使地方志事业做到可持续发展。

要防止小问题变成大问题，使问题的一面向解决的一面转化，首先需要深入学习和领会《地方志工作条例》，不断增强依法修志的能力。关于这一点，我在2012年宜昌召开的全国主任会议上曾提出要增强十个方面的能力。同时，我们也要认真学习和掌握马克思主义唯物辩证的思想方法，增强观察和预见问题的能力，注意防止倾向性问题，以巩固和发展地方志事业大好形势。在今天的全国主任会议上，我想着重谈谈这方面的意见。

一　在防止忽视方志理论研究和资源开发利用的同时，也要防止忽视修志的倾向

在中国漫长的修志史上，修志机构和修志人员的主要工作，曾有很长时间就是编修志书，此外基本不做其他事情。然而，随着时代和新编地方志事业的发展，特别是随着各地为开展地方志工作普遍设立专门机构，地方志工作的内容早已突破单纯修志的旧框框，逐渐丰富起来。为了适应时代的特点和需要，更加方便广大读者的读志用志，更好地服务于当地的经济与社会发展，地方志工作机构在编修志书的同时，纷纷用各种形式开发利用地方志资源。最初是编修简志，撰写地情书，在报刊和电视等媒体上开辟地方志知识专栏。近些年来，随着信息技术的成熟和互联网的建立，各地开始将志书数字化、办地方志网站、建地方志数据库；随着经济实力的增强，一些地方开始建方志馆，并通过沙盘、展板、实物、多媒体等手段，将志书中有关地情的内容加以展示。为了探索和把握地方志工作

的规律，构建现代社会科学意义上的方志学学科体系，地方志工作机构和工作人员又积极开展旧志整理和方志理论研究，并为此创办刊物，撰文著书，举办各种研讨会。由于这些新开辟的工作符合时代的要求，因此被《地方志工作条例》纳入到地方志工作机构必须履行的职责之中。近来，有人对新编地方志工作内容作了各种概括，例如，志、鉴、网、馆、研、库、用、书、会、刊，等等。总之，地方志工作不再像过去那样，只是编纂志书了。

然而，并不是所有地方志工作机构和工作人员都充分认识到了新形势对地方志工作的新要求。有的仍然把注意力仅仅集中在编纂志书这一件事上，尤其是地方志工作机构纷纷参照公务员法管理以后，理论研究和撰写文章的主动性和积极性受到一定程度的削弱。为此，我曾多次强调，对于地方志工作机构来说，志书出版只是完成了本职工作的一半，还有一半工作是编纂地方综合年鉴、开展方志理论研究、开发利用地方志资源等工作。我还在第四次全国工作会议上提出，要编纂《方志百科全书》，建立方志学术年会制度，并提议将“地方志协会”改名为“地方志学会”。后来，我又在南京召开的2010年全国主任会议上提出要把各级方志办建设成为学习型、研究型、创新型、服务型的方志办。在2012年南通召开的第二届地方志学术年会上，着重强调了当前加强方志学研究的必要性和重要意义。今后，我们要继续花大力气抓紧抓好方志资源的开发利用和方志理论的研究。在这些方面，还有大量应当做也可以做的工作，等着我们去做。

不过，近些年也出现了另一种倾向，那就是忽视修志工作，甚至只顾理论研究和开发利用地方志资源，而把组织、指导、督促、检查编纂志书撇在一边。毫无疑义，我们不能再搞

“一本书主义”；但同样毫无疑义的是，我们也不能搞“没有书主义”。方志理论研究也好，读志用志也罢，首先要有志。“九业”并举也好，“十业”并举也罢，修志永远是地方志工作的主业。离开了志书编纂，地方志工作必然是无源之水，无本之木；其他事情搞得再热闹，结果都会“归零”。道理很简单，地方志工作中的所有内容，都是从志书编纂中派生出来的。当然，没有新编志书，方志理论研究和资源开发利用也可以搞，但其对象只能是旧志。如果是那样，有社会科学研究机构和高等院校就足够了，用不着再成立地方志工作的专门机构。所以，上述两种偏向，我们都要注意，都要防止，都要克服。

二　在防止忽视志书质量的同时，也要防止忽视修志进度的倾向

志书的生命在于质量，这是志书性质决定的；新编地方志要格外注意质量，这是新编地方志编纂方法决定的。志书不是畅销书，甚至是很不畅销的书，但它绝对是权威性和生命力最强的书之一。如果志书在史实或其他任何一个方面出现质量问题，都会遗患子孙后代，造成难以弥补的损失。新编地方志不再像旧志那样，仅由少数几个学者编修，而是由包括政府各部门在内的众多单位出人参与撰稿，由地方志工作机构负责组织、指导、检查，即人们常说的众手成志。在这种情况下，如果不特别重视质量问题，对各单位提供的稿子不予以严格把关，很容易出现质量问题，甚至出现重大质量事故。

第二轮修志刚开始时，也就是20世纪末和21世纪初，各地的主要倾向性问题是按兵不动，有的地方甚至撤销了修志机构。那时，我到各地调研强调的主要是修志不能间断，凡首轮

修志任务完成的，要抓紧启动第二轮修志。后来，各地通过贯彻第三次全国地方志工作会议精神，特别是在《地方志工作条例》颁布后，陆续下发了政府文件，召开了动员大会，开展了第二轮修志。但在加快修志进度的同时，一些地方又出现了急于成书的倾向。之所以出现这种情况，既有地方志工作机构自身不正确的政绩观影响的原因，也有领导部门要求尽快见书和财政经费划拨制度改革的原因。为克服这种倾向，我在前些年反复强调，第二轮修志要“四快一慢”，即启动要快，谋篇布局要快，组织培训队伍要快，拿出初稿要快，但定稿出书要慢。因为，根据首轮修志结束的大致时间和《地方志工作条例》关于地方志每隔 20 年左右续修一次的规定，第二轮修志结束时间大体在 2020 年前后，时间还比较充裕。志稿拿出后，不必急于出书，而应反复打磨、精益求精。否则，一旦出版，发现差错，再版的机会微乎其微，只能追悔莫及，“望书兴叹”。现在，这种急于出书而忽视质量的倾向仍然存在。比如，方志出版社的精品志书出版工程已实施八九年，至今没能出版一部堪称精品的志书。个中原因固然很多，但高质量的志稿不多，恐怕是一个不容否认的事实。现在有人认为，从已出版的第二轮志书看，总体不如首轮志书的质量。这个意见很值得我们注意。

然而，现在也存在另一种倾向，那就是动作过慢，完全忽视进度。例如，有的市县至今还没有启动第二轮修志，更没有组织和培训队伍；有的虽然已经启动了七八年，但至今拿不出初稿。世界万物的运动都离不开一定的时间与空间，每个具体事物运动的时间和空间都是有限的。对于任何一项工作来说，好和快都是对立的统一，只讲快不讲好不行，只讲好不讲快也不行。如果修志只讲质量不讲进度，超过了时限，同样违背事物的运动规律。何况有些志书不仅编修进度慢，而且质量也不高，只能用“少、慢、差、废”四个字形容。

说到这里，我要特别讲一下首轮修志扫尾的问题。早在2001年第三次全国地方志工作会议时，就提出了“首轮修志工作基本完成”的概念，其标志是出版的志书已占规划志书的75.8%。到2008年第四次全国地方志工作会议时，出版的志书大约占规划志书的90%左右，尚有16个省级单位的规划志书还没最终完成，所以，提出“首轮修志进入扫尾阶段”的概念。在过去四年里，首轮志书又出版了100部，使完成率达到98%，就是说，目前仅剩2%的规划志书还没有出版。我请中指组办公室把这2%的情况做了一个统计，不包括西藏自治区和浙江省，涉及11个省份和新疆生产建设兵团。我又对这12个省级单位的情况作了一下分析，发现其中山西、江西已决定将剩下的几部市志、区志和省志分卷与第二轮修志合并；北京剩下的15部市志，12部已交付出版，另外3部最近也已通过终审；福建、海南和新疆剩下的几部省级志书均在付印之中；内蒙古剩下的22部省级志书和新疆生产建设兵团剩下的2部省级志书，要么已通过终审，要么正等待终审。就是说，以上8个单位，在今年年底前都可最终完成首轮修志。在其余4个单位中，河北省志中还有2部未完稿，贵州省志中还有1部未完稿，甘肃省志中的《总目录》刚完成初稿。另外，青海省的西宁市志还未出版的29部志稿中，12部已交付出版或通过了终审，只有14部未完稿，3部未启动。就是说，到今年年底仍然会留“尾巴”的，顶多只有省级志书4部、市级志书17部，合计21部，占首轮修志规划5987部的0.35%。届时，这21部志书可以和第二轮修志合并；即使不合并，我们也可以就此宣布首轮修志全部结束。

从首轮修志遗留的问题可以看出，在保证质量的前提下，进度同样不能放松。否则，个别单位就会拖整体的后腿，局部就会影响全省甚至全国。现在，第二轮修志离截止时间还剩七年左右。从全局看，时间已不算宽裕。凡是还没拿出初稿的单位，要抓紧时间，进入倒计时。凡是拿出初稿的单位，应当抓紧统稿、评审、修改。从 2015 年起，第二轮修志应在总体上进入终审、出版阶段。另外，从首轮修志的情况看，有个别地方确实不具备修志的基本人员和条件。对于这类地方，要从它们的实际出发，不要硬性下达修志的指标。可以考虑，修志力量较强的地方在完成本身修志任务后，以省为单位，抽出人力组成“修志专业队”，帮助缺少修志力量的地方修志。

三　在防止忽视资料详尽收集的同时，也要防止忽视资料精选精编的倾向

志书是全面系统记述一个行政区域内自然与社会、历史与现状的资料性文献，因此内容要完整，横不能缺要项，纵不能断主线。而要做到这些，资料收集必须尽可能详尽，收集得越多越全越好。有些部门在资料收集阶段下功夫不够，结果往往在编撰过程中陆续发现新材料，只好返工，反而耽误时间；有的在志书出版后才看到新材料，只好留下遗憾。磨刀不误砍柴工，忽视资料收集而着急编书的态度，显然是要不得的。

但是，收集上来的资料不等于都能入志，更不等于都要入志。志书在编撰阶段，必须对资料进行甄别真伪、选择轻重的工作。现在参与修志的部门，受不正确的政绩观的影响，往往愿意把本部门的资料上得尽可能多一些，使入志标准宽严失据。第二轮修志基本是续修，上下限不过 20 多年，但志书字

数却越搞越多，有的甚至超过了时间跨度几千年的首轮志书。志书不是资料汇编，而是资料性文献，是应当具有科学性、严谨性、权威性，让人信赖的著作，必须按照文献书的要求精选精编，做到取舍有据、详略有度、编排有当，绝不能良莠不分、事无巨细、有闻必录，那样势必内容庞杂，浩如烟海，精华反而会被淹没，可信度反而会被降低。胡乔木同志曾经讲过："地方志应做到详细，同时应做到简略。所谓详细，指它所应讲到的方面都讲了；所谓简略，就是指每个方面的说明要像打电报、编辞书那样的精炼，要惜墨如金。"（《地方志工作文献选编》第121页，方志出版社2009年版）我过去也说过，写地方志应当像写大百科全书的条目那样讲究，能省一个字就省一个字。现在一些志书一味堆砌材料，弄得轻重混淆、真伪难辨，使科学性、权威性大打折扣，以至于有的学术部门规定不能引用新编志书。这虽然是个别现象，但不能不引起我们的警觉和反省。

四　在防止忽视自身特点的同时，也要防止忽视统一要求的倾向

目前，大陆地区纳入三级志书编修的行政区划，省级单位有32个，地市级单位有330多个，县级单位多达2860多个。这些地方的情况千差万别，反映到志书的编修上，也不应该千篇一律。例如，在篇目设置上，有的志书要突出名山大川、证券业、乡镇企业等等，而有的地方则不需要；在体例上，有的地方要把轻重工业分别设卷，甚至设冶金、化工、能源、电子、航空航天卷，而有的地方则不需要；在体裁上，有的地方要加导游图，而有的地方则不需要；在编撰方法上，有的地方

要采用课题制，而有的地方则不需要。总之，在这些方面，应当提倡因地制宜，大胆创新，突出特色，不必强求一律。

然而，内地新编地方志工作毕竟是一项由中央统一部署、整体推进的工作。自20世纪80年代以来，经中央批准，从省到市到县都设有常设的地方志工作机构，而且绝大部分纳入政府序列，有编制，给经费；在中央层面还设有非常设的指导机构，负责全国地方志工作的统筹规划、组织协调、督促指导；国务院还为规范地方志工作，于2006年专门制定了行政法规。可见，新编地方志工作并不是民间修志，而是国家行为。其实，古代和近代中国的修志，基本上也是政府行为，即使政府不直接出面主持，也要在幕后支持，否则很难进行。当前港澳台修志的情况，也证明了这个事实。例如，台湾地区修志实行政府采购的方式，即文化行政部门招标，由学者组团竞标，中标的团队由政府协助收集档案资料，志稿形成后由政府组织评审。澳门修志工作启动虽晚，但由特区政府负责提供经费和档案资料，因此进展顺利。而香港修志启动较早，但特区政府没有介入，结果举步维艰，进展缓慢。既然新编地方志是国家行为，总要有一些统一的规定，对统一的规定总要有所遵守。在这个范围内，不能也不应当各自为政。

例如，关于第二轮志书的上下限问题。中指组在《关于第二轮地方志书编纂的若干意见》中规定，第二轮志书的上下限“大致为20世纪70年代末至21世纪初”。这个规定是根据《地方志工作条例》中关于志书“每20年左右编修一次”和首轮修志的实际截止时间，以及当代中国历史新时期开启时间而做出的。但一些地方的第二轮志书，却将上限推至上世纪90年代或更晚，将下限延至2010年前后，据说有的下限计划延到2020年。这不仅混淆了志书与年鉴的区别，没有让志书内容经过必要的历史沉淀，而且也挤占了第三轮修志的空间，给今后实行“20年一修”的规定带来困难。造成这种情况的原因有多种，有的因为首轮修志结束时间晚，所以把第二轮志书上限放在20世纪90年代，下限只好相应后延；有的则为了能把第二轮修志期间的政绩写进去，所以志书下限尽量向后延。其实，遇到第一种情况，完全可以不拘泥于首轮志书与第二轮志书上下限的衔接，时间上有些交叉没有大碍。至于第二种情况，牵涉历史观、政绩观问题，对此，在下面还要专门讲。首轮修志由于历史原因，对志书下限没有做出统一规定，不整齐可以理解。正因为如此，我们更应当利用第二轮修志的机会，把它调整过来，使全国志书的上下限尽早统一，不使这种混乱状况继续延续下去。这是国家修志的题中应有之义，不是什么过分要求。

再如，关于志书名称问题。《关于第二轮地方志书编纂的若干意见》和中指组制定的《地方志书质量规定》中都明确，县以上地方志书只冠以行政区域名称，如“××省志”“××市志”“××县志”；以分志、分册等形式单独出版的地方志书，名称前冠以省、市、州等志名，中间加间隔号，如“××省志·教育志”；续修地方志书名称后要标明上下限名称，如“××县志（××××—××××）”。但一些地方在志书名称中仍加“通”字，如“××通志”。叫“通志”并无原则错误，古代就有叫“通志”的，然而既然中指组文件已明确规定志书名称不加“通”字，就应当照此执行，否则，都是政府主持编纂的地方志书，有的有“通”字，有的无“通”字，摆在一起，很不整齐，观感也不好。我希望尚未出版的志书严格执行中指组的规定，一律取消“通”字。

再如，关于志书开本问题。《地方志书质量规定》中明确，志书一律用大16开本（889×1194），但有的地方却将志书印成16开本。如果各地志书放在一起，有大有小，有高有矮，观感肯定好不了。这虽然是技术层面的问题，但也应当上升到新编地方志工作性质的高度加以认识，不应我行我素。

我现在强调的是国家修志该统一的要统一，其实，即使民间修志，也不能随心所欲，该统一的也要统一。例如，述而不论、生不立传等原则，只要是志书就要遵守，否则就不是志书，而是别的东西了。

五　在防止忽视创新的同时，也要防止忽视传承的倾向

在2011年深圳召开的全国主任会议上，我着重谈了地方志工作的创新问题。我说，现在上上下下都在谈创新，国家要建成创新型国家，高校要办成创新型大学，中国社会科学院要启动哲学社会科学创新工程，我们地方志工作也要弘扬创新精神，并且具体讲了制度上、体制机制上、工作内容上、志书编纂上、资料收集上、质量管理上、学科理论上、资源开发利用上、队伍组织与培训上九个方面的创新；在志书编纂的创新上，又讲了指导思想、篇目设置、体例规范、编纂方法四个方面的创新。修志作为中国的优秀文化传统，它的发展本身就是一个随着时代进步而不断创新的过程。因此，我们要反对因循守旧、一切照搬传统的做法。

但同时，我们也不能把创新与传承割裂和对立起来。真正的创新，从来都是传承基础上的创新。不总结和继承前人经验的所谓创新，只能是空中楼阁、花拳绣腿。我在2011年深圳会议上就说过："创新并不是随心所欲，更不可能一蹴而就，而要对前人经验进行认真总结，对客观规律进行深入探索，并

从事大量艰苦细致的工作。”要“把创新精神与科学精神、求实精神、虚心学习的精神、艰苦奋斗的精神、不折不挠的精神结合在一起”。现在，有的同志片面理解创新，为创新而创新，不重视总结和汲取首轮修志的经验，不学习、不领会《地方志工作条例》《地方志书质量规定》《关于第二轮地方志书编纂的若干意见》这些首轮修志经验的结晶，就在那里搞所谓创新，这是很危险的。对于前人成功的经验，后人要做的首先是继承，然后才谈得上创新。对于前人失败的教训，后人也要先总结，弄清楚失败的原因是什么，知道如何避免前人的错误，这样才能少走弯路，才谈得上创新。几千年来，特别是近30年来，修志人为我们积累了大量成熟的经验和失败的教训，这些都是我们的宝贵财富，都应当高度重视和认真总结，以便在前人实践的基础上有所发现，有所发明，有所创造，有所前进。

六　在防止忽视履行组织、指导、督促、检查等行政职能的同时，也要防止忽视编纂业务水平提高的倾向

前面讲到，当代新编地方志面对的是古代、近代都无法比拟的极为丰富的经济与社会生活，新编地方志工作不可能再像过去那样，仅仅由少数专业人员编修，而要动员政府各部门和一些重要企业、事业单位都来参与。《地方志工作条例》把“组织、指导、督促和检查地方志工作”作为地方志工作机构的第一项职责，正是从这一实际情况出发的。因此，地方志工作机构把大量精力用在组织、指导、督促、检查参编单位的编修质量和进度上，是它的职责所在。如果地方志工作机构只顾自己埋头编修志书，忽略对同级各参编单位修志工作和下级地

方志工作机构工作的组织、指导、督促、检查，不认真开展人员培训，不主动联系法制部门对修志进展情况进行执法检查，自己承编的志书写得再好，也是失职。

但反过来说，如果一个地方志工作机构只满足于组织、指导、督促、检查其他部门修志，而忽略自身编纂业务水平的提高，其组织、指导、督促、检查工作也是搞不好的。不错，地方志工作机构不能再独自“包打天下”，但也不能把编纂业务完全交给别人，自己一点不搞。比如，县志和市志中的综述和大事记，总要自己来写；省志的概述卷、大事记卷等综合类部分，总要以自己为主地写。再如，市县和一些省，分给各部门、各地区撰写的志稿，自己都要统稿和审稿。另外，即使自己不撰稿，也不统稿，总要谋篇布局、对各单位参编人员进行培训。如果自己脱离编纂实践，不懂编纂业务，又怎么能搞好志书的谋篇布局和人员培训呢？又怎么能真正做好修志的组织、指导、检查工作呢？如果我们自己完全脱离修志，只满足于对别人的组织、指导、督促、检查，长此以往，就会产生地方志工作机构是否还有必要独立存在、是不是要并入其他相关部门的问题。从目前的实际情况出发，为地方志事业的发展着想，地方志工作机构当然是以独立设置为好。既然如此，在下一轮事业单位的机构改革中，地方志工作机构就不能把编纂业务剥离出去，而只承担行政管理职能。如果那样，今后要想保留地方志工作机构，我看是很困难的。

七　在防止忽视人员培训的同时，也要防止忽视人员选配的倾向

地方志工作，特别是修志工作具有相当的专业性，新入地

方志工作机构和被吸收参加修志工作的人员，都应当进行上岗培训，有时还要培训多次。现在，一些地方不重视业务培训，致使一些参加地方志工作多年的人，连修志的基本文件都没看过，基本知识也不清楚。这种现象应当引起重视，并设法给予纠正。

但同时，我们也要看到，有些地方的有关领导和有关部门，把地方志工作机构和志书参编部门组建的修志班子，当成是安排人的去处。例如，看到有的同志资格老了，要解决级别晋升问题，别处没位置，便往地方志工作机构放；看到有的同志在原岗位不适应，正好修志需要人，便往修志班子里塞。这些做法都是不恰当的。当然，没做过地方志工作的人，干几年也可以熟悉地方志工作，也可以成为内行。但地方志工作机构和修志班子毕竟是具有较强业务性的地方，如果频繁调动领导，经常安排一些缺乏必要基础的人员进来，势必影响地方志队伍的素质和修志工作的质量。我在下面调研，常有一些方志办的领导诉苦，说自己机关里真正能干活的人只有一半，甚至三分之一。所以，我们既要通过业务培训提高人员素质，也要通过严把进人关，从源头上解决人员不适应的问题。

八　在防止忽视解决地方志工作实际困难的同时，也要防止忽视修志客观规律的倾向

自20世纪80年代以来，新编地方志工作逐渐形成了“党委领导、政府主持、各级地方志编委会及其工作机构组织实施”的工作体制和“一纳入”（即把修志工作纳入各地经济社会发展计划和各级政府的任务之中）、“五到位”（即领导到

位、机构到位、经费到位、队伍到位、条件到位）的工作经验。实践证明，这个体制和这些做法都是符合我国地方志工作实际情况的。但过去在很多地方、很长时间内，这个体制和这些做法坚持的并不好，地方志工作中的很多实际困难长期得不到重视和解决。

自从2006年《地方志工作条例》颁布以来，这种情况发生了很大变化。各地领导不仅对地方志工作普遍比过去关心了，给地方志工作的经费普遍比过去充裕了，而且很多领导开始重视修志工作，经常过问志书的编纂情况。这本来是很好的现象，但也带来了新的困扰。有个别地方、个别领导，对修志工作名为“关心”，实则干预。比如，希望志书多写些本地和本人的政绩，少写些失误与不足；希望志书的下限尽可能把自己的任期包括进去，使自己的名字、照片、履历能出现在志书上；希望在自己调任或退休前见到志书出版，等等。在这种“关心”下，有的志书在组织机构篇中大量收录各级领导的名字和简历；有的志书借“人物简介”为领导干部树碑立传。所有这些都是党风不正在地方志工作中的反映，是不正确的历史观、政绩观在修志问题上的表现。

再有，现在很多地方给地方志工作的经费比过去多了，但对修志进度的要求也比过去死了。有的地方志工作机构为了适应财政拨款制度，在作预算时把志书出版时间说得比较早，结果明知志书质量不行，因怕经费被收回去，只好硬着头皮出版。

上述现象在首轮修志时是不多见的，也是违背地方志编修规律的。章学诚说过：“志乃史体，原属天下公物”。（《文史通义》卷八外篇三《答甄秀才论修志第一书》）就是说，志书本质上是一种史书，应当对历史和公众负责，修志人必须秉公、公正，不能为私、徇私。我们常说志书是“官书”，指的是它代表政府的立场，具有很强的政治性，并非说它是“官员”的书，或者是政治类、宣传类的书。如果把志书弄成为领导干部树碑立传、歌功颂德的书，修志就走歪了，变味了，就不是地方志了。对这种歪风，我们必须高度警惕，坚决抵制。另外，地方志工作机构自身也要端正对志书性质的认识，不要把志书当成一般宣传品，不要请领导或名人为志书题词，不要用宣传的口吻撰写志书。至于应对财政拨款制度的改革，我们一方面要提高自己的预算水平，另一方面要多宣传修志工作的特点，争取财政部门了解修志工作周期长、变数多的规律，使拨款办法更适合于修志的实际。

以上，我一共讲了8对问题，每对问题的前一个是我们已经注意和正在解决的问题，后一个是需要引起注意和设法防止的问题；前面6对半问题的解决和预防主要靠地方志工作机构自己，后1对半问题的解决和预防则需要得到有关领导及领导部门的支持。

我讲这些问题，并不是说它们已经严重到了什么程度，更不是说地方志工作的形势不好了，而是为了提醒大家在充分认识大好形势的同时，看到虽然不很明显但却客观存在着的有可能妨碍地方志工作健康发展的倾向性问题，并想办法把它们及时制止在萌芽状态，不使之发展成为主要倾向，影响和损坏地方志工作的大好形势。常言道：“人无远虑，必有近忧。”只要我们心热头冷，深图远虑，未雨绸缪，常抓不懈，就一定能有备无患，继往开来，把大好形势巩固和发展下去。

党的十七届六中全会通过的《关于深化文化体制改革推动社会主义文化大发展大繁荣若干重大问题的决定》指出：文化是民族的血脉，是人民的精神家园；文化建设是中国特色社会主义事业总体布局的重要组成部分；要弘扬中华文化，努力建设社会主义文化强国。党的十八大进一步号召全党全国人民，兴起社会主义文化建设新高潮，提高国家文化软实力，发挥文化引领风尚、教育人民、服务社会、推动发展的作用。地方志是中华文明的瑰宝，志书具有存史、资政、育人的社会功能。连绵不断地编修地方志是中华民族创造的优秀文化传统，新编地方志工作是建设社会主义文化强国和提升国家文化软实力的重要支撑，是传播中华民族优秀文化的重要载体，是连接海内外炎黄子孙文化血脉的重要纽带，是加强国际文化交流的重要平台。我们要贯彻落实党的十八大精神，就要进一步做好地方志工作。现在，距离第五次全国地方志工作会议还有一年左右时间，我们要紧紧抓住当前难得的历史机遇，再接再厉，乘势而上，为社会主义文化大发展大繁荣和全面建成小康社会做出新的更大的贡献，用优异成绩迎接第五次全国地方志工作会议的召开！

要做好地方志工作必须开展地方志学术研究*

——在第三届中国地方志学术年会暨两岸四地方志文献学术研讨会上的致辞

（二〇一三年十月九日）

地方志作为全面系统记述一定行政区域内自然与社会、历史与现状的资料性文献，是传承、彰显中华文明的重要载体，始终发挥着资政、存史、教化的重要作用。从先秦至今，中华民族一直保持不断修志的优良传统，积累了大量志书，成为独具特色的人类文明成果。今年 4 月，我率领中国地方志学会代表团，用 9 天时间，先后访问了澳门、台湾、香港，与当地政府的文化主管官员、地方志编纂的学者们进行了广泛接触，前后安排了 15 场座谈，还参观了设在南投的台湾省文献馆等文史展览，所到之处均受到友好接待，使我深切感受了方志文化对于维持中华民族血脉亲情的强大力量，编修地方志对于传承中华民族优秀文化的重要作用，各地政府和民间对于修志的巨大热情。

在内地地方志工作系统建立学术年会制度，每年举办一次

* 这篇致辞曾发表于《中国地方志》2013 年第 11 期。

全国性的地方志学术研讨会，是2008年第四次全国地方志工作会议上做出的决定。2011年8月，首届地方志学术年会在浙江宁波市举办，主题为“方志文献的传播与利用”，与会者中既有大陆学者，也有中国港、澳、台地区和国外学者。我到会致辞，介绍了大陆新编地方志的情况。2012年10月，第二届地方志学术年会在江苏南通市举行，我又就当前为什么要强调地方志学术研究，以及应当把研究重点放在哪里、应当如何加强研究等问题，发表了意见。今天，我想利用这个机会，再着重谈谈地方志工作和地方志工作部门与地方志学术研究的关系，请诸位批评指正。

地方志学术研究是从修志中派生出来的一门学问，修志与地方志学术研究之间既有联系又有区别，地方志学术研究者中既有修志人，也有并不从事修志而专门进行学术研究的学者。既然如此，为什么还要在整个方志界强调地方志的学术研究呢？为什么要把地方志协会更名为地方志学会呢？为什么要在方志界建立地方志学术年会制度呢？我认为，其原因起码有以下三点：

第一，地方志学术研究包括方志学研究，也包括方志理论研究。前者研究对象局限于地方志的属性、沿革、内容、种类、编纂规则和方法等相对狭窄、偏重基础理论的领域，但后者的研究对象则相对宽泛，可以包括前者，也可以包括地方志编纂的组织管理、地方志资源的开发利用、地方志工作的拓展等偏重应用理论的方面。所以，地方志学术研究不等于方志学研究，不仅仅是方志学研究。从一定意义上说，它与方志理论研究的概念更加接近。就是说，作为一个修志人，你可以不是一个方志学的研究者，但却可以也应当是一个地方志的学术研究、理论研究的研究者。

第二，地方志编纂工作是一项文化工作，属于意识形态范畴，但从认识论角度看，它又是一种实践活动。从这个意义讲，每一位修志人都是地方志编纂的实践者。辩证唯物论的认识论告诉我们，实践只能获得对事物的感性认识，要想认识事物的本质和事物运动的规律，必须对感性认识进行去粗取精、去伪存真、由此及彼、由表及里的改造，即通常说的进行研究。只有这样，才能把感性认识上升到理性认识，才能使下一步的实践得到理论指导，才能在以后的工作中少犯错误、少走弯路。可见，对于广大修志人来说，仅仅从事修志实践是远远不够的。要把志书修得越来越好，质量提得越来越高，就要不断总结前人的和自己的修志经验，并从理论层面上进行学术研究和经验交流。修志人虽然大多不是方志学学者，但现在全国地方志系统每年发表的成千上万篇理论文章和出版的大量理论著作，却大多出自修志实践者之手。这一事实充分说明，一个好的修志人，一个有水平的修志人，一个不满足于现状的修志人，一个有志于不断提高的修志人，必定同时是一个对地方志拥有学术兴趣、理论兴趣的人。我们应当在方志界大力提倡学术研究、理论研究的精神，营造学术研究、理论研究的氛围，把各级地方志工作机构切实办成研究型的方志办。

第三，随着现代社会内容的日益丰富，新编地方志已经不再像历代志书那样，仅仅由一两个人或少数人编修，而是众手成志，即除了地方志工作机构自己撰稿外，还要动员、组织所在政府的几乎所有部门，以及有关事业、企业单位出人出力、共同参与，少则数百人，多则上千人，由他们提供稿件送交地方志工作机构会稿、审稿、统稿。而在当前正在进行的第二轮修志中，地方志工作机构甚至不再像首轮修志那样，是把主要精力用于撰稿、统稿，而是要把更多的精力用于发动、组织、督促、检查各参编单位撰稿。正因为如此，目前各级地方志工作机构基本参照公务员管理；也正因为如此，各级地方志工作机构大多希望在下一轮机构改革中划入行政类事业单位。另外，随着经济与社会事业的不断发展和人民文化需求的不断增加，地方志工作范围早已不再局限于修志了，而是“志、鉴、书、网、研、库、馆、用、会、刊”十业并举；地方志工作机构的任务也早已不再局限于负责修志了，而是既负责修志，也负责编纂地方综合年鉴、组织整理旧志、推动方志理论研究、开发利用地方志资源，有的还负责编辑政府工作月报和大事记等等。在这种情况下，如果再把地方志工作仅仅看作一项学术性工作或一门学问，显然不能反映客观实际的变化了。但是，无论地方志工作的范围和地方志工作机构的任务发生多大变化，这项工作及其工作机构都是建立在而且只能是建立在地方志编纂的基础之上。离开了修志，地方志工作及其工作机构就会成为无源之水、无本之木；地方志工作中的其他方面搞得再轰轰烈烈，地方志工作机构的其他任务完成得再光鲜亮丽，都会在修志这个主业面前黯然失色，难免被“一票否决”。既然如此，地方志工作就应当而且必须把开展地方志学术研究作为自己的重要内容；地方志工作机构就应当而且必须把开展地方志学术研究放在重要议事日程；地方志工作者特别是领导干部就要在管理工作和志鉴编纂之余，积极学习地方志的理论知识，努力从事地方志的学术研究、理论研究。只有这样，地方志工作才能与时俱进，适应时代的变化；地方志工作机构才能夯实基础，履行好《地方志工作条例》赋予的职责；地方志工作者特别是领导干部才能胜任业务，做好志鉴编修的组织、指导工作。

广东省是中国的方志文化大省，早在汉代就产生有《交州异物志》，魏晋南北朝以降历代还产生过《交广记》《广州记》《南越志》《南海志》《广东通志》等在方志史上具有一定地位的志书。新中国成立特别是改革开放后，广东省在全国新编地方志工作中一直走在前列，不仅较早完成了首轮修志规划志书的全部出版任务，而且已全部完成了第二轮修志规划志书的编纂任务，预计年内绝大多数可以出版；不仅点校出版了不少旧志，而且投入2000多万元，历时7年，将海内外现存的433种旧志全部收齐、影印，出版了内涵277册的《广东历代方志集成》，堪称方志文献工作的盛举。第三届中国地方志学术年会暨两岸四地方志文献学术研讨会选择在这里召开，是十分恰当的。我预祝这个研讨会获得圆满成功，也相信它一定会获得圆满成功。

《方志百科全书》是地方志与百科全书两门学科相结合的成功尝试

——在主持《方志百科全书》编委会第二次全体会议时的讲话

（二〇一六年一月十九日）

《方志百科全书》编委会第二次全体会议是全书终审稿的终审会议。这次会议的召开，是根据第五届中国地方志指导小组领导关于同意《方志百科全书》终审结项出版工作由地方志办公室负责的批示精神，经地方志办公室安排组织的。

出席会议的除《方志百科全书》编委会全体成员外，还有中国地方志指导小组副秘书长兼办公室副主任、方志出版社社长兼总编辑冀祥德和地方志办公室的有关工作人员，以及方志出版社的有关编辑人员。

《方志百科全书》编纂工作从2010年9月正式启动，至今历经5年零4个月。在此期间，编委会委员、方志界老前辈、著名历史学家来新夏教授因病逝世，享年91岁。我提议大家起立，为他的逝世默哀一分钟。

会议听取了王樵裕同志代表《方志百科全书》编辑部所做的工作汇报，他介绍了这部书稿的编纂过程、基本内容、存在不足，以及对今后工作的建议；听取了冀祥德同志代表地方志办公室和方志出版社的讲话，他表示要全力以赴，做好这部书稿的出版发行，接好最后一棒，跑完最后一百米；编委会委员们围绕“全书”终审稿问题进行了热烈讨论，一致同意这部书稿通过终审，同时也提出了很多建设性的意见；最后听取了段柄仁同志所做的编纂工作总结，他阐述了“全书”编纂的意义和收获，对各有关方面的相互配合给予了充分肯定。会议开得很顺利，很成功，完成了各项议程，达到了预期目的。我代表编委会宣布，《方志百科全书》终审稿通过终审验收，交付方志出版社出版。

编纂《方志百科全书》的动议早在 2005 年就提出了，2008 年第四次全国地方志工作会议将它列为“深化方志理论研究、促进方志学科建设”的一项具体工作，并为此于 2010 年由中国地方志指导小组负责、指导小组办公室实施，向财政部申请了专项资金，组织了编委会、编辑部和专家组，向全国地方志系统布置了相关任务，正式启动了编纂工作。

五年多来的实践证明，编纂一部具有完备性、准确性、规范性、权威性的《方志百科全书》，不仅是推动地方志事业进一步发展的需要，具有填补方志学学科门类空白的创新意义，而且时机已经成熟，具备了必要的条件；编纂工作实行方志学专家、学者与“百科全书”编纂专业人士及地方志工作系统三结合的模式，不仅保证了这部书稿的高起点、高标准、高质量，而且是地方志与百科全书两门学科相互融合的成功尝试，为方志界今后编纂类似大型工具书，探索出了一条可资借鉴的路径；编纂过程不仅对方志学学科体系的构建和方志理论的系统化、方志概念的规范化起到了极大的促进作用，而且对修志历史及其相关问题是一次全面的回顾、归纳、梳理、总结，对地方志系统的工作是一次很好的检验和有力的推动。

经过五年的反复设计、研讨、培训、起草、编辑及审读、修改，《方志百科全书》于2015年6月终于完成送审稿，随即由中国地方志指导小组办公室向全国地方志工作系统发出了审读通知。意见反馈后，又由编辑部进行了汇总，提出了处理意见，得到了主编批准，形成了终审稿。今天的会上，委员们又充分发表了意见。大家一致认为，这部书稿尽管还存在一些不足和遗憾，但它确实代表了方志界目前能达到的认识水平，堪称方志界近些年来取得的一项重要学术成果。有些不足和遗憾，可以留待今后再版时修改和弥补。

《方志百科全书》是所有直接或间接参与编纂工作的同志们心血的结晶，是中国地方志指导小组办公室和《方志百科全书》编辑部同志精诚合作、辛勤耕耘的产物。在此，我代表编委会向段柄仁主编和以王樵裕副主编为首的编辑部同志，向专家组全体成员，向所有参与“全书”撰稿、资料收集、编辑、组织工作的同志致以衷心感谢！如果没有他们的坚持和努力，要高质量地完成这部包涵1200多个条目、近5000个内容分析索引、近700幅图片、既有专文又有大事年表、总共130万字的鸿篇巨制，是不可想象的。在此，我还要代表编委会向第五届中国地方志指导小组王伟光组长、李培林常务副组长；向领导班子换届后的中国地方志指导小组秘书长兼办公室党组书记、主任赵芮，中国地方志指导小组副秘书长兼办公室副主任冀祥德致以衷心感谢！如果没有他们的支持，要使这个第四届中国地方志指导小组和上一届地方志办公室领导班子遗留下来的涉及面很广、复杂程度很高的工作完成结项，也是不可想象的。最后，我还要以我个人的名义，向编委会全体同志表示衷心感谢！编纂这部地方志的百科全书，专业性强，牵扯问题多，时间跨度大，如果不是大家和衷共济、全力以赴，要最终完成这一庞大的文化工程，也是不可想象的。

《方志百科全书》已被列入“2013—2025年国家辞书编纂出版规划”，方志出版社早在编纂初期也已介入了这个项目。我相信，在冀祥德社长领导下，方志出版社一定会再接再厉，使这部书从版面设计到印刷、装帧能继续保持高起点、高标准、高质量的要求，出版后从内容到形式都能称得上是精品。同时我也相信，在赵芮主任、冀祥德副主任的领导下，指导小组办公室一定会一如既往地关心本书的后续工作，搞好这部书的发行，使这一国家和参编人员投入了巨大财力、精力的具有开创性、奠基性意义的著作，最大限度地发挥普及方志知识、深化方志理论、展示修志成就、促进修志事业的社会效益。

（二）在地方和部门会议上的致辞

大力加强思想建设，不断提高队伍素质*

——在河北省地方志工作总结表彰大会上的致辞

（二〇〇二年三月十五日）

我很高兴能被邀请参加河北省地方志工作总结表彰大会。首先，请允许我代表中国地方志指导小组和李铁映同志，对大会的召开和获得表彰的先进集体与个人表示热烈的祝贺！向为地方志事业辛勤耕耘的河北方志界同志们表示亲切的慰问！刚才，王祖武主任代表省地方志编委会，对河北20年来的修志工作作了全面总结，同时传达了第三次全国地方志工作会议精神，对贯彻落实会议精神作了部署。过一会儿，刘健生副省长还将就如何进一步搞好河北省的方志工作做重要指示。这里，我只想谈谈有关第三次全国工作会议精神贯彻中的几个问题，供同志们参考。

第一，要抓紧对全国地方志第三次工作会议精神的传达。

全国地方志第三次工作会议是新世纪里召开的第一次方志界的全国性会议，是新中国修志史上非常重要的一次会议。这次会议，充分肯定了第二届指导小组任期内全国地方志工作取得的巨大成就，认真总结了修志工作的基本经验，明确指出了

---

* 这篇贺词曾发表于《中国地方志》2002年第3期。

今后五年修志工作的指导方针和主要任务。我们要贯彻好这次会议的精神，首先要把会议的精神传达好。在这方面，河北省做出了榜样。据不完全统计，全国地方志第三次工作会议之后，召开全省地方志工作会议和方志办主任会议进行传达贯彻的省份、自治区还有安徽、广西、湖北、浙江、湖南、北京、山东、四川、河南、河北等。希望尚未召开全省会议的省份、自治区，抓紧时间开会，把全国工作会议的精神传达好，并制定出切实可行的贯彻方案，特别是要制定出新一轮修志的规划。

第二，要不断提高对地方志工作重要意义的认识。

党中央、国务院历来重视地方志工作。以江泽民同志为核心的第三代中央领导集体，对地方志工作更是倍加关怀。江泽民同志指出："编纂新方志，不是一件可有可无的工作，而是一项认识过去、服务现在、开创未来的意义重大的事业，不仅有近期的社会效益，而且有久远的社会效益。"李鹏同志指出："编写地方志的工作具有重要意义。……可以帮助各级领导和社会各界认识本地区的历史和现状，有利于他们借鉴历史经验，做出正确的决策，推动社会主义物质文明和精神文明建设。"朱镕基同志针对上海的方志工作指出："若要决策，应该有比较齐备的根据、资料、信息，也包括考虑到上海的历史沿革、风俗民情以及种种具体情况，才能使我们的决策真正适合于上海的情况。上海的地方志编纂过程中，我看到已收集到大量资料，这都是非常宝贵的信息。"不久前，全国地方志指导小组进行换届，这一工作也是在党中央、国务院的关怀下完成的，朱镕基、胡锦涛、李岚清、李铁映、曾庆红、王忠禹等领导同志都为此做出了批示。新一届指导小组仍由李铁映同志任组长，同时明确高强同志以国务院副秘书长身份担任副组长，并在副组长中增加一位部队的同志，在小组成员中增加五位国务院有关部委的同志。李铁映同志在第三次全国地方志工作会议上再次强调："修志工作是政府行为，是在各级党委领导、政府主持下对地情、国情的全面调查。""各级党委和政府一定要把修志工作当成一项重要的政治建设、思想建设、文化建设、史学建设的工作来抓，要代代相承，世世相传。"另外，高强同志在指导小组三届一次会议上也指出："地方志工作决不简单是出一本书、留下一点资料，而是一个浩大的系统的文化工程，是千秋大业，是我们实践代表先进文化发展方向的重要工作。"这一切都充分说明，党中央、国务院对地方志工作是非常重视的。希望各级党委和政府要深刻领会党中央、国务院领导同志讲话的精神，进一步提高对地方志工作重要意义的认识。同时，从事地方志工作的同志，也要不断提高志书质量，做好用志工作，为各级政府、各级干部、各项事业以及广大读者服务，充分显示地方志的重要价值。

第三，要在稳定机构和队伍的前提下狠抓队伍素质的提高。

修志工作是一项长期任务，前一轮修志工作结束之日，就是新一轮修志工作开始之时。因此，地方志工作的机构和人员必须稳定，不能轻易撤并。同时，客观形势的发展对新一轮修志的要求比过去更高了。因此，新一轮修志从一开始就要把质量放在第一位。而志书质量的高低，取决于修志人员素质的高低。胡乔木同志曾经说过："从事地方志工作，还是要搞学问，要把它作为学术工作来抓，本来不是行政性的事。修地方志，应当是一个做学问的地方。过去修志是一些很有学问的人去做的，它本身就是一项学术性的工作。"那么，如何才能提高修志队伍的素质呢？根据李铁映同志有关方志工作的多次讲话、地方志工作多年积累的经验，以及目前客观环境与条件的变化，我想主要应从以下三个方面着手。第一，要吸收一些有志于方志事业的大学毕业生和硕士、博士毕业生，充实到地方志工作的队伍中来；第二，要编纂方志学的教材，举办修志人员的培训班；第三，要广泛吸收包括地方社科院和高等院校教研人员在内的学者，大力开展方志理论和修志规范等问题的研究，经常召开一些学术研讨会。只要我们注意提高修志队伍的素质，新一轮志书的质量就一定可以得到保证。

河北省的地方志工作在省委、省政府的支持和指导下，在省地方志编委会的具体领导下，多年来一直走在全国地方志工作的前列。目前，全省县志已全部完成，省志、市志完成近80%，已经出版的志书在全国和省内评比中获奖的就有183部（次）之多；《河北年鉴》已出版多年，各种年鉴总计53种，受到政府和社会各界的重视；方志馆和省情资料库的建设也已列入政府议事日程。在抓紧完成第一轮修志扫尾工作的同时，续志工作已由省府办公厅发文启动，续志试点工作正在有序进行。有的市、县，如秦皇岛市，在启动续修工作中，认真总结第一轮修志的经验，并到全国许多地方学习取经，反复论证续修的体例、框架设计，工作做得既扎实又有特色。我希望河北省的地方志工作能再接再厉，为全国方志续修工作创造出更多的新鲜经验，为地方志事业的发展做出新的、更大的贡献。

军事志编修要为全国地方志工作作示范*

——在全军军事志三级办公室主任会议上的致辞

（二〇〇三年三月二十七日）

在第十届全国人民代表大会胜利闭幕、国家新一届领导人刚刚产生的喜庆气氛里，在大地回春、万物复苏的美好日子里，全军军事志三级办公室主任会议隆重召开了。请允许我代表中国地方志指导小组和李铁映组长，向会议的召开表示热烈的祝贺。向全体与会代表，并通过你们向编纂军事志的所有同行们致以亲切的问候，向在这次会议上将受到表彰的先进单位和先进个人致以崇高的敬意！

过去的近二十年里，军事志编纂工作在中央军委的关怀与指导下，在全军军事志指导小组的组织与领导下，在各级首长和有关部门的重视与支持下，在全体编纂人员的辛勤努力下，坚持马克思列宁主义、毛泽东思想、邓小平理论和“三个代表”重要思想的指导，认真贯彻江泽民主席关于国防与军队建设的一系列重要指示精神，牢牢把握政治方向，努力提高学术水平，慎重处理敏感问题，高质量地完成了省军区、军分区、人民武装部三级志书首轮编纂任务的95%，其中有多部在中国

* 这篇致辞曾刊登于《中国方志通讯》2003年第17期。

地方志指导小组举办的全国性志书评奖活动中获奖；并且推出了一批有价值的开发性成果；造就了一批专家、学者，产生了一批优秀群体和先进个人。可以说，无论在志书编纂的进度、质量与开发利用上，还是在编纂队伍的稳定与素质提高、编纂方法的科学化及手段的现代化上，军队都走在了地方的前面，为地方志的编修工作提供了宝贵经验，树立了学习榜样。对于军事志的编修工作，军队更是具有启动早、起点高、推进快的特点。我相信，通过这次会议，全军三级志书的编纂工作一定会得到更加有力的推动，再次为全国的地方志工作发挥示范作用，带动第二轮修志工作进一步向前发展。

自 2001 年 12 月第三次全国地方志工作会议以来，地方志工作取得了不少可喜的进展。截至现在，已有 21 个省、市、自治区和武警部队以及国务院一些部委局的地方志、专业志编委会先后召开了本系统会议，对全国工作会议精神进行了传达贯彻，并对下一步工作作了部署；其余的省、市、自治区和部委局也打算在近期召开会议。目前，省、市、县三级志书第一轮编修计划的完成数已由第三次工作会议前的 75.8% 提高到了 80%；继安徽之后，又有河南、湖北、四川 3 个省全部完成了第一轮修志任务；启动第二轮修志工作的省份，也由过去的 19 个增加到了 25 个。去年，经中央有关部门批准并报江泽民同志本人审定，《中国地方志》杂志第 5 期公开发表了他在 1987 年上海市地方志编纂委员会成立大会上的讲话，给广大方志工作者以极大鼓舞。另外，中国地方志指导小组还组织了《中国方志通鉴》一书的编委会，举办了三期全国性的修志骨干培训班，完成了中国地方志协会的换届，创办了《中国地方志年鉴》，首次派出了赴国外的考察交流团，改革了指导小组办事机构的体制和机构，加强了《中国地方志》杂志和《中国方志通讯》的编发工作，并促进了一些地方方志馆的立项。所有这些，都使地方志工作在学科建设、队伍建设、基本建设上迈出了新的步伐。今年，我们将就《全国地方志工作的若干规定》稿的制定，继续征求意见，进行调研；筹备并召开全国地方志系统先进集体和先进工作者的首次表彰大会；分南北两片召开第二轮修志试点工作经验交流会；在用志工作做得比较好的地区，召开用志现场经验交流会；举办两期全国性的方志业务培训班。另外，还要召开方志出版工作座谈会，启动《中国地方志理论研究 50 年》一书的编写，拟定全国地方志数字化、网络化建设方案，从而进一步落实第三次全国地方志工作会议提出的各项任务。

当前，全国地方志工作也和全军军事志工作一样，正在认真学习和全面贯彻党的十六大精神。方志工作要贯彻十六大精神，就要坚持用“三个代表”重要思想统领修志工作，努力发扬我国方志文化的优秀传统，突出其先进性和时代性；就要坚持实事求是、解放思想、与时俱进的思想路线，积极推进方志学科建设，促进方志理论创新；就要坚持全面建设小康社会的奋斗目标，大力开发志书资源，广泛开展读志用志活动，为中国特色社会主义建设事业服务。我衷心希望，军事志编纂工作在这些方面能继续走在全国的前面，为地方志工作创造出更多更好的经验，做出更多、更大的贡献。

新世纪要进一步加强地方志工作*

——在河北省地方志工作会议上的致辞

（二〇〇三年七月二十二日）

我这次和中国地方志指导小组秦其明秘书长、田嘉副秘书长及指导小组办公室几位同志一起来承德市，就有关地方志工作法规性文件的制定等问题进行调研，由于河北省有关领导的热情关照，省方志办领导的高度重视和精心安排，全省 11 个地级市方志办主任的认真对待和充分准备，使我们了解到了基层的真实情况和想法，掌握了大量第一手材料，受到很多启发，圆满完成了调研任务。通过这件事，我们再一次看到，尽管目前河北省方志办的级别还比较低，但工作标准和效率却很高，而且人心齐，干劲大，是一支特别能战斗的队伍。借此机会，我谨代表中国地方志指导小组，向河北省委、省政府，向河北省方志界的同事们，向承办这次调研活动接待工作的承德市方志办，表示衷心感谢！

河北省方志办利用我们这次调研的机会，在承德市召开了全省地方志工作会议，研究当前工作和部署下一步工作。季允石省长对会议作了批示，指出：“编修地方志是社会主义政治

---

* 这篇致辞曾发表于《中国地方志》2003 年第 5 期。

文明、物质文明、精神文明建设的重要组成部分，是贯彻党的十六大精神和省委六届三次全会精神、富民强省、建设文化大省的需要。”“务请各地、各部门一如既往，高度重视，积极创造条件，认真组织实施，切实抓紧抓好。”郭庚茂副省长也向会议发来贺信，要求各级政府和有关部门，“要认真贯彻党中央、国务院关于‘新世纪要进一步加强地方志工作’的重要指示，坚持把修志工作纳入当地经济、社会发展计划和政府任务之中，确保领导、机构、经费、队伍、条件到位。”“当前，根据工作需要要特别做好深入动员和健全机构队伍、培训修志人员、搞好方志研讨等基础工作。各级政府要加强对地方志工作的领导，搞好组织协调，并为修志工作创造必要条件，以确保地方志工作正常开展。”他们的指示，充分反映出河北省委、省政府对开展地方志工作的意义具有很深的认识，对地方志工作是非常关心和支持的。我相信，有河北省委、省政府的坚强领导，有全省各级方志办的共同努力，河北省的第二轮修志工作一定会走在全国前列，地方志的各项工作一定会创造出更加优异的成绩。在此，我谨代表中国地方志指导小组向河北省地方志工作会议的召开表示热烈祝贺，并通过你们向全省方志系统的同志们表示亲切问候！

就全国范围而言，第二轮修志所要编修的，刚好是改革开放由启动到深入、“三步走”战略由提出到提前完成第二步目标的时期。这一时期的地方志内容极为丰富，无论对于当前全面建设小康社会的实践，还是争取20世纪中叶人均国民生产总值达到中等发达国家水平，都有十分重要的参考价值和借鉴意义。第二轮修志不仅要记述中国特色社会主义事业的开创与发展的过程以及经济、文化、政治等各领域的史实，而且它本身就是中国特色社会主义事业中不可缺少的组成部分。地方志工作是一项资料性工作，但它不是一般意义的资料性工作，而是具有资治、教化、存史等功能的特殊意义的资料性工作，是要世世代代、连续不断进行的资料性工作。正如国务院文件指出的，新世纪要进一步加强地方志工作。凡是第一轮修志工作结束的地方，机构不能撤，人员不能散，工作不能削弱更不能取消。应当看到，除了志书要不断续修以外，地方志工作还有编纂年鉴、开发利用修志成果等任务。因此，各级政府应当把它当成一项长期性的重要工作来对待。

另外，地方志并不是有闻必录，它从广义上讲，属于社会科学，属于意识形态领域。它不仅具有资料性，而且具有学术性和政治性。编修地方志，一方面要做大量的行政组织工作，另一方面又要深入研究方志理论，努力进行方志学科的建设。只有这样做，志书质量才会有保证，地方志工作的水平才可能不断提高。不久前，胡锦涛总书记在“三个代表”重要思想理论研讨会上发表重要讲话，在谈到坚持运用理论和发展理论相结合时，提出了十四个需要进一步探索和回答的重大问题。其中包括：“如何在新的历史条件下不断巩固马克思主义在意识形态领域的指导地位”“如何弘扬和培育民族精神”。这两个问题与地方志工作的关系也很密切。我们在第二轮修志工作中要认真研究，如何在志书中体现马克思列宁主义、毛泽东思想、邓小平理论和“三个代表”重要思想的指导，如何用志书为弘扬和培育民族精神服务。我衷心希望河北省地方志工作的同志们能在这些方面，为全国的第二轮修志创造出新鲜经验。

编修地方志是无上光荣的工作*

——在宁夏回族自治区地方志工作表彰大会上的致辞

（二〇〇五年十月十四日）

首先，感谢宁夏回族自治区人民政府、社会科学院和地方志编委会的各位领导和同志们，盛情邀请我和中国地方志指导小组办公室的同志出席宁夏回族自治区地方志工作表彰大会。我谨代表中国社会科学院、中国地方志指导小组和陈奎元同志，对宁夏回族自治区地方志工作表彰大会的胜利召开，以及获得表彰的先进集体、先进个人和优秀成果的编撰者们，表示热烈的祝贺！

宁夏新编地方志工作开展至今已整整二十年。二十年来，在自治区党委的正确领导和政府的精心主持下，在全区400多位专职修志人员和上千名兼职修志人员的共同努力下，在各有关部门、有关方面的大力协作配合下，宁夏各级方志机构克服任务重、人手少、经费紧、行政区划变动多等实际困难，取得了一系列显著成绩。早在五年以前，全区地市、县级的首轮修志任务就已基本完成，区属部门的计划内志书也已完成了三分之一；而且从2001年起，全区便启动了第二轮修志工作。另

* 这篇贺词曾发表于《中国地方志》2005年第12期。

外，各级方志办还挖掘潜力，整理出版了一批旧志，编辑出版了《宁夏年鉴》和其他29种年鉴，积极开展了各种形式的读志用志活动。尤其可喜的是，在全国志书评选中，宁夏有3部获一等奖，9部获优秀奖，2004年的《宁夏年鉴》还获得了首届中国地方志年鉴奖评比的一等奖。这些成绩的取得，与宁夏广大方志工作者的强烈事业心、高度责任感、无私奉献与顽强拼搏的精神是分不开的。他们中间有的同志在修志岗位上甘于寂寞，笔耕不辍，从不计较个人名利；有的想方设法克服个人困难，把全部精力投入到方志工作中；有的积劳成疾，仍抱病坚持工作，直到生命的最后一刻；有的长期从事方志工作，退休后仍然在为修志贡献自己的光和热。他们是方志战线的英雄，是社会主义建设事业的模范，是我们大家学习的榜样。在此，我代表中国地方志指导小组向参加表彰大会的方志战线的同志们，并通过你们向自治区地方志系统的全体工作者致以崇高的敬意！

地方志是全面系统记述特定行政区域内自然、社会和人文的历史与现状的资料性文献，代代相济地编纂地方志是中华民族特有的文化传统。世界上的四大文明古国中，唯独中国的文明延续不断，一个重要原因就在于，中国自从2500年前的春秋战国时代出现类似地方志的列国志和地理书以后，历朝历代都有人编纂地方志，而且至今保留多达8000多部，十余万卷，占现存古籍的十分之一。特别值得一提的是，自明清以来，编修志书就成为了“官职”“官责”，朝廷不仅反复颁布修志诏谕，而且设置修志的专门机构。新中国成立后，党和人民政府继承了这一优良传统，成立了中国地方志小组，在20多个省、市、自治区开展了新编地方志工作。党的十一届三中全会后，新编地方志工作更是得到空前发展。在党中央、国务院的推动下，全国省、市、县三级普遍成立了由当地政府主要领导挂帅的地方志编纂委员会及其工作机构，形成了由 2 万名专职人员和 8 万名兼职人员组成的修志大军。为了组织协调全国的修志工作，中央还批准恢复了中国地方志指导小组，由国务院委托中国社会科学院代管。同时，国务院办公厅先后两次发文，部署修志工作。目前，全国首轮新编省、市、县三级志书已出版 5000 多部，其中县志完成了 90% 以上；还出版了 4 万多部专业志、部门志、名山大川志、乡镇志，整理了大量地情书和旧方志，编辑了许多地方综合年鉴和专业年鉴，从而使古老的方志文化焕发出新的生机，成为社会主义先进文化的重要组成部分。事实充分说明，党委领导、政府主持、地方志编纂委员会及其办公室组织实施的修志体制完全符合我国现阶段的实际情况，领导的重视和政府有关部门的支持是方志工作兴旺发达的有力保证。多年来，宁夏回族自治区的历届党委、政府和历任领导，对地方志工作都十分关心。他们有的亲自担任编纂委员会主任，有的多次亲临方志系统的会议指导工作，一些德高望重的老领导还直接参与地方志的编纂与评审。今天，自治区又在这里召开如此隆重的大会，大张旗鼓地表彰地方志系统的先进集体和先进个人，再次生动体现了自治区党委和政府对地方志工作的关怀。借此机会，请允许我代表中国地方志指导小组对宁夏回族自治区党委和政府表示诚挚的谢意！

当前，就全国范围来说，第一轮修志工作已经基本结束，第二轮修志工作正在全面展开。截至 2004 年年底，全国已有 29 个省、市、自治区正式发布文件，对新编地方志的续修工作进行了部署，其中 26 个省、市、自治区制定了续修规划，并相应开展了续修的试点工作，有的省、市、县甚至已经编辑出版了第二轮的志书。第二轮修志的上下限大多界定在改革开放的头二十年，因此对于今天的实践具有更直接的价值和更现实的意义。面对新形势新任务，我们要认真总结第一轮修志工作中的经验与教训，研讨修志中遇到的各种学术问题及实际问题，探索、认识修志工作的规律，进一步明确修志的指导思想及原则，切实搞好规划，统一体例，从一开始就把质量放在第一位，严格把好政治关、史实关、文字关。我们要抓紧完成第一轮修志中尚未完成的编撰任务，对于经过努力在近期内仍然完不成的，可以考虑并入第二轮修志。我们要继续重视和支持地方志事业，进一步贯彻落实“一纳入、五到位”的要求，关心并设法解决方志工作与方志工作者的实际困难，积极推进地方志工作的规范化、制度化、法制化。我们要加强地方志工作的队伍建设和方志学科的建设，努力用“三个代表”重要思想统领方志工作，用马克思主义的立场、观点、方法从事方志编纂，用良好的文风、学风、工作作风对待方志事业；在方志队伍中提倡爱岗敬业、淡泊名利、无私奉献的精神，以“三心”，即安心、专心和信心，去应对“三苦”，即辛苦、艰苦和清苦；逐步优化方志队伍的专业结构，提高修志人员的业务水平，努力形成“政治强、业务精、作风正”的老中青三结合的修志队伍；同时深入开展方志理论与方法的研究，争取让方志学进高校、进课堂、进专业，使它真正成为社会科学中的一门学科。我们要不断加大用志的力度，积极主动地采取多种形式，通过多种渠道，开发利用无限丰富的地方志资源，使它能够更有效地为上级和本地区、本系统领导的科学决策服务，为本地的国民经济和社会发展服务，为广大干部和群众熟悉本地地情服务，为开展爱国主义、社会主义和革命传统教育服务。与此同时，要积极创造条件，把开发地方志资源与加强地方志的信息化、网络化建设结合起来。地方志书对一个区域的自然、社会、人文的历史与现状的记述之全面、之系统、之详尽，是任何一种文献书籍所不能比拟的。因此，只要我们把志书写好编好用好，就一定可以使地方志工作在中国特色的社会主义建设事业中，在落实科学发展观和全面建设小康社会、构建社会主义和谐社会中，发挥自己的独特作用，做出自己新的更大的贡献！

清代进士、宁夏人栗尔章曾留下过一首赞颂大禹治水与方志事业的诗篇，题为《青铜禹迹》。诗中写道："铜峡中间两壁蹲，何年禹祠建山根。随刊八载标新迹，疏凿千秋有旧痕。凭溯远流推远德，采风作述识高门。黄河永著安澜颂，留取丰功万古存。"意思是说，一位叫俞年兹的人不仅在青铜峡建立了大禹祠，而且子承父业，把大禹治水的传说收入了自己编修的地方志中；这一方面使大禹治水的事迹得以永久流传，另一方面也使自己的功劳能够万古永存。同志们，地方志工作的确是十分辛苦的，但同时也是无上光荣的。因为我们所从事的乃是历史性的工作，我们在记述历史，同时也被历史所记载。不久前闭幕的党的十六届五中全会，号召全党全国各族人民为实现国民经济和社会发展的第十一个五年规划及全面建设小康社会的宏伟目标而努力奋斗。让我们大家紧密团结在以胡锦涛同志为总书记的党中央周围，认真贯彻五中全会精神，开拓进取，再接再厉，兢兢业业，一丝不苟，在地方志工作的岗位上创造出更多无愧于伟大时代、经得起历史检验的辉煌业绩吧！

努力推进军事志编修工作又好又快发展*

——在全军军事志第二次工作会议上的致辞

（二〇〇六年十月十二日）

正当具有重要意义的党的十六届六中全会在这里刚刚胜利闭幕后不久，全军军事志第二次工作会议又在这里隆重开幕了。这次会议将总结军事志续修工作开展以来的主要成绩和经验，部署“十一五”期间的军事志编纂工作。它是在关键时刻召开的一次承前启后的会议，对于军事志编纂事业的可持续发展，必将发挥重要作用。在此，请允许我代表中国地方志指导小组和陈奎元同志，向会议的召开表示热烈祝贺！向一贯重视、关心、支持军事志工作的中央军委和各总部领导表示崇高敬意！向与会的各大单位和省军区分管军事志工作的领导，并通过你们向长期在军事志编纂岗位上默默耕耘、无私奉献的同志们，致以亲切问候！

从 1998 年 2 月全军军事志第一次工作会议召开至今，已经过去了八年多。八年多来，在中央军委的关怀指导下，在全军军事志指导小组的直接组织与领导下，在各大单位和省军区首长以及有关部门的大力支持下，在军事志全体参编人员的共

* 这篇贺词曾发表于《中国地方志》2006 年第 12 期。

同努力下，军事志的编纂工作扎实推进，成果斐然，始终走在全国地方志工作的前列。

首先，全军军事志工作已经完成了首轮编纂任务，并全面部署了第二轮编纂工作，其中，省军区、军分区、县（市、区）人民武装部的第二轮修志任务将在2008年年底完成。其次，相继制定并下发了《军事志编纂工作规定》《军事志志书质量标准及评审办法》《军事志编纂和公开出版保密规定》等一批法规性文件，使军事志编纂工作的制度化、规范化有了切实保证。再次，先后形成了“党委统一领导，分管首长负责，司令部组织实施，各部门通力合作，军地协调，牵头单位和协作单位密切配合”的军事志工作机制与“宏观指导、重点帮助、协调保障”的全军军事志指导小组基本的工作思路。最后，逐步丰富和发展了军事志修志工作的内涵，构成了以记述军事历史、反映军事现状为主的具有中国特色的史、志、鉴相配套的系统工程。在此期间，军事志指导小组还注意狠抓质量，把质量第一的原则贯穿于资料收集、篇目设置、志稿撰写、审查验收等各个环节，并重点把好政治关、特色关、史实关、体例关和保密关；狠抓理论建设，从“军事志的篇目设计”“军事志、年鉴编纂应注意把握的问题”“提高志书可读性”“军事志的写作”“军事志的评审和涉密资料入志的处理”等具体问题切入，探讨军事志的性质、内容、特征、功能与作用，并把研究成果上升为理论，用以指导修志工作；狠抓读志用志，通过各种喜闻乐见的形式，开发史志资料，整合信息资源，并利用军队的信息网络系统，充分发挥军事志资治、教化、存史的功能，为国防和军队现代化建设服务。所有这些，不仅为进一步发展军事志事业奠定了坚实基础，而且为全国地方志工作做出了榜样，提供了宝贵经验。

特别可喜的是，军事志参编单位通过举办短期培训班、开展学术研讨、组织经验交流、以老带新、参观学习、请人辅导、网上培训、岗位自学等多种方式，在修志的同时，培养造就了一支热爱军事志工作、政治理论功底和写作基础较好、军政素质较高、结构较为合理的老中青相结合的修志队伍。在不久前召开的全国地方志系统表彰大会上，全军41个先进集体和41个先进个人受到表彰和奖励，便是生动而有力的证明。这支队伍是全国方志队伍的重要组成部分，也是全国方志队伍的生力军、排头兵。我们为全国地方志系统拥有这样一支队伍而深感骄傲。

当前，全国修志工作与军队修志工作一样，总的形势也是很好的。截至2005年年底，省、市、县三级首轮修志完成率分别为88.2%、95%和95%，比2001年年底第三次全国地方志工作会议召开前，分别提高了22%、24%和9%；总完成率，2001年为75.8%，2004年提高到86.96%，2005年进一步提高到91.7%。全部完成首轮修志的省级单位，也已由2001年时的4个增加到9个。而且，全国除西藏自治区外（西藏第一、二轮修志工作合并进行），30个省级单位（包括新疆生产建设兵团）都已发文启动了第二轮修志工作。今年3月，中国地方志指导小组召开三届四次会议，对全国第二轮修志中关系全局和带有普遍性的问题进行了研究分析，强调要高度重视对首轮修志经验的认真总结、消化，充分做好第二轮修志前的各项准备工作，从一开始就把确保志书质量放在第一位；并提出了规范管理修志工作、切实提高志书总体编纂水平等原则要求，做出了一系列相应的具体部署。为了稳步推进第二轮修志，指导小组办公室还在省、市、县（区）三级机构中选出10个单位作为试点，各省、自治区、直辖市也分别选出了200

多个试点单位。

去年，在人事部的支持和参与下，全国方志系统开展了首次大规模评比表彰先进活动，经过广泛推荐，逐级把关，几上几下、反复审核，评选出全国地方志系统先进集体 31 个、先进工作者 10 名，全国方志先进集体 244 个、先进工作者 484 名，并于今年 4 月在人民大会堂举行了隆重的表彰大会。特别需要指出的是，今年 5 月，在国务院法制办的大力支持下，广大方志工作者盼望已久的《地方志工作条例》（以下简称《条例》）终于出台，经国务院颁布施行，结束了地方志工作无法可依的历史，使地方志工作从此走上了法制化道路。《条例》颁布后，全国方志系统受到极大鼓舞，普遍掀起了学习、宣传和贯彻落实的高潮，促进了各级领导和社会对地方志工作的了解与理解。与此同时，旧志整理和开发利用工作，方志系统数字化、网络化建设工作，方志理论研究和学术交流工作，修志队伍培训工作，以及读志用志等各项工作，也都在稳步推进。再过几天，中指组办公室还将召开全国各省级单位方志办主任参加的学习贯彻《条例》经验交流会。这次会议将研究如何抓住《条例》颁布的大好时机，利用第三届指导小组任期所剩不多的时间，把地方志工作再向前推进一步的问题，争取以更多的优异成绩，迎接第四次全国地方志工作会议的召开。

在中国历代传统志书编纂中，军事活动虽然也是志书中的一个部分，但很少独立成志。党的十一届三中全会后开展新编地方志工作以来，军事活动内容不仅得到了应有重视，而且建立了独立、科学、实用、有效的修志系统与工作机制、理论体系，成为新编地方志不可或缺的有机组成部分。它与全国方志工作相辅相成，共同构成了中国新编地方志事业发展的全新格局。这是对修志传统的重大突破与发展，是地方志工作理论创新与制度创新的重要成果。自全军军事志第一次工作会议召开到现在，军事志工作已经形成了比较完善的领导体制和编纂制度。我相信，通过这次会议，全军志书编纂工作一定能在原有基础上得到更大发展，在“十一五”期间一定能取得更大成绩，从而为全国地方志工作提供更多的好经验，带动和促进全国第二轮修志工作顺利发展。我们将一如既往，竭诚为全军军事志编纂做好服务工作。让我们携起手来，共同努力，在马克思列宁主义、毛泽东思想、邓小平理论和“三个代表”重要思想的指引下，紧密团结在以胡锦涛同志为总书记的党中央周围，牢固树立科学发展观，全面贯彻党的十六届六中全会精神，抓住机遇，开拓进取，艰苦奋斗，扎实工作，把包括军事志在内的地方志事业不断推向前进，使地方志这一中华民族的优秀文化传统不断得到发扬光大，为建设社会主义和谐文化和中国特色的社会主义做出应有的贡献！

编修《香港通志》是利港利国的大事喜事*

——在香港地方志工程启动典礼上的致辞

（二〇〇七年二月十四日）

首先，衷心感谢香港地方志筹备委员会盛情邀请我出席香港地方志工程启动典礼。其次，请允许我代表中国地方志指导小组对工程启动表示热烈祝贺！

地方志是全面、系统、客观记述一定行政区域内自然、政治、经济、文化和社会的历史与现状的资料性文献。连绵不断地编修地方志，是中华民族自古以来特有的优秀文化传统。地方志的起源，最早可以追溯到先秦时期。自宋代以后，修志逐渐规范化，明、清两代更成为国家行为而被制度化。民国时期，政府将方志编纂列为重要事项，曾下令各地设立方志馆、方志局，编修省、市、县三级志书，并颁布了修志办法与规定。据统计，我国现存古籍中，地方志书约占十分之一，共有8000多种，十余万卷。这是我国历史文化遗产中弥足珍贵的组成部分，是人类独具特色的文明成果。中华文明在世界几支古代文明中之所以能成为唯一经久不衰的文明，不能不说与这一文化传统有着密切关系。

---

* 这篇贺词曾发表于《中国地方志》2007年第3期。

中华人民共和国成立后，继承并极大地发扬了中华民族编修地方志的传统。早在中华人民共和国成立之初，修志便被列入国务院科学规划委员会制定的《十二年哲学社会科学规划（草案）》，并且成立了负责指导全国修志工作的中国地方志小组。至1960年，全国已有20多个省、直辖市、自治区的530个县开展了新编地方志工作，其中250多个县写出了初稿。改革开放后，修志工作再次掀起高潮。1981年，中国地方志协会成立。1983年中国地方志指导小组恢复组建，并由国务院委托中国社会科学院代管。1985年和1996年，国务院办公厅两次发文部署修志工作。2006年，国务院颁布了《地方志工作条例》，对地方志的内涵与外延，各级政府的责任，修志的原则、要求与间隔年限，志书的审查验收与文稿管理等都做出了明确规定，标志修志工作从此纳入法制化轨道。目前，除港、澳、台以外的省、市、县，普遍建立了由当地主要领导挂帅的地方志编纂委员会及其工作机构，国务院许多部委以及解放军、武警部队也建立了修志部门，从上到下形成了一支由2万名专职人员和10多万兼职人员组成的修志队伍。截至2005年年底，省、市、县三级首轮修志规划任务已平均完成90%以上，出版志书5000余部，近100亿字；此外，还编写出版了4万多部部门志、行业志、名山大川志、乡镇志，整理出版了大批历代志书，编纂出版了大量地方综合年鉴。现在，大体以20世纪70年代末80年代初为上限的第二轮修志工作，也已在全国范围展开。这一切充分说明，新中国对修志工作的重视程度是中国历史上空前的，新中国修志工作取得的辉煌成绩也是中国历史上前所未有的。

香港自古就是中国的一部分，在清代隶属广州府新安县。清康熙和嘉庆年间编修的两部《新安县志》，就含有香港的内容。但由于历史的原因，香港自身还从未修过地方志。1997年，香港主权回归祖国，揭开了香港历史的新篇章。常言道：盛世修志。一段时间以来，香港文化界的有识之士一直在为继承和发扬祖国编修地方志的传统而四处奔走，上下求索。2004年，香港岭南大学联合香港学术界精英，首开香港地方志座谈会，并正式发出编修《香港通志》的倡议。从那时起，他们先后成立了以陈坤耀校长为首的香港地方志筹备委员会，取得了香港特别行政区行政长官曾荫权先生和中央联络办领导的支持，草拟了《香港通志》篇目，走访了中国地方志指导小组办公室和内地许多省市的地方志工作机构。在各方面准备工作就绪的基础上，香港地方志工程今天终于宣布启动了。这是弘扬中华民族文化传统的体现，是促进香港繁荣发展的善举，是献给香港回归祖国10周年的厚礼，是香港乃至祖国内地方志界的大事喜事。

由于地方志内容包罗万象，贯通古今，横陈百科，历来被认为具有资治、教化、存史三大功能。所谓“治邦国者以史为鉴，治郡国者以志为鉴”“郡之有志，犹国之有史”“传述忠孝节义，凛凛冽冽，有声有色，使百世而下，怯者勇生，贪者廉立”，等等，讲的都是这个意思。因此，编出一部高质量的《香港通志》，可以肯定地说，有利于香港为政者的科学决策，有利于香港的招商引资、资源开发、灾害预防、旅游发展、学术繁荣、民风纯正，有利于香港和内地人民乃至世界各国人士对香港地情的了解，有利于香港人民更加热爱祖国、内地人民和世界各国人士更加热爱香港。得道多助，对于这样利港利国的好事，中国地方志指导小组和祖国内地方志界同仁无疑会给予全力支持。当然，香港和内地实行的是“一国两制”，内地编修地方志的体制及某些编纂程序并不一定适用于香港，一些做法和经验也难以为香港所照搬。但在人员培训、业务咨询、学术交流等方面，内地方志界是完全可以提供帮助的。同时，我深信，香港特别行政区各有关部门和香港企业界、文化界、新闻界的朋友，在档案提供上，在资金和舆论支持上，也一定会上善若水，举鼎相助。有了这些支持，香港地方志工程一定可以按照预定计划，顺利实施，胜利完工。

最后，预祝《香港通志》早日面世！祝在座的各位新春快乐，身体健康，万事如意！

编好《澳门特区志》，弘扬中华优秀文化

——在澳门地方志工程启动典礼上的致辞

（二〇〇八年十二月一日）

衷心感谢《澳门地方志》工作小组盛情邀请我和中国地方志指导小组办公室的同事们出席《澳门地方志》工程启动典礼暨中国地方志研讨会。在此，我谨代表中国地方志指导小组，对工程的启动和研讨会的召开表示热烈祝贺！

地方志书是全面系统地记述一定行政区域自然、政治、经济、文化和社会的历史与现状的资料性文献。编修地方志是我国自秦汉以来特有的悠久文化传统。宋元时期，修志逐渐成为政府行为，体例格式也趋规范。明清时期，朝廷不仅反复颁布修志诏谕，而且所需经费也多由政府提供。民国初期，修志更被列入地方政府为政要事，曾下令各地设立方志馆、方志局，要求编修省、市、县三级志书。历代方志流传至今的约有8000多种，十余万卷。它们是中华文明的重要载体，是祖国弥足珍贵的文化遗产，是世界文明史上独具魅力的奇观。

中华人民共和国成立后，党和国家十分重视继承和发扬编修地方志这一优秀文化传统。早在1956年，国务院就成立了地方志小组，并将编修地方志作为《十二年哲学社会科学规划（草案）》中的20个重点项目之一，计划在十年之内完成全国

大部分市县志的编修。这个计划虽然未能完成，但全国已有20多个省、市、自治区的530多个县开展了新编地方志工作，其中250多个县写出了初稿。改革开放后，编修地方志再次受到党和国家的高度重视。1983年，中国地方志指导小组恢复组建。随后，全国省、市、县三级均设立了地方志工作机构，并由各级政府主要领导担任地方志编纂委员会主任，由政府拨给编制和经费。为了推动各地修志工作，国务院办公厅两次发文部署，对各地政府提出要求。尤其国务院于2006年颁布《地方志工作条例》，以法规形式明确了地方志的内涵和外延、各级政府对修志的职责、修志的原则和间隔年限，志书的审查验收与文稿的管理等问题，使地方志工作进入了法制化的新阶段。现在，全国地方志工作系统共有专职人员2万余人，兼职人员10万余人；国务院许多部委局和国有大企业，以及解放军、武警部队等，都建立了修志部门。改革开放后的首轮修志任务，至今也已基本完成。据不完全统计，二十多年来全国共出版省、市、县三级志书5800余部，部门志、专业志、行业志、山水名胜古迹志16000余部，乡镇村志2000余部，地情书6000余部，编辑地方综合年鉴2000余种，整理历代方志2000余部。目前，大体以上世纪70年代末80年代初为志书上限的第二轮修志，正在全国范围展开。事实表明，新中国成立后特别是改革开放后，修志工作无论从规模之大、范围之广上看，还是从成果之多上看，都堪称中国历史最为辉煌的时期。

古人讲，“治邦国者以史为鉴，治郡国者以志为鉴”。地方志上达天文，下含地理，横陈百科，包罗万象，在所有地情书、国情书中是最全面、最系统、最权威的一种，历来被认为具有资政、教化、存史的功能。澳门古称蚝镜，别称濠江，隶属广州府香山县。明清两朝编修的几部《香山县志》中，均有关于澳门情况的记载。清代乾隆年间编修的《澳门纪略》，更是我国历史上第一部系统介绍澳门的著作。它不仅被全文收入《四库全书》，而且被其后的《皇清职贡图》《粤海关志》《海国图志》等书所参考或摘录。自从我国中央政府于 1999 年恢复对澳门行使主权后，澳门历史揭开了新的篇章。为了让澳门市民更加系统地了解自己的历史文化，促进中华民族优秀文化在澳门的继承和弘扬，并向内地和国际社会全面介绍澳门的政治、经济、社会概貌，以利于澳门的进一步发展繁荣，澳门特区政府从去年开始考虑编纂一部澳门地方志。为此，特区政府社会文化司司长崔世安先生两度赴京，走访中国地方志指导小组，咨询有关事宜。随即，在特区行政长官何厚铧先生的支持下，成立了以澳门理工学院院长李向玉为首的《澳门地方志》编修工作筹备小组，拟定了《澳门地方志》筹备方案和篇目。今天，在各方面准备工作就绪的基础上，特区政府又隆重举行了《澳门地方志》工程的启动典礼。这一切充分反映了特区政府对地方志特殊功能的深刻认识，以及对编修地方志的工作所给予的巨大关怀。对此项德政善举，中国地方志指导小组深感钦佩，并愿在业务咨询、人员培训等方面，予以全力协助和配合。同时，我们也殷切希望以编修澳门地方志为契机，进一步加强澳门学术界与内地方志界的学术交流，共同研讨地方志编纂的理论和方法。我相信，在澳门特区政府各有关部门、各社会团体和各界人士的支持下，在《澳门地方志》工作小组的努力下，一部高质量的《澳门地方志》一定会呈现在世人面前。

最后，预祝《澳门地方志》早日编修成功！祝崔世安司长和在座的各位身体健康，万事如意！

把质量放在《抢险救灾志》编纂的首位

——在《汶川特大地震抗震救灾志·抢险救灾志》编纂委员会成立大会上的致辞

（二〇〇九年一月六日）

经过精心筹备，《汶川特大地震抗震救灾志·抢险救灾志》（以下简称《抢险救灾志》）编纂委员会成立大会今天召开了。在此，我谨代表中国地方志指导小组、《汶川特大地震抗震救灾志》编纂委员会和陈奎元同志，向《抢险救灾志》编委会的成立和会议的召开表示热烈祝贺！向一贯重视、关心和支持修志工作的总部首长和在座各位领导表示诚挚的谢意！

汶川特大地震震级达里氏8级，最大烈度11度，余震3万多次，并带有滑坡、崩塌、泥石流、堰塞湖等严重次生灾害；灾区范围涉及全国10个省区市、417个县（市、区）、4667个乡（镇）、48810个村庄，总面积约50万平方公里，其中极重灾区和重灾区面积13万平方公里；受灾群众约4625万人，伤亡失踪共计46万余人，直接经济损失8451亿元，是新中国成立以来破坏性最强、波及范围最广、救灾难度最大的一次地震灾害。面对这突如其来的特大灾害，全党、全军、全国各族人民在党中央、国务院和中央军委的坚强领导下，开展了历史上救援速度最快、动员范围最广、投入力量最大的抗震救灾斗争，最大限度地抢救了被困群众，最大限度地减低了灾害损失，夺取了抗震救灾斗争的重大胜利，弘扬了中华民族的伟大精神，显示了社会主义的巨大优越性。

为了把这一世所罕见的特大灾害和无与伦比的救灾事迹完整记录下来，以存史资鉴，国务院决定编纂《汶川特大地震抗震救灾志》，并于2008年11月6日召开了编纂委员会成立大会暨第一次全体会议，对编纂工作进行了全面部署。这部抗震救灾志是新中国成立以来，在国家层面组织编纂的第一部全国性志书，也是我国历史上第一部全国性的抗震救灾志。它的编纂无论对于全面、系统、客观地记述这一特大灾难的发生，以及抗震救灾和灾后重建的过程，还是为人们研究地震灾害的特点和规律，总结抗震救灾、减灾防灾工作的经验，宣传我们党和政府、军队、人民群众的伟大抗震救灾精神，都具有十分重要的意义。

根据国务院批准的《〈汶川特大地震抗震救灾志〉编纂工作实施方案》，该志共设11个分卷，《抢险救灾志》是其中的第五卷。由于在国务院抗震救灾总指挥部中，抢险救灾组的工作由总参谋部牵头负责，所以《抢险救灾志》的编纂任务也交总参谋部牵头领导，并由军事科学院组织实施。在汶川特大地震抗震救灾的斗争中，人民解放军指战员、武警部队官兵、民兵预备役人员和公安民警，以灾情为最高命令，以救灾为神圣使命，哪里灾情危急就向哪里冲去，哪里有生死考验就向哪里挺进，哪里有受灾群众就向哪里集结，为人民立下了新功，给军旗增添了光彩，向党交出了合格的答卷。他们用事实再次说明，人民军队和人民警察不愧是人民群众的子弟兵和守护神、抢险救灾的主力军和突击队。我们设置这部分卷的目的，就是为了反映广大军民在那些难忘的日日夜夜里所涌现出的无数感天动地、可歌可泣的英勇事迹，所表现出的临危不惧、舍生忘死的大无畏精神。

为了把这部《抢险救灾志》编好，我想借此机会，提出以下几点建议，供首长和同志们参考：

第一，加强领导，精心组织。

根据全国省、市、县三级地方志书的编纂工作经验，要做好修志工作，关键在于各级党委和政府的重视和支持，把它摆在应有的位置，经常给予指导，定期督促检查，及时解决工作中遇到的实际困难和问题。编纂《汶川特大地震抗震救灾志》，同样要按照“谁主管、谁负责”的原则，由各分卷编纂委员会成员单位的领导切实负起责任来，做好编纂的组织工作。要把分卷编纂工作列入自己的议事日程，强化科学管理，搞好骨干培训；要根据《〈汶川特大地震抗震救灾志〉编纂工作实施方案》，制定分卷的工作计划和方案，增强编纂工作的计划性，做到有章可循，照章编纂；要落实责任制，把编纂方案中的具体目标定量分解，明确到人，分步实施。

第二，抓紧时间，整体推进。

编纂《汶川特大地震抗震救灾志》是一个时间安排紧、涉及单位多、工作任务重、质量要求高的系统工程，其中一家滞后，就会影响整个工程的进度。尤其《抢险救灾志》，既涉及军队，也涉及地方；既涉及各军兵种，也涉及各大军区、各野战部队；而且涉及不少有密级的内容，编纂中肯定需要多方面的协调、多层次的组合统稿和反复的审查修改，困难可想而知。只有抓紧前期的资料收集和初稿的上报审批，后期的总纂和出版工作才能按部就班地进行。因此，各有关单位一定要树立全局思想和大局意识，明确分工职责，增强时间观念。其中，牵头单位要切实发挥好组织协调作用，各承编单位要认真落实分卷编委会的安排部署，加强相互之间的团结协作。只有这样，编纂任务才可能按时完成。

第三，严格要求，确保质量。

志书的观点是否正确，内容是否真实，记述是否全面，篇章设计是否合理，体例是否规范，文字是否通顺，文风是否统一，总之，志书的质量高低与否，直接关乎志书的生命，是志书能否发挥存史、资政、教化作用，能否流传百世的根本所在。所以，编纂志书一定要把质量放在首位。《抢险救灾志》的编纂既是一项重大的文化工程，也是一项严肃的政治任务。参加编纂的单位应当以高度的政治责任感，本着对历史和人民负责的态度，坚持高标准、严要求，树立质量意识、精品意识，按照国务院《地方志工作条例》的要求，认真把好各个环节的质量关。要对参加编纂的人员加强业务培训和具体指导，要对志稿从史实到文字、从篇章结构到章节内容都仔细推敲，以确保这部志书经得起历史的检验。

当前，灾后恢复重建工作还在有条不紊地进行。因此，我们可以说是在一手搞恢复重建，一手抓编纂志书；一边在创造历史，一边在书写历史。我相信，有总部首长和《抢险救灾志》编纂委员会的坚强领导，有军事科学院的有力组织，有各承编单位的积极参与和团结协作，《抢险救灾志》的编纂任务一定能够胜利完成，一部与广大军民抗震救灾事迹相称的高质量志书一定会如期呈现在世人面前，所有参编单位和人员一定能向党和国家再交上一份合格的答卷，为《汶川特大地震抗震救灾志》全书的编纂工作作出表率，树立榜样。

编修新方志是我国社会主义先进文化建设的有机组成部分*

——在上海市地方志工作会议上的致辞

（二○一○年一月八日）

正当时光刚刚跨入2010上海“世博年”之际，上海市地方志工作会议在这里隆重召开了。它既是上海方志界全面启动二轮修志的一次盛会，也是方志界抓住上海举办世博会的历史机遇展示中国方志文化魅力的一次动员。我代表中国地方志指导小组和陈奎元组长，对会议的召开表示热烈祝贺！

连绵不断地编修地方志是中华民族特有的优秀文化传统，也是我国社会主义先进文化建设的有机组成部分。在一年前召开的第四次全国地方志工作会议上，中共中央政治局委员、国务委员刘延东指出：“推动地方志事业的发展，既能展示中华文化的博大精深和无穷魅力，也能体现现代文明和历史文明的一脉相承。在建设中国特色社会主义的伟大实践中，进一步推进地方志事业的发展和繁荣，对于促进社会主义文化大发展大繁荣，提高国家文化软实力具有十分重要的意义。”全国政协副主席、中国社会科学院院长、中国地方志指导小组组长陈奎

---

* 这篇致辞曾发表于《中国地方志》2010年第2期。

元也指出："新编地方志作为国情教育、地情教育的现实教材，以真实资料和生动史实，激发人们热爱祖国、热爱家乡的热情，在进行优良传统教育、培育文明风尚、增强民族自豪感和民族凝聚力等方面可以发挥重要作用。"他们的论述高度概括了地方志工作对于传承、弘扬中华文化，促进社会主义文化大发展，激发人民群众的爱国主义情怀，服务中国特色社会主义建设事业的重要作用。

上海是我国人口最多的特大城市，在全国经济建设和社会发展中具有十分重要的地位，当前更肩负面向世界、服务全国、联动"长三角"的重任，向着现代化国际大都市的目标迈进。早在第一轮修志中，上海便取得丰硕成果，编纂出版了包括一部《上海通志》和上海市县志系列丛刊、上海市区志系列丛刊、上海市专志系列丛刊在内的130多部志书。在二轮修志中，上海市所制定的编纂规划，任务明确，重点突出，内容丰富，特点鲜明，符合中国地方志指导小组对二轮修志的总体要求。规划中的市级专志系列，以上海有代表性的大型企业集团、重点院校、重要文化场馆、科研院所、医疗院所等单位为记述对象，突出了上海的区域特点，有利于全面完整地反映新时期新阶段上海经济社会发展的新情况新变化，是对《上海市志》很好的补充。在推动地方志工作的规范化、制度化、法制化方面，上海市也采取了诸如对地方志工作机构实行参照公务员法管理、着手制定《上海市实施〈地方志工作条例〉办法》等一系列重要举措。在深入学习实践科学发展观活动中，上海市地方志工作系统还开展了以"推进管志修志用志创新"为主题的实践活动，大大丰富了地方志工作的内涵，拓展了地方志工作的领域，为探索地方志工作围绕大局、服务中心的途径和方法，积累了不少新鲜经验。所有这些，都是上海市委、市政府正确领导和大力支持的结果，也是上海地方志工作机构和全市修志人员密切合作、奋力拼搏的体现。在此，我谨代表中国地方志指导小组向上海市委、市政府表示衷心感谢！向上海地方志工作机构的同志和所有参与修志的专家、学者致以崇高敬意！

地方志工作的开展离不开各级领导的支持，也离不开各部门的通力协作和全体方志工作者的共同努力。上海市经济发达，各方面条件优越，上海人民敢为人先，富有创新精神。我衷心希望上海地方志工作以这次会议为新的起点，在党的十七大和十七届三中、四中全会精神的指引下，在上海市委、市政府的领导和支持下，以科学发展观为指导，不断落实《地方志工作条例》，深入贯彻第四次全国地方志工作会议精神，认真总结首轮修志经验，更加注重志书质量，深化方志理论研究，加强地方志资源的开发利用，努力实现地方志的数字化、网络化，进一步搞好地方志队伍的建设，继续发扬团结协作、锐意进取的精神，积极推进上海二轮修志工作又好又快地向前发展，争取创造更多具有上海特色的地情文化产品，为上海世博会增光添彩，为上海乃至全国经济社会发展做出新的更大贡献。

方志馆应当成为爱国主义教育基地*

——在江苏省方志馆开馆仪式上的致辞

（二〇一〇年四月九日）

正当南京繁花似锦、春意盎然的时节，经过多年建设的江苏省方志馆终于落成开馆了。这是江苏省文化建设事业的一件大事，也是全国方志界的一件喜事，更是江苏省方志办为保护利用地方志资源、继承弘扬中华民族世代修志传统而做的一件好事。在此，我代表中国地方志指导小组向江苏省方志馆开馆致以热烈的祝贺！向参与方志馆建设的有关部门和全体建设者致以崇高的敬意！

江苏方志历史悠久，源远流长，佳作众多，名家辈出，素有“方志之乡”的美誉。新中国成立后，特别是改革开放以来，江苏的地方志工作在省委、省政府高度重视下，取得了丰硕成果，不仅较早完成了首轮修志任务，而且较早启动了第二轮修志。目前，江苏省的地方志工作无论在志书、年鉴的编纂和旧志的整理方面，还是在志书资源的开发、方志理论的研究、方志队伍的建设方面，都是走在全国前列的。今天，省方志馆又在省委、省政府有关部门的大力支持下，建成并投入使

---

* 这篇致辞曾发表于《中国地方志》2010 年第 5 期。

用。这无疑给江苏的地方志工作创造了更好的条件，使江苏方志事业如虎添翼，可以更快地向前发展。

方志馆是进入 21 世纪后，全国地方志工作系统在继承传统基础上，经过创新而逐步兴起的一种集方志收藏、展示、开发、利用于一身的公共文化设施。自 2006 年“方志馆”一词出现于新颁布的《地方志工作条例》后，兴建方志馆更成为许多省市促进社会主义文化大发展大繁荣的重要举措之一。应当看到，方志馆除了有收藏和展示志书，集中保存和统一管理修志过程中形成的文字资料、图表、照片、音像资料、实物及文稿等各种功能外，更为重要的功能乃是利用地方志工作的独特优势，对广大群众特别是青少年进行国情、地情和爱国主义教育。因此，从一定意义上可以说，方志馆也就是地情馆、国情馆，是重要的爱国主义教育基地。全国政协副主席、中国地方志指导小组组长陈奎元在第四次全国地方志工作会议上的讲话中指出：“新编地方志作为国情教育、地情教育的现实教材，以真实资料和生动史实，激发人们热爱祖国、热爱家乡的热情，在进行优良传统教育、培育文明风尚、增强民族自豪感和民族凝聚力等方面可以发挥重要作用。”这一论述既是地方志工作的指导方针，也应当是各级方志馆建设的指导方针。我希望江苏省方志办以省方志馆的启用为契机，努力探索如何把方志馆办成地情和国情教育基地的路径，在利用方志馆普及地情、省情、国情知识和进行爱国主义教育方面，给全省乃至全国已建及在建的方志馆树立样板，发挥好示范作用。

61 年前，毛泽东主席在得知人民解放军占领南京后，遥望南天，欣然命笔，写下一首著名诗篇。诗中云：“虎踞龙盘今胜昔，天翻地覆慨而慷。”我衷心祝愿江苏省方志办紧紧抓住省方志馆开馆的机遇，进一步宣传《地方志工作条例》，扩大地方志的影响，大力推进第二轮修志，狠抓志书质量的提高，让各项工作也做到“今胜昔”，使广大方志人都能面对成果“慨而慷”，为江苏省的经济社会发展做出新的更大的贡献！

再接再厉，不断创新，继续推进首都年鉴事业科学发展*

——在北京市年鉴工作会议暨《北京年鉴》创刊二十周年纪念大会上的致辞

（二〇一〇年十二月二日）

很高兴参加北京市年鉴工作会议暨《北京年鉴》创刊二十周年纪念大会，我代表中国地方志指导小组对大会的召开表示热烈祝贺，向在年鉴战线上默默耕耘的北京市年鉴工作者致以亲切问候，向所有参与过《北京年鉴》编纂的老同志，特别是老主编们致以崇高敬意！

在过去的20年，北京市的年鉴工作在中共北京市委、市政府和北京市地方志编委会的领导下，在全市地方志工作机构、年鉴编纂单位和全体年鉴工作者的努力下，取得了十分显著的成绩。近些年来，北京市的年鉴在全国各种评比活动中多次获奖，尤其是在刚刚结束的全国地方志系统第二届年鉴评奖中，《北京年鉴》更荣获了省级综合年鉴特等奖。以《北京年鉴》为代表的北京各级各类年鉴，系统记述了北京行政区域内每年的政治、经济、文化、社会和自然等方方面面的情况，成

---

* 这篇致辞曾发表于《中国地方志》2010年第12期。

为各级领导、各有关部门和社会各界了解北京地情的重要工具书，也为北京市地方志的编纂积累了大量翔实的资料。北京市在年鉴编纂工作中还形成了一套较为系统可行的制度和规范，培养造就了一支具有一定专业水平的组稿、撰稿队伍和编辑队伍，为北京市年鉴事业发展奠定了坚实的基础，也为全国的年鉴工作提供了宝贵的经验。

年鉴最初起源于欧洲，近代传入中国后，逐步形成了具有浓郁中国特色的年鉴事业。新中国成立后，特别是在改革开放的新时期，年鉴事业与中国的社会主义现代化建设事业相结合，伴随经济、社会、文化的大发展大繁荣焕发出新的青春和活力。2006 年由国务院颁布的《地方志工作条例》，将编纂地方综合年鉴列为地方志工作机构的重要职责之一，并且规定“以县级以上行政区域名称冠名的地方志书、地方综合年鉴，分别由本级人民政府负责地方志工作的机构按照规划组织编纂，其他组织和个人不得编纂”，使这项事业从此纳入了法制化的轨道。截至目前，全国已有近 20 个省、自治区、直辖市的人大常委会或人民政府在所制定的本地地方志工作法规、规章中，对年鉴工作做出了具体细致的规定。不少地方还专门下发文件，将已有的地方综合年鉴编辑部门划归地方志工作机构序列，理顺了年鉴工作的管理体制。在各地各级党委和政府的大力支持下，地方志工作机构和广大年鉴工作者与时俱进、开拓创新，通过制定年鉴编纂规范、建立年鉴审读制度、开展年鉴评比活动，推动年鉴质量提升；通过召开年鉴学术年会和理论研讨会、举办年鉴编纂培训班，活跃年鉴理论研究，培养高水平的年鉴队伍；通过编写年鉴简本、建立年鉴数据库，促进年鉴成果更好地为政府科学决策和经济社会发展服务。当前，全国地方志系统编纂的地方综合年鉴，在数量品种上不断增加，在编纂质量上稳步提高，已成为重要的地情资源库和社会各界了解一个地区或行业情况必不可少的参考资料，为修志奠定了扎实的资料基础，在存史、资政、科研、教育、招商引资等各方面发挥了和正在发挥着重要的作用。

不久前召开的党的十七届五中全会指出，文化是一个民族的精神和灵魂，要推动社会主义文化大发展大繁荣，提升国家文化软实力。年鉴编纂作为基础性的文化事业，是社会主义文化建设的有机组成部分。我们要以科学发展观为指导，以社会主义先进文化为方向，以《地方志工作条例》为依据，以做好年鉴工作为己任，不断完善年鉴质量保证体系和质量评价体系，加强年鉴编纂理论研究，造就高素质的年鉴工作者队伍，建立符合年鉴事业科学发展的管理体制和运行机制，切实提高年鉴编纂的质量，为推动我国年鉴事业的大发展大繁荣而努力工作，更好地服务于各级党委、政府的科学决策，更好地服务于社会各界的咨询需要，更好地服务于全民族文化素质的提高，履行好年鉴工作者应负的历史使命。

北京是全国的政治中心、文化中心和对外交往中心，目前正在加快经济发展方式的转变，以更高的标准实施人文北京、科技北京、绿色北京战略，努力建设中国特色的世界城市。北京市的地方志工作部门要抓住当前首都文化大发展大繁荣的机遇，再接再厉，不断创新，使北京市的年鉴工作继续走在全国前列，当好全国年鉴事业的排头兵。

落实质量第一的原则*

——在湖北新编地方志工作30年纪念暨民国版《湖北通志》重刊、湖北方志网开通仪式上的致辞

（二〇一〇年十二月二十七日）

正当第二次全国地方志系统表彰先进会议刚刚开过，元旦、春节即将来临之际，我们又在这美丽的东湖之滨欢聚一堂，共同庆祝湖北新编地方志工作开展30年、民国版《湖北通志》重刊和湖北方志网正式开通。这是湖北省地方志事业发展上的一件盛事，也是全国地方志工作中的一件喜事。在此，我谨代表中国地方志指导小组对这一仪式的举行表示热烈的祝贺！对湖北省地方志系统全体工作人员和所有参与修志的同志表示亲切的慰问！对与会的各位领导、专家和学者致以节日的问候！

30年来，湖北省地方志系统的干部职工在湖北省委、省政府的高度重视、正确领导和大力支持下，以饱满的工作热情和踏实的工作作风，不断开拓进取，辛勤耕耘，使湖北地方志工作取得了许多显著成绩，展示了湖北地方志事业科学发展、全面发展的良好态势。在首轮修志中，湖北省就是走在全国前列的；在当前正在开展的第二轮修志中，湖北省仍然是走在全国

---

* 这篇致辞曾刊登于《中国方志通讯》2011年第2期。

前列的。在年鉴工作中，湖北的省级年鉴多次获得过全国奖项，市县年鉴也在逐步规范之中。在方志网建设中，湖北已完成了“省地情信息管理与服务系统”的建设项目，使数字化、网络化建设实现了跨越式发展，形成了“志鉴书库网”五位一体的发展局面。在旧志整理和地情资源挖掘利用方面，湖北省也产生了不少可贵成果，为地方经济与社会的发展做出了积极贡献。事实说明，过去的30年，湖北省的地方志事业与全国的地方志事业一样，是继承并发扬中国方志文化传统的30年，是不断创新发展并获得巨大成功的30年，是无愧于人民和伟大时代的30年。

当前，全国地方志事业呈现出前所未有的好形势。《地方志工作条例》的颁布实施，使地方志工作纳入了法制化的轨道，也使地方志工作的内涵与外延发生了历史性的变化；地方志工作越来越受到社会各界的重视，地方志工作队伍的士气越来越高、干劲越来越大。但历史经验告诉我们，越是在形势好的时候，越要保持清醒头脑，越要看到工作中存在的不足和问题。如果说前些年我们主要应当防止的是松劲情绪的话，那么，近些年则主要应当防止浮躁情绪。地方志是由各地各级党委领导、政府主持、地方志工作机构组织编纂的全面系统记述一个行政区域内方方面面情况的资料性著述，编纂周期长，人力、经费投入大，权威性和生命力都很强。我们一定抱着对人民对历史负责的态度，把质量第一的原则落到实处，坚持进度服从质量，防止为赶进度而忽视质量的倾向。我衷心祝愿湖北省方志办在省委、省政府的领导下，认真贯彻科学发展观，进一步振奋精神、团结拼搏，以求真务实的作风，扎实做好二轮修志和地方志领域的其他工作，使湖北省地方志事业实现又好又快发展，为全面贯彻第四次全国地方志工作会议精神和落实质量第一的原则树立榜样，为湖北的经济与社会发展做出新的更大的贡献！

专门志是地方志的衍生品和重要组成部分*

——在《中国油气田开发志》首发式上的致辞

（二〇一一年十月十二日）

首先，感谢《中国油气田开发志》总编委会邀请我出席这部巨著的首发式。我代表中国地方志指导小组，向《中国油气田开发志》的出版表示热烈祝贺！向所有参与该书编纂的专家学者，特别是老领导、老专家们致以诚挚的敬意！

《中国油气田开发志》是由中石油、中石化、中海油及陕西延长石油四大石油集团公司，共同组织编写的一部大型专业志书。全志分13篇、62卷，合计7800余万字，可谓鸿篇巨制，连城之作。它所记述的时段，上溯2000多年前中国人发现并产出油气，下至2005年年底；所记述的范围，既包括油田地质，也包括油气田勘探、开发、开采、管理和人物，做到了横不缺项、纵不断线，可谓抢救性挖掘保护我国油气田开发历史资料的重要举措，全景式展示我国油气田开发历史与现状的百科全书。该书从筹备编纂到成书出版，历时6年，参与编写的专家、学者近万人，其中既有年逾古稀甚至耄耋之年的老同志，也有风华正茂的年轻同志；既有集团总部机关的同志，也有基层油气田公司的同

---

* 这篇致辞曾发表于《中国地方志》2011年第12期。

志，可谓石油战线上的又一次“大会战”。这部志书的出版，不仅为世人了解我国油气田开发、开采的全貌和总结其中的经验教训提供了客观翔实的资料，也为宣传和弘扬我国石油战线广大干部职工独立自主、自力更生、艰苦奋斗的创业精神及爱国主义情怀提供了宝贵教材，为我国行业志填补了一个空白。因此，这既是石油行业的一件喜事大事，也是方志界的一件喜事大事。

地方志书是全面系统地记述一定行政区域自然、政治、经济、文化和社会的历史与现状的资料性文献。连绵不断地编修地方志是中华民族源远流长的优秀文化传统，而专门志则是地方志的衍生品和重要组成部分。自古以来，我国志书中就有很多专门志，如水利志、漕运志、山水志、学校志、文献志、风俗志、宗族志、人物志等。明代更有一种官署志兴起，如礼部志、户部志、刑部志、都察院志等。这些专门志在编修体例上仿照区域志，使地方志编修文化的内涵得到进一步丰富，成为现存旧志的一大亮点。新中国成立后，地方志编修承袭了这一传统。例如，二十世纪五六十年代，河北省昌黎县就与中国科学院语言研究所合编了一部《昌黎方言志》。改革开放后，随着大规模首轮新编地方志事业的开展，专门志的编修也应运兴起，各种部门志、专业志、行业志、企业志、学校志、山水名胜古迹志等，如雨后春笋，纷纷成书面世。自20世纪末、21世纪初开展全国第二轮修志以来，专门志的编修又有了新的进展。在国务院有关部委局的指导下，《中国烟草通志》《当代中国印钞造币志》《中国民用航空志·东北地区卷》等相继出版，《中国海关通志》已交付出版社，《中国铁路志》《中国林业志》正在编纂之中。水利部、铁道部还为本系统志书的编修制定了编纂导则或法规性文件。一些地方和部门还积极开展了针对特定时期、特定事件的修志工作，如编修抗日战争志、改革开放志、奥运会志、全运会志、大运会志，等等。2008 年 11 月，以国务院名义部署编修的《汶川特大地震抗震救灾志》，更是新中国第一部国家层面的专门志。该书计划编纂 11 卷、1000 余万字，参与单位除中央有关部委局、有关省市自治区和解放军、武警部队总部外，还有科研机构、高等院校等共 70 余家。目前，各卷初稿已经完成，预计明年可以出版。据不完全统计，截至 2010 年年底，全国已出版各类专门志约 2 万余部。它们为地方志文化的繁荣发展注入了新的活力，是新编地方志花坛中盛开的奇葩。

众所周知，中国的油气藏，类型之复杂，勘探、开发、开采难度之大，均为世所罕见。但是，新中国成立后，我国石油战线几十万名干部、科技工作者和工人，在中国共产党领导下，克服一个又一个世人难以想象的困难，经过一代又一代人的艰苦创业，终于使中国由一个贫油国变为世界上的产油大国。1949 年，我国石油产量仅为 7 万吨，天然气产量在 1952 年也只有 800 万立方米。但经过二十世纪五六十年代的科学勘探和“大会战”，到 1978 年，石油产量突破 1 亿吨，天然气产量达到 137 亿立方米，分别比中华人民共和国成立初期增长 1400 倍和 1700 倍，做到了自给自足。经过改革开放的 30 年，到 2010 年，石油产量翻了一番，突破 2 亿吨；天然气产量翻了 7 番，达到 967 亿立方米。这些成就充分显示了掌握自己命运的中国人民的豪迈气概和冲天干劲，充分显示了作为我国国民经济支柱和社会主义经济制度基础的国有大中型企业在增强国家经济实力、掌控国民经济命脉、参与国际经济竞争中的关键性作用，充分显示了社会主义制度集中力量办大事的优越性。我希望方志界的同仁们利用《中国油气田开发志》出版的机会，认真向石油战线广大职工顽强拼搏、开拓进取的精神学习，向参与该书编纂工作的领导和专家、学者孜孜不倦、严谨治学的作风学习，为把我国新编地方志事业不断推向前进，继续努力奋斗！

把方志馆建成修志成果大众化的转化平台*

——在广西方志馆开馆仪式上的致辞

（二〇一一年十一月十七日）

正当全国思想文化界大力贯彻《中共中央关于深化文化体制改革推动社会主义文化大发展大繁荣若干重大问题的决定》之时，广西方志馆暨史志博物馆今天隆重开馆了。这不仅是广西文化强区建设的重要成果，而且对弘扬中华民族独有的方志文化也具有重要意义。在此，我代表中国地方志指导小组，谨向广西方志馆的落成开馆表示热烈祝贺！

广西编修地方志的历史源远流长，早在晋代就产生了《始安郡记》，清代嘉庆五年（1800）编修的《广西通志》，更被誉为“省志楷模”，在中国方志史上有着十分重要的地位和影响。据统计，从有史记载至新中国成立，历代编修的广西志书共有 627 种，其中存世的有 248 种。社会主义新编地方志工作开展以来，广西的修志事业更是硕果累累。截至 2010 年年底，广西首轮修志和第二轮修志共编修出版了三级志书 206 部，专业志、乡村镇志、地情书和年鉴共约 2300 部。此外，整理出版旧志和其他古籍 50 多种。这些地方志文献凝聚了广西历代

* 这篇致辞曾发表于《中国地方志》2012 年第 1 期。

修志人的艰辛和努力，展示了中华文化的博大精深和无穷魅力，是珍贵的文化遗产，也是研究历史、服务当代、开创未来取之不尽、用之不竭的文化宝藏。

当前，随着《地方志工作条例》的不断深入贯彻和各地经济实力的逐步增强，越来越多的地方正在建设或计划建设方志馆。这是各级党委、政府高度重视地方志工作的体现，也为地方志工作部门开发利用地方志资源、更好地服务当地经济社会发展提供了更为便利的手段和更加广阔的舞台。党的十七届六中全会的决定强调，要“加强哲学社会科学成果转化，更好地服务经济社会发展”“加强文化馆、博物馆、图书馆、美术馆、科技馆、纪念馆、工人文化宫、青少年宫等公共文化服务设施和爱国主义教育示范基地建设”。我希望广西壮族自治区地方志办公室以方志馆的落成开馆为契机，在建立健全方志馆有效管理和科学运行机制的同时，尽快把方志馆建设成为广西地方志编修成果大众化的转化平台，建设成为广西地情的展览馆，建设成为广西爱国主义的教育示范基地，充分利用方志馆这一文化服务设施中的创新形式，为繁荣发展地方志事业、开展国情区情教育、服务广西经济与社会发展，做出自己应有的贡献。

军事志工作是地方志工作的重要组成部分*

——在全军军事志第三次工作会议上的致辞

（二〇一二年七月二十七日）

正当全国上下深入贯彻落实党的十七届六中全会精神、蓬勃掀起社会主义文化建设新高潮的大好形势下，全军军事志第三次工作会议召开了。这次会议将全面总结第二轮军事志的编修成绩和经验，研究部署当前和今后一个时期的工作，标志军事志工作站在了一个新的起点上，是一次十分重要的会议，必将进一步推动军事志工作的科学发展和先进军事文化的建设。在此，我代表中国地方志指导小组和全国政协副主席、中国地方志指导小组组长陈奎元同志，对会议的召开表示热烈祝贺！向在这次会议上将受到总参谋部表彰的全军军事志工作先进集体和先进工作者表示热烈祝贺！同时，借此机会，向始终高度重视、大力支持军事志工作的中央军委和各总部领导表示崇高的敬意！向与会的全军军事志指导小组各位成员，各军区、省军区领导，以及先进集体和先进工作者的代表，并通过你们向全军广大军事志工作者致以诚挚的问候！

从 2001 年起开始进行的全军第二轮军事志编修工作，现

---

* 这篇致辞发表于《中国地方志》2012 年第 9 期。

在业已圆满完成。这是中央军委和各总部亲切关怀的结果，是全军和各军区军事志指导小组周密谋划、精心指导的结果，是各级编纂单位、有关部门和广大修志人员辛勤耕耘、无私奉献的结果。在此，我也代表中国地方志指导小组向所有参编单位和工作人员表示热烈祝贺！

在过去的11年里，全军军事志工作高举中国特色社会主义旗帜，认真贯彻党中央、中央军委的一系列指示精神，建立了“党委统一领导、分管首长负责、司令部组织实施”的领导责任机制，以及“机关各部门参与、军地协调、牵头单位与驻军单位相配合”的协作机制，“编委会领导下的主编负责、三级通审志稿”的审查机制，“向地方政府请领、各级自筹、总部下拨”的经费保障机制；形成了包括省、市、县三级军事志书，以及军事年鉴、军事大事记、军事专题志、专题资料书、史志读物、修志理论著述在内的庞大的修志成果群；锻造了一支政治过硬、经验丰富、业务熟练，并具有甘于寂寞、淡泊名利、严谨求实、无私奉献的修志精神的专兼职修志队伍。这些修志的工作体制和机制是全军军事志系统集体智慧的结晶，值得全国各级地方志工作机构认真借鉴和学习。这批高质量的修志成果是军事文化资源宝库的重要组成部分，已经或正在为领导科学决策、部队建设、军事斗争准备发挥着积极的作用。这支充满修志人精神的专兼职修志队伍是全军修志工作的宝贵财富，将在本次会议上受表彰的先进集体和先进工作者是他们中间的优秀代表，为全国地方志系统树立了学习的榜样。

当前，全国地方志工作在《地方志工作条例》的指导和保障下，在《中共中央关于深化文化体制改革推动社会主义文化大发展大繁荣若干重大问题的决定》的鼓舞和指引下，在各地各级党委、政府的领导和主持下，在地方志系统广大干部职工的努力下，正呈现出前所未有的喜人局面。各级地方志工作机构在贯彻《地方志工作条例》及推动地方志工作法制化、制度化方面迈出了新的步伐，开展依法修志的能力不断增强；第二轮修志工作进展顺利，年鉴编纂、旧志整理、理论研究等方面均取得了丰硕成果；地情网站和方志馆建设快速发展，地方志资源开发利用工作取得了新的成效；由国务院交办的《汶川特大地震抗震救灾志》编纂任务，在包括总参作战部、全军军事志指导小组办公室在内的各参编部门的密切合作和大力推动下，也已经基本完成。上述成绩的取得，是与全军军事志系统的紧密配合及有力支持分不开的，是包括全军军事修志队伍在内的全国方志队伍共同奋斗的结果。在此，我谨代表中国地方志指导小组向全军军事志指导小组及其办公室表示衷心感谢！

今年1月，中央军委下发了《关于大力发展先进军事文化的意见》，提出要大力开展先进军事文化建设。军事志工作是先进军事文化建设的基础性工程和重要内容，也是全国地方志工作的重要组成部分。我相信，通过这次会议，全军修志工作在总部首长的关怀和支持下，在各级军事志指导小组的领导下，一定能在“十二五”期间得到更大发展，为全国地方志工作提供更多的好经验，为先进军事文化建设和社会主义文化大发展大繁荣做出更大贡献！

为中国海关修志就是为中华民族的兴衰荣辱修志

——在《中国海关通志》出版研讨会上的致辞

（二〇一三年九月二十九日）

正值全党深入推进党的群众路线教育实践活动之际和中华人民共和国即将迎来 64 周年华诞之时，由国家海关总署主持编纂、中国海关学会组织实施、方志出版社出版的《中国海关通志》今天出版了。它是我国海关建设史上的一件大事喜事，也是我国新编地方志历史和全国方志界的一件大事喜事。在此，我谨代表中国地方志指导小组，向为海关通志的编纂做出贡献的所有工作人员表示崇高敬意！对海关通志的出版及出版座谈会的召开表示热烈祝贺！

海关是国之门户，是国家主权的重要组成部分。中国海关的发展历史生动见证了国家的兴衰、民族的荣辱。从这个意义上说，为中国海关修志，也就是为中华民族的兴衰荣辱修志。《中国海关通志》正是这样一部志书，它全面、系统、完整地记述了中国海关从古代到近代到当代的演变过程，充分反映了中华民族是如何在帝国主义列强的侵略下逐步丧失海关大权，又是如何在中国共产党领导下从帝国主义手中夺回海关大权，并使它由小到大、由弱到强、在改革开放中日益发展的历程。

《中国海关通志》编纂工作在国家海关总署领导下开展，由通志编委会及其编辑部具体负责编撰，历时6年多，前后数百人参与。该书共605万字，分为6个分册，是第一部由国务院部门牵头编纂，贯通古今并覆盖全国的海关专志，也是集史料性、学术性、权威性为一体的鸿篇巨制。它不仅是研究中国海关的重要文献，也是研究中国历史，特别是中国近代史、现代史、改革开放史的重要文献。它的编纂和出版不仅是海关系统各有关部门团结合作的丰硕成果，也是“党委领导、政府主持、各级地方志编委会组织实施”这一地方志工作正确体制和“甘于寂寞、无私奉献”这一地方志事业核心精神的又一生动诠释；不仅将对全国地方志系统产生积极影响，而且会对部门志、行业志的编撰树立良好示范。

地方志是传承、彰显中华文明的重要载体，连绵不断编修地方志是中华民族的优良文化传统，从古至今积累的历代大量志书是独具中国特色的人类文明成果。当前，全国地方志事业在党中央、国务院的关心、指导下，在各地、各部门的领导支持下，在广大地方志工作者的共同努力下，正在走上法制化、规范化、可持续化的轨道，形成“志、鉴、书、网、研、库、馆、用、会、刊”十业并举的格局，进入地方志历史上的最好时期。我们要紧密团结在以习近平同志为总书记的党中央周围，借全国宣传思想工作会议的东风，更加深入地贯彻落实党的十八大精神，更加主动地争取各级党委、政府和有关部门的领导和支持，更加积极地为各地经济与社会事业及各部门的工作服务，争取在社会主义文化强国建设中做出地方志工作者的新的更大的贡献。

（三）在地方调研时的讲话

加强队伍建设，推动修志工作*

——在福建省地方志编纂委员会座谈会上的讲话

（二〇〇二年一月二十四日）

目前全国修志形势很好。已出版的省、市、县三级志书有4789部，专职修志人员有2万多人，其规模超过了中国历朝历代。但从出版的志书情况看，问题也不少。当前修志工作应着重解决以下几个问题：

一是要出精品，抓质量。修志人员水平参差不齐，有的水平高，编出的志书相对好一些；有的素质不高，志书的质量就差一些，有一些还是比较严重的问题。中国地方志指导小组正在考虑着手解决提高修志队伍素质的问题，准备编写地方志教材、办修志人员培训班。

二是要做好读志用志工作。李铁映同志在第三次全国地方志工作会议上特别强调了这一点。地方志工作搞了二十多年，质量怎么样，只有通过读志用志来检验。地方志工作机构一定要加强对读志用志问题的研究，把读志用志放在修志工作的突出位置来抓。

---

* 这篇讲话是根据《中国方志通讯》2002年第2期《中国地方志指导小组常务副组长朱佳木同志在福建省地方志编纂委员会调研并举行座谈》的报道整理而成的。

三是要加强工作调研，掌握全面情况。省级地方志工作机构不仅自己要编纂志书，而且要指导下级工作，组织相关部门参与修志，因此，不能只埋头编书，还要了解和熟悉各方面情况。中指组办公室没有修志任务，更要把主要精力用于了解各地情况，否则，无法指导基层工作。

四是要健全机构，进一步理顺关系。地方志工作的基础在地方，各地的地方志工作机构必须常设，不能撤并。编纂志书不同于一般志书的写作，不能由写作班子来搞。国务院规定地方志每二十年一修，因此，必须有常设机构，长期从事这项工作。

明确工作思路，搞好“四个提高”*

——在河北省地方志办公室座谈会上的讲话

（二〇〇二年四月十一日）

刚才参观了河北修志二十年成果展，又听取了省方志办王史源主任的介绍，给我留下很深的印象，使我受到许多启发。可以看出，河北地方志工作确实搞得很好。比如，计划出版的93部省志，完成了72部，其余21部，有16部已经基本定稿；市志基本完成，尚未完成的两部，初稿也已形成，并且拿出来参展了；县志已全部完成。理论研究有很大成绩，邀请了许多专家、学者参加学术活动。在用志方面取得了许多经验，摸索出不少路子。可见，河北省地方志工作的成果是丰硕的。

不过，河北省地方志系统的同志还要继续努力，要进一步加快第一轮修志的扫尾工作，要多出良志佳作，要增强志书记述的广度和深度。当然，河北省地方志工作还存在着一些困难和问题，比如省级工作机构规格偏低，开展工作比较困难。对于这些困难和问题，有的要靠你们自己的努力来解决，有的需要我们中指组给予帮助。就机构问题来说，全国31个省、市、

---

* 这篇讲话是根据《中国方志通讯》2002年第8期《中指组常务副组长朱佳木同志到河北省地方志办公室视察并调研方志工作》的报道整理而成的。

自治区，只有河北、内蒙古、浙江、云南、宁夏等少数几个省份（自治区）是处级，其他都是正厅或副厅级。省市机构同级，工作起来确实不方便。像这样的事，你们自己不好谈，我们理应帮你们呼吁。

河北省地方志系统要以第三次全国地方志工作会议的召开为契机，明确今后的工作思路和努力方向，扎实推进第二轮修志工作。首先，要认真学习李铁映同志在工作会议上的讲话和会议文件，做好传达贯彻，采取切实措施，把会议精神落实到实际工作中。其次，要结合河北地方志工作的实际，紧紧围绕“四个提高”，做好第一轮修志的扫尾工作和第二轮修志的各项准备工作。在这方面，主要应当做好以下几项工作：

第一，提高志书质量。

李铁映同志强调，续志工作从一开始就要把质量放在首位。我们过去修的志书，质量参差不齐，有好的，也有不太好的。这是因为，我们二十年前做这项工作时，是仓促上马，建起班子来就干。而今天修志，是在首轮修志取得丰富经验的基础上进行的，而且各方面的条件都比过去有了很大改善。因此，我们应该把质量放在更高的位置上来对待，不这样就失职了。速度和质量，我更看重质量。要把质量看成是志书的生命。志书及我们的工作能否得到社会的承认，关键在于质量而不在于速度。

第二，提高队伍素质。

提高素质有三个办法。第一，要尽可能引进一些学历高的修志人员。修志工作从根本上说是一项社会科学研究性质的工作，搞科研最好有研究生的层次，起码应当是本科生。过去不可能提这样的要求，因为没有那么多研究生。而现在，研究生越来越多，虽然方志专业的研究生还不多，但史学、地理学或文学、经济学等社会科学专业的研究生都可以从事地方志工作。他们毕竟接受了较长时间的学历教育，具有一定的研究能力。目前，研究生毕业后就业比较难，这给我们提供了机会，使我们有可能招到高层次的人才。我们应当抓住这个机遇，进一步改善方志队伍的结构。第二，要加强队伍的理论素养，形成理论研究的氛围。胡乔木同志说，修志是做学问，不是一种行政性的工作。做学问就要有科学态度，老老实实，谦虚谨慎，切忌有娇骄二气，否则是要栽跟头的。对内部机构要做一些改变，特别是中指组办公室，既要有行政协调的职能，也要有理论研究的能力，应当设研究部门。如果自己没有一定的理论研究，怎么去指导别人。第三，要加强队伍的业务培训。河北今年打算对市、县（区）方志办主任和志书主编、副主编全部轮训一遍，这个计划很好，符合第三次全国地方志工作会议的精神。培训要有教材，有教员，有一套计划，扎扎实实去做。这叫就地提高，即用培训的办法，使现有人员的素质适应新一轮修志工作的需要。

第三，提高用志水平。

用志既是修志的目的，也是促使人们重视修志工作的有效途径。要提高修志工作的重要性，关键在于让志书显示出它的用处。既然修志为用，志书就不能求大、求全。否则，志书部头都那么多，那么大，每本志书都是上百万字，让人望而生畏，又怎么可能看里面的内容，不去看，又怎么可能去用。所以，续修时应提倡精撰精编。对于上一轮志书，最好也要有选择地搞一些简本，使人可以放到案头，便于使用。另外，用志的形式也要多样化。你们隆尧县方志办搞的台历就很有特色，廊坊市方志办在报纸上开辟《市情知多少》专栏也很实用，这些都值得提倡。我考虑，还可以和报社、电台、电视台结合起来，每天用几百字、几分钟，发表志书中的一个小知识，比如搞《方志一例》栏目，既给新闻媒体增色，又让城乡居民喜闻乐见，从中受益。不然，大家连地方志是什么都不知道，还谈什么用志。我们还可以和政府部门、企事业单位合作，搞有偿服务。比如，招商局要向外商介绍省情、市情，需要找材料，而我们手里有材料却不知到哪里去用，两方面一结合，供需问题都解决了。再比如，我们可以和旅游部门合作，搞一些旅游策划，编一些旅游指南、景点介绍一类的书。总之，志书包罗万象，这是我们的优势，要善于发挥这个优势，拓宽用志渠道，在用志问题上多动动脑筋，下些功夫，把志书潜在的社会效益、经济效益充分挖掘出来，使方志工作者的劳动价值最大限度地加以实现。

第四，提高信息化程度。

现在是信息化时代，方志工作也要信息化。这既是为续修工作提供更为便利的条件，同时也是为了更有利于读者读志用志。河北省的方志馆正在立项过程中，建成恐怕还需要一段时间。因此，可以先搞地方志资料数据库，使信息化先行一步。信息化工作是一项大工程，困难很多，不可小看，要请专家提前做好论证和设计。

地方志工作要用“有为”促进“有位”*

——在重庆市地方志办公室座谈会上的讲话

（二〇〇二年六月六日）

我这次到重庆参加中共党史人物研究会的换届大会，连来带去不到三天。今天是请假出来，代表李铁映同志看望重庆方志办的同志。

刚才听了蒋国昌主任的介绍，使我得到两个印象。第一，重庆市委、市政府对地方志工作很重视。你们体制问题解决得不错，办公条件也很好。程贻举副市长讲，方志续修工作“三不变”，即：党委领导、政府主持的体制不变，修志工作“五到位”不变，续修任务不变。这说明市领导对地方志工作的认识非常清楚。另外，重庆市在 1998 年和 2001 年先后两次用市政府办公厅名义印发了关于续修工作的通知，还把地方志工作写进了市政府的工作报告。这些都是很不容易的，反映出地方志工作在市委、市政府领导的心目中确实是有地位的。

第二，重庆市方志办对修志工作非常努力，有创新精神，有新思路，也有较大成绩，可以说是后来居上。重庆前一阶段

* 这篇讲话曾刊登于《中国方志通讯》2002 年第 29 期。

有个从省辖市变为直辖市的过程，耽误了一点时间。但现在，区、县志基本完成了，只剩一部《酉阳县志》正在印刷。市志也已完成了一半，目前进度很快，今年年底将完成余下 8 卷 60% 的初稿。只要有了稿子，后面的事就不太难了。

重庆市对续修工作已经发了文件，任务是明确的，而且注意坚持“一纳入、五到位”这些成功的经验，这些都很好。但我们已经搞了二十多年修志工作了，不能停止在过去的经验上，要创造新的经验，就是说要在原有基础上把修志工作的水平再提高一步。怎么提高？我不久前在河北讲了一下，主要是从四个方面提高。

现在志书的数量已相当多了，全国省、市、县三级第一轮修志计划就有 6000 多部志书，加上部门志、行业志等，共有 1 万多部，这在中国历史上从来没有过。在过去的近 2000 年里，历朝历代留存下来的旧志加在一起，总共不过 8000 多部，而我们仅用二十多年时间，就搞出了上万部，这是何等了不起的事。如果要讲字数更不得了，现在一部《重庆市志》就 1500 万字，过去的旧志哪有这么多字。当然，现代社会生活比起古代、近代不知要丰富多少，但单从数量上看，字也够多了。因此，要使每一本志书都做到史实可靠有据，政治上、史料上、文字上都把握得很准确，确实不容易。黑龙江省就有人反映，说一个县的县志把解放战争时期的国民党写成了民主党派。1948 年成立的国民党革命委员会才叫民主党派，那时的国民党是反动派，怎么变成了民主党派？如果它是民主党派，我们搞解放战争干什么？因此，首先要在政治上、史实上把好关。

刚才我问你们搞旧志校注的同志，旧志与我们的新志比较，有什么特点。他答复文字上比我们写得好，文学色彩很浓。我相信这个话。因为过去修志，大多都是文人写，是有一定社会名望的人写。而现在有名望的人，作家、史学家，他们不写志。他可以写一本史书，但志书他不写，甚至不参加写。我不知道重庆市怎么样，有没有哪一位大学教授参加写志？我估计有名望的历史学家帮你看看志书稿子还有可能，要让他动笔写就不容易了。旧志大多是一两个人写，而现在的志书都是集体写。集体写有好处，也有缺点，缺点就是文风不一致，更谈不上文采了。随着条件的变化，今后应多进一些研究生。研究生有独立研究的训练，有一定的研究水平。这对今后开展修志工作，提高志书质量都是很必要的。

在用志方面，重庆市有很多很好的经验。比如，合川区从志书中挖掘钓鱼城、刘文学等资料，用来为今天塑造“合川精神”服务。你们要把这件事形成材料，寄给中指组办公室，也给我一份。现在就是要想办法，尽可能多地开拓一些用志的路子。其他地方也有一些好的经验，比如河北省廊坊市，把志书里的内容编成台历。我还给他们讲，可以和报社、电视台联系，开辟用志的专栏，这样报纸的品位提高了，电视台也有了吸引读者的节目。栏目、节目都不要长，每篇 500 字左右，每次 5 分钟就够了。

你们提出请老专家读志，这个办法也很好。一部志书这么厚，不是所有的东西都对今天有用。对今天有没有用，要由有经验、有水平的人来判断。可以请老专家看，也可以请一些退下来的老厅、局长看。他们都做过某一个方面的实际工作，知道哪些东西对今天的工作有用。然后，在这个基础上编写简本，这也是对志书资源的开发。所以，我觉得用志的路子多得很，关键在于要打开思路。

常言说，“有为才能有位”。我们一定要把用志放在很重要的位置，想办法多用志，用好志。与其抱怨人家不重视方志工作，不如自己干几件漂亮事给领导、给群众看，让他们感觉到志书确实有用。修志就其性质来说是坐“冷板凳”的工作，只有这样才能把志书写好。“板凳要坐十年冷，文章不写半句空”，应当成为方志工作者的座右铭。但开发志书资源，用于今天的现代化建设，也是各级方志办的任务。这个任务决定了地方志工作也有“热”的一面。所以，我主张地方志工作要“冷”“热”结合。地方志工作要想发大财我看比较难，但可以搞有偿服务。当然，用志的主要目的不是挣钱，主要目的在于为社会、为现代化建设服务。只有在修好志的基础上用好志，地方志工作的社会地位才可能提高。说来说去，就是要用我们自身的成绩来提高方志工作的地位。如果编不出志书来，或者编得质量不高，用得不好，你说得再多也没用。相反，不说人家也会重视。

地方志工作要加快信息化、数字化、网络化建设。关于建方志馆的事，我今晚有机会见到贺国强书记、包叙定市长时，一定替你们呼吁。

地方志工作要处理好六个关系*

——在河北省秦皇岛市地方志办公室座谈会上的讲话

（二〇〇二年八月七日）

我正在北戴河开会，顺便来看望大家。

秦皇岛市的地方志工作，可以用领导重视、机构健全、队伍稳定、工作主动、成效突出来概括。我代表中指组向大家表示慰问。

当前，地方志工作要特别注意处理好“六个关系”：

第一，处理好首轮修志扫尾和第二轮修志启动的关系。

第二，处理好总结老经验与创新新经验的关系。

第三，要处理好完成修志数量任务与提高志书质量的关系。志书质量要体现在各个方面，不能只顾其中某一个方面。首先，要把好政治关，不能出现政治上的问题；其次，要把好史实关，要做到事事有根有据，经得住推敲；再次，要把好文字关，讲究文采，在文字生动、凝练上下功夫。

第四，处理好稳定队伍与提高队伍素质的关系。有两个途径，一是引进人才，特别是有研究生学历的人才；二是加强对

---

* 这篇讲话是根据《中国方志通讯》2002年第31期《中国社科院副院长、中指组常务副组长朱佳木一行到秦皇岛市调研地方志工作》的报道整理而成的。

现有人员培训，使他们不断提高政治思想素质和业务素质。

第五，处理好修志与用志的关系。要抓好用志工作。修志的目的全在于应用，用志的形式要多样化，像《秦皇岛市志》简本就很好，放在案头，便于使用。

第六，处理好利用老手段与开发新手段的关系。要积极创造条件，争取早日实现地方志工作的信息化、数字化、网络化。

积极推动地方志工作的法制化建设*

——在地方志工作法制化问题承德座谈会上的讲话

（二〇〇三年七月二十一日）

这次把河北省各市地方志办公室的主任们请到承德来参加座谈会，主要是听取大家对地方志工作法制化问题的意见。

经过二十多年的努力，目前全国地方志工作已经逐渐走上了规范化的道路。现在摆在我们面前的任务是，要适时推动地方志工作向法制化的方向前进。由中国地方志指导小组拟定的《关于全国地方志工作的若干规定（讨论稿）》，虽然事先征求过不少同志的意见，但仍然感到很不成熟。要最终形成一部带法规性的文件，还需要广泛听取实际工作者和专家、学者的意见，真正搞清楚哪些内容是必须做到又有可能做到的。

我们既要重视修志，也要重视用志。各地都有很多很好的用志经验，如廊坊市把志书里的内容编成台历，就是一个典型事例。政府和社会为编修志书，投入了大量人力、物力，我们有责任避免志书修成后因为不用而造成的浪费。我们讲地方志工作是重要的，是因为而且仅仅是因为它对于经济建设与社会

---

* 这篇讲话是根据《中国方志通讯》2003年第29期《朱佳木在河北调研地方志工作指出要推动地方志工作法制化建设进程》的报道整理而成的。

全面发展具有实用价值。如果辛辛苦苦编出了志书却把它束之高阁，或者由于志书部头太大而使读者望而却步，那我们的工作就失去了意义。所以，各级地方志部门不仅要考虑如何修好志，而且要考虑如何才能让读者尤其是党政部门的工作人员读志用志，如何才能使编修志书的工作与当地制定建设规划、弘扬民族精神、挖掘地方资源等工作衔接起来。

充分发挥地方志在经济社会建设中的作用*

——在安徽省黄山市地方志办公室座谈会上的讲话

（二〇〇四年十月三日）

我是2001年年初到中国社会科学院工作的，主要原因是中央让我接替当代中国研究所的所长职务，而当代所是由社科院行政代管的一个单位，为了要进一步密切社科院与当代所的关系，同时任命我为副院长。到了社科院，院党组又让我分管中国地方志指导小组的工作。这个指导小组也是国务院委托社科院代管的一个机构，组长过去是李铁映同志，现在是全国政协副主席、社科院的新院长陈奎元同志。指导小组本身是个非常设机构，成员有30多人，大部分是国务院各有关部门及一些省市分管地方志工作的领导同志，也有少数专家、学者。但指导小组下设的办公室是个实体，挂在社科院，主任和副主任由指导小组的正副秘书长兼任。我作为社科院分管地方志工作的副院长，兼这个指导小组的常务副组长，同时负责联系指导小组的办公室。

目前，我们国家还没有编写全国一统志的计划。无论中国

* 这篇讲话曾发表于《中国地方志》2004年第11期。

地方志指导小组，还是它所领导的办公室，都没有修志任务，任务就是负责联系、协调、组织、指导全国各地的修志工作。自从组织上决定我分管地方志工作以来，我便给自己立了一个规矩，就是只要到外地出差、开会，就要顺便去看望当地地方志办公室的同志，就地方志工作进行调研。到目前为止，我到过的省、市、县各级方志办已不下30来家了。

我之所以给自己立下这个规矩，主要出于三个考虑：一是做地方志工作的同志生活清苦，工作辛苦，条件艰苦，有人因此把方志办称为“三苦”单位。我为大家做不了别的事，总可以利用出差机会看望一下大家，代表中国地方志指导小组向大家表示慰问。大家默默无闻地在这条战线辛勤耕耘，为各地的经济与社会发展做出了许多不为人知的重要贡献，是很不容易的，是理应受到重视和尊重的。二是我负责地方志工作时间不长，地方志以及修志方面的知识和经验都不足。利用出差机会走访各地的方志办，既可以就一些问题进行调查研究，也可以直接向大家学习、请教，对我增长知识、做好工作很有好处。三是我如果到地方志办公室调研，一般情况下，当地的有关领导都会知道，有的还会陪我一起来，这对于那里的地方志工作或多或少也会起一点促进作用。

这次我到黄山市，是应市委市政府邀请，利用“十一”长假，前来参加第六届中国国际民间艺术节的开幕式。到市志办，就是想顺便看望一下大家，没打算讲什么话。一定要我讲，就讲三点想法。

第一，要切实重视地方志工作。

这个话主要不是对你们讲的，因为地方志工作的重要性，你们比我还清楚。撰修地方志在中国是有悠久历史传统的，在世界上更是独一无二的。最早的志书可以追溯到春秋战国，严格意义上的比较定型的志书，距今也有1000多年了，留传下来的志书大约有8000余种。而且，从南宋开始，历朝历代都设有修志机构，如图志局、通志局、通志馆等。但像我们中华人民共和国这么重视地方志的，我看有史以来从未有过。改革开放之前，中央就成立过一个地方志小组，组长是曾三同志，他当时是中央档案馆的馆长。那时，周总理、董老[①]等对修志工作都很重视，并为此讲过话。毛主席到外地视察，走到哪里，第一件事就是要那里的志书。他们是真正懂得中国历史、中国文化的人。十一届三中全会后，党的工作重点转移，百废待兴，新编地方志工作也被提上了日程。从那时起，从中央到县，各级都设立了地方志工作机构，并为修志发了很多文件。目前，全国各地在编的地方志机构工作人员有近2万人，兼职修志人员不下8万人。这么完整健全的修志组织系统，这么庞大的修志队伍，在中国历史上何曾有过？所以，我说党中央、国务院对地方志工作的重视超过了历史上的任何时期。

党和国家为什么要下这么大力气来抓地方志工作呢？我理解，这是因为要进行有中国特色的社会主义现代化建设，要进行物质文明、政治文明、精神文明建设，首先要了解国情，认识国情。对于在地方工作的同志来说，还要了解地情，认识地情。而地方志横陈百科、包罗万象，是最全面、最详尽的国情书、地情书。就拿《黄山市志》来说，我刚刚看了一下你们拟的这个篇目大纲，有35卷之多，包括建制、环境、土地、人口、城乡建制、交通、邮政、信息、体制变革、农业、林业、工业、贸易、经济开发、旅游业、金融保险、综合管理、政

① 董老，指董必武。

党、团体、政权、公安、司法、民政、军事、财税、人事劳动、教育、科学技术、社会科学、卫生、体育、文体、新闻出版、徽州文化、文献、文物、社会、人物、杂记等等，真是上至天文，下至地理，应有尽有。这些内容不仅对我们这一代有用，对子子孙孙都有用。所以说，地方志工作是功在当代、利在千秋的事业。

但是，各地的领导同志对地方志的重要性是否都这么认识呢？对地方志工作是不是都那么重视呢？我看是有的重视，有的不很重视，有的很不重视。重视和不重视，并不是没有标准衡量的，标准之一就是李铁映同志在兼任地方志指导小组组长期间提出、后来写入文件中的“一纳入、五到位”。所谓“一纳入”，就是把地方志工作纳入各地经济社会发展计划和各级政府的任务之中；所谓“五到位”，就是对地方志工作要做到领导到位，机构到位，经费到位，队伍到位，条件到位。凡是做到了“一纳入、五到位”的地方，说明那里的领导对地方志工作是重视的，反之，则是不重视，或很不重视的。当然，机构如何设置、人员编制多少，这些要从当地实际情况出发，体谅地方的难处，不能强求一律。但既然修志是国家规定的任务，你那里总要有一个机构，有起码的工作人员，有相应的经费保证。

现在，陈奎元同志兼任地方志指导小组组长，正在推动地方志工作的法制化。就是说，准备给地方志工作立法。党中央提出要依法治国，我们如果再仅仅依靠政策性文件来要求地方各级政府做好地方志工作，显然已不能适应新的形势了，必须做到有法可依。新编地方志工作已经搞了二十多年，积累了不少经验，应当说已经具备了立法的条件。在这方面，有的省人大就通过了相关的地方性法规，走在了前面。不过，现在就要全国人大立法，时机还不成熟，第一步要先争取由国务院颁布行政性法规。目前，中指组代拟的《地方志工作条例》已经写了七八稿，准备很快上报国务院。国务院一旦批准颁布，对于地方志工作就不是可以重视可以不重视的问题了，而是如果不重视，如果不按照这个条例办事，就违法了。

第二，要高度重视志书质量。

开展第二轮修志工作，首先要总结好第一轮修志工作的经验教训，从起步时就紧紧抓住质量问题。你们提出，第一轮修的是徽州地区志，由于行政区划变化，第二轮修的是黄山市志，因此要从头修起。这类问题，我觉得可以从各地的实际出发来定。需要提醒你们的是，第一轮的志书一定要保存好。现在发现有的新编县志已经找不着了，要赶快到民间去收购，价格再贵也要买，不然再过两年不仅更贵，而且有可能买都买不到。新编三级志书已出版的有5000多部，很多图书馆都不全，中指组办公室也不全。因此，收藏已有的志书是一个大问题。我们正在申请建国家方志馆，专门用来收藏、开发、利用全国的省志、市志、县志。现在一些省已经建了方志馆，有的正在建。

第三，要十分重视用志工作。

地方志办公室不能只管修志，不管用志。现在的志书越编越厚，有的省志六七十本、七八十本，一个书架不够用，谁能看？你修志的目的是为了让人家看，但编得过长，人家反而不敢看，这就是辩证法。有些资料很宝贵，舍不得丢掉，可以另编一个资料选辑。否则，把什么东西都放在里面，现在已经这么厚了，一千年后怎么办。所以，总要有所选择，适可而止。你们的《黄山市志》计划搞300万字，我看还算适中，不能再多了。不过，就是这么多，要一个干部从头看到尾也有困难。他不看，怎么知道里面有什么东西呢？所以，我说地方志办公室把志书写出来，印出来，仅仅是做了一半工作，还有一半工作是帮助读者读志用志。志书像一座宝库，我们要引导人们到这座宝库中探宝、寻宝。你编的书只有被人看被人用，用经济学的术语说，才叫作“实现了价值”。换句话说，我们辛辛苦苦编了这么多志书，没人看没人用，等于没有实现价值。说得再直截了当一些，叫白辛苦。

有一件事我很后悔，就是去年SARS来了以后，没有让中指组办公室给全国地方志系统发一个紧急通知，把各地历史上闹瘟疫的资料汇总上来。因为，有的老中医说，这个SARS古已有之，就是中医说的瘟病。为什么去年传染得这么厉害呢？按他们的解释，60年一轮，就是说，瘟病每年冬春交际时都有，每过60年大闹一次。对这个话我没有考证过，不知是不是这么回事。但从材料上看，确实有SARS病人靠吃中药治好的。如果那时地方志系统能把各地历史上闹瘟疫的资料汇总起来，从中发现规律性的东西，对于战胜SARS肯定会有所帮助，地方志的作用也会体现得更明显。

黄山市是古徽州所在地，不仅有黄山、宏村、西递村这些被列入联合国教科文组织世界自然、文化遗产名录的自然景观和文化遗址，而且有着极其深厚的历史文化底蕴，是蜚声中外的“徽文化”“徽学”的发祥地。因此，黄山市的志书，内容肯定比其他一些地方要更加丰富，你们更应当更可能结合市委、市政府的中心工作，把志书中有关的东西提炼出来，充分发挥地方志在当地“三个文明”建设中的作用。黄山市这次承办中国国际民间艺术节，你们事先就可以把徽州地区自古以来民间艺术的资料找出来，印成小册子或写成一些小文章在报上连载；还可以给市领导报送综合性的小材料，供有关部门在筹备和宣传中采用、参考。另外，黄山市是个旅游大市，需要有品位的旅游手册，在这方面，你们也可以发挥作用。屯溪这里是个新兴城市，如何使城市建设与自然山水更巧妙地融合，如何在现代化建筑中更多地保留徽派建筑风格，这些都是需要研究的大问题，也是地方志工作可以发挥作用的地方。你们可以搞徽州名人的专题小册子，让人在半个小时、一个小时之内就能看完；也可以把这些名人的小故事搞成台历，365 天，一天一个小故事。如果有条件，还可以搞地方志网站，让人们上网浏览地方志中的内容。总之，在开发利用志书方面，有很多文章可做。应当看到，用志也是地方志办公室的任务，而且是重要程度不亚于修志的任务。有的同志总感叹地方志工作不被社会所重视，我看，不被重视也要从自身找原因。现在流行一句话，叫“有为才能有位”，我认为很有道理。我们把用志工作做好，不仅可以充分发挥地方志的作用，也有利于社会各方面对地方志工作的认识。

以第二轮修志的优异成绩纪念陈云同志*

——在上海市青浦区纪念陈云同志诞辰100周年暨创新地方志工作座谈会上的讲话

（二〇〇五年四月二十七日）

非常感谢巢卫林书记亲自主持今天的座谈会。刚才听了郑祖耀副书记的汇报，感到青浦区地方志的资源是非常丰富的，青浦区委、区政府对地方志的工作是非常重视的。青浦第二轮志书的集稿工作已经接近尾声，这说明青浦在全国第二轮修志工作中是走在前列的。前天，我听了上海市地方志办公室同志的工作汇报，感到上海市方志办的工作做得也是很好的，对各区县的指导是有力的，也是得力的。

我这次来上海，主要是陪同于若木同志参加党史界纪念陈云同志诞辰100周年的学术研讨会。这个研讨会，可以说拉开了纪念陈云同志诞辰100周年活动的序幕。根据安排，我们今天来青浦区参观陈云故居纪念馆。过去，我每到一地，总要去拜访一下地方志部门，因此，来青浦之前，和于若木同志商议，可不可以利用这个机会看望一下青浦区史志办公室的同

---

* 这篇讲话曾发表于《中国地方志》2005年第6期。

志。她听了欣然同意，并对我说，《青浦民政志》还是她题写的书名。区委、区政府知道这个想法后，把这次走访活动升格成为青浦区举办的座谈会。对此，我代表中国地方志指导小组向青浦区委、区政府表示衷心感谢，并向青浦区史志办的同志们表示亲切慰问，向大家道一声辛苦了。

今年是陈云同志100周年诞辰，党中央决定隆重纪念。按照安排，除了中央直接抓的纪念活动外，陈云同志生活过、工作过的主要地方也要适当举办一些纪念活动。青浦是陈云同志的故乡，是他出生并度过了童年和少年时代的地方。大革命失败后，他曾自告奋勇，回到这里领导农民暴动，担任过第一任青浦县委书记和松浦特委委员兼组织部部长。中华人民共和国成立后，他曾先后4次回到青浦进行调查研究，并通过调研，发现了许多重要问题，向党中央提出了一系列切合实际情况、具有普遍指导意义的建议，对推进社会主义建设的顺利发展，起了重要作用。直到病逝前两年，他还在关心家乡的建设，听取青浦县和练塘镇负责人的汇报。

陈云同志在晚年对地方志工作也是非常关心的。是他首先倡议和推动了包括大量旧志在内的中国古籍的整理工作，是他为《中国地方志》杂志亲笔题写了刊名。他还为8部县志、市志、专业志题写过书名，其中，为《青浦县志》题字的事，还是我在担任他的秘书期间经手办理的。因此，陈云同志与地方志工作，特别是与青浦地方志工作，有着十分密切的关系。青浦区方志界开展纪念陈云同志诞辰100周年的活动，不仅对推动青浦地方志工作有特殊意义，对促进全社会重视和关心地方志工作、促进全国新编地方志工作的持续发展，同样具有重要意义。

青浦区方志界开展纪念陈云同志的活动，我考虑按照陈云同志生前一贯倡导的务实作风，有以下三个方面的工作需要做好：

首先，陈云同志是从青浦走出的伟大人物，是当代中国的伟大人物。党中央评价陈云同志是伟大的无产阶级革命家、政治家，杰出的马克思主义者，党和国家卓越的领导人，社会主义经济建设的开创者和奠基人之一，是以毛泽东同志为核心的第一代领导集体和以邓小平同志为核心的第二代领导集体的重要成员。江泽民同志在纪念陈云同志诞辰 90 周年座谈会上指出："陈云同志的业绩和著作，他的思想、品德和风格，属于我们伟大的党，属于我们伟大的国家和民族，他永远是我们学习的楷模。"因此，他完全可以说是青浦人物志中最重要的人物。但青浦在第一轮修志时，下限断在 1985 年，那个时候陈云同志还在世。另外，那时对陈云同志生平与思想的研究也不像现在开展得这么广泛和深入。因此，《青浦县志》对陈云同志生平与思想的记述，肯定会有不少缺漏。现在距离那时已经过去了 20 年，对陈云同志的研究取得了很大进展，发现了许多新的史料，提出了许多新的见解。我们纪念陈云同志，应当在第二轮修志中把陈云同志的史料进一步充分挖掘，对他的生平与思想记述得更全面、更准确，充分反映陈云研究的新进展、新成果。

其次，地方志工作说起来重要，而在实际生活中，往往不大被人们所重视。但陈云同志不这样看，他不仅十分重视和支持地方志工作，而且很可能在老一辈革命家中是为新编地方志题写书名最多的一位。我们纪念陈云同志，就要把第二轮修志工作更好地开展起来，用修志工作的优异成绩来回报陈云同志对地方志工作的关心和支持。

再次，陈云同志对党和国家的贡献虽然主要体现在经济和党建方面，但他在哲学方面的贡献也是很大的。他通过深入思考，提出了如何才能做到实事求是的方法，那就是“不唯上、不唯书、只唯实，交换、比较、反复”。我觉得这是他思想的一大特色，是很有新意的。为什么我们很多同志拥护实事求是而在实践中却做不到实事求是呢？究其原因，主要是因为唯上级的指示是从，对马克思主义的著作搞本本主义，因此不能从实际出发；在做决策时，不能和其他同志交换不同意见，不愿意拿两个以上的方案进行利弊得失的比较，没有耐心在政策出台之前再反复考虑一下有没有更好的选择。有的同志讲，陈云同志一生没有犯过大错，连小错也很少犯，与他的这个思想方法恐怕很有关系。当然，陈云同志总是说他自己有很多错误，还要求把对辽东土改的检讨报告收入《陈云文选》。当时编书的同志主张把这个报告拿下来，他不同意，说他就是要让大家知道，他也是有错误的，并非一贯正确，世界上没有一贯正确的人。总之，陈云同志注重调查研究，一切从实际出发，坚持并善于把马克思主义基本原理同中国具体情况相结合的思想，对于地方志工作者来说，同样是非常宝贵的精神遗产，同样应当加以深刻领会和认真学习。陈云同志对于共产主义理想信念的坚定性和为共产主义奋斗终生的精神，他扎实细致、多谋善断、一抓到底的工作作风，以及谦虚谨慎、顾全大局、淡泊名利、克己奉公的高贵品质，这些也都是地方志工作者应当学习的。我们要学习陈云同志的这些思想、作风和品德，在地方志工作中坚持正确的政治方向，坚持严谨的工作作风和学风，从第二轮修志一开始，就把保证志书的政治质量和学术质量放在首位；同时，抓紧抓好读志用志、编写年鉴等工作，用实际行动纪念陈云同志诞辰 100 周年。

要设法解决地方志工作机构设置中存在的实际问题*

——在云南省地方志办公室座谈会上的讲话

（二〇〇五年八月二十六日）

我这次到云南，是来参加中国史学会史学理论分会的换届大会和学术讨论会，同时，对云南的地方志工作进行调研。

在云南省委、省政府的重视和关心下，云南省的地方志工作在各方面做得都很不错。当然也存在一些实际问题，比如，刚才大家谈到省地方志办公室机构一直没有定位，级别较低、归属不顺的问题；有的市县方志办人员编制少的问题；有的地方志工作机构业务经费紧的问题；省通志馆有待建设的问题等等。下面，我就云南省的地方志工作，讲两点意见：

第一，政府的各个部门和整个社会都要进一步提高对地方志工作意义的认识。

世界上的古代文明，有许多都中断了。例如，古埃及文明、古印度文明、古巴比伦文明，现在除少数建筑遗存外，其他都不见了。唯独中华文明，几千年来连绵不断，一直延续至

* 这篇讲话是根据《中国方志通讯》2005 年第 44 期《中国地方志指导小组常务副组长朱佳木同志在云南省地方志办公室调研时的讲话要点》一文整理而成的。

今。为什么？这与我们民族保存着浩如烟海、世代相续的文献典籍有很大关系。而在这些典籍中，很大一部分就是地方志书。地方志是最全面地反映一个地方的自然、历史、政治、经济、文化、社会等基本情况的资料书，编修地方志是我国自宋朝特别是自明清以来历代政府主持的一项国家行为。新中国成立以来，特别是改革开放以后所开展的新编地方志工作，是国务院委托中国社会科学院负责组织协调，并由各地党委领导、政府实施的一项文化事业。因此，地方志办公室可以说是在为国家、为各级党委和政府做工作。支持方志办的工作，实际上也就是支持各级党委、政府自己。我们应该从这样一个高度来认识地方志工作。现在，国务院法制办正在受理中国地方志指导小组上报的《地方志工作条例》。这将是国家在地方志方面的第一个法规，“一纳入、五到位”这些行之有效的经验，将成为必须做到的法律条文。就是说，今后地方志机构的编制、经费等问题，不是可解决可不解决的问题，而是必须解决，不解决就违法了。

第二，地方志系统的同志要体谅国家的困难，要从实际出发，“立足差，争取好，抓重点”。

所谓“立足差”，就是立足现实。尽管现在还有许多困难，但我们不能因此停止前进，等待困难解决，而是要在争取解决困难的过程中，继续抓紧工作，做好工作。所谓“争取好”，就是把实际困难主动向有关部门和领导汇报，争取有关部门的理解、支持和帮助。通过各方面努力，使地方志机构有一个相对好的工作条件，从而使地方志事业的发展更快些，编修的志书质量更高些。所谓“抓重点”，就是对待困难问题，要一个时期抓一个重点，不要眉毛胡子一把抓。有时，重点问题解决了，其他问题也就会迎刃而解。目前，云南省的地方志工作确实面临不少需要解决的实际问题，其中最重要的是省地方志办公室的机构定位及级别问题。这并不是云南省志办这个机构本身要争一个什么规格，而是如何更有利于工作开展的实际问题。因为，如果省志办是一个处级单位，而省下面的16个州志办、市志办也是处级单位，相互平级，这样工作起来确实很不方便。从全国来看，正厅级的省志办有11个，副厅级的省志办有15个，处级级别的志办只剩下河北、内蒙古、浙江、宁夏和云南5个省区。我觉得云南无论从哪个角度看，即无论是从云南省委、省政府对地方志工作的重视程度看，还是从云南省首轮地方志工作所取得的成效和新一轮修志所面临的任务看，或是从云南在全国文化事业发展中的地位来看，把云南省地方志办公室确定为一个厅局级的单位都是必要的，也是不过分的。所以，建议云南省有关部门能重新考虑一下省志办的机构规格问题，并能将其明确列入政府的序列中。

把学习、宣传、贯彻、落实《地方志工作条例》作为头等大事*

——在广东省佛山市地方志办公室座谈会上的讲话

（二〇〇六年六月四日）

新中国成立后，特别是改革开放后，地方志事业得到了空前的大发展。但是，随着依法治国方略的实施，过去那种单纯依靠上级文件和领导讲话推动工作的办法，已经难以适应形势的变化了。在这种情况下，早日为地方志工作立法，把地方志工作纳入法制化轨道，对于进一步推动地方志工作，使其规范、有序、稳定、持续地向前发展，显得尤为重要而紧迫。现在，在方志界长期实践的基础上，在党中央、国务院的关怀下，在国家有关部门的大力支持、配合下，中国历史上第一部有关地方志的全国性法规——《地方志工作条例》（以下简称《条例》）终于出台了。它的制定和颁布，可以说是方志发展史上具有里程碑意义的大事，其重要作用怎么估计都是不会过

---

* 这篇讲话是根据《中国方志通讯》2006 年第 31 期《把学习贯彻〈地方志工作条例〉作为地方志系统的头等任务》的报道整理而成的。2006 年 5 月 18 日，《地方志工作条例》以国务院令的形式公布。6 月 4 日，正在广东省佛山市参加中共中央党校进修一班第 39 期 B 班学员调研活动的朱佳木同志，抽时间到佛山市地方志办公室调研，并发表了这篇讲话。

分的。

当前，全国范围的第二轮修志工作已经启动，各地、各级地方志工作机构应当抓住《条例》颁布的有利时机，结合第一轮修志经验的总结和第二轮修志的实践，把学习、宣传、贯彻、落实《条例》，作为头等大事抓紧、抓好。《条例》的内容十分全面，既规定了地方志工作的地位、性质、领导、职责、要求、目的，又规定了志书编修的间隔年限、审查验收、文档保存、署名，以及对社会用志途径开拓的责任和对方志工作者的表彰奖励等。因此，要抓住重点和精神实质，逐条领会。要积极争取媒体的配合，搞好对《条例》的宣传。要主动向自己的领导汇报在贯彻《条例》中遇到的问题，引起他们的重视，取得他们的理解和支持。总之，要借《条例》颁布的东风，把地方志事业再向前大大推进一步。

抓住机遇，乘势而上*

——在山西省晋城市地方志办公室座谈会上的讲话

（二〇〇六年七月二十三日）

我这次来晋城，是到陵川县参加第六届国史学术年会应征论文的评审会。张铁锁副院长知道后，从太原专程赶来，非常热情地邀请我到晋城市方志办来看看。由于时间仓促，今天到这里只能是看望一下大家，听听大家对地方志工作的意见。在陵川的时候，秦海轩主任和陵川县方志办主任程跃新已经同我座谈过一次，使我对晋城市的地方志工作有了一点初步印象。刚才听了赵部长、任秘书长的情况介绍，再加上看了你们的成果展览，印象更深刻了。总的感觉是，晋城市对地方志工作非常重视，工作做得非常好，能够涌现出像秦海轩同志这样的全国地方志系统先进工作者，绝不是偶然的。

晋城市从 1991 年才开始第一轮修志工作，起步比较晚。但是，到 1999 年就拿出了市、县两级全部志书，是山西省第一个完成首轮修志任务的地级市，可以说后来居上。不仅如此，晋城市还拿出了相当多的修志副产品，包括各种各样的行业志、部门志、名山大川志，以及其他一些志类的图书，出版

---

* 这篇讲话曾发表于《中国地方志》2006 年第 12 期。

了《晋城百科全书》，可以说硕果累累。

晋城市地方志工作之所以能取得这样的成就，首先是市委、市政府领导高度重视的结果。任何工作要做好，都离不开领导的重视，地方志工作也不例外。国务院颁布《地方志工作条例》（以下简称《条例》）后不久，晋城市市长夏振贵就在《太行日报》上发表了宣传《条例》的署名文章，充分反映出地方志工作在晋城市领导工作日程中的地位。其次，是晋城市有一支特别能战斗的地方志队伍。按照任秘书长的话说，叫作以秦海轩同志为首的一支勤奋的、埋头苦干的、有战斗力的队伍。这支队伍兢兢业业，辛勤耕耘，不计名利，不讲报酬。尤其秦海轩同志，以身作则，带头献身方志事业，带头钻研方志业务，用自己的模范行动带动大家，影响大家。再次，是晋城市拥有丰富的地方志资源。晋城不仅历史悠久，而且是老革命根据地，为革命牺牲和做出贡献的人非常多，仅抗日战争、解放战争中牺牲的烈士就有11万人。这里的历史传说和遗迹很多，比如，有炎帝陵、长平之战的古战场等。解放后，这里的社会主义建设成就和事迹也很突出。这两天，我们住在王莽岭上，看到郁郁葱葱的人工林，听说就是二十世纪五六十年代，老县委书记带领大家连续几年上山植树造林造成的，真是可歌可泣。另外，民国以前，这里曾有过9次修志，因此旧志也较多。这些都是地方志的资源。正是因为有了这几个条件，晋城市才能够在方志工作中取得这么丰硕的成果。

关于当前和今后一段时间地方志工作要注意的问题，我想到以下几点，利用这个机会提出来和大家交流。

第一，要深入学习、宣传、贯彻、落实好《条例》。

《条例》的出台，是地方志发展史上一件具有里程碑意义的大事。在中国古代历史上，很多朝代都颁布过修志诏书。解放后，特别是改革开放后，党中央、国务院也多次下发过修志文件。但是，用法律的形式把地方志工作确定下来，这在中国历史上还是第一次，充分体现了党中央关于“依法治国”“加强文化法制建设”和“要重视哲学社会科学领域立法工作”的精神。《条例》的出台，是对二十多年来新编地方志工作经验的总结，是对编修地方志这一中国古老文化传统的继承，是地方志战线全体同志多年辛勤奋斗的成果。《条例》的出台，得益于有关部门的大力支持，其中最主要的是得到了国务院法制办的支持。正是在他们的大力支持下，《条例》才得以在不到三年的时间，就走完了由起草到最后审定颁布的全部过程。《条例》的出台，为地方志工作创造了前所未有的良好条件，是地方志工作难得的发展机遇。我们一定要抓住这个机遇，大造学习、宣传、贯彻、落实《条例》的声势，促进领导和社会对地方志工作更多的了解和理解。在这方面，晋城市方志办的工作做得不错，不仅印出了《条例》的单行本，而且在街上悬挂了标语，张贴了广告。我考虑，还可以再多想出一些办法，把学习、宣传、贯彻的工作不断落到实处，引向深入。

第二，要把总结第一轮修志的经验放在第二轮修志工作的首位，用总结第一轮修志的经验来推动第二轮修志工作。

第一轮修志产生了大量志书，积累了丰富经验，同时也存在一些深刻教训。无论经验还是教训，都是我们的宝贵财富。对此，我们一定要通过认真总结，吸收消化，使它们在第二轮修志中发挥作用。千万不要像“熊瞎子掰棒子”那样，掰完一个扔掉一个，那样不仅是对财富的极大浪费，而且不利于第二轮修志质量的提高。人类社会就是在不断地总结经验、吸取教训中前进的，地方志工作也是如此，只有不断总结经验教训，把实践经验上升到理论高度，我们的工作才会不断进步。现在，中指组办公室正在起草《关于第二轮地方志书编纂工作的若干意见》，目的就是要通过制定这个文件，进一步总结第一轮修志工作的经验教训，用总结出来的经验，指导第二轮修志工作。全国第一轮修志任务目前已经完成91%，除海南省与西藏自治区外，30个省级单位（包括新疆生产建设兵团）都已下发了启动第二轮修志的文件。第二轮修志的上限一般是20世纪70年代末、80年代初，下限一般是20世纪末、21世纪初。因此，第二轮修志的时间是比较充裕的，不必急于动笔。还是多用点时间，先做好各项准备工作，把经验总结好，把队伍组织好，把记述原则、编纂方式、体例篇目这些问题解决好，把材料收集好，把人员培训好。这样，才能继承和发扬第一轮修志的长处，避免第一轮修志的不足和缺憾，使第二轮志书的质量，在内容和形式上都有一个明显的提高。举个简单的例子。志书中的照片在第一轮修志中大多是集中放在前边的，图不随文，这对方志行业内的人来说可能无所谓，但对一般读者来说会感到很沉闷，很不方便。所以，要下功夫总结经验，使第二轮志书相对于第一轮志书来说，有所继承，有所修正，有所创新，有所提高。

第三，要大力开发利用地方志资源，做好读志用志工作。

志书资料之全面、之系统，是其他任何部门的资料书所不能比拟的。志书上及天文，下至地理，纵贯古今，横陈百科，是一个无所不包的宝库，一座取之不尽的宝藏。但要使其中的宝贝发挥作用，还需要我们做好开发利用工作。编修志书虽然是我们的主要任务，但书编完了并不等于我们的任务就完成了，或者说我们的任务还只是完成了一半，甚至是一小半。因为，编修志书本身并不是目的，目的是使志书在地方的经济社会事业发展中发挥作用。如果书编出来没有人看，没有人用，人家不知道那里面有什么东西，我们编修志书的目的不能算达到了。《条例》明确规定，志书的开发利用也是我们的工作职责，这决定了我们更要重视读志用志工作。另外，我们常讲，有为才能有位。怎样才能有为？仅仅把书编出来还不能算有为。看我们有为还是无为，关键要看地方志在当地的经济社会发展中是不是发挥了作用。在这方面，晋城市方志办也做得很好，出了很多地情书，如《晋城人物》《晋城史话》《晋城老区志》《晋城历代人口》等，还编写了供旅游用的材料。我主张要再编点简志，目的也在于使志书发挥作用。过去的旧志都不是太厚，文字比较精炼，看起来比较容易。而现在，一些县志都有几百万字，市志、省志更是动辄近千万字、近亿字。一般读者不要说看，就是摆都没有地方摆。如果我们不加强志书资源的开发利用，志书出版后的命运势必是放在书库里“睡大觉”。如何开发利用志书资源，这是一个需要我们认真思考和解决的重要课题。

地方志工作也要把“好”字放在“快”字前面*

——在河南省地方史志办公室座谈会上的讲话

（二〇〇七年三月三十日）

河南省是全国地方志系统中工作做得比较好的省份之一，对此我早有耳闻，一直想到你们省史志办来看看，许还平主任也多次请我来，只是苦于没有机会。这次省委组织部要我来为全省市厅级主要领导干部专题研讨班讲课，所以利用这个机会，来向大家学习和请教。刚才参观了方志馆，看了展览、书库、办公室、阅览室，浏览了网站，又在座谈会上听取了许还平主任对河南省地方志工作的全面介绍，还征求了大家对第二轮修志中省志名称、志书上下限要不要统一等几个问题的意见，很开眼界，很受启发。

河南省的地方志工作做得好，我感到有以下几个突出表现：

第一，起步比较早，进度比较快，成果比较突出。

首轮修志任务，河南省在全国是率先完成的，其中省志完成得最早。第二轮修志，河南不仅工作起步早，而且进度相当

---

* 这篇讲话曾发表于《中国地方志》2007 年第 5 期。

快。目前省志已经成稿 90%，送审 36%；18 个省辖市志已经成稿 83%，出版 22%。进度快，表明工作抓得紧。另外，首轮省、市、县三级志书，先后获得全国地方志优秀成果奖的有 65 项，获奖总数当时居全国第一。

第二，修志队伍作风好，素质比较高。

河南全省专职修志人员 1398 人，涌现出不少先进集体和个人，郑永立、黄小四和秦俊是其中的代表人物。郑永立和黄小四同志都是在修志的工作岗位上殉职的，秦俊同志是迄今为止全国两万多名专职修志工作者中唯一的全国劳动模范。一个省的方志系统能出这么多先进人物，说明队伍的整体状况比较好。据说黄小四同志不幸殉职后，所在县委、县政府十分重视，召开了隆重的追悼会，给他追记了二等功。建议省史志办积极向有关部门反映其事迹，力争在全省范围予以表彰，这对全省地方志系统的干部将是一个很大的鼓舞。

第三，对用志工作比较重视，在开发地方志资源方面措施有力，效果明显。

目前，全国建方志馆的省还不太多，河南省方志馆可以说是建得比较早的，这对于开发地方志资源提供了很好的条件。我感到其中的展览办得不错，省情网站也办得不错。网站自去年 10 月份开通以来，点击率平均每天 125 人次，还有不少投稿，说明有人在看它、利用它，说明它发挥了作用。地方志工作的投入非常之大，如果成果不加以充分利用的话就太可惜了。

第四，制度建设比较扎实，执行比较认真。

河南在第二轮修志开展以来，相继实施了诸如承编责任制、目标管理制、督察通报制等一系列行之有效的监督和督促制度。据我了解，现在各省就修志工作搞督察的还不多，就此发文件的省也不多。

第五，各级党委、政府特别是省委、省政府对地方志工作非常关心，支持力度大。

我自分管地方志工作以来，到各地调研，观察出一个带规律性的现象，就是凡地方志工作搞得好的地方，方志办后面肯定站着两个人，一个是负责联系方志办的政府秘书长，另一个是分管地方志工作的政府领导。我看河南省史志办后面就有这么两个人。例如，《地方志工作条例》颁布后，王菊梅副省长很快在《河南日报》发表了《依法修志，服务社会》的专题答记者问。为加强发挥河南省方志馆的作用，王菊梅副省长还专门召集有关部门进行现场协调，当场决定增设地情资料信息处。尤其是省政府把编辑出版《河南大事月报》的任务交给了史志办，不仅赋予史志办以新的职责，而且大大提高了地方志工作在政府工作中的地位。这也是支持地方志工作的一种体现。另外，河南省从上到下修志机构都比较健全，170 多个县（市）都设有专门机构，说明各级党委和政府对这项工作都很重视。地方志工作是一项重要工作，但又是一项弱势工作，没有领导的支持是很难开展起来的。相反，只要有领导支持，一般都会开展得比较好。

下面，我讲四点意见，也可以说是四点建议，供大家参考。

第一，要继续加强对《地方志工作条例》的学习、宣传、贯彻、落实，用以推动地方志工作在法制化的轨道上不断前进。

《地方志工作条例》（以下简称《条例》）颁布后，在全国地方志系统掀起了学习、贯彻的高潮，对全社会认识和重视地方志工作起了很大作用，对地方志系统加强自身建设也起了很大作用。但应当看到，对《条例》的学习贯彻是一个长期的任务，绝不是一阵子的事。新中国成立以后，新编地方志工作大体经历了四个阶段。在第一阶段，把地方志工作列入全国“哲学社会科学规划方案”，成立了中国地方志小组，五百多个县开展了地方志编修工作，后来因为“文化大革命”而中断了。这可以说是新编地方志工作的起步阶段。第二阶段，改革开放后恢复并更名为中国地方志指导小组，从省到县都设立专门机构，配备专职人员，并且在全国范围开展了首轮修志。这标志新编地方志工作进入了全面开展阶段。第三阶段，提出“一纳入、五到位”，这标志新编地方志工作进入了制度化阶段。第四阶段，2006 年国务院制定并颁布《条例》，标志新编地方志工作进入了法制化阶段。《条例》是浓缩成法律条文的经验，我们对此要反复学习，不断加深领会，切实全面掌握，只有这样才能把它贯彻好。

第二，要继续深入总结首轮修志的经验和教训，用以促进第二轮修志质量的提高。

首轮修志成绩非常之大，这一点必须充分肯定。但同时应当看到，由于种种原因，其中也有很多不尽如人意的地方。不管是经验还是教训，它们都是一笔宝贵的财富，我们千万不要轻易丢掉。大家都同意第二轮修志要把保证质量放在首位，要使它比第一轮修志质量更高。要做到这一点，就必须知道第一轮修志的经验和教训在哪里。你们的汇报中也说，第二轮修志要贯彻科学发展观，用全面协调可持续的发展观来指导地方志工作。我想，这不应当是一句空洞的口号，而应当是有实实在在内容的话。从大多数省份看，第二轮修志的下限一般是上个世纪末，如果20年左右一修，那么第三轮修志的下限应该是2020年左右，就是说，要到2020年左右才开始第三轮修志。因此，第二轮修志的时间还比较充裕，不必匆匆忙忙出书。我有一个想法，能不能在志稿写出来后，不急于出版，先放一放，让各方面多审一审。陈云同志有一句话，叫作“交换、比较、反复”，就是脑子里有一个决策方案，不急于出台，再反复几次，多听听意见。志稿写好后，我看也可以反复几次，多磨一磨再定稿出版。现在，党中央对经济发展的要求是“又好又快”，把“好”字放在了“快”字前面。对于修志来说，要做到“又好又快”，就要把质量放在数量、进度的前面。我对方志出版社讲了一个意见，就是建议他们搞精品工程，不要跟其他出版社争书稿，相反，要把组稿的门槛提高一些，不能来者不拒，要达到相当水平的稿子才收，做到凡是由方志出版社出的书，质量一定是有保证的，以此形成自己的品牌，自己的系列。顺便提一句，各省的志书能不能也在封面设计、装帧版式上统一起来，使志书的形式不至于五花八门。

第三，要继续加强用志工作，用以发挥地方志在经济社会发展中不可替代的作用。

编修地方志的目的是为了用，或者说完全是为了、最终是为了用，舍此没有第二个目的。我们要在用志上再多用些脑筋，多下些功夫，使志书更多地为经济社会的发展服务，为人民群众服务，为广大干部服务。凡是有水平的领导每到一个地方的第一件事就是要志书。有人形容古代官员上任，是一手托印、一手托志。因为要了解一个地方的情况，没有比志书更系统、更全面、更客观的资料了。然而，现在的干部对志书的认识和使用都还远远没有达到这种程度，这就需要我们加强这方面的工作力度，使大家感到志书确实有用。

第四，要继续重视方志学科的建设，用以带动地方志理论水平的提高和专业人才的培养。

河南省有不少大学，也有历史地理领域造诣比较深的教授。应当积极主动地与高等院校联系，争取开设方志学专业，培养地方志的专业人才。学习地方志专业可能会有毕业后的就业问题，但现在许多专业毕业后都有就业问题，并没有因此就撤销这些专业。另外，地方志工作也要有新老交替，还是需要不断进人的。据说，北京市打算编纂北京市的地方志百科全书，河南省是否也可以编一本地方志百科全书。百科全书中的每一个条目，都需要由这方面最为权威的专家来撰写，应当是关于某一事物最为规范的概括。一个几百字、上千字的条目，往往需要几万字甚至几十万字的资料在后面支撑。所以，编写地方志百科全书，对于促进地方志的学科建设，提高地方志的理论水平，会起很大的作用。

地方志工作同样要用科学发展观指导*

——在内蒙古自治区地方志办公室座谈会上的讲话

（二〇〇七年八月三日）

地方志工作是一项非常重要但又不容易引起社会各方面重视的工作，因此特别需要得到有关领导的关心和支持。自从我分管地方志工作以来，一直想到内蒙古自治区搞一次调研，但始终未能成行。这次应邀出席内蒙古自治区草原文化研究工程结项和丛书出版座谈会，终于有机会实现多年的愿望。我到你们这里来，一则看望大家，代表中国地方志指导小组向大家表示慰问；二则向大家请教，就地方志工作中的一些问题同大家交换意见；三则尽我的能力，协助大家解决一点实际问题。

刚才听了张建功主任的工作汇报，给我的印象是内蒙古自治区的地方志工作由于条件所限，困难比较多。比如，有的旗县经费紧张，以致志书早已完稿，却因为缺钱而出版不了，影响了工作进度。但自治区党委和政府领导近几年对地方志工作非常重视，采取了一些得力措施，使内蒙古修志工作发生了显著变化，出现了后来居上的态势，首轮修志有望在明年上半年

* 这篇讲话曾发表于《中国地方志》2007 年第 9 期。

全部结束。这是令人高兴的事，可喜可贺。

关于今后工作，我赞成张建功主任汇报中提出的目标和措施。这里再顺便强调几点，请大家考虑。

第一，要以《地方志工作条例》的颁布实施为契机，大张旗鼓地宣传和推动地方志工作。

给地方志工作立法，这在方志史上可以说是开天辟地头一回。中国历史上有的朝代颁布过修志诏书，但没有哪个朝代为此立过法。新中国的新编地方志工作开展以来，党和国家也下发过不少修志文件，对推动地方志工作的顺利开展起过重大作用，但文件毕竟不是法律法规。现在国家进入依法治国、依法行政的时期，再单纯依靠文件推动工作，已经不能适应客观形势的需要了。《地方志工作条例》（以下简称《条例》）是行政法规，具有法律的效力，而且由于它是对历代，特别是我们首轮修志经验的高度概括，条文规定得又很具体、很全面，对推动工作非常有用。比如，《条例》明确规定县级以上地方人民政府负责领导地方志工作，并将其所需经费列入本级财政预算；明确规定各级地方志工作的机构主管本行政区域的地方志工作，并履行组织编纂地方志书和综合年鉴、推动方志理论研究、开发利用方志资源等五个方面的职责；明确规定地方志书每 20 年左右编修一次，每一轮志书编修工作完成后，要在编纂地方综合年鉴、搜集资料、向社会提供咨询服务的同时，启动新一轮志书的续修工作。就是说，编修地方志工作应当是一项由政府负责的长期工作，地方志工作机构应当是一个列入政府序列的常设机构。现在有些地方在首轮修志工作结束后撤销了地方志办公室，这是不符合《条例》规定的。我们要向这些地方的领导和有关部门宣讲《条例》，促使他们改变原有的决定。应当看到，自从《条例》公布后，许多地方对地方志工作和地方志工作机构比过去更加重视了。最近我到河南，听说河南省政府给了省地方史志办公室一项原本属于政府办公厅负责的任务，就是编写《河南大事月报》。这无疑有利于地方志工作机构积累资料，也有助于提升其在政府中的地位。我们常说有为才能有位，但同时也要说，“有位”可以更加“有为”。总之，要充分利用《条例》颁布的大好时机，把宣传、贯彻、落实《条例》的文章做够做足，推动地方志工作向前再跨进一大步。

第二，要在第二轮修志中首先重视对第一轮修志工作经验的总结，不要急于写书出书。

前几年，有些地方在首轮修志工作结束后，没有及时启动第二轮修志。经过工作，现在各省对第二轮修志已普遍发了文件，开了动员会。但有些地方又出现了另一种倾向，就是不重视对第一轮修志经验和教训的总结，忙于写志，急于出书。首轮修志的规模之大、成果之多都是史无前例的，是以往任何时代无法相比的，这一点必须充分肯定。但由于是我们的首轮修志，而且是在文化事业遭受十年“文化大革命”破坏之后进行的，其中难免存在不少问题，这一点也不能不看到。我们都说第二轮修志从一开始就要把质量放在第一位，如果忽视对首轮修志经验和教训的总结，忙于写书，急于出书，首轮修志中的长处得不到发扬，问题也难以克服，质量第一的方针就可能落空。据了解，一些地方之所以急于出书，与这些地方的领导希望在自己任期内见到志书有关。应当说，这些地方的领导关心地方志工作的精神是可贵的，但地方志工作如同所有工作一样，也有自身的特殊规律。修志需要收集、筛选、核实、编排资料，要有一个较长的周期，不能像盖楼房那样赶时间、赶进度。即使盖楼，要想盖得好、盖得结实，也不能任意缩短工期。志书是要留给后人看的，是要经得起历史检验的，不能仅对某个领导人负责，而是要对历史负责。不能说我这一任批给了地方志工作机构多少经费，解决了地方志工作的多少困难，就一定要在我这一任上见到志书。那样要求，是不符合地方志工作规律的。现在党中央要求我们树立正确的政绩观，落实科学发展观，这对地方志工作来说同样适用。所以，不要太着急出书，要先花些时间把首轮志书拿出来仔细看看，认真总结其中的经验教训，以便为第二轮修志打好基础。从全国大多数地方看，首轮修志的下限基本在 20 世纪 70 年代末和 80 年代初。如果按 20 年一修来计算，第二轮修志的下限应当在 20 世纪末和 21 世纪初，第三轮修志的下限应当在 21 世纪的 20 年代左右。因此，第二轮修志结束和第三轮修志启动的时间，差不多是 2020 年前后。也就是说，第二轮修志的时间是比较充裕的，拿出一些时间来总结、消化首轮修志的经验教训，然后再动笔写志，是完全来得及的。

第三，要克服重修轻用的偏向，切实加强读志用志工作。

修志不是目的，用志才是目的。地方志工作机构的任务中，不仅有编纂志书，也有开发利用地方志资源。对这些，在地方志系统是明确的，也是有共识的，而且已经被写进了《条例》。但在实际工作中，人们往往对修志投入力量比较大，对用志下的功夫比较少，抓修志比较实，抓用志比较虚。其原因除了有客观因素外，恐怕与一些同志头脑中存在的“修志是硬任务，用志是软任务”的观念不无关系。在各种有关国情、地情的资料书中，地方志应当说是最为全面、最为翔实的一种。

它就像一座矿山，一个宝库，蕴藏着数不尽的宝藏。但是，现在的志书越编越厚，越编越长，县志少则上百万字，多则几百万字；市志少则三四本，多则十几本；省志少则几十卷，多则上百卷。这么长的篇幅，这么大的部头，不要说看起来困难，就是放都很难放。能不能再精炼一些呢？我们应当提出这样的要求，文字上也确有可以精练之处。但现代社会的内容比古代社会要丰富得多，志书有存史功能，要全面反映社会方方面面的内容，文字再精炼，篇幅上也很难有什么大的压缩。因此，要让人们利用这些资料，就要有人做开发利用方志资源的工作。就像矿山要有地质勘探员，宝库要有仓库管理员一样，要靠他们帮助大家找到各自需要的宝贝。以前，不少地方为此动了很多脑筋，也创造了一些经验。今后，大家还可以继续探索，用多种形式推进地方志的开发利用工作。不过，要开发地方志资源，最根本的办法还是要在现成志书的基础上，编写篇幅在20万字左右的简志和各种专题志，并且把志书数字化、网络化。当然，这需要资金和人力的投入。但对一些具备条件的地方来说，首先是要克服“用志是软任务”的思想。另外，根据《条例》的要求，有条件的地方还要建设方志馆。方志馆不是办公室，也不同于图书馆。它是对地方志这种文化资源开发利用的场所和手段，是保存地方志编纂过程中收集的各种资料和形成的文稿，并供各方面查阅、检索志书的地方。暂时没有条件建方志馆的地方，要设法把现有资料保存好。建方志馆是为地方文化事业和城市建设增光添彩的事情，凡财力允许的地方，有关部门应当给予积极支持。

第四，要在修志的同时，大力加强制度建设、队伍建设和理论建设。

制度建设、队伍建设、理论建设是第二轮修志过程中必须常抓不懈的几件重要工作，对此，中国地方志指导小组在即将印发的《关于第二轮编纂地方志书的若干意见》中有明确要求。新编地方志工作开展二十多年以来，形成了不少好制度，对保证修志进度和志书质量发挥了重要作用。今后，随着修志实践的深入发展，要继续补充、完善这些制度，并逐步建立一些新的制度。制度是经验的凝结，是符合实际做法的条文化，具有稳定性和强制性，可以避免因为人事变动而造成随意性。现在在职人员中参加过首轮修志的人已经越来越少了，因此要更加强调学习、熟悉、执行已有制度，并在总结经验的基础上制定新的制度。另外，对新从事地方志工作的同志要加强培训。即使是参加过首轮修志的同志，也要注意吸收新的知识，了解新的要求。如果有编制，地方志工作机构要多进一点历史学科的高校毕业生，不断改进队伍的专业构成。现代的地方志工作与古代不同，除了自己写作和编辑外，还要组织相关部门、下级机构和外单位人员参与修志，有大量的行政工作要做。但就修志本身的性质，应当说它是属于学术性工作的。过去胡乔木同志就说过，修地方志是做学问的地方。既然如此，我们就应当把它当成学术、学问来对待。现在，多数人承认地方志属于历史学科，但对它是不是构成历史学科下面的一个分支学科，存在着不同认识。这其中固然有社会上一些人的偏见在作祟，但也与目前地方志还没有形成自身成熟的、独立的、完整的、系统的学科理论有一定关系。因此，在第二轮修志过程中，我们要特别重视理论建设、学科建设。地方志的学科建设任重道远，希望大家共同努力，积极开展学术研究和学术争鸣，逐步建立和不断完善方志学理论，积极争取在高校开设方志学课程，设立方志学专业，培养方志学的研究人才。

全面理解和正确贯彻实事求是的修志原则*

——在陕西省地方志办公室座谈会上的讲话

（二〇〇七年九月二十一日）

昨天，我刚在延安开过第七届全国国史学术年会的闭幕会。这个会是当代中国研究所与陕西省方志办联合召开的，得到了陕西省方志办的大力支持，所以首先要向大家表示感谢！

陕西是修志的大省，也是修志的老省，地方志工作的成绩显著。刚才听了刘培仓主任的工作介绍，我感到陕西省近些年的地方志工作有以下几个特点：

首先是领导支持。袁纯清省长、赵正永常务副省长、罗振江副省长等，多次视察、研究地方志工作。尤其罗振江副省长，每到一个地市调研，都要与当地方志办的同志座谈，听取意见；他抓省志编修任务的落实，亲自带队到省直有关部门督促、检查，非常难得。他说："地方志工作不是中心工作，但它影响中心工作。"这话说得非常好，很到位。你们的办公条件与各省相比，也很不错。方志办在省政府大楼内，跟省人事厅共用一层；而且人手一台电脑，桌椅板凳都是新置的，资料

* 这篇讲话曾刊登于《中国方志通讯》2008 年第 2 期。

室有三万多册图书；方志馆也有了地皮，列入了规划。这些如果没有领导的重视和支持，是不可想象的。

其次是认识到位。有的县志办领导说，既然把我放到了这个岗位上，就要干出个样子来。这说明，你们从上到下对地方志工作的认识都是很充分的。共产党的干部嘛，就要服从组织分配，叫干什么干什么，不能挑挑拣拣。问题在于，组织上叫干的不一定是自己原先想干的、自己熟悉的工作。怎么办？可以有两种态度，一种是虽然也在干，但心不在焉，见异思迁，钻不进去，干了多少年还是门外汉；另一种是既来之则安之，干一行爱一行，干一行钻一行，干一行干好一行。我认为，人生时间不长，采取第二种态度是现实的，也是最聪明的。否则，你又走不了，又不好好干，一晃就老了，结果一事无成。所以，思想认识决定精神态度。认识到位，干劲自然就大。在2006年中指组表彰先进的工作中，与人事部联合表彰的先进工作者只有十个名额，陕西就占了一个，是汉中市志办的郭鹏同志。可见，陕西的方志工作者有一股子干劲。

再次是措施得力。省志办在工作上善于抓重点，抓难点。比如，抓队伍的业务培训，提高修志人员的素质，与宁波大学合作办培训班，轮训全省县以上各级志办和修志部门的工作人员，特别是年轻同志。这对保证第二轮志书的质量至关重要，是非常有效的措施。

再次是工作务实。陕西省目前还有60多个贫困县，经费困难，省志办挤出经费，为他们赠送《中国地方志》杂志。这笔钱不到一万元，但却为基层解决了实际问题，使他们能直接得到全国方志系统的最新信息。对这种事可以采取另外的办法，比如，让这60个县给本县领导写报告，申请经费，或者由省志办给省财政厅写报告要钱。如果那样做，加起来不到一万元的事，很可能拖多少年都解决不了。所以，通过对这件事的处理，可以看出省志办有一种求实务实的工作作风。

自《地方志工作条例》（以下简称《条例》）出台之后，我在全国方志系统学习贯彻《条例》大会上和到河南、内蒙古等省区调研时，都讲过一些意见，其中，有的已作为中指组办公室的文件下发，有的在通讯和杂志上刊出。今天要讲，大体上也还是那些意见，无非是强调其中的几点，与大家再交流一下。有的可能还不成熟，讲出来也想听听大家的意见。

第一，依法修志。

地方志工作过去没有立过法，可以说无法可依。现在有法可依了，就要抓有法必依。《条例》写得很好，很全面，将地方志工作的基本内容都写进去了。我们要善于理解它，运用它。

比如，关于机构问题。按照《条例》规定，县以上地方人民政府必须有负责地方志工作的机构。至于这个机构叫什么名字，法规上没有规定，也很难规定，我们不必强求。因为机构的名称是动态的，而法律是相对稳定的。不能机构名称变了，法律也跟着变。问题的实质在于，政府必须有负责地方志工作的机构。

又比如，关于经费和人事问题。《条例》对这些也都有明确规定。第四条说：“地方志工作所需经费列入本级财政预算。”《条例》规定，地方志机构有履行组织编纂地方志书、年鉴，整理旧志，推动方志理论研究，开发利用地方志资源的职责，而这些都需要具有业务知识，并不是随便什么人都能做的。

再比如，关于年鉴问题。过去，编地方综合年鉴的单位五花八门。现在，《条例》把地方综合年鉴划归地方志范畴，理应由地方志工作机构负责。因为，修地方志与编地方年鉴本来是一个性质的事。编年鉴对于地方志工作的作用不仅仅是锻炼队伍，更重要的是积累资料。《条例》规定，今后地方志每20年续修一次，如果将每年编年鉴的资料积累下来，续修志书就好办多了。

《条例》的出台基本赶上了国家依法治国的步伐，大家要充分认识它的意义，珍惜和抓好这个机遇。现在一些省市制定了《条例》的实施办法，这是很有必要的。听说陕西也拟了一个实施办法的草案，即将提交省政府常务会议。这个动作在全国各省市中仍然是领先的，希望能抓紧通过。

第二，实事求是。

编纂地方志要实事求是，对这一点现在已经不是问题了。现在的问题在于什么叫实事求是，如何理解实事求是？实事求是，秉笔直书，首先要把“实事”搞清楚，搞准确。比如，我最近看到公开报刊上有一篇文章，说“文化大革命”中不准拿稿费，但毛主席却拿稿费，以此说明新中国仍然是专制制度。这是不是事实呢？不是。“文化大革命”期间，造反派确实提出过稿费是资产阶级法权，应予取消，但国家并没有就此作过决定。那时的问题不是不许给稿费，而是大多数知识分子没有了发表和出版著作的机会，但只要能在报刊上发表文章或在出版社出书的人，还是能得到稿费的。另外，《毛泽东选集》有稿费收入，但毛主席除了用这笔稿酬在中南海建了一个游泳池外，并没有把钱放进自己的腰包，也没有留给子女，而是统统放在中央的行政管理部门。而且，这个游泳池也不是他的私人财产，现在仍是国有资产，仍在为人们所使用。

其次，我们不但要讲“实事”，而且要“求是”，就是不能从表面上看事物，而要透过现象看本质，从本质上看事物。有时候，真实的东西不一定是本质上的真实。比如，建国初期，大多数人尤其是农村的生活水平比起旧社会虽然有提高，但提高不快，这是不是事实呢？是事实。但这是否说明我们选择社会主义制度选错了呢？不是的。我们今天讲要抓住机遇，大力发展经济。当年通过优先发展重工业搞快速工业化，也是抓住机遇，也是要发展经济。中国历史上是一个落后的农业国，近代又不断遭受帝国主义侵略，家底很薄。搞重工业需要大量资金、物资、商品粮。而钱就那么多，各种工业建设需要的物资有限，粮食生产能力又很低。怎么办？只能先顾一头，实行计划经济，把有限的资金、物资、粮食集中用于工业化建设。这就迫使我们不能不使人民，特别是农民在生活上暂时做出一些牺牲，勒紧裤腰带。正因为如此，我们才能用很短的时间建立起独立、完整的工业体系，才可能使装备制造业在改革开放后有那么快的发展；才可能大量生产化肥，使粮食亩产在实行包产到户后大幅度提高，使农民生活水平相应得到大幅度改善。所以，把客观存在的都收入志书，有闻必录，并不等于就是实事求是。

为什么《条例》规定对地方志书要审查验收，要组织保密、档案、历史、法律、经济、军事等方面的专家参加，就是要确定哪些事情能上，哪些事情不能上。入志的东西必须是真实的，但真实的东西不一定都能入志，不能说只要是真实的就都写进志书。地方志从性质上讲属于意识形态，任何社会占统治地位的意识形态都是统治阶级的意识形态。我们要提高执政能力，一定要从巩固我们国家意识形态的角度来看问题。境外有的情报机构专门收集大陆的地方志书，因为从志书中有可能找到他们需要的东西。所以，我们在编纂地方志时，头脑中一定要有政治这根弦。这与志书的政治化是两回事。

另外，凡是入志的数字，一定要经过认真核实，凡是拿不准的，不要轻率入志。例如，三年困难时期的非正常死亡人数，大多是用一定公式计算出来的。公式不同，数字差别很大。这类公式主要依据的是困难时期前后的人口数之差，及以往的人口出生率、死亡率。问题在于，一个地区人口下降的原因很复杂，有的是因为当地受灾，到外地投亲靠友或沿途要饭，以后不再回来了；有的是因为营养不良或医疗条件不好，因病而死，或生育能力下降。如果不作认真统计，只根据一个公式，就把这些统统列在饿死的数字中，显然不能叫实事求是。公布困难时期非正常死亡人数是一件严肃的事，要由当地党委和政府负责核实批准。过去我们曾犯过虚报粮食产量的错误，付出过很大的代价。现在不要再犯虚报非正常死亡人数的错误，似乎报得越多，说明自己思想越解放、越勇敢，这是一种认识上的误区，同样是会付出代价的。

第三，质量第一。

对志书质量不能仅仅在口头上说重视，一到具体工作中就忘记了。目前，从全国范围说，第二轮修志工作已经启动。凡是还没有完成第一轮修志或启动第二轮修志工作的地区和单位，要抓紧工作。但是，这不等于急于出版第二轮志书，不等于第二轮志书出版得越快越好。据说，现在各地出版的第二轮志书，加在一起已有 256 部。我不能说这些书的质量一定有问题，但我可以说，如果这些书再晚一点出版，把书稿再多磨几遍，质量肯定会更好一些。首轮修志开始于 20 世纪 80 年代初，上限都是远古，下限一般是 70 年代末、80 年代初。如果

20年一修，那么，第二轮修志的下限应当大体在20世纪末和21世纪初，也就是说，第三轮修志要到2020年左右才能启动。所以，现在离第二轮修志工作结束还有十几年，时间完全来得及。

一些地方急于出书，可能与地方领导班子换届有一定关系。自从《条例》颁布后，各地对地方志工作的重视程度普遍提高，要人给人，要钱给钱。但有的领导可能考虑要换届，希望第二轮志书能在本届任期内见书。我们一些地方志工作部门的同志也可能会考虑，领导对我们那么支持，人家眼看就要“到点”了，或者要调动了，不赶紧把书出来，似乎对不起人家。这些想法都是人之常情，是可以理解的，甚至是积极的。但必须指出，这些想法是违背修志规律的。地方志工作与经济工作不一样，与建大楼更不一样。它需要把资料收集得尽可能全一些，然后从中提炼最值得记载的，并要研究如何记载才能最客观、最全面地反映事物的本来面貌，才能把最真实、最重要的东西留给后人。因此，修志需要比较充裕的时间，而且需要与所记载的事情之间相隔一段时间，使历史有一个沉淀的过程，不能事情刚过，拿起笔来就写，写完就出版。那样做，质量肯定难以保证。

地方志书不仅要给今人看，而且要传之后世，必须经得起历史的检验。我们今天经常评论旧志哪本好，哪本不好，后人同样会这样评论我们的。我对方志出版社的同志提出，不要去和其他出版社争书稿，要把力量用在出精品上，搞精品工程。质量差的书稿就是送来也不收，做到凡是在方志出版社出版的书，质量肯定有保证，在志书评比中肯定能获奖。做到了这一点，牌子就会树起来，质量高的书稿自然会拿到这里出版。所以，我认为在地方志工作中同样要树立正确的政绩观，落实科学发展观，把“好”字放在“快”字之前，做到又好又快发展。我希望陕西地方志在这方面带个好头，书稿写出来后要一个字一个字地抠，为创造地方志的质量标准体系做出贡献。

第四，加强研究。

地方志工作到底是不是学问，算不算一个学科；如果是学问，是学科，应归入哪门学问，哪个学科？对这些问题，在方志系统内外都存在不同认识。现代方志与古代方志在编纂上有很大不同。古代方志大多出于少数人之手，而现代方志由于内容极大丰富，再靠少数人编纂已不现实，必须组织各部门、各行业共同参与。因此，现代方志工作中要分两块，一块是行政管理工作，一块是编纂工作。正因为如此，才会让各级地方志工作机构列入参照公务员法管理的序列，这体现了地方志工作作为政府职能的性质。在这种新形势下，再笼统说地方志工作是学问、是学科，显然不够科学。但说地方志编纂是学问、是学科，肯定是站得住脚的。

现在的问题是，地方志工作作为一门学问、一个学科的性质体现得还不明显。目前，在国务院学位办的学科目录中还没有方志学；在高等院校中，除个别开方志班外，基本上不设方志专业；在地方志工作机构中，允许设专业技术职务的很少，具有高级职称的人员更少。这说明社会上对地方志工作的学术性还缺乏足够认识，同时也反映出地方志工作系统自身还没有拿出一套独立、完整、系统、足以令人信服的方志学学科体系。

国外没有方志学，这并不妨碍中国设方志学。修志本来就是中国独一无二的文化传统，方志学为什么就不能是独一无二的呢？有人主张将方志学纳入出版类的编纂学，我看不一定合适。如果要归类，放在史学下面，作为史学的分支学科可能更合适些。但要做到这一点，地方志工作系统除了要加强对外宣传，使外界了解它的学术性质，积极争取有关部门设立方志学科、方志专业外，关键在于自己要加强学术研究，依托部门和协会进行学术研讨、学术交流，利用刊物开展学术争鸣，在系统内提倡尊重学问、尊重学者，克服行政化倾向。

现在，方志编纂中的学术问题不少。你们省志办的张世民同志就给我提出了六个问题。比如，关于志书中要不要有论？对这个问题有不同认识，大家还可以讨论。我个人认为，史志既有共性也有区别。区别之一就在于，史是述论结合，而志则是述而不论。不是志没有观点，而是它的观点要寓于记述之中。这是志的特点所在，也是它的优点所在。我们都承认志书是资料性文献，既然是资料性文献，就不宜论。唯其如此，才能更显示出它的客观性，也才能被更广泛地应用。否则，史也论，志也论，志的资料性、客观性反而会被削弱，不利于体现志的特殊价值，也不利于志的生存和发展。再比如，在国家社会科学基金课题申报中，涉及地方志的课题能否申报、如何申报？我看地方志课题是完全可以申报的，放在史学类里申报就行。只要论证充分，我相信是可以立项的。

张世民同志的问题中还有一个，就是如何理解地方志与国史的关系？对这个问题，前天我在延安第七届全国国史学术年会闭幕会上已经讲过了。在中国，史志自古是一家。编纂地方志离不开史书，反过来，研究历史也离不开志书。古代很多志书，本身就是史家写的。但 20 世纪 80 年代开展的新编地方志工作，在全国从上至下搞了一个独立的工作系统。到 90 年代，开展中华人民共和国史编纂，也称当代中国史编纂，中央设立了当代中国研究所，各省也建立了独立的当代地方史编纂系统。地方志系统一般归政府序列，地方史系统一般归党委领导，这就造成了史志分家。然而，从第二轮修志开始，情况会有很大变化。因为，二轮修志的上限大体是20世纪80年代前后，下限则是21世纪初。因此，二轮修志记述的内容都是1949年中华人民共和国成立之后发生的事，就是说，都是国史的研究对象，属于国史研究的范围。二轮志书是国史研究与编纂取之不尽的资源，国史工作要搞好，必须汲取包括地方志在内的各种资料。国史研究与编纂可以为地方志编修提供新的观点和视角，地方志编修也可以为当代史研究与编纂奠定扎实的资料基础。目前，国史研究、当代史研究已经在运用地方志的资料。当代中国研究所与陕西省方志办联合在延安召开第七届全国国史学术年会，更标志国史研究机构与地方志工作机构合作的开始。我相信，今后双方合作的前景将会是十分光明的。

另外，要加强地方志自身的学术研究，必须加强地方志人才队伍的建设。地方志工作具有行政管理和编纂的两重职能，因此，地方志机构人员的组成既要有善于组织协调的人，也要有一定学术研究能力的人；既要有实干家，也要有学者、专家。但必须看到，它的行政管理工作是建立在编纂工作基础之上的。如果没有编纂，你管理什么？近几年，参加首轮修志的具有一定学术水平的同志逐渐离开了工作岗位。我们除了要想办法让他们发挥余热外，一定要重视招聘和培养具有研究能力的新人。没有这支队伍，加强方志学术研究，提高志书编纂质量，就是一句空话。

第五，重视应用。

地方志工作的目的说到底是应用。一本志书从编纂到出版，国家投入很大，如果书出版后束之高阁，无人问津，岂不是天大的浪费！所以，我们一定要在用志上下功夫。你们省志办利用地方志开发陕西地情网，这就是很好的用志形式。一定要注意经常了解有多少人看，什么人看，看什么，以便不断改进网络的编排。还可以制作一个调查表，让省委、省政府的秘书们也填写一下，看看他们是否知道有这个地情网，平时看不看，并且问问他们最需要什么方面的信息。他们是直接为省领导服务的，如果他们都在利用你们的网站，就等于你们的工作在省领导的决策中发挥了作用。安徽省志办搞了一个名为《治皖一叶》的简报，每期只有一两页，针对省里的中心工作或紧要问题，从地方志中摘出相关内容，送给省领导。今年夏天，他们针对防洪工作，把安徽历史上闹水灾的情况列了一个大事年表，从中可以看出一定的规律性。一位省领导看了非常高兴，在简报上批了一大段话，给予肯定和表扬。这样做，地方志工作的作用不就显现出来了吗？有了作用，地方志工作在当前经济社会发展中的地位也就有了。河南省将政府的《河南大事月报》划归地方志机构编写，这既是为了发挥地方志工作机构的作用，也是为了提高他们的地位。总之，还是那句老话："有用才能有为，有为才能有位。"

党的十七大即将召开，大会主题在胡锦涛总书记"6·25"讲话中已经透露，那就是高举中国特色社会主义的伟大旗帜，推动科学发展，促进社会和谐。地方志工作要为国家的经济社会发展服务，就要自觉地贯彻十七大精神。你们要我为《陕西地方志》改刊题词，我写了四句话："加强理论研究，搞好方志工作，推动科学发展，促进社会和谐。"前两句讲的是干什么，后两句讲的是为什么干。我想，这些都是地方志工作者应当干也能够干的事情。陕西的地方志工作是有传统的，也是有潜力的。我预祝大家百尺竿头更进一步，继续走在全国地方志工作的前列。

尊重修志规律，确保志书质量*

——在山西省运城市地方志办公室座谈会上的讲话

（二〇〇七年九月二十二日）

我首先代表中国地方志指导小组一行人，向在座的各位表示感谢。感谢市、县（区）各位分管地方志工作的领导多年来对地方志工作的支持，同时也感谢运城市全体地方志工作者的默默耕耘。地方志是中国独特的历史文化传统，传承千年而不断，在中国的文化传承中发挥了并正在继续发挥着重要作用。自古以来，作为一个地方的资料性文献，没有比地方志更全面、更权威的。地方志上至天文，下至地理，横陈百科，包罗万象。因此，编纂地方志确实是一件非常辛苦的工作，同时也是一件非常光荣的工作。

刚才听了吴菊仙副市长和市地方志办公室景惠西主任有关地方志工作的介绍，对运城市地方志工作有了大概的了解，感到运城市的地方志工作可以用这样几句话来概括：

一是资源丰富。刚才吴副市长介绍了描绘运城的三句话："灿烂的根祖文化，美丽的自然风光，正在崛起的现代文明。"这几句话很精炼，涵盖了运城市的方方面面，既有历史也有现

---

* 这篇讲话曾刊登于《中国方志通讯》2008 年第 3 期。

实，既有人文也有自然。而这些正是地方志要记述的对象，可见运城市地方志工作的资源非常丰富，大有可为。运城市仅现存古迹就有200余处，文物景点1600余个，其中，国家级文物保护单位22处，省级文物保护单位65处，国家级风景名胜区1处，国家级森林公园2处。昨天下午4点，我们一进入运城，便径直去参观了鹳雀楼、黄河大铁牛、普济寺。还有许多地方想看，时间实在来不及了。伴随新的考古挖掘，运城市的文物景点肯定还会增加。这些都是文化资源，同时也是地方志工作的资源。有些地方也想搞好地方志工作，但没有运城市这么丰富的资源，或者没有灿烂的根祖文化，或者没有美丽的自然风光，或者现代文明崛起的程度不如运城。因此，在运城做地方志工作是幸福的，“身在福中要知福”。

二是领导重视。我在好几个地方都说过，凡是地方志工作搞得好的地方，后面肯定站着两个人，一个是分管地方志工作的政府领导，一个是负责联系地方志工作的政府秘书长。我来运城后的第一个感觉，就是政府领导对地方志工作非常上心、非常投入，思想认识到位，精神状态好。每一个政府领导所要分管的工作都是很多的，像吴副市长，分管全市的科教文卫。教育、卫生本身的工作量就很繁重，何况运城市还是教育先进市，这方面不拿出足够精力来抓是不行的。相比之下，地方志工作并没有那么多的急事。但运城市领导对此仍然很重视，抓得很紧，不仅抓市志办本身，还积极推动全市地方志工作管理机制的建立健全。比如，抓各区县机构的设置，使全市13个区县中的12个方志办，成为了政府中的独立机构。可见，没有领导的支持，运城市地方志工作不可能取得现在这样的成绩。可以说，没有地方领导的支持，地方志工作寸步难行。

三是成绩突出。在首轮修志工作中，运城出了一些水平较高的县志、区志，还出了很多专业志、部门志、乡镇志、地情书等，整理出版了一批旧志。你们今天摆出来这么多成果，充分展现了运城的工作成绩。在去年开展的全国地方志系统评选先进中，你们出了一个先进集体和一个先进个人。你们的第二轮修志工作也已全面启动，在读志用志工作上也取得了不少成绩。这些都是运城市地方志工作系统广大职工共同努力的结果，借此机会，我代表中指组向你们表示祝贺和敬意！

四是前途远大。目前，运城的经济、社会、文化事业都在飞速发展，这为运城市的地方志工作提供了广阔的发展空间。特别是旅游业，发展潜力很大。比如，鹳雀楼虽然不是古迹，但却再现了当年的美景。登高眺望，远处重峦叠嶂，近处葱翠碧绿，太阳徐徐而落，黄河缓缓而流，仍然可以使人体会到当年王之焕描绘的“白日依山尽，黄河入海流”的意境。像这样的美景，在中国乃至世界都很难找到了。有这么丰富的文化资源，这么厚重的历史积淀，这么良好的发展机遇，运城市的地方志工作肯定是前途远大的。

至于意见和建议，由于今天时间有限，我只简单提几点，供你们参考。

第一，要继续加强对《地方志工作条例》的学习、宣传、贯彻、落实工作。

《地方志工作条例》（以下简称《条例》）具有丰富内涵，需要不断学习。有些地方的同志反映，说《条例》没有完全满足需要，比如对机构问题、经费问题等就没有明确规定。这种认识是一种误解。其实，这些问题在《条例》中虽然没有具体规定，但原则性的规定都讲到了，关键在于如何领会。比如，中国地方志指导小组及其办公室的设置在《条例》中没有出现，但《条例》明确规定“国家地方志工作指导机构统筹规划、组织协调、督促指导全国地方志工作”。再如，《条例》没有具体规定地方志工作哪些开支要由地方政府保证，但明确规定“地方志工作所需经费列入本级财政预算”；没有具体规定县级以上地方政府必须成立地方志工作机构，但明确规定“县级以上地方人民政府负责地方志工作的机构主管本行政区域的地方志工作”，而且赋予这一机构五项职能。只要认真学习领会，我们就可以看出，关于地方志工作机构、经费等方方面面的问题，在《条例》里都有答案。作为国务院的行政法规，不可能把机构名称、经费数额写得那么具体，因为机构名称是随时会变的，经费也要结合各地的实际情况，而法律则必须具有较大的普适性和稳定性。所以，我们一定要继续深入学习《条例》，通过学习进一步提高自己对《条例》的认识，只有这样才能促进《条例》的贯彻落实。刚才景惠西主任讲了继续加强《条例》贯彻落实的几条措施，我认为很好。总之，对《条例》的学习宣传贯彻落实工作是一项长期任务，要把它当作我们推动地方志工作发展的最为有力的措施，不能搞一阵风。

第二，要继续加强对首轮修志工作的总结。

首轮修志工作是我们自己亲身经历的实践，其经验是最宝贵的。其中不管是成功的还是不成功的，都是我们的宝贵财富，都要认真加以总结。我在2001年刚负责分管地方志工作的时候，第二轮修志工作已提到日程上来，并在第三次全国地方志工作会议上作了布置。然而，那时大多数地方还没有动起来，因此，我走到哪都强调要抓紧启动第二轮修志。现在，第二轮修志工作已经在全国范围普遍启动了，有的省份进展得还很快，我再到各地调研，强调的重点就不是启动二轮修志了，而是要拿出足够时间来总结首轮修志的经验教训，不要着急出书。就全国来说，二轮志书的上限大多是 20 世纪 70 年代末或 80 年代初，下限是 20 世纪末或 21 世纪初。如果按照《条例》规定的 20 年左右一修的话，三轮志书的下限应该是 2020 年左右，也就是说要等过了 2020 年后才能启动第三轮修志工作。现在是 2007 年，离 2020 年还有 13 年，但不少地方已在陆续出版二轮志书了。据说全国已经出了 250 多种，你们运城也出版了两部。我不反对已经很成熟的志稿，已经反复修改多少遍、质量比较高的书稿早点出版。但现在的问题是，有不少已经出版的志书，在评审中发现的问题很多。我有个担心，就是大家现在着急出书，难以保证二轮志书的质量。导致急于出书的因素很多，包括地方政府面临换届，领导希望在自己任上见到成书的志稿；也不排除一些地方志工作机构有相互攀比的心理。无论哪种情况，我都认为这是一个值得注意的倾向。修志有自身的规律，必须对历史负责，而不能只对哪位在任的领导负责。一栋楼可以在一位领导的任期内盖起来，而一部志书也许要经过几任领导的手才能出得来。别以为志书是资料，可以搞急就章，突击一下就行。它可不是一般的资料，是资料性文献，需要反复打磨。现在我们总是强调质量第一，如何才能保证质量第一？不总结首轮修志的经验，不把首轮志书拿出来重新读一下，看看里面有什么经验、有什么不足和教训，从而扬长避短，怎么可能保证二轮修志的质量？另外，现在各地普遍在搞二轮修志的培训，这很必要。但培训如果离开了对首轮修志经验的总结，这种培训难以给学员深刻印象。首轮修志的经验是从我们自己的实践中来的，是理论与实践的结合，是实实在在的东西。离开这些东西，培训很容易空洞化、抽象化。所以，加强首轮修志经验的总结，应该是第二轮修志工作开始阶段的首要任务，是二轮修志的基础，也是二轮修志成功的关键。

第三，继续加强方志理论研究。

我们都说地方志是一门学问，但是国务院学位办的学科目录中并没有方志学，高等院校里面设方志专业的，在全国也屈指可数。其中原因是多方面的，比如，方志专业的毕业生就业门路可能比较窄，包括地方志工作机构都不一定能接收。但也从一个侧面反映出地方志自身理论研究还比较薄弱，方志学还没有形成一个独立、完整、系统的学科体系，至少目前还没有一本为各方面认可的权威的方志学教材。我们要真正把地方志变成一门学科，要靠加强对地方志工作的宣传，靠与高等院校加强联系，但最重要的还是要靠自己加强方志理论的研究。中国地方志指导小组要推动这项工作，各地也都要推动这项工作，特别是一些方志大省、大市、大县，有编修地方志的悠久历史，更要多做一些这方面的工作。现在方志理论的问题不少，比如，地方志工作是什么性质的工作，对此就有不同认识。过去胡乔木同志说过，地方志工作本身就是学问，这话对不对？对，但要结合新的形势下来理解。因为根据《条例》的规定，地方志工作有五项职能，即：组织、指导、督促和检查地方志工作；拟定地方志工作规划和编纂方案；编纂地方志书、地方综合年鉴；搜集、保存地方志文献和资料，组织整理旧志，推动方志理论研究；开发利用地方志资源。这里面有大量的管理工作，不纯粹是学问。但编纂地方志、年鉴，肯定是学问，需要把它们作为学问来对待，要研究其中的理论问题。否则，你不懂方志理论，人家送来志稿，你怎么去审查？所以，地方志工作既包括组织管理工作，也包括编纂工作。组织管理工作是建立在地方志编纂基础上的，没有地方志编纂就没有地方志工作。就是说，地方志工作是需要以学术作为自己工作基础的。要让外界承认地方志是一门学问，我们自己首先要认清地方志工作中的学术内容，并把它当做学问来研究。现在地方志理论中的问题不少，例如，方志学属于哪门一级学科？志书中要不要有评论，述而不论对不对？什么叫秉笔直书，实事求是是否等于有闻必录？对这些问题都有不同认识，都需要我们通过加强理论研究来逐步解决。

第四，继续加强读志用志工作。

刚才景惠西主任讲，你们在这方面做了大量工作，而且很有成效。志书现在越编越厚，这虽然是我们现代社会、经济、文化内容越来越丰富的一种客观反映，但“厚”毕竟带来一个问题，就是看的人少。现在有的县志几百万字，市志就更不得了，放都没地方放，更不要说看了。没人看，又怎么谈得上“用”呢？地方志工作机构的一个任务是开发利用地方志资源，对这项工作要下点功夫。现在地方志工作机构任务很多，又要编志书，又要编综合年鉴，又要整理旧志，又要研究理论，很容易把读志用志工作挤掉。昨天上午我在陕西省方志办调研，看到了他们搞的地情网站，这其实就是用志的一种好形式。不过，仅仅把地情网站建立起来还不能说就自然而然地发挥了地方志的作用。因为，如果没有人看你的网站，点击率低，地方志的作用还是发挥不出来。所以，我当时就问他们，有多少人看，具体看的是什么，什么人看，省里各个部门的领导看不看，省领导的秘书们看不看，他们需要看什么，有什么建议。我问这些问题是什么意思呢？就是想让地情网站能真正发挥作用。我们国家从中央到县一级都设立地方志工作机构，这在中国历史上是前无古人的。改革开放前没有，国民党统治时期没有，近代、古代都没有过。这是我们对修志这一古老文化传统的继承和发扬，说明党和国家对地方志工作是非常重视的，问题在于我们要把它的作用发挥出来。许多领导、干部、老百姓不看志书，这个责任主要在我们地方志工作者身上，不能怪领导、怪干部、怪老百姓。我们要从实际出发，采取一些切实可行的办法，引导领导、干部、老百姓来读志用志。“有用才能有为，有为才能有位。”运城有的区县方志办主任由于工作出色被提拔当了重点中学的校长，这也证明有用与有为、有位的关系。不过，这件事也要辩证地看，不能理解为中学校长就比方志办主任的地位高。我看，方志办主任也不是随便什么人都能干的，要当一个称职的方志办主任并不容易。

地方志工作要做到“一个更加”“五个进一步”*

——在山西省史志研究院座谈会上的讲话

（二〇〇七年九月二十三日）

山西省史志研究院近几年多次邀请我来，去年我到陵川开会，顺道走访了晋城市方志办，还在长治市政府大院参观了各区县方志办为宣传《地方志工作条例》（以下简称《条例》）办的宣传展板，但因为急着赶回北京，没有来成太原。这次去延安参加全国国史学术年会，到西安走访了陕西省方志办，又由那里直接到运城，总算有了来太原的机会。

通过在晋城、长治、运城、临汾的参观、座谈，特别是刚才听了省史志院樊吉厚院长、张铁锁副院长对全省情况的介绍，使我对山西地方志工作有了一个比较全面的了解。我感到，山西省地方志工作有以下几个特点：一是修志传统源远流长，文化界和民间的修志意识十分浓厚。二是有着悠远的文明、美丽的风光、丰富的物产和飞速发展的建设事业，地方志的资源十分丰富。三是第一轮修志任务已完成96%，第二轮已全面启动，还整理了113种旧志，编纂了大量行业志、名胜

---

* 这篇讲话曾刊登于《中国方志通讯》2008年第3期。

志、乡镇志、地情书、综合年鉴，成果十分显著。四是地方志队伍有很高的专业水平，也有很强的奉献精神，仅在工作岗位上去世的就有好几个人，还涌现了像燕居谦、秦海轩这样的模范人物，在去年由人事部与中指组联合表彰的10名先进个人中，你们有1位；在中指组表彰的名单中，你们有7个先进集体、16位先进个人，反映队伍的整体面貌健康向上。五是上上下下、方方面面，特别是省委、省政府的领导，对地方志工作都很重视，刚才郭慧民副秘书长说，自从他到省政府机关工作以来，前前后后八位省长都非常重视地方志工作。在《条例》颁布实施后，山西许多市县政府的领导或在电视上讲话，或在报纸上发表文章，对《条例》积极进行宣传。这些都表明，山西有个很好的修志环境。

山西省地方志工作成绩显著，因此也任重道远，不仅要把自己的工作搞好，而且要创造经验，在全国起到示范带头作用。下面，我就山西省地方志工作谈几点意见，供大家参考。

第一，要更加深入地学习、宣传、贯彻《条例》。

《条例》颁布一年多来，产生了重要影响，各地采取了很多行之有效的措施进行学习宣传和贯彻落实。但我认为，《条例》的内容十分丰富，不是短时间就能领会透彻、落实到位的。现在人们感到还不明确的许多东西，其实在《条例》里都有规定，只不过看得还不够仔细，领会得还不够深入罢了。比如，地方志的性质是什么，地方年鉴应由哪个部门负责编纂，县级人民政府要不要设立地方志工作机构，地方志工作经费要不要列入财政预算，修志队伍中能不能有兼职人员，两次修志的间隔应当是多少年，国家机关、社会团体、企业事业单位、其他组织以及个人是否有义务向地方志工作机构提供修志所需的资料，故意提供了虚假资料的怎么办，志书出版前审查验收的主体和标准是什么，在地方志编纂过程中收集到的文字资料、图表、照片、音像资料、实物以及形成的志稿属于国家还是个人，地方志的著作权由谁享有，方志馆在原则上应不应建立，地方志工作机构有没有进行信息化建设的任务，对地方志工作中做出突出贡献的单位或个人要不要给予表彰、奖励，对擅自编纂出版以县级以上行政区域名称冠名的地方志书和地方综合年鉴的如何查处，对志书中存在违反宪法、法律、法规内容的如何追究责任等等，所有这些问题，只要仔细看，在《条例》里都能找到明确答案。

当然，也有一些有地方特殊性的问题，没有也不可能在《条例》中一一作出规定，这些要靠各省制定《条例》的实施办法来解决。还有一些问题，在法规里难以作出规定，要靠各有关部门协商解决。比如，现在地方志工作机构都希望自己能参照公务员法管理。对此，中指组是支持的。因为地方志工作本质上是一种政府行为，其机构具有行政管理职能，“参公”对工作有好处。但是，原来可以评聘职称的部门在“参公”后怎么办，这又是一个问题。地方志工作毕竟要建立在地方志编纂的基础上，如果不能评聘学术职称，一些搞编纂业务的同志的积极性有可能受到挫伤。这个问题，中央的一些研究机构也存在，如何解决还没有找到好办法。但地方志工作中遇到的大部分问题，在《条例》里都可以找到答案，因此一定要不断深入学习领会，以便把它作为我们推动工作的最有力的武器。

第二，要进一步加强依法修志的力度。

自从《条例》颁布后，地方志工作进入了一个新的时期，即依法修志时期。过去开展修志工作靠的主要是文件，现在有法可依了，就要做到有法必依。除了要依照《条例》修志，各地还要结合本地实际情况，制定《条例》的实施办法。这个意见，在去年中指组召开的学习贯彻《条例》的经验交流会上已经提出来了。比如，《条例》规定，县级以上地方志工作机构有五项职责，各地可以根据自己的实际情况，在实施办法中对这些职责进行细化。另外，像诸如志书版式、名称等，在实施办法中也可以进行规定。对这些，《条例》不可能说得太具体，中指组的文件也只能是指导性意见，不可能做硬性规定。

中指组现在正在制定《关于第二轮地方志书编纂的若干意见》，这个文件已起草了三年，开了多次座谈会，修改了几十遍，不久就要下发。在这个文件中，我们讲开本要统一，书名也要统一。你们把第二轮省志的书名叫通志，值得商榷。既然地方志是“官书”，有的书叫“志”，有的书叫“通志”，总不大好。现在全国大多数省份的志书都不叫通志，另外，第二轮叫通志，第三轮、第四轮叫什么呢？看来，还是统一叫某某省志更科学一点。

对山西来说，还有一个体制不顺的问题。对这个问题，也可以通过搞实施办法来解决。这两天，我通过跟山西同志的接触感到，在省史志院的“史”和“志”分开的问题上，省委、省政府领导的认识是一致的，省史志院内部的认识也是一致的。据我所知，中央党史研究室也同意把党史部分从省史志院中独立出来。至于中指组，当然更是这个意见。就是说，现在各方面都主张把山西省级地方志工作机构的体制理顺。否则，按照山西省史志院目前的体制，连贯彻《条例》的执法主体、责任主体、领导主体是谁都不明确。由于史志院由省委负责，分管地方志工作的省政府领导抓地方志工作难免会有顾虑；反过来，省委分管省史志院的领导到了市、县，恐怕也不便听取方志办同志的汇报。可见，目前的体制已经影响了工作，搞不好，地方志工作要两脚落空。

第三，要进一步加强对首轮修志经验的总结。

我们都讲质量第一，这是和速度、进度、数量放在一起比较而说的。既然质量第一，速度、进度、数量当然是第二。可是，现在不少地方出现了一种倾向，就是急于出书，赶进度。在 2001 年年底第三次全国地方志工作会议上，中指组曾提出要抓紧启动第二轮修志。我每到一个地方，也总是呼吁要尽快开展第二轮修志工作。现在，第二轮修志工作已经普遍开展起来。对于一些还没有启动第二轮修志的地方，仍然要催促他们尽快启动。但是，第二轮修志工作开展起来后，首要的事情不是尽快出书，而是要总结首轮修志的经验教训。

首轮修志是仓促上马，临时拼凑队伍，很多人没有修过志，缺少经验，只好边干边学，所以有些志书比较粗糙，留下不少遗憾。第二轮修志是在首轮修志基础上进行的，前面已有的遗憾，后面不应再重复。要做到这一点，就要总结首轮修志的经验。我们要求建立修志的质量体系，做到这一点，也要靠总结首轮修志的经验。参加首轮修志的同志大部分还健在，这为我们总结首轮修志经验提供了有利条件。现在，修志中间的问题并不少。比如，修志的指导思想、原则有哪些，修志规划怎么搞，志书的形式怎么定、容量放多大，体例和体裁问题如何解决等。所有这些，只有通过总结首轮修志的经验，才能统一大家的认识，使问题得到比较妥善的解决。

从全国大多数地方看，二轮修志的下限大体在 20 世纪末、21 世纪初，也就是说，第三轮修志的下限大体在 2020 年左右，距离我们现在还有 13 年时间。时间完全来得及，为什么要那么着急出书呢？志书一旦出版，发现问题再搞勘误表，那就逊色多了。问题少还好说，如果问题多，甚至连史实、逻辑、语法都有问题，连篇累牍地出问题，你怎么勘误？志书是政书，是要留传后世的，不能允许这样的情况出现。

党中央提出要树立正确政绩观，落实科学发展观。不要以为这只是针对经济工作的，实际上，它对各行各业都有效，地方志工作也不例外。一些地方之所以着急出志书，我看就反映了那里的发展观、政绩观上可能有问题。有的领导着急，可能认为已经给地方志经费了，也给编制了，有的甚至还给了汽车，可是总也不见书，眼看任期就要满了，希望自己在任时能见到书出来。有的地方志办公室的同志着急，可能是因为领导对地方志工作很支持，要什么给什么，眼看他们就要届满了，书再不出来不好交代。这些想法有合理的成分，但却是对地方志性质认识不足的表现。编一部志书和盖一座大楼不一样，它也许要经过好几任领导才能完成。志书不能对哪一任领导负责，而要对子孙后代、对历史负责。所以，在第二轮修志中，首要的工作是认真总结首轮修志工作的经验，通过总结经验，切实提高二轮志书的质量，避免重复首轮修志的问题。即使书稿已写成，最好也要多磨几遍，确实成熟了再出版。我这样说，并不是让已经是精品的书稿拖着不出版，只是希望大家真正把质量放在第一位，不要去赶进度；好好消化第一轮修志的经验，使第二轮修志又好又快地发展。

第四，进一步加强方志队伍建设。

事是人干的，要把一件事情干好，必须有一支好队伍，特别是要有一个好的带头人。这个道理谁都懂，但真正做到就不容易了。现在有些地方把地方志办公室看作是安排人的地方，有人在别处提拔没有位子，眼看快退休了，要给他提一级，就安排到地方志办公室。要知道，在地方志办公室工作必须有相当的文化水平，有一定的历史知识的积累，不是什么人都能干的。特别是地方志办公室主任，还要有组织、管理能力，更不容易找了。所以，今天强调加强地方志队伍建设，首先是要把人选好，把好进人关。当然，这要做好上级领导同志和有关部门的工作，要让他们懂得地方志工作的特殊性。其次，对进来的人要加强培训，通过培训提高他们的业务能力。哪怕是大学毕业生、硕士生，进入地方志办公室工作，也得有一个适应过程。你们讲，现在正处在新老交替时期，有些新人的素质跟不上。我想这是很自然的，要让他们提高，最好的办法就是抓培训。

第五，要进一步加强方志理论研究。

地方志的理论是很丰富的，古代就有，现在仍在发展。但是，这个理论还不够系统、不够完整、不够规范，还没有形成独立的符合学科要求的方志学科。教育部没有将方志学列入学科目录，有他们对方志学不了解的一面，也与方志界自身在理论研究上下功夫不够有关。现在设地方志专业的高等院校没有几所，这也反映出方志学的理论基础还比较薄弱。如果方志学跟史学一样，具有完备的学科理论和方法，人家自然会把方志学列入学科目录。

现在看来，新编地方志工作有两块，一块是组织管理，一块是编纂。组织管理属于行政范畴，地方志工作机构之所以要参照公务员法管理，原因就在这里。体现地方志学术性的是编纂，方志学科的理论、方法都来自于编纂。另外，地方志的管理工作也是建立在地方志编纂基础上的，没有地方志编纂就没有地方志管理。因此，地方志的编纂人员要加强对方志理论的研究，地方志的管理干部也要懂得地方志的编纂理论和方法。至于方志学属于什么学科，方志界有不同看法。我个人比较倾向于它是史学分支学科的意见。不过，对这个问题还可以继续讨论。

在我们方志系统，要提倡“百家争鸣”。争鸣不是一件坏事，而是繁荣学术的唯一正确的途径。我们说“江青反革命集团”不好，就是因为他们反对“百家争鸣”，搞一言堂。我们今天要加强方志理论研究，也要靠“百家争鸣”。不能一个东西来了，只能吹，不能批，这样搞，学术是发展不了的。加强理论研究，可以利用的形式有很多。比如，全国有地方志协会，各省也有地方志协会、学会，这些都是很好的载体，应该充分利用。地方志办公室有大量日常工作要做，协会、学会可以组织有理论研究能力的人，包括一些退下来的同志开展学术讨论。有条件的地方还可以编纂地方志百科全书，这对提高地方志理论研究也是一个非常好的形式。你们搞了一本《山西大典》，虽然是条目体的，但条目体不等于就是百科全书。一般来说，百科全书更规范、更严谨、更接近国际标准。《中国大百科全书》的条目就是由各个学科的专家、权威人士写出来的，搞了十几年才出齐。编纂百科全书，对于提升理论水平、加强学科建设有很大促进作用。

第六，进一步加强地方志资源的开发与利用。

在这方面，山西省已经做得很好，但其他一些省份的好经验还是可以参考的。比如，安徽省地方志办公室编《治皖一叶》，围绕省委、省政府的中心工作，从志书中找出相关内容，用简报形式报给省委、省政府，很受领导的重视。另外，利用志书的内容搞网站，也可以发挥地方志的作用。通过这些方式，地方志的用处就体现出来了。我们现在志书越编越厚，阅读起来很不方便，这就需要我们把其中的资源开发出来。我在很多地方都讲，把志书编出来只是完成了地方志工作的一半，还有一半，甚至一大半的任务，是开发利用志书。只有开发利用，才能显示地方志的价值；只有显示了它的价值，才能争取到地方志工作的地位。光埋头编志书，人家不清楚你到底有多大的作用。地方志资源的开发利用形式可以多样，但始终要围绕资政、存史、教化这个中心，始终服务决策，服务人民，服务社会。

我就讲这六个意见，概括起来，就是“一个更加”“五个进一步”。山西省地方志工作大有可为，也应当大有作为。

高标准修好《黄山市志》*

——在《黄山市志》书稿评审会上的讲话

（二〇〇七年九月二十九日）

几年前，我答应做《黄山市志》的顾问，一则因为市志办同志多次要求，真心实意；二则我也想通过一部志书，具体了解编纂中存在的问题。所以，黄山市志办把志稿寄来，并邀请我参加评审会后，尽管我手头上有一大堆急事，还是把三大本志稿翻了一遍，有的章节是一个字一个字看的，并且动笔修改了2万字的“综述”部分。我总的印象是，这部志稿内容丰富，材料也比较翔实，为进一步修改提供了较好基础。但用精品佳志的标准来衡量，还有明显差距，不少地方需要重新研究，特别是需要加强主编统稿的力度，继续进行修改和打磨。下面，我具体讲几点意见，供大家参考。

第一，篇章设计不尽合理。

一是同类分设。比如，电力应该包括水电、煤电、核电、风力发电等，而志稿把水电与电力并列，这在概念上有问题。目前，国家在管理上是把水电划归水利部的，但志书谋篇不宜以机构职能为根据，而应以行业、事业为标准。机构设置会变

---

* 这篇讲话曾刊登于《中国方志通讯》2008年第4期。

来变去，而志书则需要相对稳定。

二是重复设置。比如，镇压反革命在“重大政事”中设有小题，在“公安司法”第一节“社会治安”中也设有小题。像这种情况，应当在书中只设一次小题，把有关内容合并起来；或者虽在两个地方设题，但内容集中在一个地方写，另一个地方只交待一句见哪章、哪节即可。

三是排序不当。比如，把“乡镇企业”放在“农业”中，这不合适。农业和农村是两个概念，不能因为乡镇企业在农村，就把它放在“农业”中。如果那样，农村中的供销社岂不也要放在“农业”中了。这里可以考虑单独设“乡镇企业”一题，或者把它放在“工业”中。再如，“政党”一章，把“国民党”一节放在中国共产党后面和各民主党派前面，这样排列也不合适。如果从时间角度编排，“国民党”应该放在“中国共产党”前面；如果从政治角度编排，国民党应该放在各“民主党派”（包括国民党革命委员会）后面。究竟如何处理好，还可以再斟酌。总之，章、节、目的排列要有逻辑性，而且这种逻辑能言之成理，能为各有关方面所接受。

四是标题不够规范。目前志稿中的标题大部分是中性概念，如环境、人口、交通等，可是到了卷12的“对外开发·开放”，就带有明显的价值判断性质了。这一章写的都是新中国成立后的事，但解放前就没有开发、开放吗？这部志书是黄山市的志，相对于黄山市而言，“对外”不仅指外国，也可以指外地。另外，现在“对外开放”一词，通常指的是中共十一届三中全会以后的改革开放，已成为一个专有名词。如果从新中国成立起就开始用这个概念，在前言中应有交代，而且全书要统一。总之，标题要跟内容走，而内容的上下限在书中应当是前后一致的。就是说，如果某一章的上限是自有文字记载始，那么其他各章也应如此。不能有的自古代始，有的自近代始，有的自新中国成立初始，有的自改革开放始，那样会给读者一个很不规范的印象。另外，卷 15“综合管理”的第一节“发展和计划管理”，这一标题也显得概念有些混乱。因为“发展”是涵盖各个时期的概念，而“计划管理”却有很强的时间性。你把“计划管理”和“发展”连在一起，到实行社会主义市场经济时是否就不“发展”了呢？所以，这里不如用“经济宏观管理”更好。在这个题目下，再分计划经济时期的计划管理和社会主义市场经济时期的宏观管理。

第二，内容安排问题较多。

一是前后矛盾。比如，142 页中说：“农民占 23 万户，其中地主占 2.6%，占有土地 25%”。而在 1032 页的“重大政事”中又说：“农民十几万户，其中地主占 2.79%，占有土地 26.98%”。这可能出自不同部门的统计，也可能是统计口径不同造成的。在同一本书中，数字前后一定要一致，一定要先统一统计的地域和时间的口径。

二是内容重复。“综述”中已把黄山市位置的经纬度写明了，而 68 页又把经纬度详细写了一遍。像这种内容，相隔不远，要么前面粗写后面细写，要么前面细写后面粗写，不应前后一样粗细，使人有雷同之感。

三是详略不当。比如，“计划生育”一节中，把节育手术内容写得过于详细，完全没有必要。而“邮政”中的“机要通讯”则写得过于简单，一般读者不知道这是什么东西。这里要么不写，要写就应加以说明，起码要解释什么叫“机要通讯”。

四是把不宜公开的公开了。现在，志书的内容离现实生活越来越近，撰写时一定要有政治意识、保密意识，防止泄密。

比如，志稿中披露公安典型案件侦破过程和人民防空的一些工作，就显得过于具体，其中都有一些内容涉密，应该注意筛选。当然，最后审查验收时还要送有关部门把关，但编纂中应当注意的还是要注意，不必等人家来删改。

第三，体例要求不够统一。

一是上下时限不统一。全国大部分省、市、县的第二轮修志都是续修，上下限一般为20世纪70年代末、80年代初到20世纪末、21世纪初。黄山市由于行政建置发生了变化，原有的《徽州地区简志》无法续修，所以只能重修。重修的上限可以是远古，但下限最好能与全国二轮修志相一致。这本志稿中的内容下限大体写到2005年，也有少量内容截至2006年。我建议把下限设在20世纪末或21世纪初，具体截到哪一年可根据黄山市的情况来定。否则，不仅时间衔接上给今后续修造成困难，而且记述内容也与现在挨得太近，缺乏一个沉淀的过程。另外，这本志稿的上限也不统一，有的内容从三皇五帝写起，而有的却是从新中国建立或是更迟才开始记。其原因，一是可能没有多少事可写，二是可能没有充分搜集资料。比如，“政权·政协”一章的第4节“重大政事”中，只写了九件事，而且都是新中国成立后至改革开放前夕那30年的。这里的“政权”仅限于新中国的政权，那么，重大政事也应包括改革开放之后的事。就是把下限定为改革开放前夕，也不会只有这九件事。例如，这九件事中有反右派斗争，有“大跃进”，有“文化大革命”，却没有土地改革，没有“一五”建设，没有国民经济建设调整等等。新中国成立后头30年的重大政事中，既有消极内容也有积极内容，而且积极内容是主流，我们应当在志书中把这一点体现出来。

二是数字使用不统一。志稿中的数字有的地方用汉字，有的地方用阿拉伯数字。在对古代和近代年代的表述上，有的用括弧注公历，有的则不注。这些都应该统一。

第四，文字表述不够严谨。

这方面的问题，有的涉及语法修辞，有的涉及政治，有的涉及史实。比如，“综述”中说“太平天国在黄山地区的拉锯战”，这句话文字就不通。准确说，应该是“太平天国与清军在黄山地区的拉锯战”。再如，说“黄山物产丰富，工业、造纸、缫丝都很发达，但太平天国、军阀混战、抗日战争、解放战争使江南一带交通阻隔，黄山地区的主要产品茶叶、蚕丝销路断绝，当地经济受到重创”。其中，说军阀混战使江南一带交通阻隔，黄山地区的主要产品茶叶、蚕丝销路断绝，当地经济受到重创当然可以。这样说太平天国运动，也勉强说得过去。但把抗日战争、解放战争与军阀混战并列，都说是造成江南一带交通阻隔，茶叶、蚕丝销路断绝，经济受到重创的原因，就说不过去了。任何时候，战争都有正义非正义之分，我们在文字表述上不能混淆这个区别。其实，这里只要把“抗日战争、解放战争”换成“日本侵华战争”和“国民党反动派发动的内战”，这句话就可以说通了。而且，最好把“太平天国”也换成“清政府镇压太平天国起义”。另外，有些地方滥用专业术语，不是那个专业的读者根本看不懂。还有些地方概念不清，比如，一会儿用“世族”，一会儿用“大族”；一会儿用“山岳社会”，一会儿用“山岳土著社会”。再如，时间表述不清，有的地方只写“20 年代”，却不写明是哪个世纪的 20 年代。还有不少地方的语法不通，许多句子缺少主语。出现上述这些问题，有客观原因，比如，方志界至今还没有统一的质量标准体系等等。但我认为，主观上在统稿上下的功夫不够，不能不说是其中一个重要原因或主要原因。新编地方志书与旧志最大的不同就是，新志的志稿先由各个部门撰写，最后拿到地方志办公室进行组装，而旧志往往出自一个人或少数人之手。因此，新志的统稿工作显得格外重要。如果在这一环节上不下大功夫，自然会处处显露出拼凑的痕迹。

如果《黄山市志》要和第二轮修志同步的话，那离第三轮修志启动起码还有10年。所以，我建议你们在这次会后，好好把大家提出的意见归纳消化一下，再多改几遍，一个字一个字地打磨，先不要急着出书。志书是要传之后世的，进度一定要服从质量。尤其是《黄山市志》，一定要高标准，要与黄山市的地位、名气相称，要对得起黄山市委、市政府多年来对地方志工作的支持，要不辜负黄山市人民的期盼，要为黄山市增光。

我的专业不是修志，对这部志稿也没来得及仔细看，对其中的问题研究得更不够。因此，我的意见不一定都对。如果你们觉得有道理，就吸收；如果觉得没道理，可以不听，并欢迎批评指正。但无论怎样，有一点是肯定的，那就是我真心希望《黄山市志》能在方志界树立一个高质量的样板。

形势大好，切忌浮躁*

——在安徽省地方志办公室座谈会上的讲话

（二〇〇七年九月三十日）

我这次来安徽，是为了参加《黄山市志》评议稿的评审会。之所以要参加评审会，是由于黄山市志办聘请我当这本志书的学术顾问。起初我说不能当这个顾问，因为我在中指组主持日常工作，面对的是全国的地方志工作，如果答应了黄山市，其他省市再向我提出同样的要求不好办。另外，我历来不愿意做挂名的事，在其职就要谋其政，当顾问虽然不像当主编，可以超脱一些，但如果人家来“问”，你总要“顾”，而我分内的事已经忙不过来了，实在没那么多时间来“顾”这方面的“问”。可后来我还是答应了他们的要求，一来他们反复和我说，态度很恳切，加上当时朱文根同志正在那里做市委副书记，也帮他们说话；二来我考虑，组织上既然让我分管地方志工作，总要了解一本志书的编纂情况，通过了解一本志书，熟悉修志的一些知识，掌握修志中带规律性的问题，过去叫“解剖麻雀”。几年过去了，他们倒没问过我什么，可不久前，把三大本志稿寄过来，足足有350万字，要我审，并说国庆节

---

* 这篇讲话曾刊登于《中国方志通讯》2008年第4期。

前要召开评审会，要我定日期。既然答应了人家当“顾问”，稿子总要看，会总要去一下。但我那时正忙着在延安召开的第七届全国国史学术年会的事，而且事先已答应顺道走访陕西和山西两个省的方志办，所以提出把会期定在9月29日，他们说可以。刚巧，这时朱文根同志又调到省志办做主任，听说我要去黄山市，便提出无论如何要到省志办来看看。于是，我28号晚上到黄山市，29号上午参加《黄山市志》书稿的评审会，吃完午饭就往合肥赶，晚上才赶到。明天就要放国庆长假了，大家肯定有很多事情要处理，还来开会，很对不起诸位。

算上这次，安徽我已来过三回，但到合肥，到省志办，这还是第一次。刚才参观了你们的图书室、信息中心和各个编辑室、办公室，又听了朱文根同志的汇报，再加上平时的了解，我感到安徽地方志工作很有特色。一是领导高度重视。在《安徽省志》续修启动会议召开时，王金山省长亲自到会讲话。《地方志工作条例》（以下简称《条例》）颁布后，省人大常委会副主任朱成林、副省长田维谦等省领导都出席了省志办搞的广场宣传。你们编的《治皖一叶》，省领导都看，有的还作了批示。你们的办公条件也相当好，房间比较宽畅，每个人有电脑，图书资料室也比较大，还配了三台汽车。二是修志成绩突出。安徽是完成一轮修志最早的省，二轮修志早在2000年就启动了。在地方志系统评比先进的活动中，与人事部合作评出的10位先进个人中，你们省的马琪同志也榜上有名。另外，工作差错相对少一些。可以编一个顺口溜，就是：“一轮完成好，二轮启动早，先进人物多，工作差错少。”三是用志意识很强。你们编的《治皖一叶》，针对性强，就是面向省领导，供省领导参阅。你们提出，方志工作要为人民服务、为领导服务。虽然提法上比别的地方多了一个“服务”，但我看说得通。

因为，地方志的功能是资政、教化、存史，所谓资政，就是为领导或领导机关服务。为领导服务，说到底也是为人民服务，是通过服务领导，达到服务人民的目的。另外，用简报形式，只有一两页，简练、精炼，便于领导阅读。省领导的时间往往是按照分钟来安排的，你给他一厚本，他没时间看，顶多看个篇目，而《治皖一叶》拿到就能看，送一页就能看一页，五分钟都不用。虽然短，但只要他看，就能发挥作用。在这个意义上，越短越有用，越长越没用，这也是辩证法。你们办的《志苑》杂志，每期要采访一位市县领导，这也是引导大家读志用志的好方法。杂志里有市县领导的讲话，起码那个市县就愿意多订一些，而且会注意看。这就好比吃中药用药引子，有了药引子，药效就会明显。四是队伍建设全面。你们提出要走出书斋看安徽，并且开展读史活动，这说明你们很注意让方志办的工作人员了解实际，拓宽视野，增加历史知识，提升业务素质。当然，方志办毕竟不是政策研究室，不需要搞对策研究；另外，制定的读书计划也要切合实际，书目和进度都要从方志办的任务出发。但要大家抽时间下基层，挤时间看史书，这个方向无论如何都是对的。志书是人写的，人的素质高，志书的质量才会高。

对于今后工作中要注意的问题，我最近在内蒙古自治区、陕西、山西已讲过多次，再讲，大体上还是那些意见。既然来了，我想再利用这个机会讲四句话，就是形势大好，切忌浮躁，振奋精神，继续前进。

连绵不断地编修地方志是中国独有的文化传统，已有2000多年历史，而且从唐宋以后逐渐规范，明清以来更变成了政府行为，由朝廷颁布修志诏书。但是真正像新中国这样从省到市到县三级设立修志机构，而且列入政府序列、拿出专门经费的，历朝历代还没有过。所以，我常说在中国历史上，中国共产党是最重视修志工作的。现在，改革开放后的首轮修志从全国范围来说已基本结束，第二轮修志除西藏自治区外，也已在全国范围启动。西藏自治区是把首轮修志与二轮修志合在一起进行的，从这个意义上说，也应该算是启动了。特别是去年，国务院颁布了有史以来第一部修志法规，使地方志工作开启了一个新时代，从此步入依法修志的轨道。现在，地方志工作越来越受到各级领导和社会上的关注。例如，各省都在纷纷制定本省贯彻《条例》的实施办法，你们也出台了《安徽省地方志工作条例》。过去，综合年鉴的编纂单位五花八门，现在明确为地方志工作范畴，划归地方志机构负责了。河南省还把省政府的《河南大事月报》交给方志办编，方志办的网站每天约有1000人点击，地位和知名度都比过去高了。近来进行工资改革，划分公务员和事业编制，大部分省份都把方志办划入参照公务员法管理的机构。近来，就连香港、澳门也要修志了，而且主动来找中国地方志指导小组联系。在今年年初《香港通志》编纂启动仪式举行时，我代表中指组去了，同中联办领导同志一起向他们表示祝贺。中央电视台为迎接香港回归十周年而摄制的专题片《香港回归十年》，就是用修志这根线来穿引整部片子的。澳门动作虽然晚一点，但起点却很高。不久前，中联办一位领导还陪同澳门特区政府社会文化司司长崔世安专程到北京和我会见，明确表示修志是政府行为，要由特区政府主持，希望中指组给予指导。我表示，内地和港澳是“一国两制”，中指组只负责内地各省修志的组织协调和规划指导，但我们对港澳修志，一定会在人员培训、业务交流等方面给予全力支持。所有这一切，都是《条例》颁布后出现的新形势，是地方志工作形势大好的重要标志。

辩证法告诉我们，世界上任何事在一定条件下都是可能转化的。形势越好越要提醒大家头脑冷静，防止浮躁，这样才能维护好的形势，而不至于使好形势逆转。现在整个社会包括文化领域都比较浮躁，很多东西都是速成的，几百万字、上千万字的书，不到一年就可以攒出来。地方志工作不是生活在真空中，如果不注意，这种浮躁之风也有可能会影响到我们。比如，过去几年，许多地方启动二轮修志都比较慢；而这几年，二轮修志刚启动不久，许多地方又急于出书，至今全国已出了250多种，听说你们安徽也出了8种。我不认为这些书的质量一定都不高，但我主张大家不要着急。修志是细活儿，是慢工，需要较长时间，而二轮修志的时间比较充裕，完全够用。修志与编年鉴不同，要与记述对象保持一定距离，让历史有个沉淀过程，不能相隔太近。《条例》规定志书20年一修，二轮修志的上下限从全国范围看，基本上是20世纪70年代末、80年代初到20世纪末、21世纪初。如果是这样，三轮修志的上下限将是20世纪末、21世纪初到2020年左右。就是说，三轮修志要到2020年左右才会启动，距离现在还有13年。所以，我认为时间完全来得及，不必着急。古人说："事以急而败者，十常八九。"如果急于出书，质量势必难以保证。

据一些了解情况的同志反映，现在出版的二轮志书中存在不少问题。那些书我没有看，但我看了《黄山市志》的评审稿。这部志还没有出版，但据说原来打算经过这次评审会就出版的。我在会上讲了一个多小时，基本上是讲意见。我认为稿子从篇章设计到内容安排，从体例到文字，问题都比较多，如果就这样出版的话，肯定会留下千古遗憾。之所以出现那么多问题，一个重要原因就是对首轮修志的经验没有拿出足够时间认真总结，对各部门提供的稿件也没有拿出充裕时间认真统稿。为什么要急于出书呢？“急”字的背后，我看是不正确的政绩观和发展观在作怪。一些做地方志工作的同志可能会想，过去领导对我们不重视，现在重视了，要什么给什么，总要在人家任期内拿出点成绩来，而最大的成绩就是出版志书，于是就赶时间。可是地方志和别的东西不一样，它不像编其他的书，突击一年两年就行了。地方志是一种特殊的资料性著作，在历史上是要长期起作用的，是要经得住推敲的。《宁国府志》直到现在，人们还在用。我们整理旧志时，也往往会评论这本好，那本不行。可见，我们的志书今后也会被后人评价的。因此，我们编纂志书一定要对历史负责任，争取经得住历史的检验，使它们在几百年、几千年后也能站得住脚。这就决定了志书不可能是几年内就修出来的东西，而是需要反复打磨的。在黄山市我讲，把书稿写出来可以，但不要急于出书。

党的十七大马上就要召开，十七大的主要精神，胡锦涛总书记在“6·25”讲话中已经讲了。我理解，其中一个重要精神就是要求全党树立科学的发展观和正确的政绩观。这个精神对我们搞地方志是同样有效的，地方志工作同样要贯彻。我们要用科学发展观和正确政绩观来指导地方志工作，使地方志工作也能全面协调可持续地向前发展。首轮修志是我们自己的修志实践，无论经验还是教训，对我们来讲都是最可宝贵的。只有拿出足够时间，把其中的经验、教训都总结出来，二轮修志才能发扬已有的成绩，避免重蹈过去的失误。不注意总结首轮修志经验，拿起笔就写，写完了就出书，第二轮修志的质量肯定好不了。

最近，中指组准备发个文件，对第二轮志书编纂提出若干意见。这个文件虽然总共只有 8 条 24 款，全文不足 2300 字，但起草却用了 3 年时间。其间不知开了多少次座谈会，也不知修改了多少遍，目的就是为了让它不仅有用而且可用，为了能真正把首轮修志的经验教训总结出来。因此，可以说制定这个文件的过程，就是总结首轮修志经验的过程。刚才，有同志建议对省志的编修问题也要加强研讨，这个意见好，中指组办公室可以牵这个头。由此我想到，总结首轮修志经验，也可以分分类，细化一下。比如，从志种上，分省志、市志、县志、行业志、名胜志等等；从问题上，分体例统一问题、篇章设计问题、内容安排问题、文字表述问题等等。一个专题一个专题地进行研讨，使对首轮修志经验的总结更深入、更有效。

另外，要保证第二轮修志的质量，我感到其中有一个十分关键的问题，就是一定要给志书找一个责任心和文字驾驭能力都比较强的主编。因为，现在的志书都是由地方志工作机构向各部门布置任务，然后再把各部门写的志稿收集起来进行组装。一部省志，撰稿的至少有几百人。所谓众手成志，反映的就是这个情况。这种工作方法对不对呢？我看是对的。因为，现代社会的行业越来越多，分工越来越细，社会生活也越来越丰富，再像古代那样仅仅靠一两个人修志，确实做不到了，需要各个行业、各个部门的人共同来搞。问题在于，这些由各个部门撰写的稿子一旦汇齐后，主编一定要从头到尾认真统稿，该删的删，该改的改，有的甚至要重写。否则，组装就是拼盘式的，志书的质量就保证不了。为什么有的志书前后重复，左右矛盾，详略不当，良莠不齐，一些地方像工作总结，一些地方又像业务报告呢？原因就出在主编下功夫不够，或者是缺少责任心，或者是水平较低，没有驾驭几百万字的能力。因此，把主编找好很重要。主编不能挂名，也不一定非要由方志办主任担任不可。可以在方志办现有人中选，也可以从退下来的老同志中返聘。省志卷数多，除了每卷要设主编外，还要设总主编和副总主编若干人，这些人必须有权有责，对书稿负全责。总之，志书的质量在很大程度上取决于主编，我们说切忌浮躁，主编首先不能浮躁。只有这样，才能真正落实质量第一的原则。

最近几年，我到一些地方志部门搞调研，经常听到一句话，就是搞地方志工作清苦、艰苦、辛苦，是“三苦”单位。苦不苦呢？苦。但最近我到山西调研，那里的地方志部门却流行另一句话，叫“不言苦、不言累、不言败”。我很赞成这句话，它反映了一种精神状态。有苦而不言苦，这是有志气的表现，地方志系统应当提倡这种精神。我过去也说过，要用“三心”对“三苦”。所谓“三心”，就是甘心、安心、专心，心甘情愿，心安气定，心无旁骛。地方志系统不少人都是改行过来的，要特别强调干一行、爱一行、钻一行的精神。我有个看法，世界上最不经花的不是钱而是时间，因为这个月的工资花完了，下个月还有，而这个月过去了，永远不会再有这个月了。我还有个看法，世界上最聪明的人是干一行爱一行的人，最不聪明的人是干什么不爱什么的人。人生苦短，时间有限，你不喜欢你正在干的工作，整天唉声叹气，愁眉苦脸，怨天尤人，见异思迁，可你又走不了，时间一晃，几年过去了，别人成了行家里手，你却一无所获，这不是愚蠢又是什么？所以，做地方志工作的同志一定要善于自我调节，把心态搞好，振奋精神，努力工作。

地方志系统现在要做和能做的事很多，是大有可为的。《条例》规定，地方志工作机构要组织编纂志书和地方综合年鉴，要组织整理旧志，要推动方志理论研究，要组织开发利用地方志资源。仅这几件事，就够大家忙活的了。另外，还要加强地方志工作机构自身的队伍建设、制度建设和学科建设，这方面要做和能做的事也很多。比如，现在各级方志办都进来不少新人，需要进行业务培训，加强理论学习。你们很重视队伍建设，要求干部下基层搞国情、地情调研，提出读 10 本史书，这很好。同时，我主张你们再读一点马克思主义唯物史观的书。大家都说地方志是一个学科，既然是学科，就要弄清楚它属于哪一个学科。在这个问题上虽然有不同看法，但多数人主张它属于史学学科，是史学的一门分支学科。既然属于史学，就要学习和运用史学的理论和方法，其中最重要的，就是要学习和掌握马克思主义唯物史观的立场、观点、方法。志书和史书有所不同，史要有述有论，而志是述而不论。这并不意味着志没有观点，志是有观点的，只不过志的观点寓于记述之中。那么，观点从哪里来呢？最根本的来源，应当来自马克思主义的唯物史观。因为它是迄今为止最科学的史学理论，也是我们党的指导思想的理论基础和我们国家意识形态的核心部分之一。我们只有用唯物史观指导修志，才能使志书具有正确的科学的观点，使志书的记述做到全面、准确。

当前，我们国家正处于现代化建设和改革开放的关键时期，干部队伍也处于新一轮的新老交替，特别需要各级干部全面了解、清醒认识我们的基本国情。而在各种国情书、地情书中，最全面、最权威的就是地方志。我们一定要抓住这个机遇，在读志用志上狠下功夫，更加主动地想方设法开发利用地方志资源，使地方志工作在贯彻落实科学发展观、建设社会主义和谐社会中发挥更大的作用。

把提高志书质量摆在更加突出的位置*

——在山东省地方史志办公室座谈会上的讲话

（二〇〇八年九月二十六日）

指导小组办公室的同志多次向我介绍，说山东的工作处在全国领先地位，所以一直想来看看。这次来，除了向大家学习取经外，还有一个重要的目的，就是为即将召开的全国第四次地方志工作会议作准备，跟大家共同探讨一些问题。

刚才，王随莲副省长和省史志办公室刘秋增主任陪我一起参观了省方志馆，看了“庆祝《济南年鉴》创刊20周年书画摄影作品展”，又向我作了山东省地方志工作情况的介绍，使我对山东地方志工作不仅有了理性认识，也有了感性认识。

根据我这些年在指导小组工作的体会，一个地方如果地方志工作搞得好，第一位的经验肯定是领导重视。我到过不少省市的方志办调研，大多数省市的领导对地方志工作都很重视，但像山东省这么重视的，还不多见。比如，现在每位政府领导分管工作都很多，像王随莲副省长，除了其他工作外，还分管食品、药品的监督管理工作。最近发生奶粉掺假事件后，食品安全问题受到广泛关注，山东省今天也要召开食品安全大检查

---

* 这篇讲话曾刊登于《中国方志通讯》2008年第52期。

会议。但王随莲副省长还是坚持全程参加完这个座谈会，而且亲自介绍山东地方志工作的情况。这从一个侧面，反映出地方志工作在山东省领导心目中的地位。再比如，像山东省方志馆这么好的硬件设施和办公条件，在全国可以说是数一数二的。从刚才介绍中也可以看出，山东地方志工作不存在机构、编制、人员、经费等后顾之忧。这些都体现出山东省市各级领导对地方志工作的支持，没有这个支持，地方志工作要取得突出成绩是不可能的。

刘秋增主任的汇报说明，山东方志办的工作思路也是比较端正的。比如，你们确立建设“地方文献中心、地情资料中心、区域研究和课题咨询中心”的目标任务，这对地方志工作在经济社会发展中的定位就很准确。又比如，你们认真开展对首轮修志经验的总结，这个做法很好。经验从哪里来？只能从实践的总结中来。只实践不总结，经验出不来，即使出来，也上升不到理性的高度。第二轮修志的质量要提高，前提是总结好首轮修志经验。首轮修志是我们亲身经历的实践，如果不好好加以总结，就太可惜了。在首轮修志经验中，有成功的地方，也有由于当时客观条件所限、仓促上马而留下的许多遗憾。我们要通过总结，使好的经验在第二轮修志中发挥作用，同时避免出现过去犯过的错误。我看到你们搞的那本《山东史志事业发展规律探索——对“山东经验”的理论总结》的小册子，这反映你们对实践的总结是高度重视的。我来山东前，看到中指组办公室《中国方志通讯》上刊发的一条关于你们的工作信息，说山东成立了全省史志系统修志业务专家咨询组，制定了专家组咨询参与志稿评审管理办法。从这件事中，也可以看出你们对志书质量问题的重视。再比如，你们对基础工作抓得很紧，最突出的表现就是重视年鉴工作。通过地方志系统这些年的努力，特别是《地方志工作条例》的颁布施行，年鉴工作有了很大发展。地方综合年鉴是系统记述本行政区域方方面面情况的年度资料性文献，做好年鉴工作，可以为修志打下坚实的资料基础。再比如，你们很注意用志工作，其中一个表现是重视信息化、数字化工作。现在志书的篇幅越来越大，一般读者很难阅读和利用。因此，把它数字化，上网，实现全文检索，可以极大地方便读者，有利于为领导部门的决策服务，为当地的经济社会事业的发展服务。再一个表现是，你们在方志馆中辟出一块地方做史志博物馆，用方志编纂的成果向大众普及历史和方志知识。这既是方志馆应有的功能，也是对方志馆功能的拓展。另外，你们编辑出版的资政文集、历史地图集、历史文化村镇等书，也都是你们重视用志工作的具体表现。

通过亲眼所见和亲耳所闻，我感到你们不仅有一个端正的工作思路，而且还有一支精神饱满、朝气蓬勃、作风扎实、业务熟练的工作队伍。你们每年在全省地方志系统开展“八个一优秀”评选活动，还不时举办像济南市方志办搞的反映本系统工作的书画摄影展。这些都说明你们很重视抓队伍建设，也说明你们的队伍很团结，很和谐，很稳定，很有干劲，让人看了感到很振奋。你们能够把地方志这个坐冷板凳的工作搞得这样有声有色，很不容易，给我留下了很深的印象。

关于意见和建议，我在其他地方一般都是讲，要进一步贯彻落实《地方志工作条例》，全面总结首轮修志经验，加强方志理论研究，大力推进读志用志工作。但山东在这些方面做得都很好，所以我今天就不讲这些了，只想利用这个机会，强调一下用科学发展观指导地方志工作，把提高志书质量放在更加突出位置的问题。

现在，全党正在开展学习实践科学发展观的活动，地方志系统要抓住这次机遇，在地方志工作中认真贯彻落实科学发展观，促进第二轮修志工作又好又快向前发展。我们常讲地方志工作要法制化、制度化、规范化，实际上讲的是三个问题，即地方志工作要法制化，地方志工作机构和队伍建设要制度化，志书的编纂要规范化。要实现志书编纂规范化，首先要贯彻好“一法两规”。“一法”就是国务院颁布的《地方志工作条例》，“两规”就是中国地方志指导小组不久前下发的《关于第二轮地方志书编纂的若干意见》和刚刚下发的《地方志书质量规定》。这些法规和文件都是在对全国地方志工作经验总结的基础上制定出来的，具有很强的普遍指导意义，大家应当高度重视，认真执行。比如，文件提出了依法修志、实事求是、质量第一、述而不论、生不立传等修志原则，做出了有关志书名称、开本、封面、题款、地图类型、志书上下限、记述内容等具体规定。我们要提高志书质量，就必须严格遵守这些规范性的要求。

在第三次全国会议之后的一段时间，地方志工作方面的主要倾向是对第二轮修志任务不理解、不重视、不热情，认为既然新编地方志书已经出版，地方志工作机构的历史使命已经完成，可以撤销了。但是，经过工作推动，尤其是国务院颁发了《地方志工作条例》之后，情况有了很大变化。当前，一些地方又出现了另一种倾向，就是急于出书。我认为，第二轮修志到第三轮修志，还有十几年时间，不必着急出书。志书是要流传后世的，我们在整理、使用旧志过程中，常常会评论这本志书好，那本志书差。同样，我们写的志书，后人也会评论的。我们编纂志书既要对历史负责，无愧于我们伟大的时代，又要经得起后人的检验。对志书质量的标准要尽可能定高一些，要像写辞书、写文件那样来写志书，不但要准确，而且要精炼。

所以志稿写出来后，先不要急着出版，要反复推敲，反复评议，反复修改。元末明初有个书生叫朱升，朱元璋在还没有成就霸业之前向他问计，他讲了九个字，叫“高筑墙、广积粮、缓称王”。毛主席在20世纪70年代搞战备时提出：“深挖洞、广积粮、不称霸”，就是借用他的话赋予新义的。今天，我也借用这句话，提出二轮修志应当遵循的九个字，叫“高标准、多评议、缓出书”。我在五年前就向方志出版社建议搞志书精品工程，但直到现在他们还没有找到一本可以纳入这个工程的志稿。可见，志稿质量问题是摆在方志界面前的一个突出问题。你们如果有合适的志稿，希望把它做成精品，进入这个工程，在提高志书质量上带个好头。

要提高志书质量，我认为选好主编是关键。因为现在修志不像古代，那时的志书往往出自一两个人之手，而现在则是众手成志。如果主编水平不高，又不负责任，把各部门写的稿子往一起简单拼凑一下，志书质量肯定无法保证。所以，主编一定要选有水平、负责任的人来当，不一定非是在职的不可，离退休的也可以。只要身体条件允许，退下来的老同志担任主编，可能对保证志书质量更有利。另外，提高志书质量要切实抓好理论研究。当前，地方志工作中有很多理论问题还没有得到解决，有的已经影响到了实际工作的开展，需要我们在这方面下更大的力气，用理论研究的成果推动修志质量的提高。

二轮修志要做到“四快一慢”*

——在福建省地方志编纂委员会座谈会上的讲话

（二〇〇九年五月五日）

我在2002年来福建出差，曾到过省方志委。不过，那时你们的新办公楼还没盖好，去的是临时办公的地方。这次来福州参加中国中共党史人物研究会第四次会员代表大会，张剑珍主任希望我能到省方志委看看。我昨天晚上到福州，今天上午参加大会，下午还要继续开大会，晚上就要返回北京，只能抽现在进行分组讨论的时间来一下。一是看望大家，二是看看你们的新办公楼。这几年，我利用来福建开会的机会，还先后到过武夷山市、晋江市的方志办，所以，对你们省地方志工作的情况并不陌生。

刚才，张剑珍主任介绍了福建贯彻落实第四次全国地方志工作会议精神的情况，讲得很好，提的几条措施我也很赞成。福建地方志工作做得不错，是走在全国地方志工作前列的。特别是近年来，省方志委面貌变化很大。我刚刚参观了你们的图书馆，还挨个房间看了看。从你们这里，以及我到过的几个地方志工作机构和接触过的一些地方志工作人员身上，感到无论

---

* 这篇讲话曾刊登于《中国方志通讯》2009年第40期。

是工作条件还是人的精神面貌都非常好，看了令人高兴，深受鼓舞。人们常说地方志工作辛苦、清苦、艰苦，不像有些职能部门那么热闹，那么受领导关注。但我认为，地方志工作是苦中有甜的，也同样可以搞得生龙活虎、生气勃勃，关键就看你用什么精神状态来对待这项工作。

对于今后地方志工作的意见，我在第四次全国地方志工作会议和不久前在厦门召开的全国省级方志工作机构主任会议上都讲过了，没有更多新的意见。张剑珍主任一定要我讲，无非是把已经讲过和你们已经在做的那些事再强调一下。

第一，不断推动《地方志工作条例》贯彻落实。

自从《地方志工作条例》（以下简称《条例》）颁布后，地方志工作进入了依法修志的新阶段。这几年，地方志工作在各级领导心目中的位置比以前强多了，各级党委、政府对地方志工作也比以前重视多了。但是，要想让《条例》的精神深入人心，得到充分落实，还要在宣传上、督促检查上下很大功夫。这个工作，领导要做，法制部门要做，媒体要做，但主要要靠各级地方志工作机构自己来做。所以，不要有依赖思想、等靠思想，而要有一股韧劲，以我为主地不断推动依法修志工作深入发展。

第二，继续狠抓志书质量提高。

张剑珍主任刚才讲，要高度重视质量。这个观点是对头的。首轮修志成绩很大，使新编地方志从无到有，使中华民族上千年的优秀文化传统得到继承发扬；并在全国绝大多数县以上单位设立了地方志工作机构和专职修志人员，使修志规模超过已往历朝历代，对这些必须首先肯定。但首轮修志也有不足，主要表现在志书质量参差不齐。现在我们进行第二轮修志，完全应当，也有条件在质量上比首轮修志有一个明显的提高。首轮修志的时限从远古到二十世纪七八十年代，内容涵盖数千年，从启动到基本结束，大体用了二十年左右。而第二轮修志时限从二十世纪七八十年代到上世纪末或本世纪初，内容涵盖不过二十年左右，如果按照每二十年编修一次的规定，从启动到基本结束，大约也是二十年左右。所以，第二轮修志与首轮相比，时限短得多，内容少得多，但编修时间却相差不多，应当说时间是比较充裕的，不用着急出书。我主张，第二轮修志动员部署要快，班子组建要快，拟订大纲要快，编写初稿要快，但志书定稿要慢，就是“四快一慢”。志稿出来了，要反复打磨。现在新编地方志都是众手成志，要保证志书质量，一定要找个好主编、好总纂，由他们从头到尾统稿。志书质量不仅要体现在内容的真实可靠、编排的详略得当、文字的精炼准确上，而且要体现在政治观点的正确和对保密规定的遵守上。写进志书的东西必须真实，但真实的东西不一定都能写进志书。我们不要把加强志书质量管理变成一个口号，而应当落实到编修的各个环节。目前，方志出版社正在实施精品工程，苦于没有合适的书稿。福建是文教大省，希望你们在志书质量上也走在全国的前列，率先拿出一本高质量的省志或市县志，列为方志出版社精品工程的书目。志书与其他书籍不同，它刚开始不一定会畅销，但时间越长，价值越高。国外图书馆就很看重收藏我们的地方志书，说明志书的生命力很强。我们一定要从对历史负责的高度，认识志书的质量问题。

第三，努力拓宽读志用志途径。

我刚才参观你们网站时，看到福建省情网的点击率很高，这反映社会对地情信息有很大的需求。新编志书都是大部头著述，个人不便于购买和存放。值得庆幸的是，现在数字、网络技术已经普及，地方志数字化、网络化已成为读志用志的新途径、新平台。我们要大力加强地情网站的建设，充分发挥它传播、检索便捷的优势。另外，还可以考虑组织编写简志，比如编辑《当代福建地方概览》，把地方志的主要内容提炼出来，一册20万字左右，图文并茂，便于携带翻阅，做到全省情况一览无余。

第四，切实加强队伍自身建设。

近年来，福建省方志委采取多种措施练内功，成效显著。无论领导班子的自身建设，还是机关的思想、作风和制度建设，都有不同程度的加强，修志人员的文化层次也在不断提高。今后，要进一步重视抓好年轻骨干的培养工作，使地方志事业后继有人，持续发展。

第五，积极开展对台学术交流。

福建省方志委把开展对台学术交流作为地方志工作的重要内容，这个思路合乎福建的实际。福建的一大特点是面对台湾，加强闽台方志文化交流，对促进祖国统一具有积极意义。台湾一直保留着中华民族的修志传统，香港、澳门现在也启动了修志工程，并把修志作为文化回归的重要举措。因此，大力加强与台湾修志同仁的学术文化交流，是有助于内地与港澳台地区文化认同的大事。

第六，逐步深化方志理论研究。

修志从本质上说是一种文化实践活动，要使实践上升到理论层次，还需要经过理论研讨的阶梯。只有上升到理论，我们的修志实践才能不断由必然王国进入自由王国。地方志工作者有丰富的实践经验，但千万不要满足于已有经验，而应当虚心学习理论，深入研究理论，用方志理论研究推动修志实践向更高水平发展。

选好主编是保证志书质量的关键*

——在浙江省调研地方志工作时的讲话

（二〇〇九年十一月三日）

自新编地方志工作开展20多年来，浙江省方志办在人手非常少、办公场地非常紧张的情况下，克服了种种困难，为浙江地方志事业的发展做出了非常大的努力。虽然目前浙江省没有完成第一轮省志的编修任务，但这不等于浙江地方志工作没有成绩或成绩不大。因为，在第一轮修志中，浙江出了一套省志丛书，一共有60多部，大部分省的部门志、行业志都被包括进去了。特别是从全省范围看，市县两级志书编修任务完成得很好，不少志书还在全国评比中得到了奖项。应当看到，这与省方志办的指导协调也是分不开的。所以，从总体上看，浙江地方志工作同样取得了很大成绩。

浙江省历任省领导对地方志工作都给予了很大支持，省方志办的升格，就是在习近平同志担任省委书记时，亲自关心支持，才得以实现的。我在出席今天上午召开的中国（浙江）政

---

* 这篇讲话是将《中国地方志》2009年第12期上《在浙江省人民政府地方志办公室调研时的讲话》与《浙江史志》2009年第6期上的《在浙调研地方志工作侧记》一文合并编写而成。

协文化论坛开幕式时，遇到黄坤明部长①，交换了对省方志办一些实际问题的看法。黄坤明部长十分重视，也表示要认真研究。省方志办虽然是省社科院的代管单位，但历任院领导都把它当作自己分内的事，尤其林书记和迟院长②虽然刚刚到任，但从我和他们的交谈中感到，他们对地方志工作重要性的认识都是非常清楚的，态度也是非常积极的。因此，我相信浙江省地方志工作今后一定会开展得更好。

近一年来，省方志办在省委、省政府有关领导、有关部门和省社科院的支持帮助下，解决了很多年想解决但由于种种原因而未能解决的问题，有了比较明显的变化。比如，在现有体制下，增挂了“浙江省人民政府地方志办公室”的牌子，这对依法修志具有重要意义。另外，改善了办公条件，增加了办公经费，编制过少的问题也有望得到解决。所有这些变化从你们原有基础的角度看，都是很不容易的，反映出新一届领导班子的精神面貌和干劲。

省方志办现在返聘了一批老同志，并决定聘请高校的专家担任省志的执行主编，这种做法符合地方志工作的特点，也是解决地方志工作机构编制不足问题的出路之一。退休的老同志，特别是学有专长的老同志，他们有经验，有学问，又没有后顾之忧，只要身体好，责任心强，吸收他们参加修志工作，无论对保证志书质量还是对年轻干部的传帮带，都是一件有利的事。

刚才听了潘捷军主任的汇报，利用这个机会，我对浙江省

① 黄坤明，时任中共浙江省委常委、省委宣传部部长。

② 林书记，指林吕建；迟院长，指迟全华。当时分别担任浙江省社会科学院的党委书记和院长。

方志办今后工作再提三点希望：

一、以编纂《浙江省志》为重点，以拿出精品佳志为目标，以狠抓质量为中心，争取在二轮修志工作中后来居上，走在全国方志界的前列。盛世修志，重在质量。在首轮修志基本结束，二轮修志全面启动的今天，修志单位要时刻将志书质量放在第一位，将质量工作落到实处，始终坚持以质量为中心，力争拿出精品佳志。要做到这一点，一是要高度重视总结和借鉴首轮修志的经验教训，切实贯彻中指组下发的《地方志书质量规定》。二是要科学设置志书的上下限，加大力度做好篇章设计等基础性工作。三是要组织好队伍，要对修志人员加强业务培训和指导，特别是要选好主编，同时要落实好主编负责制。担任主编的人不仅文笔、学问、身体要好，而且责任心要强。四是要充分认识地方志与地方史的关系。志为史提供依据，史为志提供观点，应把二者很好结合起来，做到互相促进，共同发展。五是要做到进度服从于质量。编纂志书是一项慢工细活，书稿形成后要反复打磨，千万不要为了赶时间而急于出书。六是那些还未启动二轮志书编修的地方要抓紧启动，确保资料的及时收集。如果站在原地不动，或者拖拖拉拉，磨磨蹭蹭，既谈不上数量，更谈不上质量。

二、以浙江悠久的方志文化和丰厚的方志资源为基础，以省社科院和省内高校为依托，以地方志学会为平台，争取在整理旧志和方志理论研究上多出成果，为建立完整系统的方志学学科体系做出特殊贡献。加强方志理论研究，建立和完善方志学的学科体系，是推动方志编纂实践不断向前发展的重要途径。历史上，浙江就是“方志之乡”，全省已知旧志有千部左右，宁波天一阁藏书中的旧志多达百余种；同时，浙江也是方志理论研究的重镇，方志理论研究的集大成者章学诚就是浙江绍兴人。因此，浙江应当也有条件加强方志理论研究。宁波大学是全国唯一设立方志专业的高等院校，宁波地方志工作机构应当充分利用这个条件，将地方志编纂与宁波大学方志专业的教学和科研力量更紧密地结合起来，使修志实践与教学和研究相互促进。

三、以《地方志工作条例》为准绳，以省委、省政府的领导、支持为依靠，以加强自身机构和队伍建设为动力，争取进一步理顺各种关系，在组织编纂地方志书和综合年鉴，指导、督促、检查全省地方志工作，开发利用地方志资源等各项《条例》规定的工作上，拿出新举措，取得新突破，为浙江省经济社会发展事业发挥独特作用。随着时代的发展，地方志工作面变宽了，不仅仅是修志，还包括年鉴编纂、读志用志、地方志理论建设、地方志队伍建设等方方面面的工作。根据《条例》规定，编纂年鉴与修志一样，也是地方志工作的重要组成部分。凡已开展此项工作的地方，要协调好各方面关系，组织好年鉴编纂。尚未开展此项工作的地方，要视不同情况，或抓紧启动年鉴编纂工作，或积极争取当地有关部门支持，理顺年鉴编纂的管理体制。新编地方志工作与古代修志有相同之处，也有不同的地方。新编地方志工作机构在修志中主要起的是规划、组织作用，这个特点决定了地方志工作必须开门修志，不仅要调动部门力量参与志书编撰，而且要借助社会上尤其是高等院校中专家、学者的力量，充任志书编撰的参谋、顾问，甚至主编。杭州市方志办与高校、科研机构展开合作，广邀专家参与修志，这个做法就很好。发挥志书的社会效益，是地方志服务当代、惠及后世的重要任务，也是地方志事业不断发展壮大的内在动力。地方志工作者要本着修志为用的原则，积极探索用志的新路子和新方法，不断拓展用志渠道，让修志编鉴和研究成果更为广泛地服务社会。杭州市方志办多年来及时为市委、市政府领导报送地情参考资料，为市政府撰写重点课题；温州市方志办负责《温州政报》的编辑出版发行；一些市县方志办组织学者到图书馆宣讲人文历史，深入乡镇、社区、军营、广场等基层单位宣传方志文化。这些都是用志的具体做法，都很值得推广。现在不少地方已经建了方志馆，还有不少地方正在建设或筹划建设方志馆。方志馆应当是方志工作服务社会的重要载体，方志馆建设一定要突出服务社会的宗旨，要把它建成地情馆，建成对广大群众进行国情地情教育的场所。

浙江是文化大省，也是方志资源大省，浙江的方志工作完全应当也有条件走在全国方志界的前列，为全国地方志工作做表率。

法制化和信息化是地方志工作进入新阶段的两个重要标志*

——在贵州省地方志办公室座谈会上的讲话

（二〇一〇年五月二十五日）

我非常高兴有机会来到贵州，特别是来贵州省方志办看望大家，同大家座谈有关地方志工作的问题。首先，我代表中国地方志指导小组和陈奎元同志，向大家表示亲切慰问！

这几年每当地方志系统开会，贵州方志办的领导都邀请我来贵州，我也都答应。这次利用到遵义开会的机会，终于实现了来贵州的愿望。当然，我想来贵州还有一个很重要的原因，那就是贵州仍属于欠发达地区，需要中指组给予特别的关心和支持。

现在全国大部分省（自治区、直辖市）的首轮修志早就完成了，而你们还只能说是基本完成，跟那些省份比，你们确实有一定差距。但对任何事情、任何工作，不能都用一个标准来衡量。有些工作中的差距是自然条件形成的，历史形成的，不是什么人用短时间就能改变的。之所以说你们工作成绩很大，是因为你们在条件非常艰苦的情况下，仍然能够埋头苦干，兢

* 这篇讲话曾发表于《中国地方志》2010 年第 9 期。

兢业业、认认真真地做好工作，这才是最为难能可贵的。你们首轮修志中的省志有 72 部，市州地县志有 478 部，现在就差几部书稿没有印出来，其他已全部成书。具体到贵州的实际情况，能取得这样的成绩，应当说已经十分难能可贵了。

说到这里，我还想多说一句，就是贵州地方志系统对省政府的要求也要从实际出发。据我了解，贵州人均 GDP 目前是全国倒数第一，比西藏、甘肃、青海、宁夏这些贫困省份（自治区）还要低。你们的经济总量不是最低，但贵州人口多，4000 万人一平均就低了。我听石宗源书记①说，他来贵州的时候，财政收入是 350 亿元，5 年翻了一番，是 700 多亿元。700 多亿元是什么概念呢？我的老家南通是一个地级市，去年的财政收入就是 700 亿元。无锡市更多，是 1000 多亿元。所以，大家想问题，提要求，都要从这个实际出发。我们党的十一届三中全会的路线就是一切从实际出发，我们对你们的要求要从实际出发，你们对省里的要求也要从实际出发，不能和发达地区、沿海省份比。从你们现有的经济条件出发，能把地方志工作搞到这样一个水平，搞到现在这种程度，实属不易。现在有的省工作条件比你们好多了，但首轮修志还没结束呢。

说你们的工作有特点，原因有三个。第一，注意经验总结。你们连续 3 年，每年举办一次全省县志主编研讨会，每次都有 50 多人参加，说明你们很重视总结经验。不断总结经验是我们党的一个优良传统，也是一个很好的工作方法，毛主席就非常重视总结经验。所谓经验，就是将自己经历的事情，经过回顾、分析、消化，上升到理论层面，形成可以传承的财富。对别人的经验要吸收，但那代替不了自己的经验。首轮修

① 石宗源，时任中共贵州省委书记。

志的时候谈不上经验总结，因为那时只有古人的经验，没有自己的经验。现在情况不一样了，我们有了首轮修志的实践，具备了总结自己经验的条件。同时，我们现在对每年的工作经验，也要注意总结。只有这样做，过去的实践才能成为经验性的东西，才能对今后的工作起到有益的作用。第二，注意人员培训。你们采取集中培训和以会代训的方式，培训修志人员1000多位，而且聘请其他部门的专家、学者、教授来为你们讲授一些地方志的基础知识，这个做法非常好。第三，注意用志工作。我开始分管地方志工作的时候，读志用志的主要形式，是编简志或在报纸上刊登志书的小故事等等。现在情况发生了非常大的变化，网络化、数字化已成为读志用志最好的形式。你们经济上虽然不宽裕，但积极想办法，仅仅花了7000块钱，就和贵州师大图书馆联合建设了地方志全文检索数据库。这是你们发挥主观能动性的结果，也反映了你们一种积极进取的精神状态。

你们在首轮修志还没有完全搞完的情况下，就把二轮修志工作推开了，而且准备把修志工作纳入省政府的目标绩效考核。二轮县志，你们计划2010年左右完成，省志也有一些启动了，我虽然不太赞成这么快成书，但这毕竟反映你们对修志工作抓得紧。特别令我非常高兴的是，你们将二轮志书的上限统一到党的十一届三中全会。修志不是学者个人行为，而是国家行为、政府行为，或者用老话说，不是私修、民修，而是官修。既然如此，总要在某些体例上体现出全国的统一性。首轮修志的上限是从有人类活动开始，各地志书当然不可能完全一样，但下限照理说是应该是统一的。那个时候没有抓这件事，所以首轮志书下限不大整齐。首轮修志结束时间早的，下限一般是20世纪70年代末80年代初；结束晚的，则推到90年代甚至到 21 世纪初。

国务院颁布的《地方志工作条例》中有一条，就是今后地方志每过 20 年一修，这已经是法律了。每 20 年一修，实际上也就是每轮志书的上下限为 20 年，否则，每轮志书内容的时间跨度，势必有大有小，从全国的角度看，就会显得步调不统一。如果说首轮志书下限不整齐是由于经验不足的话，那么二轮修志的上限应该整齐一些，而且上限最好从十一届三中全会开始，这也是中指组对二轮修志指导意见中的要求。因为，十一届三中全会标志我国进入了一个新的历史时期，这个阶段性很明显。就是说，不管首轮修志下限到什么时候，二轮修志都应从十一届三中全会开始。贵州方志办在这一点上和中指组的意见是一致的。不过，你们二轮修志的下限定在 2008 年，我觉得记述内容的时间跨度大了些，等于要记述 30 年，这又会影响到第三轮修志。因为，第三轮修志时间大体为 2020 年到 2040 年，记述对象的时间应当大体为 20 世纪末、21 世纪初到 2020 年。如果二轮修志的下限是 2008 年，那第三轮修志所记述的时间就很短了。另外，地方志书的下限与修志时间相距太近，也不大符合地方志工作的规律。地方志从学科大类上分，基本属于史学，写史书是要有时间沉淀的。去年的事，今年编年鉴可以，写大事记也可以，但写史书恐怕不行，因为史书要进行评论，时间间隔太短，很多材料还来不及收集，很多事情的结果也不容易看清楚。志书虽然是资料书，述而不论，但它不是纯资料书，而是资料性著述，是有观点的。因此，也需要有一点时间的沉淀。这个问题，希望你们再斟酌考虑。

你们方志资源丰富，可入志的东西很多，而且层出不穷。各省有各省的特点，贵州经济虽然欠发达，但赤、橙、黄、绿、青、蓝、紫，什么颜色的资源都有。赤色的有遵义会议、红军长征等等。听说你们要编一本《红军长征在贵州》，说明这方面的资源很丰富。另外，全国有56个民族，贵州就占了49个，从修志的角度看，这些都是资源。贵州特色产业也非常丰富，像茅台酒，不但在国内首屈一指，在国际上也赫赫有名。都匀的同志告诉我，当年在巴拿马国际博览会上，贵州得了两个金奖，一个是茅台，一个是都匀毛尖，可惜都匀毛尖没有宣传好，名气没有茅台大。我昨天喝了都匀毛尖，感觉确实不错。贵州地质地貌也很有特点。听说吴邦国同志看了织金洞后讲："看了织金洞，天下无洞。"黄果树瀑布早已天下闻名，但我过去没听说过附近还有一个龙宫。前天一看，果然又是一个奇观。中国有暗河且能行船的洞并不少，但在海拔很高的山里面能行船的洞则从未见过，这同样可以入志。我昨天还驱车四个半小时，专门到黔南州的平塘去看掌布的藏字石。这件事是2006年我在中央党校学习时，听贵州同志说的。从那个时候起，我就下决心一定要亲眼看一看。因为这个地质现象太神奇了，说什么有千万亿分之一的可能性，我认为这种可能性根本无法用数字来表现，它出现的概率只能是唯一的一次。就是说，地球的历史上只会有这一次机会，不可能有第二次机会。事情实在是太巧了，"中国共产党"五个字清清楚楚，而且整整齐齐排成一排，世界上怎么可能出现第二次这样的巧合呢？当地的同志解释说，所以出现这个现象，是因为石灰岩里包着硅质岩，硅质岩容易风化，而石灰岩不容易风化，所以，硅质岩风化后会在石灰岩上留下一些痕迹，有些痕迹很像汉字，这块石头上留下的硅质岩痕迹，刚巧像"中国共产党"五个字。我2006年就问过，这五个字是繁体字还是简体字？他们说有繁体字，也有简体字。我一看，果然不错，"国"和"产"字是繁体，"党"字是简体。我们党信奉唯物主义，从来不迷信，也不搞迷信的一套，所以认为这不过是一种奇特的自然现象，并不觉得共产党有了这几个字就为自己找到执政的根据了。不像以前的所谓封建帝王，故意制造出一个有字的石头，说明自己是“真命天子”。我们党夺取政权，靠的是长期为人民奋斗牺牲，靠的是长征和新长征，靠的是老百姓的拥护，因此，不想对这块石头刻意宣传。当地老百姓把它叫成“救星石”，州委把它改称“藏字石”。但是，敌对势力听说后，却很在乎这个事，对此怕得要死，不仅在网上造谣，而且不断派人去捣乱破坏。所以，我们现在还是生活在政治中间，就连自然界的现象，有时也不得不和阶级斗争扯上关系，这就叫“树欲静风不止”。

说贵州地方志的资源丰富，不仅要看过去，还要看将来。贵州将来的经济一定会有很大的发展，因为后发有后发的优势。我们现在都提倡生态经济，要节能环保，可是许多先发达地区却在发展中带来了环境污染、资源破坏。后发达地区恰恰没有这些问题，可以省很多治理污染的费用，而且有利于吸引一些对环境要求高的项目，比如信息产业、制药产业等等。这就为自己下一步发展准备了一个比较好的条件。所以，今后贵州发展的潜力非常大，同时也就意味着地方志事业的前途是非常大的。

对于地方志工作的意见，我在各地讲了很多，不久前在全国省级方志工作机构主任会议上还就加强方志办自身建设的问题讲了几条意见。一定要我讲，无非是再强调几条：

第一，要继续抓紧贯彻第四次全国地方志工作会议精神。

这个精神要贯彻到什么时候？我看要贯彻到第五次全国地方志工作会议。第四次全国地方志工作会议精神中很重要的一条就是，要继续宣传、贯彻、落实《地方志工作条例》。现在地方志工作进入了一个新阶段，其中有两个重大标志：一个是法制化，一个是信息化。以前地方志工作主要靠发文件推动，顶多可以说得上是制度化。但现在不一样了，有了《条例》，有了法规，你不遵守，就算违法了。以前志书出版后，要开发利用、开展读志用志工作很困难。自从有了互联网和数字化技术，情况就和过去大不一样了。所以，我说这“两化”极大地改变了地方志工作的面貌，可以称得上是翻天覆地的变化。《条例》明确规定，地方志工作由地方政府的地方志工作机构负责，就是说，省、市、县三级都必须设地方志工作机构。至于如何设，是独立设还是与其他部门合署办公；定什么级别，是上下有所区别还是“上下一般粗”，《条例》没有规定，也不可能规定。从全国看，市、县两级特别是县一级，机构合并的比较多，但省一级方志办，哪怕现在仍是处级单位，绝大多数都是独立设置，这是有道理的。因为一方面，省级方志办要面对全省地方志工作，工作量很大，工作的独立性也很强；另一方面，地方志工作与政府里其他部门相比，一般处于弱势地位，如果合署办公，地方志工作往往会被削弱。你们从贵州的特殊情况出发，决定把省档案局与方志办合并，而且已经下文，当然你们也讲，合并机构有几个前提，一是机构升格为正厅级，一是保留方志办的牌子、业务和队伍。对此，中国地方志指导小组对此不持异议，尊重你们的决定。指导小组和各省方志办之间没有上下领导关系，在机构问题上不能做硬性规定。例如，有一些省的方志办至今还是处级单位，我们不能要求人家一定升格，更不能发文。这种事情，我们要尊重地方，否则不仅越权，也会使下面无所适从。但是，我们可以提建议，可以就地方志工作机构的设置跟地方有关领导交换意见。一个省的省志办是处级单位，市志办也是处级单位，省志办开展工作势必会有困难，这个道理大家都懂，不说也明白。

第二，要狠抓志书质量。

地方志不会是畅销书，它的性质决定了它在发行量上没法跟小说、跟理论书比，甚至无法跟史书比。特别是新编地方志，动则十几部、几十部，贵州省志就是72部，不要说看，就连放都很困难，只能是一些图书馆订购。但是，我敢说地方志是生命力最强的书。我常打个比方：一条船里放着各式各样的书，因为太重快要沉了，需要往船外扔书。人们首先扔什么书呢？我想，人们首先会扔小说，其次扔诗歌等文艺书。还不行，只好扔哲学、经济学方面的书。最后剩下两种书，一种是史书，一种是志书，还要扔一种，要是我选，肯定扔史书。因为只要有志书，我还可以写出新的史书，但是如果只剩下史书，不可能写出新的志书，也不可能写出新的史书。现在我们得到一本以前的旧志，总是如获至宝，可见志书的生命力之强。但志书的生命力，是由它的质量决定的。正因为如此，我们必须逐字逐句地来推敲它，使它不仅经得住今人的推敲，也经得住后人的推敲。从这个意义说，狠抓志书质量，就是对历史负责。

第三，要加强方志理论研究。

现在大家都承认有方志学，但应当看到，这个学科的理论还不大系统，不大严密，许多概念不规范，就连什么是地方志，什么是方志学这样的问题，方志界内部的意见也不统一。因此，地方志工作部门在修志的同时，很需要加强对方志学的研究。经过多年推动，《方志百科全书》编纂工程现在终于要启动了。这个工程的目的，就是为了促进地方志工作由经验层面向理论层面发展。现在要马上写一本关于方志学的权威教科书，条件还不具备，因此需要通过编百科全书，先把地方志中的一些概念加以规范化。当然，大家不可能都来搞理论研究，但是参与总结经验总可以，这对方志工作的理论化也是有意义的。任何理论都要建立在经验总结的基础上，当然，方志的编纂理论跟方志学也不完全是一回事，但二者之间也是有密切关联的。目前，地方志工作已经实现了法制化、信息化，今后如果再实现理论化，地方志工作肯定又可以上一个大台阶。

第四，要加强队伍建设。

最近我在全国省级方志工作机构主任会议上讲，要建设“学习型、研究型、创新型、服务型”的方志办。党的十七届四中全会提出要建设学习型政党，连我们的党都要建设成学习型政党，我们方志办本身是文化工作部门，怎么能不强调学习呢？同时，我们还要强调研究、创新和服务。首先，中国地方志指导小组的办公室要按照这个方向努力，然后省市县各级也应照此努力。只有这样，才能胜任党和国家交给我们的修志工作。你们的汇报材料里讲要打造“四型”方志办，可见贵州已经先行了一步。当然，队伍建设不仅仅是这些内容，还有作风建设、制度建设、组织建设等等。但是，我们借贯彻党的十七届四中全会精神的东风，着重强调一下地方志工作机构要建成学习型、研究型、创新型、服务型的机构，还是很有必要的。

用返聘老同志的办法缓解修志队伍的青黄不接*

——在黑龙江省地方志办公室座谈会上的讲话

（二〇一〇年七月十五日至十六日）

我这次到黑龙江，是来开第十届国史学术年会的论文评审会。这届国史年会跟地方志工作也有一定关系，因为会议主题是“中国当代史研究与地方志编纂”。之所以要定这个主题，目的就是为了加强当代史与地方志工作者之间的联系和合作。新编地方志的首轮修志，上限是自有人类活动开始，下限一般都是到20世纪70年代末、80年代初，有的深入到90年代，就是说，其中已经包含新中国历史在内了。现在正在进行的二轮修志是续修，上限与首轮修志的下限衔接，所以记述的已经完全是新中国的事了。《地方志工作条例》规定地方志每20年一修，这意味着从二轮修志往后，今后所要修的志也都是新中国的志了。但是，现在一方面搞当代史研究的同志对于地方志书利用得很不够，有的甚至连看都没看过；另一方面，搞地方志编纂的同志对于当代史书和当代史的研究成果注意得也很不够，有的甚至不知道本省还有当代史著作。修志虽然述而不论，但不等于没有立

---

* 这篇讲话曾发表于《中国地方志》2010年第11期。

场、观点，不受理论的指导。地方志记述对象既然已经深入到新中国时段，那它自然会碰到对新中国许多重大事件和重要人物，包括地方性的事件和人物的评价问题。对这些问题，当代史著作，包括当代地方史著作中，一般都会有比较多、比较深入的论述，可以作为我们遣词造句的依据。

我们这个论文评审会是在兴凯湖开的，开了一天半，大前天结束后，先到饶河，在乌苏里江乘船看珍宝岛，然后驱车去抚远。前天上午上黑瞎子岛，下午往佳木斯赶。这两个地方都是国史、军史上具有重要意义的地方，搞当代史研究的人都很有必要一见。昨天，会议代表们返回北京，我留下来到佳木斯市志办座谈，下午往哈尔滨赶，今天上午到你们省志办。这一圈下来，据说近 2000 公里，刚好是东北的东北角，使我对黑龙江省的几大特点，如大平原、大森林、大湿地、大农业、大粮仓，有了走马观花的感性认识。我感到这里不但是一块富饶的土地，也是一块蒸蒸日上的热土。

刚才，我由孙学明主任陪同走访了省志办的各个办公室，与于莎燕副省长一起观看了中国龙志——黑龙江省情信息网站的演示，又先后听了孙主任的汇报和于副省长的介绍，使我对黑龙江的地方志工作有了大略的了解。我感到省委、省政府对地方志工作是特别重视的。现在全国还有 4 个省级地区的方志办是处级，有的虽然是厅局级，但与其他部门合署办公。而黑龙江的省志办不仅一开始就是正厅级，而且一直是独立机构。我不是说机构的级别越高越好，而是说作为一个政府的职能机构，要履行政府赋予的职责，总要有相应的级别，不能“上下一般粗”，那样很难开展工作。另外，你们省、市、县三级都有地方志工作机构，这在许多省，包括一些经济发达省份也没有完全做到。你们历届省领导班子都很重视地方志工作，特别是于莎燕副省长到任不到两年，就帮你们解决了办公用房问题。我也管过行政工作，知道这种事儿办到不那么简单，需要做大量协调工作。都说地方志工作重要，但又有哪项工作不重要呢？各项工作一排队，地方志工作往往会被挤到后面。我走访了很多省的方志办，感到你们现在的办公条件，即使和一些发达省份比也不算落后，更不要说信息化的程度。我自从分管地方志工作以来，发现凡是地方志工作搞得好的地方，后面必定站着两个人：一位是重视地方志工作的省长或市长，一位是与他们对应的工作认真负责的秘书长。所以，黑龙江省地方志工作做得好，与省领导的支持是分不开的。

来到黑龙江这些日子里，前前后后接触到不少地方志系统的同志。大家无论是省志办的，还是市、县志办的；不管是长期从事地方志工作的，还是从其他部门调到地方志工作岗位的，对地方志事业都十分热爱。有首歌叫《甜蜜的事业》，讲的是计划生育，其实，方志工作又何尝不是甜蜜的事业。过去说地方志工作有“三苦”，即清苦、辛苦、艰苦。这只是讲了事物的一面，还有另一面，那就是苦中有乐，乐从苦出。孔子讲颜回：“一箪食，一瓢饮，在陋巷，人不堪其忧，回也不改其乐。”就是说，在别人看来是苦的事，在颜回看来不仅不苦，而且乐在其中。我认为，这个评论是切实的。因为，一个人如果总认为自己干的事是苦差事，没有一点乐趣，是不会安心、不会专心的，更是不会有恒心的。

黑龙江的首轮修志，省、市、县三级志书加在一起有253部，规划出版志书共计1230部，已经全部完成，在进度上位居全国第三。作为一个北方省份，能比较早地完成全部修志任务，说明工作抓得非常紧。你们不仅办了网站，而且具有检索功能，这在全国方志系统中是第一个做到的，早在2001年就做到了，相当不容易。今后中指组办公室建网站，要向黑龙江的方志网学习。2003 年 SARS 发生的时候，黑龙江省志办编了全省历史上瘟疫流行的资料，这件事也走到全国前面了。我非常后悔的一件事，就是 SARS 发生的时候，没有让中指组办公室通知各省方志办提供当地瘟疫的历史资料。SARS 在西医讲是非典型肺炎，但在中医看来就是瘟疫。我听有的中医讲，瘟疫是有周期的，大疫基本上 60 年一轮。你们编的这本资料，起码说明瘟疫是有周期的。地方志工作要为当地经济和社会建设服务，就要服务得及时，越及时成绩越大。

一个地方修志能不能修得好，要有几个条件，其中首要条件是要有内容可修。如果没多少值得入志的事，要历史没历史，要文化没文化，要物产没物产，再有神来之笔也不行，想修出好的志书实在是难矣哉。黑龙江历史悠久且颇有特色，地大物博且占有全国九分之一的耕地，全国最大的森林、最大的湿地、最大的农垦都在这里，经济和社会发展后劲很大。这些特点，决定了黑龙江修志大有可为。再一个条件是，要有一支事业心强、编纂水平高的修志队伍。另外，要得到当地党委、政府的重视和支持。这些你们都具备，所以，我认为黑龙江地方志工作的前景是远大的。

你们总结的几条工作体会，我感到也很好，有很多创新。比如，党委、政府高度重视是保证，依法修志是根本，理清思路是前提，健全体制是关键，建设队伍是基础；再比如，“一个主题”“两个主业”“三个转变”“六个坚持”“六个关系”“六个突破”等等。能总结出这些体会，说明你们是用了心思的。

对于今后工作，基本上是老生常谈，既然来了，还是要讲。

第一，要更加重视依法修志。

《地方志工作条例》出台以后，修志工作由制度化进入到法制化阶段。你们省各级虽然都有方志办，但有的地方“一纳入，五到位”做得还不够。市、县方志办跟其他单位合署办公并不可怕，问题在于修志任务和修志人员要落实。否则，地方志工作势必会被削弱，即使挂了方志办的牌子也是空的。因此，对《条例》有关这方面的规定，还是要加强宣传，加强检查。佳木斯市在《条例》出台后，为方志办工作人员办了执法检查证，这个做法很好。

第二，要更加重视志书编修质量。

黑龙江省对地方志的质量是比较重视的，所以我不是讲要重视，是讲要更加重视。我在佳木斯市提出，要像编写大百科全书和辞典的词条那样来编写地方志书。首轮修志时过分强调质量不现实，因为那个时候是仓促上阵，缺少自己的修志经验。但到了二轮修志，我们不但积累了经验，而且有了比过去学历高的修志队伍，具备了比过去好得多的条件。如果这个时候再不把质量放在更加突出的位置，再不强调树立精品意识，是说不过去的。

我在很多地方讲过，志书和小说相比，和其他文艺类、学术类、理论类的书相比，肯定不如它们畅销，但绝对是比它们更有生命力。我打过一个比方：如果各种书放在一条船上，船快要沉了，必须往外扔书，先扔什么书呢？我想，肯定是先扔小说，然后扔其他文艺书、学术书、理论书。最后还剩下两种书，一种史书，一种志书，还要往外再扔一种。我是搞历史研究的，要我选择，肯定先扔史书。因为，留下志书，我还能写出新的史书；如果把志书扔了，要再写出新的史书就难了，更不要说写出新的志书了。

史书的特点是史论结合，论述占了相当大的比重，而志书全部是资料，而且是经过反复核实、筛选出的资料。正因为如此，其内容之翔实、丰富、全面，没有任何书可与之相比。因此，志书的每一个字都应当经得住推敲。后人要评论我们的书，这与我们今天评论旧志是同样的道理。任何事情都有规律，修志也有修志的规律，按规律办事就事半功倍，违反规律就事倍功半。前几年地方志工作中的主要倾向是，认为首轮志书出版了，工作可以结束了，因此很多地方对二轮修志迟迟不启动。这几年经过推动，特别是《地方志工作条例》颁布，大部分地方开始重视方志工作了。在这种形势下，又出现了另一种倾向，就是急于出书。出现这种倾向有多种原因，但根本原因在于忽略修志的规律。修志的规律是投入大、周期长、见效慢，它不像盖楼那样可以搞突击，必须用较长时间谋篇布局，收集整理资料，以及撰稿、改稿、评稿、审稿、验收；有时还要有意识地放慢速度，使资料、书稿有一个沉淀的过程。因此，从启动到结束，中间可能要经过几任领导。不是说时间长质量肯定高，但可以说质量要高，时间肯定不能短。俗话说，慢工出细活。我建议你们不要急于出书，现在距离二轮修志结束还早，时间还来得及。我们工作启动要快，制定规划、设计篇目要快，培训队伍要快，起草志书要快，但是定稿、出书要慢些。因为志书一旦出版，重新修订、再版的可能性是非常小的。

要把志书的质量抓起来，办法有很多，其中最有效的办法，就是选择一位称职的主编，并落实主编负责制。主编不一定非得是地方志工作机构的领导，可以是其他同志，甚至可以是退下来的同志。一般说，主编应当具有三个条件：首先要有比较厚实的学术积累和比较扎实的文字功底，其次要有很强的事业心和责任心，再次要有能坚持工作的身体。主编不能只是负责书的整体布局，而应该对每一个字都负责。只要具备这三条，退下来的同志也可以当主编。现在是众手成志，一部志书往往有十几个、几十个部门在那里组稿、撰稿、供稿，最后由方志办往一块组装。如果没有一个人负责从头到尾统稿，非常容易出问题。

二轮修志的质量高不高要有标准，这个标准主要是中指组下发的《关于第二轮地方志书编纂的若干意见》和《地方志质量标准》。执行中指组的标准当然要和当地实际情况相结合，但总体上要按中指组的标准办。修志是政府行为，该统一的要统一。比如，二轮修志的上下限就应当大体统一，上限一般应为20世纪70年代末和80年代初，下限一般应为20世纪末和21世纪初。今后志书每20年一修，如果各地上下限不统一，到了三轮、四轮修志，全国修志步伐就会乱套，中指组要指导就会发生困难。

第三，要更加重视地方志资源的开发利用。

数字化、网络化的出现，使修志和用志的方式都发生了革命性变革，建立方志网站已成为最好的方志资源开发利用形式。你们的网站建得比较早，但到现在日均点击数只有150人，显得还是少了些，应当进一步加强宣传，扩大影响。要向省直机关宣传方志网站的作用，特别是向领导秘书推荐，给他们印发介绍龙志网的材料，让他们知道怎么检索，使他们了解利用龙志网的好处。另外，可以编一些关于省情方面的书，比如参加《当代中国地方概览》丛书，编写黑龙江的省卷和各市卷。这套丛书每册20万字，图文并茂，里面基本上是地方志的内容。一册在手，所在地的主要情况都有了，便于来出差的、学习的、经商的、旅游的人使用。总之，方志的开发利用还有很多文章可作。

现在大家都要求建方志馆，但究竟什么是方志馆，应当使方志馆发挥什么样的功能？对这个问题，过去认识上并不十分清楚。历史上说的方志馆只是指机构的名称，是编写方志的单位。近些年来，方志界提出建方志馆，是基于修志发展的需要，考虑建一个存放修志资料、展示修志成果、便于市民查阅志书的场所。但在实际操作过程中，不仅立项非常困难，而且凡是建起来的，发挥作用也十分有限。因为，如果仅仅是为了存放志书，完全可以在图书馆建设中扩大点面积，何必再盖一个方志馆呢？如果是为了保存方志资料，用增加办公面积也可以解决，不必搞什么方志馆。如果是为了便于群众在电脑上查阅志书，前些年还有必要性，现在大部分人家里都有了电脑，完全可以上网查阅，何必非得到方志馆来查阅呢？从已建好的方志馆看，要么基本上是办公室加图书馆，要么基本上是修志历史的展览馆，没有或很少有群众去利用。所以，我认为，过去在方志馆的定位上存在误区。我们应该打破框框，解放思想，重新为方志馆定位。地方志是一个非常特殊的文化现象，应该有一个设施来展示它的内容。但这个内容不应当理解为仅仅是志书，而应当理解为是修志的对象。方志书说到底是地情书，方志办说到底是地情办，方志网说到底是地情网。照此类推，方志馆也应该是地情馆，市志馆是市情馆，省志馆是省情馆，国家方志馆是国情馆。因此，方志馆应该像志书横排纵述那样，用实物分门别类地介绍本行政区域内的政治、经济、文化、社会，乃至地理、气候、交通、物产等情况。历史博物馆是纵向介绍一个地方情况的，城市规划馆是专门介绍城市建设情况和远景的，方志馆则是横向介绍一个地方情况的，其中，既有城市也有农村，既有现状也有历史，还有山川河流、地形地貌。它弥补了历史博物馆和城市规划馆的不足，也是其他国家所没有的文化设施，是对广大群众和青少年进行地情、国情教育的场所。如果这样给方志馆定位，我相信有条件的地方政府，一定会对它的建设给予大力支持，并把它建成城市地标式的建筑。现在中央非常强调国情教育，但教材一般都是书本，缺少一个用实物进行教育的场所，方志馆恰恰是这样的场所。

第四，要更加重视方志理论研究。

方志学是不是一门学问、一个学科？我说又是又不是。说它是，因为起码在清代已经出现了专门研究地方志的学问。说它不是，因为方志学还没有被列到国务院学位委员会的学科专业目录中，高等院校中开设方志学课程的也微乎其微，这里面原因有很多，比如，对方志学重视不够，方志学专业的学生毕业后缺少就业保证等等，但与我们自己在理论研究上下功夫不够也有关，有很多概念连自己还没有搞明白，还很难说它已形成了现代社会科学意义上的完整、系统、规范的学科体系。所以，中指组决定在最近启动《方志百科全书》的编纂工程，用撰写条目的办法，先把概念规范起来。

修史与修志是两种不同的工作，修志要述而不论，修史要夹叙夹议，以史带论，论从史出，但刚才说了，修志是有立场、有观点的。比如，黑龙江修志，我们修是一种写法，让日本人修肯定是另一种写法，让国民党修又会是一种写法。因此，地方志工作者必须有正确的立场、观点，这就需要有科学理论作指导。这个科学理论，只能是马克思列宁主义、毛泽东思想和中国特色社会主义理论体系。地方志属于意识形态，我们千万不能忘了这一条。

第五，要更加重视修志队伍的建设。

现在很多地方的地方志工作机构都存在青黄不接的问题，主要表现是“两头大、中间小”。就是说，30几岁以下的人员比较多，靠近60岁的比较多，而四五十岁的人比较少，中间有一个断层。因此，要特别注重培养年轻人，使他们尽快成长。同时，要充分利用那些虽然已经退休，但经验丰富、学问扎实、责任心强、精力旺盛的老同志，能返聘的尽量返聘，用以充实修志队伍，缓解青黄不接带来的问题。现在生活和医疗条件都比过去好得多，60 多岁的人仍不显衰老，其中许多做过编纂工作的人，业务熟，经验多，负担小，责任心强，完全可以返聘做志书的编辑，甚至做主编。否则，是对人才资源的很大浪费。

修志力量薄弱的地方可由上级抽调人员支援*

——在青海省地方志办公室座谈会上的讲话

（二〇一〇年八月二十六日）

自从新编地方志工作开展以来，全国从省到市到县三级都设置了专门的修志机构。中央一级由于还没有修全国一统志的任务，因此，中国地方志指导小组只负责联系、协调、指导全国的地方志工作。这个小组的现任组长是全国政协副主席、社科院院长陈奎元，我的主要工作在当代中国研究所，同时协助陈奎元同志分管中指组日常工作。这些年来，我一般是利用出差开会的机会，到各地看望、慰问地方志工作机构的同志，同时作些调查研究，凡能解决的问题就帮助解决，不能解决的就带回去研究。我所走的省志办、市志办、县志办，到现在大概已有八九十个左右了，但一直没有机会来青海。刘德然主任曾邀请过我多次，我也非常希望能来。刚好，这次参加由全国政协副主席陈忠兴同志带队的政协考察团，来青海考察西部大开发十年来的情况。昨天下午，强卫书记、骆惠宁省长、白玛主席跟我们进行了座谈，使我初步了解了青海的一些情况。青海

---

* 这篇讲话曾发表于《中国地方志》2010 年第 12 期。

条件非常艰苦，经济欠发达，但你们能用相当于平原地区60%～80%的氧气，干出100%的工作，实在不容易。借此机会，我首先代表陈奎元同志和中国地方志指导小组，向青海地方志办公室的全体同志，并通过你们向全省方志工作战线上的同志们表示亲切的慰问和崇高的敬意！

刚才，省人大常委会刘春耀副主任、省政府晁海军副秘书长、省志办刘德然副主任详细介绍了青海地方志工作的情况，给我留下了深刻印象。青海省地方志工作历来都是由省长总负责、常务副省长具体分管。第一轮修志任务除玉树藏族自治州的6个县外，基本上都完成了。第二轮修志于2002年开始试点，2006年全面启动，现在已全面铺开，全省为此还召开了两次会议。目前，方志馆也已得到立项。这一切都体现了省委、省政府领导对地方志工作的大力支持。在第一次全国方志系统先进集体、先进工作者的评选中，共有10人当选全国先进工作者，其中就有你们省的华贡杰同志。虽然他只是一个人，但却能反映出你们全省方志队伍的整体面貌。我过去曾说过，珠穆朗玛峰只能出在青藏高原，而不会出在华北平原，因为先要有高原，然后才会有高峰。就拿你们省志办来说，我看了你们的花名册，17个在编人员中，青海省籍以外的就占了13人。就是说，多数人是外地的。对他们来说，要适应高海拔气候更不容易。另外，还有东乡、藏族等少数民族同志。其中，党员有15位，占省志办人员的90%多。可见，你们这支队伍是一支政治强、能吃苦、重团结的队伍。我想，全省大部分州、地、市的修志队伍，与你们的情况也不会差多少。在首轮修志中，青海省志共计出了86部，这对于一个人口只有500多万人，经济发展较为滞后的省份来说，是难能可贵的。现在，第二轮修志已经推开，30多部省志已经启动。省志办还编辑出版了青海省年鉴，并要求各地级市每年也要有年鉴。在用志方面，你们也想了很多办法，取得了一些有效的成果。青海虽然是一个欠发达地区，但现在赶上了一个好时候。西部大开发战略正在筹划第二个10年，许多重要的指导思想、政策、项目，将体现在即将出台的国家“十二五”规划中。大家都承认，西部大开发的10年是青海经济社会发展最快、老百姓取得实惠最多的10年。当然，也有一些不尽如人意的地方。例如，西部虽然发展很快，但和内地的差距还在拉大，这说明西部要有更快的发展速度才行。从某种意义上说，东部的高速发展是建立在西部贡献基础之上的，因此，今后10年，无论中央各部门还是东部各省份，都会加大对西部开发支持的力度。此外，西部自己也在积极行动，你们的白玛主席就在积极推动青甘宁黄河上游经济带的建立。全国发展要有梯次，西部开发也要有梯次。一些条件较好的地方可以先行一步。黄河上游经济带包括西宁、兰州、中卫、银川，这条线无论工业基础、人才状况、自然条件都比较好。地方志工作离不开地方经济与社会的发展，地方发展得快，地方志工作也会发展得快。青海欠发达是历史形成的，但此刻遇上了一个好时候。在这种大背景下，青海地方志工作的前途将会越来越光明。

下面，我讲几点意见。

一　要深刻认识做好青海省地方志工作的重要意义

地方志是地情书，地方志工作的实质是地情调研工作、编写工作、宣传工作。因此，地方志工作者更要了解地情、熟悉地情，更要认清青海在全国的定位。我对青海情况了解得很少，但我想，青海在全国的地位起码有以下几条：

第一，青海省是中华民族的两条母亲河——长江、黄河的发源地，是全国的水塔。黄河一年径流量为580多亿立方米，其中250亿立方米用于沿河各省分配，100亿立方米用于支援北京、天津，还有200多亿立方米用于冲沙。无论从经济发展还是从人民生活的角度看，我们都离不开黄河、长江。另外，澜沧江、黑河等河流也是从青海发源的。所以，青海对全国人民的贡献无与伦比。

第二，青海省是全国众多资源的供应地。青海除了蕴藏丰富的水能外，还有丰富的湖盐、石油、天然气、有色金属、非金属矿产等资源。在100多种矿产中，有53种储量位列全国前10位，其中11种处于榜首。

第三，青海省是全国民族与宗教和睦相处的示范地。青海有多种宗教、数十个少数民族，但一直能比较和谐地相处。始建于北魏时期的西宁北禅寺，过去是佛教寺院，现在是道教庙宇，而且供奉孔子像。撒拉族是从中亚地区迁徙而来的，与这里的藏族、回族、汉族关系很好。这种各宗教、各民族的和睦相处，对全国其他地区起到了很好的示范作用。

第四，青海省是西部边疆社会稳定的支撑地。青海省与西藏、新疆两个自治区都有很长的边界线，处于反对“藏独”“疆独”分裂势力的前沿，对于稳定这两个地区的局势，具有重要的战略缓冲作用。

作为青海的地方志工作者，要做好工作，首先要认识青海在全国所处的地位，只有这样才能更加认清青海地方志工作的意义，更加坚定做好地方志工作的决心和信心。

二　要不断推动《地方志工作条例》的落实

《地方志工作条例》（以下简称《条例》）是我国第一部关

于地方志工作的法规。中国修志的历史悠久，是我们独有的文化传统，但像中华人民共和国这么重视地方志工作，从省到市到县三级都设机构、定人员、给经费，在历史上还没有过。自从有了《条例》，使新编地方志工作又从制度化进一步迈入了法制化阶段，这对地方志工作是一件天大的好事。我们一定要抓住这个契机，大力宣传《条例》，让《条例》深入人心，让更多的人明白地方志工作的意义。地方志工作是为各地经济与社会发展和各级政府、领导服务的，一定要按《条例》的规定，把工作机构健全起来。现在个别省级地方志工作机构与其他部门合并，我认为这对于全省地方志工作是不利的。青海不仅省级方志办独立设置，而且州、地、市方志办基本上也是独立的，这种做法很好。县级方志办根据各地情况，可以独立也可以不独立，但无论独立与否，一定要有牌子、有任务、有专职人员。地方志每隔 20 年一修已经成为法律了，要使它落实，就要有组织保证。据说青海省也要就地方志工作立法，而且存在两种方案，一是由省人大立法，二是由政府制定法规。我考虑，如果立法，还是由政府制定法规比较好。因为国务院已出台《地方志工作条例》，省上也搞政府法规，搞《条例》的实施细则，效果会更好一些。除《条例》以外，对中指组出台的一些指导性文件，如《地方志书质量规定》《第二轮地方志书编纂的若干意见》等，也要积极贯彻落实。

三　要努力做好地方志的各项工作

对于各级方志办来说，不仅自己要编写志书，而且要组织有关部门编写志书。特别是省方志办，还有组织指导各市、地、州地方志工作部门和省委、省政府各部门修志的任务。另外，《条例》把综合年鉴工作也归入了地方志工作范畴。今后每20年要有续修志书，每年要有当年年鉴。年鉴从一定意义上可以说是“小志”，有了每年的年鉴做基础，将来志书就好修多了。除此之外，还要做好人员培训工作。青海的培训工作除了自己做，也可以由东部沿海省份帮助做。对西部省份的干部进行免费培训，这也是沿海发达地区，如广东、江苏、浙江对西部地区支援的一种形式。

你们反映说，有些地方确实很难找到合适的修志人员。对这个问题，我建议采取在全省范围组织一支修志专业队伍的办法来解决，可以把它叫作“修志别动队”，由省志办从各地抽人，统一调度，跨地区、跨市县使用，专门为有实际困难的地区修志。过去的旧志就不都是由本县人写，有的是由外地人甚至外省人写的。比如，浙江的章学诚就写过河北的县志。采用这个办法，当地要负责为修志专业队伍提供经费和资料，让他们承包志书撰写。有的地区如果修志能力较强，在完成本地区修志任务的前提下，也可以组织一部分人去承包其他地方的志书撰写。在这个问题上，我们同样应当解放思想，打破框框，坚持一切从实际出发的原则。

要做好地方志工作，最重要的是树立质量第一的思想。志书虽然不是畅销书，但它却是其他许多书，包括史书的重要基础。在现有的各种资料书中，没有任何一种书能和地方志的全面性、翔实性、可靠性相比。志书中的材料弄错了，其他引用它的书也会跟着错。正因为这样，志书的质量特别重要。我昨天去塔尔寺参观，发现很多导游词都是从志书中来的。所以，一定要重视志书的质量，要像写大百科全书或词典的条目那样去写志书，要精益求精，字斟句酌。

保证志书质量，包括遵守中指组的统一规定。地方志工作是政府行为，用老话说叫官修。既然如此，该统一的必须统一。

比如志书名称，过去比较乱，有的叫“通志”、有的叫“志”。这轮修志，中指组明确规定，今后一律叫“××志”，不要再叫“××通志”。再如志书的上下限，首轮修志比较乱可以理解，因为那时要从各地有人类活动开始记述，上限不可能统一；另外，修志结束时间有早有晚，有20世纪70年代末、80年代初，也有到90年代中期，下限也难以统一。但第二轮修志的情况不同了。《条例》规定，地方志每20年一修，这句话的另一层意思是，每轮修志的内容应为20年，否则你修30年，下一轮修志就只有10年可修。此外还有一层意思，就是每轮修志应当间隔20年，如果你一下子修了30年的内容，下一轮修志势必与你要修的内容之间只隔10年。历史总要经过一段时间的沉淀才看得清楚。志书特点是述而不论，修志与修史相比，与历史间隔时间可以短一点，但也要有所间隔，否则连材料都收集不全。具体到第二轮修志，上限应当是20世纪70年代末、80年代初。这是十一届三中全会召开的时候，也是改革开放历史新时期的开始；而下限应当是20世纪末、21世纪初，也就是我国总体上实现了小康的时候。至于第二轮修志，启动时间一般在21世纪初，结束时间就应当在2020年前后。现在有的省，第二轮志书的下限到了2009年，估计有的还会到2010年、2011年。这里面有很多因素在起作用，比如有的领导希望把当前的工作也写进去等等。但这样一来，全国修志工作的步伐就乱了，指导就会发生困难。所以，从第二轮修志开始，志书的上下限应当统一。

四　要积极开辟地方志为地方社会与经济发展服务的新途径、新手段

你们在这方面已经做了很多工作，而且起到了很好的效

果。不过，这方面还有许多工作可做，还有很大的工作空间。比如，西宁胜利宾馆接待的大多是中央及中央各部委和各省的领导，但房间书架上放的书都是一些小说或通俗读物。我看，你们完全可以把省志送到那里摆放，这不仅便于领导随时查找有关青海的各种省情资料，而且也是展示青海文化建设成果的机会。再如，可以编简志，在报纸上搞专栏，在电视上搞专题片等等。不过，现在最有效的用志方法是建方志网和建方志馆，这是自从电脑、网络普及和《条例》颁布以后出现的新形势。

你们省的方志馆已经立项，因此，我在这里专门讲讲方志馆的问题。我认为，对方志馆应该重新定位，就是说，不要把它建成志书馆或方志专业展览馆，而应该把它建成地情馆。既然方志书是地情书，方志馆就应当是地情馆。这样定位不仅可以扩大受众面，增强它的社会效益，而且容易获得各级领导和社会的支持。我们现在有自然博物馆、历史博物馆、城市规划馆、图书馆、体育馆、科技馆，却没有一个向广大群众特别是青少年横向介绍当地政治、经济、文化、社会、物产、地理、气候等综合情况的博物馆，而方志馆恰恰可以填补这个空白，承担这个任务。它要借助于实物、展板、模型、沙盘，宣传省情、地情，起到向群众进行地情教育、国情教育、爱国主义教育、热爱家乡教育的作用。由于地方志是中国特有的文化传统，全世界只有中国有方志馆，因此，它应当建在一个比较显眼的地方，设计上突出民族特色，使它成为城市的地标性建筑，成为城市的亮点和文化符号。

要注意志书上下限的统一*

——在视察湖南省地方志编纂委员会时的谈话

（二〇一〇年十月十一日）

我不是第一次来湖南省志编委会，不过，这次来比上一次来，感到面貌、气象有了新的变化。湖南省方志馆的环境很好，我去过全国各省市很多方志办的工作场所，感到这里的环境是相当好的，清静幽雅，很适合史志工作者工作。刚才，王晓天主任就湖南省地方志工作进展、馆场建设、人员配备等已做了一个大致介绍。下面，我结合全国地方志工作谈几点意见。

第一，要重视地方志书的质量。

地方志书虽然不是畅销书，但它横陈百科，包罗万象，是所有资料书中最系统、最全面的一种，因此是生命力最强的书。自 2006 年《地方志工作条例》（以下简称《条例》）颁布以来，地方志工作开始步入法制化、规范化轨道，各级政府也比过去更重视地方志工作了，全国地方志系统出现了新的形势。但有些地方政府领导在重视志书的同时，也出现了急于出书的倾向。所以，我们要一手抓进度，一手抓质量，而且进度

* 这篇讲话曾刊登于《中国方志通讯》2011 年第 17 期。

要服从质量。

按照《条例》规定，地方志书一般情况下 20 年一修，这中间是有一定间隔的。修志有修志的规律，要按规律办事。要讲“四快一慢”，对资料的搜集和筛选要抓紧，组织动员、谋篇立章要抓紧，培训修志人员要抓紧，撰写稿件要抓紧，但出书要慢，要对志稿反复审改，反复打磨，不能为急于完成任务而粗制滥造，否则质量无法保证，势必贻误子孙后代。

修志是一项长期而艰巨的工作，要选择有耐力、有恒心、有水平、有责任感、身体素质好的人担任主编。全国修志系统现在实行的是众手成志的体制，地方志工作机构自己虽然也编写一部分志书，但主要是主持编修，因此一定要严格执行主编负责制，视志书质量如生命，在整个编修过程中严把质量关。

听说湖南省政府每年拨给我们 800 万元经费修志，可以据此统计一下我们的志书每个字值多少钱了。作为地方志工作者，我们承担着存史、资政、育人的神圣使命，有责任编修出无愧于时代、无愧于历史、无愧于人民的精品佳志。

第二，要注意志书上下限的统一。

各地主持修志工作，要严格遵循中国地方志指导小组印发的关于《地方志书质量规定》和《第二轮地方志书编纂的若干意见》的相关规定。第一轮志书的上下限不统一可以理解，因为上限都是始于各地有人类活动时，难以统一；另外，初次修志，缺少经验；再者，当时并没有明确规定。而第二轮修志情况有了很大不同，有了《条例》，也有了上下限的规定，上下限应当统一。志书是官书，步调要一致，步伐要整齐，不能太随意。湖南省第二轮省志的上下限基本定为 1978 年到 2002 年，这与中指组所发关于第二轮修志若干意见的规定是一致的。

第三，要重视方志理论的研究。

把地方志作为一门学问来研究，从清代就开始了。但从现代社会科学学科角度看，方志学作为一门学问的学科体系还不够规范、不够系统、不够完善，还有待于我们进一步构建。对此，方志学专家和地方志工作者要共同负起责任。目前，由中指组牵头编纂的《方志百科全书》已成立了编委会，预计 3 到 4 年可以完成。此外，今年 9 月下旬在广东召开的第 10 届国史学术年会，也把主题定为“中国当代史研究与地方志编纂”。这些都是为了加强方志学理论建设和学科建设而采取的具体措施。

第四，要对方志馆重新定位。

什么是方志馆？历史上说的“方志馆”是对修志机构的称谓，而后来李铁映同志提出要建的方志馆，指的是一种建筑，因为这时地方志工作机构的称谓已改叫方志办。国家方志馆立项工作从 2001 年开始启动，申报的建筑面积为 1.3 万平方米，直到去年才批准立项，历时 8 年。为什么会用那么长时间呢？一个重要原因就在于我们对它的定位有问题。如果仅仅把它当成办公室加图书室，搞那么大面积确实让人难以接受。其实，方志馆应当是地情馆、国情馆。现有的城市博物馆、历史博物馆等，都是以历史为序，纵向陈列一地发展情况的场馆，而方志馆则是横向介绍地情的场馆，是展示地方志的内容，让广大群众更直观、更感性地了解地情国情的地方。这样给方志馆定位，我想各级政府肯定会对它的立项大力支持、积极促进的。

树立志书质量意识就是树立责任意识、大局意识*

——在《黄山市志》首发式上的致辞

（二〇一〇年十一月二十六日）

《黄山市志》在2003年启动编纂后，提出要我担任该书的顾问。我当时表示，要我当顾问，就不当挂名的，要真顾、真问。2007年，《黄山市志》初稿完成，召开评审会，邀请我参加。我要来三大本志稿，用两天时间大体翻了一遍，在评审会上，从4个方面提出了11条意见。会后，我对《黄山市志》稿的修改没有再过问。

最近，听朱文根同志讲，《黄山市志》已出版，而且安徽省方志学会审稿的专家对它的评价很高，认为“它是一部有用、可读、好看的鸿篇巨制，是一部比较成熟的市志稿。就其内容而言，与本省和全国已出版的优秀志书相比也不逊色。”我作为志书的顾问，听了这些话，自然感到十分欣慰。

一般情况下，志书初稿在评议后一年内就出书了，而《黄山市志》从初稿评议到通过终审到最后出书，却用了三年时间。为什么会用这么长时间呢？我了解了一下，《黄山市志》

---

* 这篇讲话曾发表于《中国地方志》2011年第3期。

初稿的修改工作在这三年里是这样渡过的。首先，在 2007 年 9 月的初稿评审会后，召开了总纂班子的全体会议，将与会者的意见梳理出了 3000 多条（不包括错字、标点），由主编拿出修改方案，调整总体篇目，增补缺失资料，删除重复和烦琐的内容，规范文字表述。然后，由主编和副主编两人承担统改任务，一卷一卷、一个字一个字地改。2008 年下半年，主编、副主编交换稿子互审，然后送有关单位再审，并填写“审阅意见书”，由单位领导签名盖章，以示负责。2009 年，他们在汇总校核各单位反馈意见时，又发现了许多称谓、纪年、数字、计量不规范的问题，于是推迟原定的送审时间，继续进行校改，直到年底才送交由市委常委、市委秘书长牵头，由市保密局、统计局和安徽省方志办有关专家组成的审稿组。为了慎重起见，他们还专门成立了人物志的审定组，由市委常委、组织部部长担任组长，负责把关。2010 年 3 月，《黄山市志》终审定稿，但他们并没有送出版社了事，而是集中全市区县志办主任、主编，对出版社排印的二校稿又进行了一遍校核，并对发现的错误予以纠正。可见，这三年时间，对于《黄山市志》编纂班子来说是并不宽裕的，是在紧张工作中渡过的。《黄山市志》能在终审中得到好评，绝不是偶然的，是与编纂同志尤其是主编的认真态度、负责精神、质量意识、严谨学风分不开的。

当前，我国地方志事业正处在地方志历史上的最好时期。在党和政府的高度重视和大力支持下，全国从省到市到县，逐级设立了地方志工作机构，有编制，有人员，有经费，形成了宏大的修志队伍，其中，专职人员约有 2 万人，兼职修志人员多达 10 万人。改革开放后启动的首轮修志已基本结束，第二轮修志已全面展开。2006 年国务院颁发《地方志工作条例》

后，更使地方志工作进入了法制化轨道。计算机、互联网技术的普及，也使地方志资源的开发利用进入了数字化、网络化阶段。总之，形势对地方志工作十分有利。现在的问题是，地方志工作系统的同志如何抓住这个有利形势，把第二轮修志的质量切实搞上去，为地方志服务地方的经济社会发展奠定更加牢靠的基础。如果说在第二轮修志刚刚启动时，我在讲话中主要是督促大家加快启动工作的话，那么近些年在第二轮修志已全面展开的情况下，我比较多的是提醒大家不要着急出书。因为，第二轮修志结束的时间大体在 2020 年左右，时间还来得及。书稿在形成后，一定要用高标准衡量，反复修改，而且一定要有一位水平高、责任心强、身体好的主编从头到尾统改一遍。我之所以这样强调志书的质量，缘于志书所具有的“官书”的性质和存史、资治、教化的功能，缘于新编地方志众手成志的编修特点，缘于我们所处时代的科技发展，也缘于国家对修志的巨大投入。我们每一个修志人都应当牢固树立质量意识，要树立了再树立。对于我们来说，质量意识再强也不为过；树立质量意识就是树立责任意识、大局意识，就是全心全意为人民服务的具体化，就是建设中国特色的社会主义的实际行动。

黄山市是徽州文化的发祥地，也是我国古代和近代方志编修最为发达的地区之一。宋代罗愿的《新安志》，既是安徽保存下来的唯一一本宋代志书，也是方志史上的一部名志。明代弘治年间的《徽州府志》和民国时期的《歙县志》，均为旧志中的精品。新中国成立后，黄山市继承并发扬了我国修志的优良传统。在新编地方志的第一轮修志工作中，安徽省在全国率先完成了省、市、县三级志书的编纂出版，受到中国地方志指导小组的通报嘉奖；而黄山市的修志工作在安徽省又是走在前列的，是全省完成修志任务最早的地市。其中，《徽州地区简志》和《黄山志》，《歙县志》和《休宁县志》，以及《黟县志》，在全国优秀志书的评比时曾分别获得过一、二、三等奖。第二轮修志开展以来，黄山市在全省乃至全国再次走在了前列。《黄山志》《祁门县志》《黄山区志》业已出版，其他区县志也都通过了评审或完成了初稿。呈现在大家面前的这部《黄山市志》，是在黄山市行政建制变更后的第一部市志，虽然处于二轮修志中，但它并不是续修，而是统合古今的。它较之首轮志书，不仅有了更加丰富的内容、扎实的资料，而且有了更加鲜明的时代特色和地域特色，特别是有了对黄山市改革开放和科学发展历程的翔实记述。这些对于保存历史、资治百业、教育人民、对外交流，无疑都将发挥积极而特殊的作用。我希望市地方志系统的同志再接再厉，做好这部市志的发行工作，更要做好市志成果和其他地方志资源的开发利用工作，为市委、市政府领导的科学决策服务，为黄山市的科学发展服务，为全市广大群众特别是青少年的爱国爱乡、国情市情教育服务，在推动社会主义文化大发展大繁荣、弘扬中华优秀文化的事业中，不断取得新的成绩，做出自己应有的贡献。

志书主编不能挂名*

——在山西省地方志办公室处以上干部座谈会上的讲话

（二〇一〇年十二月三日）

我三年前曾到过你们这里，不过那时你们和省委党史研究室还合署在省史志研究院办公。这次我来太原参加电视连续剧《风起云涌》的角本大纲研讨会，李茂盛主任提出省地方志办公室从去年起已独立设置，希望我来看看大家。我想这是完全应当的。

刚才听了你们恢复独立建制后所做工作情况的汇报，感到你们一年多来在省委、省政府领导和有关部门的指导与支持下，做了大量工作，思路是正确的，内部是团结的，成绩也是显著的。希望你们继续开拓进取、扎实工作，为山西经济与社会发展不断做出新贡献。

为了进一步搞好山西的地方志工作，我利用这个机会再提出四点意见。

第一，要切实把志书质量摆在第一位。

如果说前些年一些地方不重视续修工作，迟迟不启动第二

---

* 这篇讲话是在刊登于《中国方志通讯》2011 年第 2 期《中国社会科学院副院长朱佳木到山西省地方志办公室检查指导工作》的基础上改写而成的。

轮修志是主要倾向的话，那么，近些年来，一些地方不重视志书质量、急于出书变成了主要倾向。第二轮修志是20世纪末、21世纪初开始的，根据国务院《地方志工作条例》关于志书每20年左右编修一次的规定，第二轮修志结束和第三轮修志启动的时间应在2020年左右。因此，时间还有富余。我们在部署任务、制定计划、设计篇目、培训队伍、起草初稿等方面要快，但在定稿和出书上要慢。书稿出来后，要反复征求意见，反复修改，认真统稿，做到进度服从质量，确保修成精品佳志。我三年前在你们这里说过，修志不能对哪一任领导负责，而要对子孙后代负责，对历史负责。当然，重视质量不仅因为志书是权威性、生命力最强的资料性籍述，也不仅因为其编修周期长、政府投入大，而且因为其编修方法是众手成志，需要发动组织各部门、各行业的力量参与修志，如果不注意统稿，质量很容易出问题。要保证志书质量，除了要有一套严格的编纂和审定的规则之外，关键是要为志书找一位有水平、负责任、身体好的主编，并实行真正的、严格的主编负责制。主编不能挂名，行政领导可以也应当做志书编委会主任，但不能当主编，否则也是不正之风。

第二，要切实加强方志理论的研究。

自从新编地方志工作开展以来，方志理论研究有了很大发展，产生了很多研究成果。但总体上看，方志理论还很不规范，很不系统，很不完整，是落后于方志编修实践的。以地方志为研究对象的方志学虽然起源于清代，但现代社会科学意义上的方志学体系至今还未建立起来。因此，需要我们在编修方志的同时，继续加强方志理论的研究。最近，中国地方志指导小组办公室启动了《方志百科全书》的编纂工程，其目的就在于推进方志学相关概念的规范化，为构建现代社会科学意义上的新方志学学科体系做基础性工作。

第三，要切实重视地方志资源的开发利用工作。

过去，开发地方志资源的形式往往是出简志，或者利用志书内容编写各种各样、分门别类的资料书，效果并不十分理想。自从近些年信息化技术大普及和地方经济实力大幅度增强以来，建设方志网和方志馆逐渐成为开发利用地方志资源的新形式，也是最为有效的形式。可以说，在开发利用地方志资源方面，没有比志书数字化、网络化更为便捷的手段了。对于方志馆，我们也要解放思想，转换思维，重新认识，重新定位。过去，我们总认为方志馆应当是存放、展示志书和保管修志过程中形成的各种资料的地方。这样定位，既不利于方志馆建设的立项，也不利于方志馆社会效益的发挥。其实，方志书既然是地情书，那么，方志馆就应当是地情馆，国家方志馆是国情馆，省志馆是省情馆，市志馆是市情馆。就是说，要把方志馆建成国情、省情、市情的展览馆，使它成为对广大人民群众特别是青少年进行国情、省情、市情教育的场所和爱国爱乡教育的基地。现在有历史博物馆，那是用实物和图表纵向介绍国情、地情的文化设施；有城市规划馆，那是用沙盘和图表展示城市现状和前景的文化设施；唯独缺少一个用实物、沙盘和图表横向介绍国情、地情的文化设施。其实，这种文化设施正是方志馆。如果我们这样给方志馆定位，各级领导和基建审批部门、财政部门一定会支持它的立项，而且会像历史博物馆、城市规划馆一样，把它建成城市的地标性建筑。这样的方志馆建成后，广大群众特别是在校学生，一定会络绎不绝地去参观，从而使地方志资源得到最大限度的开发利用。

第四，要切实加强地方志办公室的自身建设。

要遵循科学发展观的指导思想，切实把各级方志办建成学习型、研究型、创新型、服务型的方志办。只有把自身队伍建设好，才可能使地方志工作真正做到又好又快地持续发展。

世代修志是中国厚重的非物质文化遗产*

——在辽宁省地方志办公室座谈会上的讲话

（二〇一一年七月十一日）

近几年，我先后走访过吉林和黑龙江的方志办，东北三省只差辽宁的方志办没有到过，这次去大连开会，特意路过沈阳，目的就是弥补这个缺憾。刚才听了省志办赵云升主任的汇报和省政府张征副秘书长、省志办老主任高静同志的补充，使我对辽宁省的地方志工作有了一个总体的了解。首先，我代表中国地方志指导小组和陈奎元同志，向辽宁省地方志办公室全体同志，并通过你们向全省的地方志工作者表示亲切的慰问和崇高的敬意。

在我的印象里，辽宁省的地方志工作一直是走在全国前列的。第一次全国方志系统先进工作者和先进集体的评选，辽宁省志办就被评为了先进集体之一。我感到，辽宁省地方志工作有几个特点：一是体制顺，基本做到了“一纳入、五到位”；二是思路清，坚持以科学发展观为指导，依法推动各项工作，认真贯彻质量第一的原则和修用并举的方针；三是干劲大，省志办的工作人员不到20人，但首轮修志就出版省志77部，第二轮修志又准备出版省志84部，没有干劲是做不到这些的；

* 这篇讲话曾发表于《中国地方志》2011年第10期。

四是成果多，除了志书，还有年鉴和各种衍生品，可谓琳琅满目。之所以能做到这些，我认为除了省志办全体工作人员和全省地方志工作系统的同志振奋精神、团结创新、艰苦奋斗、默默耕耘外，很重要的一点是得益于辽宁省委、省政府对地方志工作的高度重视和大力支持。借此机会，我也代表中国地方志指导小组向辽宁省委、省政府表示衷心的感谢。

关于如何进一步做好地方志工作的问题，我强调四点：

第一，要进一步贯彻落实《地方志工作条例》。

世世代代、连绵不断地编修地方志，在中国有2000多年的历史，是中华民族优秀文化传统中的一大亮点和厚重的非物质文化遗产。我们只有把它继承下去的义务，绝没有让它半途而废的权力。《地方志工作条例》（以下简称《条例》）规定，新编地方志工作除了修志，还有编纂年鉴、开发利用地方志资源等多项职责，而且志书要每隔20年续修一次。这就使地方志工作的丰富性和长久性，在法律上得到了确认。我们要继续学习、熟悉、宣传、贯彻《条例》，依法检查《条例》落实情况，推动地方志各项工作深入持久地向前发展。现在，一些县区没有地方志工作机构，我们要按照《条例》规定，要求他们挂牌子，给编制，定任务，拨经费。地方志工作机构不是不可以与其他单位合署办公，问题在于要有人负责修志。否则，绝大多数县区都有志书，唯独几个县区没有志，这是说不过去的。

第二，要把抓好志书质量放在更加突出的位置。

鉴于志书的性质和地位，可以说对于它的质量问题强调到什么程度都不过分。从全国范围看，现在的主要倾向是急于出书，对质量重视不够。任何工作都有规律，修志工作同样如此。我们要按照修志规律做好工作，就要做到“四快一慢”，即：进行动员部署要快，制定规划、谋篇布局要快，组织培训队伍要快，撰写初稿要快，但定稿和出版要慢。初稿拿出来后，要精打细磨，反复推敲，广泛征求意见，认真核对史实，力求文字简练，确实保证质量。第二轮修志大体从 20 世纪末、21 世纪初启动，结束应在 21 世纪 20 年代左右，因此时间还来得及。为了保证志书质量，要为志书选择一位好主编。只要身体好，有一定文化基础和文字功底，有责任心和事业心，退休返聘的同志也可以作主编，而且这样的同志作主编可能更合适。现在志书都是众手成志，如果没有一个好主编统稿、把关，要保证质量是难以做到的。

第三，要用创新思路深入开展用志工作。

修志的目的完全在于用志，除此之外没有第二个目的。无论资政、育人，还是存史，说到底都是用志。为了用志，地方志系统过去动过不少脑筋，采取了不少措施，但总感到效果不太明显。近些年来，随着信息技术的发展和各地经济实力的增强，地方志资源的开发利用出现了一个崭新局面。这个变化，主要体现在方志网和方志馆的建设上。地方志系统的同志应当认清形势，抓住机遇，加快网站的建设，并重新认识方志馆的功能。今后志书出版时，要进行数字化处理，使其具备检索功能，以便读者利用计算机或上网查询。在进行网站建设的同时，要积极做好数字志书的宣传推介工作，特别要让各级党委和政府的领导及机关干部知道方志网的作用以及使用方法。另外，过去地方志系统在争取方志馆立项时，往往把方志馆当成存放志书和修志资料，以及展览旧志和介绍方志编撰历史的场所。这种定位不仅给它立项造成了很大困难，更重要的是限制了它作用的发挥。其实，方志馆应该是地情馆，省志馆是省情馆，市志馆是市情馆，是利用地方志编纂成果，介绍地方政治、经济、文化等方方面面情况的文化设施，是面向广大群众特别是青少年学生进行爱国爱乡教育的基地。其中，要有展示整个行政区域地情地貌的沙盘，有介绍当地气候、物产、重大事件和人物的展板、雕塑、模型，还应利用声、光、电等高科技手段。它既与城市规划馆、历史博物馆有所交叉，又与它们有所区别，可以说是文化建设中的一大创新。如果这样定位，有条件的省市领导和相关部门对它的立项一定会给予大力支持；它在建成后，参观者就一定会络绎不绝，就一定能起到充分开发和利用地方志资源的作用，投资效益也一定能得到最大限度的发挥。

第四，要高度重视理论建设和队伍建设。

地方志工作机构不能仅仅满足于修志和各项日常工作，还要在工作中不断提高方志队伍的思想水平、理论水平、业务水平，做到既出成果，又出人才。为此，要高度重视经验总结和理论学习与研究，做到边实践，边总结，边学习，边研究，边提高。目前，参加过首轮修志的同志正陆续离开工作岗位，修志队伍增加了大量新成分，需要大力加强培训工作。除办各种培训班外，还可以将一些高层次人才送到学校进修。总之，要努力把地方志工作机构打造成学习型、研究型、创新型、服务型的方志办，以便胜任党和人民赋予我们的使命，为地方的经济与社会发展做出更大的贡献。

办方志网、建方志馆是开发利用地方志资源的两个最新最有效的手段*

——在大连市地方志办公室调研时的谈话要点

（二〇一一年七月十四日）

（编者按：2011 年 7 月 14 日，中国社会科学院副院长、中国地方志指导小组常务副组长朱佳木同志在辽宁省地方志办公室主任赵云升同志陪同下，到大连市地方志办公室检查指导工作。大连市地方志办公室副主任李奇同志介绍了大连市地方志办公室的机构与职能情况，汇报了大连市地方志办公室近年来的主要工作。朱佳木同志听取汇报后发表了谈话，要点如下。）

我讲四点意见，每一点四句话，合在一起 16 句话。

第一，高度重视，切实贯彻，抓紧工作，依法修志。

所谓高度重视，就是高度重视地方志工作，积极推动各有关方面认真学习《地方志工作条例》（以下简称《条例》），贯彻落实《条例》精神，并制定本地的相关法规，促进地方志工

* 这篇讲话曾刊登于《中国方志通讯》2012 年第 2 期。

作立法进程。要将地方志工作任务落到实处，把地方志工作纳入当地经济和社会发展规划中，做到领导到位、机构到位、经费到位、队伍到位、条件到位，也就是按照“一纳入、五到位”的要求开展工作。现在省级机构绝大多数是独立设置的；市级机构有独立设的，也有合并的；县级方志机构则多数是合署办公的。不管机构合不合，重要的是要使地方志编修的任务落到实处。以前地方志可修可不修，不修志顶多是没有按文件精神办。而现在不同了，不修志是违法的。不要把地方志工作仅仅看成就是编撰志书这一件事，那是老概念。《条例》规定县以上地方志机构有五项职责，即：履行组织、指导、督促和检查地方志工作；拟定地方志工作规划和编纂方案；组织编纂地方志书、地方综合年鉴；搜集、保存地方志文献和资料，组织整理旧志，推动方志理论研究；组织开发利用地方志资源。不管各地实行什么样的体制，这五项职责一项也不能少。

第二，明确方针，四快一慢，精益求精，确保质量。

什么是地方志工作的方针？第一个方针，最重要的方针，就是必须把质量放在地方志工作的首位。把地方志的质量强调到什么程度都不为过，这是地方志性质决定的，也是国家对修志的巨大投入决定的。在所有书籍里，资料最全面、最系统的就是地方志。志书虽然不如小说、教科书那样畅销，但它绝对是生命力最强的书。现在我们仍然在进行旧志整理工作，这就充分说明了它是有生命力的。我们今天整理前人编写的志书，说这本好那本不好，这本是良志那本是劣志。反过来，再过100年、200年，后人看我们编写的志书，同样会这样评论的。所以，一定要本着对今人和后人都负责任的态度开展工作，做到一丝不苟、精益求精。我常讲“四快一慢”，就是说，启动工作要快，组织、培训队伍要快，篇目设计要快，拿出初稿要快，但出书要慢。《条例》规定志书每 20 年编修一次，第二轮修志启动大体上在 20 世纪末、21 世纪初，因此，结束的时间应当大体在 2020 年左右。这说明，完成二轮修志任务在时间上还有富余，不必匆忙出书。自从《条例》出台以后，全国出现了非常好的现象，各地由过去不了解、不重视地方志工作，变成逐渐重视地方志工作。但这同时也带来一个问题，就是急于出书。愿意早日见到成果，这个心情可以理解。但做任何事情都要尊重客观规律，地方志工作的规律是周期较长，而且要与现时稍微拉开一点距离。刚才有同志说，修志工作在大连是作为一项长期工作来规划的，这就对了。这项工作不能搞短平快，搞突击，而应当在初稿拿出来后，仔细打磨、推敲，这样才能保证质量。

第三，与时俱进，努力用志，转变思路，重新定位。

修志的目的是为了用志，而且只有用志这一个目的，没有第二个目的。存史、资政、育人，这些功能指的都是用志。现在志书太厚，连看都困难，更何况于用。过去，人们为了读志用志，想了很多办法，如编辑简志，在报上开辟方志知识专栏，制作地方志台历等等。这些办法虽然能起一些作用，但作用有限。近些年，随着信息化技术的出现和普及，在读书用志方面发生了一个崭新的、根本性的变化，就是志书的数字化、网络化，就是办方志网。这种办法在地方志资源开发利用上的效果，与过去相比是不可同日而语的。另外，现在还有一个用志的好办法，就是建方志馆。过去，争取方志馆立项十分困难，其实问题出在我们自己身上，是我们对方志馆的定位搞错了，把方志馆仅仅当成存放志书和修志资料，或展示修志历史的场馆。这样定位，既不利于方志馆的立项，也不利于其功能的有效发挥。我们要追根溯源，从地方志的概念入手对它重新定位。所谓地方志就是地情，所谓志书就是地情书，所谓方志办就是地情办。既然如此，方志馆就应该是地情馆，省志馆应该是省情馆，市志馆应该是市情馆，就是说，是展示当地地情的展览馆。现在城市里有历史博物馆，有城市规划馆，有图书馆，有歌剧院，还有音乐厅，但唯独缺少这种能够横向介绍地方全面情况的展馆。这种展馆是把志书里平面的文字，变成展板、模型、沙盘、雕塑、实物等立体的东西，用以形象生动地展示特定区域内的自然与社会、历史与现状等方方面面的情况。这样定位的方志馆，是开发利用地方志资源的又一个有效手段，是对广大群众特别是青少年进行地情国情教育和爱乡爱国教育非常好的场所，是一定会受到各方面欢迎、得到各级领导支持的。

第四，勤于钻研，勇于创新，搞好培训，提高水平。

当代的地方志工作具有两重性，既有编写志书的业务性，也有组织、指导、督促、检查志书编写和开发利用地方志资源的行政性。正因为如此，目前大多数地方志工作机构都实行了参照公务员管理。但一定要明确，即使是行政性的一面，也是建立在志书编纂业务基础之上的。因为，地方志工作中的行政工作不是一般的行政工作，离开了志书编纂，这种行政工作就失去了任何意义。因此，无论你在哪个岗位，承担什么任务，只要你是地方志工作机构中的一员，就要沉下心来，虚心学习方志编纂业务，只有这样，才能把工作做好。尤其是方志办的领导同志，不在乎你原来从事的是什么工作，关键在于你现在要热爱地方志工作。要像周总理说的那样：干一行、爱一行、专一行。要像俗话说的那样：到什么山上唱什么歌。要登山则情满于山、观海则意满于海。要下定决心，组织上既然把我们放在这里，就要争取成为方志工作的行家里手。要勤于钻研、勇于创新，同时注意一定要在弄懂编纂业务的前提下创新，不要把创新理解为随心所欲、花样翻新。要搞好培训工作，在提高自身工作水平的同时带好队伍，不断增强方志办整体的思想素质、政治素质、业务素质。做到了这些，我们就能胜任地方志工作，就能完成好党委、政府交给我们的各项任务。

站在应有高度认识地方志工作的重要意义*

——在四川省成都市地方志办公室座谈会上的讲话

（二〇一一年九月二十九日）

成都市是全省修志的试点市，也是四川省方志工作的排头兵，成都市志办在全国15个计划单列市中也是走在前面的，工作有很多创新。成都市方志办开展的“书香成都”主题活动，把地方志读物送到社区、学校、村舍，这项工作很有新意。在第二轮修志中，成都计划市志编8卷，已经完成了第一次总纂，拿出了初稿；20个区（市）县中，已有10个区县完成了初稿撰写任务。在旧志整理，特别是在进行《汶川特大地震抗震救灾志》编纂工作方面，成都市志办是抓得紧的，工作也很有成效。刚才，傅勇林副市长和郭杨主任分别介绍了成都市开展地方志工作的情况。下面，我结合成都市地方志工作的特点讲几点意见：

第一，要站在为地方经济与社会发展服务的高度，认识地方志工作的重要意义。

我们从事地方志工作，不是为了修志而修志，是要用编纂志书服务于地方的社会经济与事业发展。地方志是全面反映一个行政区划内的自然与社会、历史与现状等方方面面情况的资料著

---

* 这篇讲话曾发表于《中国地方志》2012年第5期。

述。地方志工作有没有前途，跟当地自然、历史、文化和经济发展状况有着密切的关系。当地山川秀丽、历史悠久、文化灿烂、经济发达，地方志就有内容可写。成都建市在战国末期，有着悠久的历史和丰富的文化资源；在现代化建设中，经济和社会各项事业也都是突飞猛进。这些都为成都市志的编纂提供了丰富内容，从这个意义说，在成都从事地方志工作是一种幸运。反过来说，地方志越是有内容可写，我们的工作就应该干得越好。

第二，要站在对历史负责的高度，认识志书质量第一原则的重要意义。

志书不是畅销书，但它是最有生命力的书。大家要从志书性质和地位的角度，从编纂现代地方志方法的角度，认识把志书质量放在首位的意义，使志书更好地为当代乃至千秋万代的社会与经济事业服务。关于这个问题，我在各种会议上讲得已经很多了，在此不再赘述。

第三，要站在开发利用地方志资源的高度，认识建设方志网和方志馆的重要意义。

修志本身不是目的，用志才是目的。我们现在的志书，种类之繁，字数之多，都是以往历代无法比拟的。现在一部县志多则上百万字；《成都市志》共 8 卷，起码 800 万字；《四川省志》90 多卷，接近 1 亿字。因此，如何读志用志是一个很大的问题。我们过去开发利用志书资源，通常的办法就是在报纸上搞一个小“豆腐块”，在电视上搞一个栏目，在台历上做一个知识简介等等。这些虽然也起作用，但作用有限。令人欣喜的是，我们赶上了高科技的好时代，人类发明了信息技术，可以利用数字化、网络化，这使地方志资源的开发利用变得非常简便。现在，四川省志办、成都市志办都有了方志网站，这是为社会服务的重要手段，应当建议市委、市政府的干部充分利用这个网站。对于方志馆，我们过去的定位有毛病。过去说方志馆是收藏志书、存放修志档案资料的场所，或者是展览旧志和修志历史、普及地方志知识的场所。我认为，这个定位没有把方志馆开发利用方志资源的功能凸显出来。要弄清什么是方志馆，应当从什么是地方志说起。所谓地方志，说到底就是地情，因此，方志书就是地情书，方志馆就应当是地情馆。也就是说，方志馆的意义在于把志书中的平面内容，用展板、模型、沙盘、声、光、电等技术手段，变成立体的东西，使它成为向广大群众特别是青少年进行地情国情和爱国爱乡教育的场所。这样的方志馆，可以更加充分地发挥地方志对于经济社会建设的作用，应当得到政府有关部门的理解与支持。方志馆是一种文化设施，可以填补我们文化设施中的一个空白。我们有历史博物馆、城市规划馆、图书馆、文化馆、美术馆、音乐厅、歌剧院等，但缺少一个横向反映地情的文化设施。历史博物馆是纵向介绍一个地方情况的场所，从这个意义上说，方志馆刚好可以与它相互补充。将来通过成都市方志馆中的沙盘，可以使人对20个区（市）县的山川河流、地形地貌一目了然。

第四，要站在建立现代社会科学意义上的方志学科的高度，认识加强方志理论研究的重要意义。

方志学是以方志为对象的学问，从这个意义上说，我国很早就有了方志学，清代的章学诚就是研究方志学的学者。但是，现在绝大多数高校仍没有将方志学列为专业，这说明方志学科还不够规范、不够系统、不够完整，还不具备现代社会科学意义的学科条件。我们要使方志学科早日建成，就要加强方志理论研究。对此，高校的学者有责任，我们方志工作者更有责任。我们要主动与高校合作，共同推动方志理论研究。现在，中国地方志指导小组已经启动《方志百科全书》的编纂工程，而且决定今后每年要举办一次方志学术年会，向全国征文，用以推动方志学科的建设。

第五，要站在宣传我们党的伟大、光荣、正确，社会主义制度的优越性和中国人民的勤劳、勇敢的高度，认识编纂《汶川特大地震抗震救灾志》的重要意义。

《汶川特大地震抗震救灾志》的编纂是国家层面的任务，也是方志界义不容辞的责任。汶川大地震是一件坏事，它给人民群众造成了巨大的生命、财产损失。但是，在党的坚强领导下，在全国人民的大力支援下，抗震救灾和灾后重建都取得了伟大成就，使坏事变成了一件好事，显示了中国特色社会主义的优势，成为中国道路的一个标志性事件，为世界各国人民所称赞。编纂《汶川特大地震抗震救灾志》由国务院部署，成都市、四川省和国家许多部委、全国许多省市都领受了编纂任务。新中国成立 62 年来，我们还没有在国家层面上修过志，《汶川特大地震抗震救灾志》尽管只是一部专门志，却是第一部国家层面的志书。成都市作为灾区的中心区域之一，一定要率先做好这项工作。要严谨细致，精益求精，注意相关数字和资料的准确性、一致性，不要出现相互矛盾的现象，否则对国家形象很不利。

第六，要站在更好履行《地方志工作条例》赋予职责的高度，认识加强方志办自身建设的重要意义。

我去年提出要建设“四型”方志办，今年又提出地方志工作要努力实现“九个创新”，这些都是为了使我们地方志工作机构自身素质能够过得硬。省、市方志办一方面要搞好志书编纂工作，另一方面要指导下级方志办的工作，因此要特别重视对《地方志工作条例》和中国地方志指导小组有关规定的贯彻落实。这里，我想特别强调一下志书的上下限和出版时间的问题。《条例》规定志书20年一修，这就意味着一修20年。地方志是官书，因此全国志书的上下限应当基本统一。全国首轮志书的上限，一般是从有人类活动开始；下限大体是20世纪70年代末、80年代初。既然如此，第二轮志书的上限就应当是20世纪70年代末、80年代初，下限就应当是20世纪末、21世纪初。这样可以把党的十一届三中全会作为断限的标志性事件，同时为第三轮修志留下一点空间。否则，像现在一些地方把第二轮志书的下限延迟到2010年，不仅使第三轮修志发生困难，而且不符合历史工作的规律。搞历史，在时间上总要有一点沉淀，不能与现时靠得太近。有些领导希望把志书下限时间与现时挨得近些，一个重要原因是希望把自己任期内的政绩写进去。这种心情可以理解，但并不合适。我希望有关领导在这方面要开明一些，不要急功近利。我过去说过，地方志工作要“四快一慢”。“四快”指的是启动要快，组织和培训队伍要快，制定规划和设计篇章节目要快，完成初稿要快；“一慢”指的是成书要慢。第二轮修志的时间还很充裕，不要急于出书，以免丢失修改的机会，影响志书的质量。

成都是我国西南地区的中心城市，是国家“城乡统筹”配套试验区和历史文化名城，又是地方志的起源地之一。成都市地方志工作应该搞得更好，而且一定可以搞得更好。

地方志工作应当编研并重*

——在河北省地方志办公室座谈会上的讲话

(二〇一一年十月二十一日)

我来河北省调研地方志工作已不是第一次了，在2002年、2003年、2008年也来过。2002年那次来，是我到承德开国史研究方面的会，顺便请全省方志办主任去座谈，征求大家对制定地方志法规问题的意见。那次会议启动了《地方志工作条例》的起草工作，为地方志工作由制度化向法制化迈进做出了贡献。

这些年，河北省地方志工作坚持行政推动和质量提高“两手抓”，一方面建章立制、制定规范、抓督察调度，另一方面开展理论研讨、业务培训和志鉴稿件抽查讲评等，工作做得有声有色。从墙上挂的、窗台上摆的一系列荣誉奖牌、奖杯就可以看出，你们取得的成绩不小。去年，在全国地方志系统第二次先进集体、先进个人评选活动中，河北省方志办、省志总编室都获得了表彰。尤其难能可贵的是，河北省方志办在规格低、编制少、任务重的情况下，仍然精神饱满地努力工作。做到这一点很不容易，值得充分肯定。在此，我代表中国地方志

---

* 这篇讲话曾刊登于《中国方志通讯》2012年第2期。

指导小组和陈奎元同志，对大家表示敬意和慰问。

听了汇报，感到你们将地方志工作常态化、法制化、行政化、全面化相结合的思路很好，可以向各地推介。你们每年开展志书的读、讲、评活动的做法也很好，对促进修志质量提高有实际作用。另外，保定市马誉峰常务副市长作为地方行政领导，走到哪里都重视地方志工作，也是一个好典型，应当加以宣传。你们就这几件事可以写成书面材料，上报中指组办公室，争取以工作通讯的形式转发各地。

你们在汇报中提到基层地方志工作机构名称和隶属关系不统一的问题，比如，有的叫方志办，有的叫史志办，有的叫档案史志局；有的放在党史办，有的放在档案局，有的放在民政部门。解决这个问题的权限在各级政府，中指组不好出面，但我认为，一般情况下，地方志工作的省一级机构应当单设，市一级机构最好单设，县一级机构可单设也可与任务相近的单位合署办公。凡合署办公的名称，可以各取一个或两个字，但一定要保留地方志工作机构的牌子、编制，并要明确职责、任务、经费。只要有这个前提，叫什么名称，隶属哪个机构，关系都不大。不过，放到民政系统似乎不适宜，因为民政工作的业务距离地方志有些远，如果县一级合署，市一级民政部门是不会把精力放到地方志工作上的，结果肯定会影响地方志事业的发展。所以，凡是把地方志工作机构划归民政部门的，省志办应当出面交涉，设法把它们分出来。

下面，我就进一步做好地方志工作的问题，再强调几点：

第一，要继续抓志书质量。

最近几年，我在很多场合，包括在今年深圳的全国方志机构主任工作会议上，都强调质量问题。因为它与地方志的性质、地位和编纂方法戚戚相关，可以说强调到什么程度都不为过。

志书不是畅销书，而且很可能是最不畅销的书。但是要讲生命力，志书肯定是所有书籍中最强的。一个地方的史书和志书相比，史书销路要好一些，但志书更耐久。因为有了志书可以写出新的史书，而通过史书却无法写出新的志书来。志书是最全面、最系统地介绍一个行政区域内的自然与社会、历史与现状等方方面面情况的资料性著述，就资料的全面和系统而言，在现有书籍中没有哪一种可以同它相比。如果有人说有一本书比志书的资料还要全面、系统，那本书肯定还是志书。元、明、清三朝编过国家一统志，以后时机成熟，我们也会有国家志。将来人类实现大同时，还会有人类志。如果那时人类要到其他星球去，宇宙飞船上只能带一种书的话，我想肯定是带志书。所以，志书的性质和地位，决定了我们必须高度重视它的质量。

志书在今天的编纂方法，也决定了我们必须重视质量。古代修志，往往由一两个文人执笔，因此，志书不仅史料扎实，而且文字讲究，连文风都是统一的。而我们现在是众手成志，有许多部门参与供稿，《河北省志》就有一百多个部门参与编写，这是由当今时代特点决定的。现代社会分工太细，门类太多，生活内容太丰富，再由一两个人修志书已不可能，谁也没那个本事，只能由各个部门提供稿子。从这个意义上说，地方志办公室相当于“总装车间”，最后做各参编部门供稿的组装、验收工作。所以，保证修志质量的问题，对于新编地方志来说尤其重要。

保证修志质量要有措施，其中一条是选好主编。你们编修《河北省志》，从外单位请来一位总纂，这很重要。主编要具备三个条件，第一要有责任心，第二要有水平，第三要身体好。没有这三条，志书质量很难得到保证。另外，开展志稿讲评也是一个好办法，通过这个办法可以提高大家的质量意识。我在中指组办公室讲到今后工作时，其中有一项就是在全国开展志书质量的评比。现在先进单位、先进个人的评比都有了，年鉴也搞了评比，今后志书也要开展评比，通过这项工作促进志书质量的提高。在质量问题上，省级方志办对下面必须高标准严要求。古人说："取法其上，得乎其中；取法其中，得乎其下。"如果你们的标准是中档，到了下面就更不行了。河北可以先打造出一本精品，无论从体例、章节、篇目、内容、史实、政治、文字等哪个方面看，都能成为上乘之作，而且从头至尾文风一致。有了这么一本书做标杆，大家心里对于什么是高质量就有数了，抓质量也就好抓了。

要树立好的文风，在这方面，省志办也应当带头。现在文化新闻系统正在开展"走、转、改"活动，即走基层、转作风、改文风。我们地方志工作也属于文化工作，也应当跟上这个潮流。对于修志来说，抓文风就是抓质量。国家拿出这么多钱来支持地方志事业，我们一定要对得起国家和人民。各项工作都有它自身的规律，修志也要按规律办事。我多次讲过，修志要"四快一慢"，即：启动动员要快，篇目设计要快，资料收集、人员培训要快，撰写初稿要快，但定稿出书要慢。志书一旦出版，再发现问题就难改了，因为志书很少能再版。

第二，要继续抓地方志资源的开发利用。

过去我们为开发利用地方志资源想了很多办法，也有一定成效，但收效甚微。最近这些年，有两件新生事物使开发利用地方志资源出现了前所未有的转机，其中一个是信息化，另一个是方志馆。大家要抓住机遇，先把方志网站建立起来。今后志书出版时都要数字化，而且要有检索功能，以便于上网。凡已建方志网站的，要大力推广，起码让党政机关的人知道和利用这个网站；凡没建立的，要尽快建立。

方志馆早在十几年前就出现了，但要么是地方志工作机构的办公楼，要么是办公楼加图书馆。有的虽然有展览，但展出的是修志的历史。其实，志书既然是地情书，方志馆就应当是地情馆。如果像过去那样定位方志馆，建成办公楼加图书馆，面积大了立不了项，面积小了没有意义。如果建成修志史的展览馆，全国有一两个就够了，何必每个省每个市都要建呢？所以，应当对方志馆重新定位，把它建成地情展览馆。历史博物馆是纵向介绍地情，而方志馆是横向介绍地情，因此可以弥补历史博物馆的不足。方志馆还可以学习城市规划馆，搞一个大沙盘，全面展示本地区的地形地貌，并用展板、模型、雕塑和声、光、电等技术手段，立体介绍本地区的自然与社会、历史与现状，把它作为中小学校的地情教育课堂。我和一些地方领导同志讲这个想法，大家都表示赞成。党的十七届六中全会强调推进社会主义文化大发展大繁荣，提出建设一大批博物馆、文化馆、图书馆、美术馆、科技馆等文化场馆，我想，方志馆也应当属于这类文化场馆。而且，方志馆是其他国家没有的，是中国的特色，最好把它建成地标式建筑，使它成为城市的亮点。河北省方志馆已经立项了，说明省领导很重视这项工作，要想方设法把这件事办好。

第三，要继续抓方志理论研究。

中国历史上留下来许多精品佳志，也涌现出一批方志学名家。但是从现代社会科学的意义上看，方志理论研究仍然比较薄弱，方志学至今还不够规范、不够系统、不够完整，还没有形成独立的学科体系。这种状况在一定程度上也影响到志书质量的提高。因此，我们在进行志书编纂实践的同时，要重视和加强方志理论研究，把编研结合起来，坚持编研并重的方针。各级地方志工作机构一方面要把志书编纂当作一门学问和学术工作来做，及时总结经验，并注意把经验上升到理论高度；另一方面，要充分利用地方志学会这个平台，组织机构内外的专家、学者积极开展学术研讨活动，深入梳理和研究方志学的理论问题，挖掘传统方志理论资源，并借鉴社会科学中一些相关学科的理论，共同为构建新的方志学学科体系贡献力量。河北省修志历史悠久，方志文化底蕴深厚，理应在促进方志学学科体系的建立中做出较大贡献。

第四，要继续抓自身学习。

党的十七届四中全会提出建立学习型政党、学习型党组织，以后又提出建立学习型机关、学习型领导班子。我们地方志工作机构从事的是文化工作，而且主要任务是编书，更应当重视学习。去年，我在全国方志机构主任会议上提出要建设“四型”方志办，首先就是要建学习型方志办。这里说的学习不仅是指学习修志的业务知识，更重要的是指学习马克思主义基本理论和时事政治。要把学习当成一种政治责任，要有计划，抓落实，不能走形式。没时间要挤时间，宁可减少一些应酬。要把抓学习作为提高干部职工思想、业务水平的载体，并在增强学习实效和提高学习质量上下功夫。要注意学以致用，学用结合，通过学习更深刻地认识群众路线的意义。要多听基层的声音，帮助基层解决实际问题。省方志办的同志工作都很努力，但不能满足做好工作，一定要多读书，读好书，不断提高自身素质。这也是繁荣发展方志事业的题中应有之义，只有这样，修志质量的提高才有切实保证，地方志工作才会有后劲。

什么是方志馆以及应当怎样建设方志馆*

——在杭州方志馆设计方案论证会上的讲话

（二〇一一年十月二十三日）

杭州方志馆的筹建工作启动比较早，进展也比较快。2009年我来浙江省开会的时候，馆址就已经选定了。今天召开设计方案论证会，正值中共十七届六中全会刚刚结束。六中全会的主题是推动社会主义文化的大发展大繁荣，而地方志工作正是社会主义文化事业的组成部分。因此，杭州市政府召开论证会研究方志馆的建设问题恰逢其时，可以看成是对六中全会精神贯彻落实的一个具体行动。

随着各地建设事业的发展和经济实力的增强，全国正在出现建设方志馆的热潮。据不完全统计，到目前为止，省、市、县三级已建有方志馆140多个，还有很多省、市把方志馆建设提上了议事日程，有的在争取立项，有的在建设之中，有的已开始装修。但究竟什么是方志馆，应当把方志馆建设成什么样子？对于这些问题，方志界的认识并不是很清楚、很明确、很统一。从这个意义上说，杭州市政府召开方志馆设计方案的论证会，也是很及时的，是在关键时刻开的一个具有关键意义的会。

---

* 这篇讲话曾发表于《中国地方志》2012年第2期。

刚才陈新华秘书长讲了方志馆的定位、功能和意义，王水法秘书长讲了方志馆建设与文物保护的关系，讲得都很好，我都同意。下面，我结合自己的工作体会，讲三点原则性的意见，供大家参考。

第一，方志馆应当定位为地情馆。

关于这个问题，我在去年 4 月和今年 3 月的全国方志机构主任会议上都谈到过。我说："对方志馆要重新认识、重新定位，就是说，要在方志馆的定义上创新。凡有条件建方志馆的地方，要把它建成地情馆、国情馆，利用方志馆对广大群众尤其是青少年学生进行地情教育、国情教育、爱国主义教育。"

对这个定位，我自己也有一个认识过程。2001 年，组织上分配我分管地方志工作，同时接手了国家方志馆的申请立项工作。按照当时的认识，所谓方志馆，就是将修方志、编年鉴、收藏志书、存放志书编纂资料、安置方志数据库和网站、研究方志学、普及方志知识、交流方志工作经验等多项功能集于一身的建筑。但认真分析一下就会知道，这些功能有的在办公楼里就能实现，有的可以和图书馆、档案馆合并，无须建什么独立的方志馆。当时，国家方志馆是和北京方志馆绑在一起申请立项的，建筑面积要 4 万平方米，一家一半。对此，国家发改委和财政部的同志都不大理解，说北京图书馆正在扩建，你们的志书如果放不下，可以给北图追加一些面积，把书放到那里。另外，你们要存放资料，可以给你们增加办公面积，何必搞那么大的方志馆呢？我们当时解释，方志馆和办公楼不同，它还要面向社会，接待群众来这里看数字化的志书。这在当年还算个理由，拿到今天再说，就要让人笑话了，谁看电脑还要非到你这里不可呢？所以，国家方志馆在立项过程中困难重重，整整用了八年时间才批下来。仔细想一想，之所以这么困难，确实与我们对它的定位不准确有很大关系。

方志馆这个东西，古代并没有，到民国时才出现，而且第一个方志馆就出在杭州，叫浙江通志馆。但那时的方志馆，指的是修志的机构，与我们今天讲的方志馆不是一个意思。今天修志机构的名称已经不再叫方志馆了，改叫地方志办公室。所以，今天讲的方志馆不应当是指机构，也不应当是指地方志办公室的办公场所。如果是指办公场所，直接叫方志办办公楼不就可以了，何必叫什么方志馆呢？可见，叫成方志馆，肯定是另外一种设施，具有另外的功能。

方志馆究竟应当是一种什么设施呢，应当具备什么功能呢？要回答这个问题，我认为必须追根溯源，首先弄清楚什么是方志书，什么是方志办。大家现在都承认，方志书本质上是地情书，方志办实际上是地情办。既然如此，方志馆就应当是地情馆，即展示地情的设施。然而我在全国看了很多叫方志馆的地方，给我的印象基本上是地方志工作机构的办公楼，与其他办公楼不同的地方，无非放图书的面积大一点。有的也有展览，但基本上是介绍修志的历史，并非地情。其中江苏省方志馆是最新建成的，非常漂亮，展览面积也大，设计和布展都很好，但展览内容主要是地方志的发展史和历代志书，可以说是一个修志史展览馆。这样的展览馆也需要，但我认为全国有一两个、两三个就足够了，不能到处都建，否则势必造成极大的浪费。因为，建方志馆需要很大投入，仅征地成本就非常高。如果仅仅用它来展示方志发展史，不可能有多少观众，即使方志界的业内人士，顶多也就来看一两次。旧志是放在玻璃柜里作展品，不能翻阅，要看还不如去图书馆、档案馆。建这样的方志馆，很难发挥其投资效益。这是方志馆在申请立项、选址时很难得到政府有关部门理解和支持的一个重要原因，也是值得引起我们方志界认真反思的一个重要问题。

相反，如果我们把方志馆定位为地情馆，情况就大不一样了。现在从中央到地方，各级党委、政府都在强调地情教育、国情教育，但却缺少一个进行这方面教育的场所。历史博物馆、城市规划馆等虽然也可以进行地情、国情教育，但前者只是纵向展示历史的，并且往往以文物为中心，很少涉及现状；后者虽然介绍的是现状，但主要展示的是城区范围内的建筑和道路，并且往往侧重于远景规划。而作为地情馆的方志馆，应当是以一个行政区域为单位，用沙盘、模型、塑像、展板、影视等形式，全面介绍该区域内的自然与社会、历史与现状。就是说，把方志书中的文字变成实物，把平面的东西变成立体的东西，生动形象地展示地情和国情。如果这样给方志馆定位，中小学校一定会把这里当成它们对孩子们进行地情、国情教育的课堂；当地的干部群众特别是外地来出差的人、经商的人、打工的人，要想快速、宏观、形象地了解一个地方的情况，也一定会选择到这里来参观。参观的人多了，方志馆的社会效益自然就发挥出来了，政府的投入也就值得了。因此，我们无论从办好方志馆的角度，还是从促成方志馆立项的角度，都应当把方志馆定位为普及地情知识的地方，而不应当把它仅仅作为普及地方志知识的地方，更不应把它作为扩大办公面积的理由。

第二，方志馆应当作为开发利用地方志资源的有效途径。

中国有古老的修志历史，但古代并没有开发利用地方志资源的说法。开发利用地方志资源，这是新编地方志工作开展以来出现的一个新生事物，自从《地方志工作条例》颁布后更成为地方志工作机构的一项职责。志书资源之所以要开发利用，与新编地方志部头太厚有关。现在的新编地方志，县志动辄上百万字；市志一般有几百万字，甚至上千万字；省志基本都在几千万字以上，有的接近或超过一亿字。例如，广东省志有90多部，合计6000多万字。最近刚出版的《中国油气田开发志》有62部，7800多万字。这么庞大的志书让人怎么看呢？如果没人看，千辛万苦编出来又有什么用呢？因此，对志书中的资料进行再加工再发表，把其潜在的使用价值变为现实的使用价值，便成为修志工作者一项不容回避的工作。这是从新的实际情况出发，对传统方志工作的拓展和延伸。对此，当代方志界是有共识的，而且为开发利用地方志资源绞尽了脑汁。但总体看，以前效果并不明显。

近些年出现的信息化、数字化、网络化，给开发利用地方志资源提供了前所未有的便利条件。志书数字化后，再联上网络，使读者检索志书中的内容成为一件非常容易的事情，从而为志书资源的开发利用开辟了无限广阔的天地。而方志馆的建设，可以说是不亚于数字化、网络化的又一个开发利用地方志资源的广阔天地。因为，方志馆就其实质说，是把志书中的内容变成地情的展览，以此向广大群众普及地情、市情、省情知识，对青少年进行爱国爱乡教育，使外地游客、学子、商人、出差者、考察者、打工者等能快速和宏观地了解当地地情。我们应当把方志馆和方志网的建设，作为当前开发利用地方志资源的两个最为重要的手段。因此，凡有条件建方志馆的地方，都应当按照这个思路，对它精心设计，务求建好。

第三，方志馆应当成为城市文化服务设施的一个创新。

中共十七届六中全会的决定中提出，要加强公共文化服务设施和爱国主义教育示范基地建设，其中点到了文化馆、博物馆、图书馆、美术馆、科技馆、纪念馆。我认为，只要把方志馆定位为地情馆和国情馆，那么，在公共文化服务设施和爱国主义教育示范基地的建设中，无疑也会有它的位置。还要看到，文化馆、博物馆、图书馆、美术馆等等，这些文化设施都是从国外学来的。近代爱国实业家、教育家张謇于1905年创办了中国第一个博物馆——南通博物苑，就是向国外学的。唯独方志馆国外没有，是中国的发明。我前些年去俄罗斯访问，听说他们那里也有方志馆，就去看了一下。结果发现，那里的所谓方志馆，实际上是一种民俗博物馆，展品是从民间收上来的，内容比较零碎。而我们的方志馆则是依据志书的内容，用展品对一定行政区域内的自然与社会、历史与现状进行全面、系统地介绍，内容包括经济、政治、文化、社会以及山川河流、物产、气候等。

现在各方面都在讲创新，我认为方志馆把地情实物化、展品化，也是对文化服务设施的一种创新。因此，我主张有条件的城市，最好把方志馆放在显眼的位置，并在外观设计上赋予其民族特色、地方特色，使它成为地标式建筑，成为城市的一个景点和亮点。这样，不仅可以用方志馆普及地情知识，而且可以用它来提升城市的文化品位，突出中华文化的独特魅力。比如，杭州方志馆选在胡雪岩故居对面，地理位置就很好，房子用的也是具有江南风格的古建筑，与杭州的历史、文化、风景都很匹配，一旦建成，我相信一定会为杭州市增光添彩。

下面再讲几点具体意见：

一是沙盘是方志馆里最重要最核心的部分，一定要放在突出位置，而且运用声、光、电等各种现代技术手段，使它成为最能宏观展示一个地方地形地貌、城市乡村、交通设施的展品，使它成为最吸引人的地方。我赞同设计方案中的第二个方案，就是把沙盘做成一个整体，四边覆盖钢化玻璃，观众站在玻璃上往下俯瞰，让有限的面积得到最大限度的利用。

二是室内面积应当尽可能用于地情展览，城市的各种奖牌、奖状不一定放在这里。展品中一定要有本地的特产，有些不便展出实物的，可以制成模型。

三是实物展示要和屏幕展示结合起来，相互补充，这样会使展览的内容更丰富、更形象、更生动。

四是最好把会议室改做报告厅或放映厅，让寸土寸金的地方利用率再高些。

五是今后如果有可能，最好再扩大一下方志馆的面积，使各个区、县在里面也都有一个自己的展位，以便更深入地展示杭州的地情。

我希望杭州市志办通过这次会议，把方志馆的设计方案论证好，并在此基础上把方志馆装修好，把展览布置好，在全国方志馆建设中起到样板和示范的作用。同时，我也希望方志界的同志进一步树立为国家着想、为社会服务的思想，进一步贯彻实事求是、解放思想的思想路线，使凡有条件建方志馆的地方，把方志馆都建成地情馆、国情馆，建成地情、国情的教育场所，建成爱国主义教育的示范基地。这样，各方面就不会认为建方志馆只是方志办的事情了，而会认为这是在为党和政府做事，在为教育部门做事，在为文化部门做事，就会积极支持方志馆的立项和建设。这也就是我们常说的得道多助。

修志工作中需要统一的必须统一*

——在广西地方志办公室座谈会上的讲话

（二〇一一年十一月十六日）

这次我到广西，主要是应邀来参加广西方志馆的开馆仪式，同时也想借这个机会走访广西地方志办公室。首先，我代表中国地方志指导小组和陈奎元同志向大家表示慰问。

刚才听了李秋洪主任的介绍，感到广西地方志工作确实取得了不少成绩。这一方面是由于方志办自身工作做得好，另一方面是由于自治区领导对地方志工作很关心、很支持，方志馆的建成就是一个有力的证明。广西在财政收入不多的情况下，拿出2000多万元建方志馆，没有自治区党委、政府和各部门领导的重视和支持，是做不到的。自治区方志办有50多个编制，而且是参公单位；14个地级市和75个县、市都设有地方志工作机构；地方志工作还被纳入政府行政督察范围。这些都说明，广西在贯彻《地方志工作条例》（以下简称《条例》）方面，工作做得很扎实。广西首轮区志共181部，约2亿字。我在很多地方都问过，地方志编修成本平均每个字2元打不打得住，大家都说打不住。大家可以算算，自治区政府为此投入

* 这篇讲话曾发表于《中国地方志》2012年第3期。

了多少经费。当然，地方志工作是为国家发展和政府决策服务的，但反过来说，国家对地方志工作投入这么大，也确实很不容易，我们理应把工作做得更好。广西首轮修志任务已完成，现在正在开展第二轮修志，其中除了修志，还有年鉴编纂、网站建设、古籍整理、先进表彰、队伍培训等等。可见，广西地方志战线的同志工作是很努力的。

下面，我结合广西地方志工作的实际讲几点意见：

第一，高度重视《地方志工作条例》和《关于第二轮地方志书编纂的若干意见》《地方志书质量规定》的贯彻落实。

思想重视不重视，是工作能否做好的关键。现在有了《地方志工作条例》，不按照这个办就是违法，要站在这个高度来认识问题。不仅要重视《地方志工作条例》，对中国地方志指导小组下发的规定也要重视。地方志工作是政府行为，就是说，我们修的志是官书。因此，该统一的一定要统一，例如志书的书名、每一轮修志的上下限、志书的版式等等，在中国地方志指导小组制定的第二轮修志和志书质量的文件中都作了明确规定。第一轮修志，一般是从有人类活动开始修起，因此各地书名有的叫“志”，有的叫“通志”；上限有的早些，有的晚些，很难统一；下限多数是 20 世纪 70 年代末、80 年代初，也有些推迟到 90 年代。那时修志是仓促上马，缺少经验，对下限、版式没有作统一规定。但第二轮修志不同，是在第一轮基础上进行的，要求应当比第一轮高。从第二轮修志开始，志书一般都是续修，按《条例》规定，今后志书每隔 20 年一修，如果记述时间和现实拉开一些距离，那么第二轮修志就应以 20 世纪 70 年代末、80 年代初为上限，以 20 世纪末、21 世纪初为下限。到第三轮修志，再修 21 世纪初至 2020 年这一段。这样，每轮修志就可以跟现实保持20年的距离，刚好与《地方志工作条例》关于志书20年一修的规定相吻合。对这些规定必须重视，必须遵守，不能各行其是。否则，从全国范围看，地方志工作就会乱套，就有违志书的官书性质。

第二，高度重视质量问题。

在志书编修工作中要提倡“四快一慢”，即：工作启动要快，制定规划要快，培训队伍要快，拿出初稿要快，定稿出书要慢。现在离2020年还早，但全国已出了700多部志书，这还是上半年的数据。一些地方之所以急于出书，跟我们的财政体制有关，跟个别领导同志不正确的政绩观也有关。从学科看，地方志属于史学范畴，既然是史学，就要讲时间的沉淀。搞任何工作都要讲规律，写史书要讲历史研究的规律，写志书要讲修志的规律。记述历史，总要和现实拉开一点距离，不能挨得太近。记述历史上的事，沉淀一段会看得更清楚，这是保证志书质量的一条重要措施。

志书不是畅销书，而且很有可能是最不畅销的书，没有办法跟小说比。但是，志书绝对是所有书籍中生命力最强的书。我打过两个比方：一是一条船上装满了书，船要沉了，必须往外扔书，首先扔什么书呢？我想首先是扔小说，其次扔其他文艺方面的书，以及各个学科的书。最后剩下史书和志书，只能留一种，留哪种呢？我是搞历史的，但我肯定留志书。因为留下志书还可以写出新的史书，但是扔了志书就写不出新的史书，更写不出新的志了。二是我们人类今后要坐宇宙飞船到别的星球，舱位有限，只能带一种书，带什么书呢？我想肯定带志书，因为把人类文明记述得最全面、最系统、最清楚的只有志书。正因为这样，我们对志书质量必须严格把关。首先，史实要准确；其次，谋篇布局、文字表述等也都要科学规范，否则就会贻误后人，乃至千秋万代。我们直到现在还在整理旧志，这说明志书这个东西是受到后人重视的。同样，我们的后人也会重视今天修的志。

众手成志是新方志的编修方法，地方志办公室相当于“总装车间”，如果主编不从头到尾统稿，是非常危险的。保证志书质量可以有很多方法，比如三审制度等，这些都要有，但我认为最关键的一条是要为志书选好一个主编，而且要实行主编负责制。编委会主任、副主任可以挂名，但主编不能挂名，要既挂帅又出征。现在有些地方，主编由领导挂名，事实上的主编当副主编或执行主编，我认为这也是党风不正的表现。主编是对全书负全责的人，一定要有职、有权、有利、有责，因为出了问题是要找主编的。如果主编挂名，主编负责制就落空了，志书的质量势必难以保证。

第三，高度重视地方志资源的开发利用。

我们过去搞简志，或在报纸上搞小栏目，目的是方便大家读志用志，但效果并不明显。现在出现了两个新东西，使我们在读志用志、开发利用志书资源方面呈现出“柳暗花明又一村”的局面。其中一个是信息化、数字化、网络化，这对我们开发利用地方志资源实在是太方便了。志书数字化、网络化后，读者想要什么资源，一点击关键词就出来了。比如，我们想了解一下历史上的地震情况、瘟疫情况，上网一查就清楚了。这比我们过去想出的所有办法加在一起，都要方便不知多少倍。方志网站你们已经有了，今后还要进一步完善。

另一个新东西是方志馆，遗憾的是我们过去对它的定位有问题，因此要重新定位。建方志馆绝不仅仅是为了改善办公条件，或者存放志书，或者办修志历史的展览，而是为了把志书中有关地情的资料用立体形象的方式展示出来。我们都承认方志书是地情书，既然如此，方志馆就应当是地情馆。我们建方志馆，目的就是要用这个场所，把地方志里的文字变成实物，把平面的书籍变成立体的展品，把方志资源变成面向社会的地情展览，向市民、游客、中小学生等进行地情介绍和地情教育。如果说历史博物馆是纵向介绍一个地方地情的设施，那么方志馆就是横向介绍一个地方地情的设施。其中要有像城市规划馆里的大沙盘那样的东西，以便让观众看后对当地的地形、地貌一目了然。另外，还要有各种展板、雕塑、模型、实物、影像。现在很多省市都在建方志馆，但按照地情馆模式来建设的并不多。国家方志馆已经有了毛坯房，正在搞内部装修，今后应当把它建成国情馆。总之，要把方志馆建成地情馆，建成开发利用地方志资源的重要平台，建成进行地情国情和爱乡爱国的教育基地。只要这样给方志馆定位，今后各方面观众，特别是中小学生肯定会络绎不绝地来参观。国家对方志馆投入的社会效益能够充分显现出来，方志馆在立项、征地、建设等等问题上就会得到各方面的大力支持。

第四，高度重视方志理论和方志学科建设。

刚才李秋洪主任讲，地方志机构参照《中华人民共和国公务员法》管理后，写文章的少了。这说明凡事有一利必有一弊，我们的任务是想办法趋利避害。你们规定，年度考核中评为优秀的，必须要有文章，没有文章的不能评优秀，这个办法好。地方志工作有两种性质，不能简单地说地方志工作就是搞学问，因为它不仅是搞学问，也有相当大量的管理工作。因此，它是既有管理性又有学术性的工作。但是，它的管理工作再多，也是建立在学术工作基础之上的。如果没有志书的编纂，地方志系统的管理工作就成了无源之水、无本之木。所以，我们一方面要加强管理工作，一方面要加强理论建设。第四次全国地方志工作会议上已经明确，今后要建立方志理论的学术年会制度。中国地方志指导小组办公室现在办了很多论坛，我主张合并成一个，就叫方志学术年会，一年办一次，集中力量把它办好。品牌不能搞多了，多了就不响了。中国茶叶，特别是铁观音，牌子太多，谁也记不住。英国的立顿红茶，就一个牌子，搞成跨国公司，一年产值多少个亿，而茶叶原料大部分来自中国。

方志学早就有了，但到目前为止，现代社会科学意义上的方志学体系还没有完全建立起来，很多概念还不清楚。我们要使它规范化、系统化、完整化，还需要采取各种办法引起大家的理论兴趣，推动理论研究不断深入。我们不能仅仅满足于编书，也要重视理论研究，通过理论研究促进编书水平的提高。

第五，高度重视队伍建设和机关建设。

编出高质量的志书，要靠高质量的人，而且是政治素质、思想素质、学术素质都高的人。在去年全国地方志工作机构主任会议上，我提出建设学习型、研究型、创新型、服务型的方志办，引起大家共鸣，很多地方把它简化成打造“四型”办公室。我提出这个任务的目的，就是为了加强方志队伍自身的建设，提高队伍自身的素质。现在地方志工作队伍不小，全国仅专职人员就有 2 万多人。我希望广西方志办在队伍建设方面给全国带个好头，树立一个样板。

做任何事情，要持久地做下去，都要有精神支撑。地方志工作靠什么精神来支撑？就是靠爱岗敬业、淡泊名利、默默耕耘、甘于奉献的精神。过去人们常说地方志机构是“三苦”单位：清苦、辛苦、艰苦。其实，真正热爱地方志事业的人并不会觉得自己只有苦，而是苦中有乐，自得其乐。如果只有苦没有乐，就干不下去了。孔子称赞颜回：“一瓢饮，一箪食，居陋巷，人不堪其忧，回也不改其乐。”可见，苦和乐都是相对的。人在写文章的时候很苦，但文章写完了就很快乐。最近，我写了一首《方志人之歌》，里面写道：“我们方志人，忙碌又欢欣，集体春风暖，祖国处处亲。”我所以写这首歌，目的也是为了给大家鼓劲。

方志馆应起到普及地情知识的作用

——在北京市方志馆调研时的讲话

（二〇一二年四月十六日）

随着国家经济实力的增强以及对文化建设的日益重视，目前许多地方都在兴建方志馆。但究竟什么是方志馆，应当把方志馆建成什么样子？对此，方志界的认识并不是很清楚，也不很统一。

建方志馆的动议是 21 世纪初提出来的，初衷是为了给地方志工作机构搞一个集修方志、编年鉴、藏志书、存资料、放数据库和网站，以及面向公众普及方志知识、方志学界进行学术交流等多项功能于一体的建筑。最初，国家方志馆和北京方志馆绑在一起申报，建筑面积为四万平方米，预算四亿元，但立项过程困难重重。审批部门不理解，为什么一个只有几十人编制的单位却要那么大的办公楼。我们解释说，那不仅仅是办公用，还要存放大量的地方志书。人家说，现在正在进行北京图书馆的二期工程，能不能给它扩大些建筑面积，把你们的书放到那里去？我们又解释，说除了志书外，修志过程中还形成了大量珍贵资料需要保存。人家说，这些东西也可以放到档案馆。我们又说，为了开展读志用志活动，需要把志书数字化，并安置大量电脑，方便群众前来检索。这个话在十几年前讲还有点道理，现在再讲，就让人笑掉大牙了。后来，北京方志馆撤出去，单独申报，减为一万平方米；国家方志馆几经折腾，最终也减为一万平方米，并改变了功能，这才得到批准。这说明，方志馆立项之所以困难重重，与我们过去对它的定位不准有很大关系。

方志馆这个名称在民国时期就有，不过那时指的是修志机构。今天，修志机构的名称已经普遍改叫地方志办公室，所以，今天讲的方志馆不再是指机构，而是指一种建筑、一种设施。那么，它应当是一种什么建筑和设施呢？是指地方志办公室的办公楼吗？显然不是，也不应当是。大家都承认，方志书本质上是地情书，方志办本质上是地情办。既然如此，为什么方志馆不可以是地情馆，为什么不可以把方志馆建成用沙盘、图表、模型、雕塑、影视等生动形象的实物展示志书内容，用以对广大观众进行国情、地情教育的建筑和设施呢？如果这样给方志馆定位，只要国家和地方财力允许，我相信审批部门都会支持立项。

国家对行政事业单位人均办公面积是有规定的，如果把方志馆建成办公楼，根据方志办的实际人数，有几百到一两千平方米就够了。然而，我们申报的方志馆面积，动辄几千平方米，有的上万平方米，这就需要国家投入大量资金。因此，如何发挥方志馆投资的社会效益，不仅是国家和地方建设项目审批部门要考虑的问题，也应当是我们必须考虑的问题。现在党和国家一再号召要对群众特别是青少年进行国情、地情教育和爱国主义教育，只要我们把方志馆定位为国情馆、地情馆，使它成为短时间里全方位了解国家和一个地方情况的最为理想的场所，就一定会吸引广大群众特别是中小学生、外地旅游者、经商者、打工者、求学者和国外考察团、参观团前去参观，从而最大限度地发挥其社会效益。

近些年出现的数字化、网络化给开发利用地方志资源提供了前所未有的便利条件，如果再把方志馆建成地情馆，又会为开发利用地方志资源开辟出新的广阔天地。党的十七届六中全会决定中提出，要加强公共文化服务设施和爱国主义教育示范基地建设，点到了文化馆、博物馆、图书馆、美术馆、科技馆、纪念馆。其实，方志馆又何尝不是这样的公共文化设施和爱国主义教育基地呢？而且，它还是国外没有而中国独有的文化设施。因此，凡是有条件建方志馆的城市，最好把它放在显眼的位置，并在外观设计上赋予其民族特色、地方特色，使它成为地标式建筑，成为城市的一个景点和亮点，用它提升城市的文化品位，彰显中华文化的独特魅力。

现在，北京方志馆已经建好了。我希望你们在布展时能用新的思路，把它建设成为北京的京情展示中心，使它更好地面向社会、贴近百姓，起到向群众普及市情知识的作用，为全国各地已建成的，或正在建的，或将要建的方志馆做出示范。

修志也要以马克思主义为指导*

——在新疆维吾尔自治区地方志编委会座谈会上的讲话

（二〇一二年六月二十六日）

新疆过去我来过多次，但自从我分管地方志工作后还是第一次来。首先，我代表中国地方志指导小组和陈奎元同志向大家表示亲切慰问，并通过你们向工作在新疆地方志战线上的全体人员表示亲切慰问和崇高敬意！

从廖运建书记的汇报，以及刚才对你们一些办公室和资料室的参观，对“新疆通览”网站和介绍新疆地方志事业发展变化墙报的浏览，使我了解到新疆地方志工作长期以来一直在受到自治区党委、自治区人民政府的重视和支持。这不仅体现在新疆地方志工作机构的级别和办公条件上，而且体现在自治区领导对地方志工作的具体指导上。从全国看，这些都是比较突出的。新疆地方志编委会也是一个民族团结的集体，你们的工作人员来自6个民族，其中少数民族人数占25%，因此，这种团结不仅反映了你们重视队伍建设，而且说明你们对党的民族政策有很深刻的认识。我在全国其他地方志工作机构调研，总是要先说工作，在你们这里我要先说团结。因为这个问题在你

* 这篇讲话曾发表于《中国地方志》2012年第8期。

们这里最重要，你们解决得很好。除了建设学习型、研究型、创新型、服务型方志办外，你们还多提了一个要建设和谐型方志办。我认为这个提法非常好，是对建设“四型”方志办的一个重要补充。不仅新疆应当这样提，全国其他地方志工作机构都应当这样提。事实说明，凡是地方志工作搞得好的单位，都是队伍建设好，内部团结、和谐的单位。反过来，凡是队伍建设搞得不好，内部不团结、不和谐的单位，也一定是工作做得不好或难以做好的单位。你们的工作抓得紧，成果也很丰硕。全新疆首轮修志中的三级志书规划近 200 部，已基本完成，剩下的几部今年年底以前也能结项出版，这对于一个西部边远省份来说是很不容易的。另外，14 个地、州、市都有了综合年鉴，县一级年鉴的覆盖率达到 90%，这一点连内地许多省份都没做到。你们还编了很多的特色志、专业志，在开发利用地方志资源方面做了大量工作。你们的网站虽然不够完善，但还是走在全国前列的。地方志是包罗万象的资料性著作，是否有东西可写，主要看记述对象的地域是否广袤，历史是否悠久，物产是否丰富，杰出人物是否众多，经济文化是否发达。新疆行政区划有 160 万平方公里，占我国面积的六分之一，其中有高原、有盆地，有河流、有湖泊，有沙漠、有戈壁，动植物种类繁多，矿产资源极为丰富；现有人口 2100 多万人，包括 47 个民族，占全国 56 个民族数量的 84%；从石器时代起这里就有人类生活，从先秦起就有文字记载，从汉代起就设有都护府，往后到南北朝、隋、唐、宋、元、明、清、民国，历史是连贯和清晰的，有大量文物、史籍需要挖掘、整理、研究。我这次来新疆开会之前，刚刚去过乌兹别克和哈萨克斯坦，访问了他们的历史和东方研究机构。他们现在虽然独立了，但却没有多少古代的历史资料，希望我们提供。新中国成立后的 60 多年，新疆的政治、经济、社会各个方面都得到了飞跃发展。所有这些，都使新疆地方志有写不完的内容。所以，我认为能在新疆地方志机构工作是一件十分幸运的事，是值得自豪的。

下面，结合我所了解的一些情况谈几点意见，其中有就新疆说的，也有就全国说的，供大家参考。

第一，要继续抓紧抓好对国务院《地方志工作条例》的宣传、贯彻和落实。

宣传《地方志工作条例》（以下简称《条例》），目的在于引起人们对地方志工作的注意和重视，让大家了解地方志，关心地方志，利用地方志。《条例》是2006年由国务院颁布的，在此之前，中国地方志指导小组配合国务院法制办为制定《条例》进行了5年工作。我国自从改革开放以来，治国理政的方式正在从以行政命令为主向法制化为主转变。在这种形势下，如果修志这种涉及省、市、县各级的工作再用发文件的形式来领导，已经难以适应了，必须使其有法可依，向依法修志的方向迈进。中国有上千年的修志历史，但地方志工作从来没有像现在这样受到上上下下、方方面面的重视，这跟《条例》的颁布有直接的关系。因此，我们要充分学好《条例》、用好《条例》。我在今年宜昌全国地方志工作机构主任会议上的讲话，主要意思就是提醒大家要加强对《条例》的学习，不要以为把《条例》看过了就都弄懂了。《条例》不长，但里面的内容却非常丰富，需要反复学习，认真领会。只有自己逐条逐句弄懂了，才能把它变成手中战胜困难的武器和创造良好条件的法宝。除此之外，还要加强对有关地方志工作的其他文件的学习、领会和贯彻。比如，中国地方志指导小组印发的《关于第二轮地方志书编纂的若干意见》和《地方志书质量规定》等等，都是新编地方志工作经验的凝练，应当受到地方志工作机构的高度重视，并在工作中严格执行。

第二，要进一步抓紧抓好马克思主义理论的学习、运用和方志学学科理论的建设。

地方志工作说到底是意识形态领域的工作，同样需要用马克思列宁主义、毛泽东思想、邓小平理论、“三个代表”重要思想以及科学发展观来指导。志书的原则之一是述而不论，但这绝不等于志书没有观点。持不同观点的人写同一部志书，内容肯定会很不一样，说明观点对志书记述的支配作用是很大的。我们的修志工作是党领导的，观点自然要来自马克思主义理论。因此，首先必须学习历史唯物主义、辩证唯物主义，否则以马克思主义为指导就会变成一句空话。比如，历史唯物主义的一个基本观点是要把历史问题放在一定的历史条件下来看待。这就告诉我们，看待新中国成立后头30年中的问题，不能把它放到今天改革开放的条件下去评判，而要放到头30年的历史条件下去评判。只要这样做就会看到，头30年为后30年打下了坚实的发展基础，后30年是对头30年的扬弃和发展。就不会认为头30年一无是处，连旧中国都不如。用历史唯物主义的观点看，没有头30年的建设，不可能有后30年取得的举世瞩目成就；没有后30年的改革开放，仍按头30年那条路走下去也难以为继。

其次，要学习我们党的基本理论、基本路线和有关的方针、政策。我们党在社会主义初级阶段的基本理论就是中国特色社会主义理论。这个理论的核心就是党的基本路线，即“一个中心、两个基本点”。在一定意义上说，也就是在中国共产党的领导下发展民主政治，在社会主义国家的宏观调控下发展市场经济。其他国家也搞市场经济，也与国际市场接轨，为什么唯独中国发展这么快？我认为根本原因就在于我们比他们多了一个四项基本原则。有人说中国模式是一党执政加市场经济，这是从表面看问题。我们虽然是一党执政，但我们这个党是以马克思主义为指导、以全心全意为人民群众服务为宗旨的党。我们虽然是市场经济，但我们这个市场经济是与社会主义基本经济制度、与公有制为主体、与国家宏观控制相联系的市场经济。在新疆从事地方志工作，要特别强调对党的民族理论和民族政策的学习。我们要承认民族差别，尊重民族差别，但不应当强化民族差别，而应当强化中华民族大家庭中各个成员的共同性、一体性。新疆是民族区域自治地区，同时也是中华人民共和国神圣不可分割的地区。我们脑子里一定要明确这个观点，既反对大汉族主义，也反对民族分裂主义，这样写出的东西才会符合党的民族理论和政策。

除了学习马克思主义理论，还要加强方志学学科理论的建设。胡乔木同志曾讲过，地方志本身是一门学问。把修志作为研究对象的学问，古已有之，起码从清代章学诚起就开始有了。但是，现代社会科学意义上的方志学科，至今还没有完全形成。近些年关于方志理论方面的文章、著作有很多，但是国家学科目录的史学学科下面至今仍没有方志学的位置，高等院校中也没有把方志学作为一个独立的专业。这一方面说明社会对于地方志还不够重视，另一方面也说明我们自己在地方志理论研究方面还做得很不够，还没有能拿出一本公认为科学的、权威的教科书。中国地方志指导小组正在组织编纂《方志百科全书》，并决定建立方志学研究的年会制度，将中国地方志协会更名为地方志学会。所有这些措施的目的，都是为了加强方志学学科的建设，促进方志学学科理论的规范化、系统化。

第三，要不断抓紧抓好志书质量的保障工作。

把志书质量放在第一位，是由志书的性质和新编地方志的方法决定的。地方志书不是畅销书，但却是生命力最强的书，是要流传千秋万代的。因此，必须高度重视志书的质量。志书质量问题表现在很多方面，比如书名就有质量问题。大家都承认志书是官书，修志是国家行为，既然如此，该统一的就要统一。首轮修志时，各地志书的书名五花八门，叫什么的都有。但第二轮志书的书名应当按照中国地方志指导小组的指导意见，统一××为志，而不要再叫××通志。因为这不仅不符合规定，而且也不符合续志的实际。再比如志书篇目，如果篇、章、节、目的设计不合理，志书质量也肯定会受影响。再比如观点，这也是志书质量的重要方面，如果志书在政治观点上出偏颇，质量肯定过不了关。再比如史实，这方面如果出问题，材料不准确，志书的质量就不可能合格。当然，上志书的东西必须做到史实准确，但史实准确的东西不一定都能上志书。对秉笔直书这句话一定要全面理解。秉笔直书不等于有什么就写什么，想写什么就写什么，如果是那样，志稿在审查验收时何必要进行保密检查呢？现在还处在阶级社会中，国内外还有敌对势力，我们不能丢掉阶级斗争观点，不能简单片面地理解秉笔直书。再比如文字，包括语法、修辞、逻辑、标点符号等，都要讲究，这也属于质量的问题。志书虽然不是辞书，但应当按照辞书的文字标准来要求，该简明的地方要简明，能用100字说清的问题绝不要弄成200字。

在志书编纂问题上，我一直讲要“四快一慢”，就是启动要快，篇目设计要快，资料收集要快，队伍培训要快，但出书要慢。初稿写好后，要反复打磨。我之所以这样讲，目的在于使志书尽最大努力保证质量。《条例》规定地方志每20年一修，这就意味着每轮修志时间大体为20年，每轮志书记述的时间大体也是20年。二轮修志启动时间在21世纪初，如果按每轮修志 20 年计算，其截止时间应当在 21 世纪 20 年代左右。因此，志稿写好后，进行修改、完善的时间还是充裕的，不必急于出版。首轮修志的下限一般都在 20 世纪 80 年代左右，如果按每轮志书记述时间为 20 年计算，二轮修志的上下限应当放在 20 世纪 70 年代末、80 年代初和 20 世纪末、21 世纪初。这和改革开放由开始到向纵深发展的时间刚好重叠，这样断限可以使改革开放初期的记述相对完整一些，而且可以给三轮修志留下必要的时间和空间。对此，中国地方志指导小组下发的《关于第二轮地方志书编纂的若干意见》中有明确规定。现在有的地方将二轮志书的下限定在 2010 年，有的甚至定在 2020 年。这样断限，使志书记述内容与现实挨得太近，不符合史学工作的规律，也会影响三轮修志工作。编纂志书，总要让历史有些沉淀才好，因为历史上的事情放一放会看得更清楚。为什么现在志书出现越修越近、越修越快的现象呢？我认为这和一些地方领导干部错误的政绩观有一定联系。例如，有人希望能把自己的工作写进志书，希望能在自己退休或调走之前看到志书。这种心情可以理解，但不能迁就，否则志书的质量是难以保证的。

为了保证志书质量，除了要严格执行三审等制度外，还要特别重视对主编的选任，我认为这是保证志书质量的关键性措施。志书主编应当符合三个条件：第一要有水平，第二要负责任，第三要身体好。现在的志书不像古代那样由一两个秀才编写，而是众手成志，一本志书往往有十多个、几十个部门参与编纂。因为各部门作者的水平参差不齐，文风千差万别，责任心各不相同，如果没有一个合格的主编把关、统稿，只是把各部门分工写的稿子简单拼合在一起，是非常危险的。主编选好后，一定要让他有职、有权、有责，一方面要能调动人力、进行奖惩，另一方面要从头到尾把关，逐字逐句修改。只有这样，志书质量才有可能得到保障。主编可以是地方志办公室的主任，也可以是退休的老同志。不过，身体一定要好，因为地方志编纂的工作量太大，没有一个健康的身体是吃不消的。

第四，要不断抓紧抓好读志用志工作。

读志用志是修志的目的，而且是唯一的目的。存史说到底也是为了用志，是为了后人用志。因此，读志用志是地方志工作机构的重要任务之一。《条例》规定，地方志工作机构有五个职责，其中就包括“组织开发利用地方志资源”。这是新中国对中国修志传统的创新，是当代方志人的光荣而神圣的使命。今天抓读志用志，一些过去行之有效的老办法仍可沿用，比如编简志、地情书，在报纸、电视、广播等各种媒体上开辟方志专栏等等。但是，面对信息化、网络化时代，读志用志工作的主攻方向和主要手段，应当是抓志书的数字化和地方志网站的建设。这是开展读志用志工作最为便利、最为有效的形式，是以往任何方法都无法比拟的好形式。

当前另一个读志用志的好形式，是建方志馆。不过，这个方志馆不应当是我们原来定义的那种办公室加志书室、资料室、电脑室的方志馆，而应当是把志书中的内容用沙盘、模型、塑像、展板、多媒体等形式加以展示的方志馆，是可以对群众特别是学生进行地情教育、国情教育的方志馆。方志馆这个名称来自民国，当时指的是修志机构而不是建筑。现在修志机构已经另外有了名称，叫方志办、方志编委会等等，因此我们今天提出要建的方志馆，不是也不应当是指修志机构，而应是一种建筑，一种设施。这一设施做什么最有意义呢？当然是用于开发利用地方志资源最有意义。我们常说方志书是地情书，方志办是地情办，既然如此，方志馆就应当是地情馆。当前，党中央特别重视对广大群众进行国情、地情教育。如果有一个能综合展示国情、地情的场所，无疑对开展国情、地情教育是非常有利的事情。方志馆只要定位准确，恰恰是承担这一职能的最佳形式。建方志馆一般需要较大的投入，如果建好后只是做办公场所，没什么人去，实在是很大的浪费。相反，如果定位为地情展示馆，教育部门一定会把它当成进行地情教育、国情教育、爱国主义教育的重要场所，旅游者、参观者、考察者、投资者、经商者、打工者也一定会把它当成在最短时间内宏观了解当地自然与社会、历史与现状的最佳场所。因此，方志馆从一开始立项，定位就要准，起点就要高，以确保将来能够被干部群众、各行各业所充分利用。方志馆利用率越高，地方志工作对国家的贡献就越大，反过来说，国家对地方志工作的投入也就越值得。

第五，要更加抓紧抓好队伍建设。

在队伍建设方面，你们做得很好，也有丰富的经验，这里只强调三点：第一要大力倡导方志人精神，第二要大力加强修志队伍的能力建设，第三要大力搞好内部团结。新疆维吾尔自治区地方志编委会的民族团结工作做得很好，希望你们给全国树立一个和谐方志办的榜样。这个榜样不仅对全国地方志系统有意义，对新疆各地的机关、单位也是有意义的。

修志述而不论不等于没有立场、观点*

——在新疆生产建设兵团志办座谈会上的讲话

（二〇一二年六月二十七日）

听了徐伟华副政委对新疆和建设兵团的历史与现状、兵团的特殊地位和作用等问题的讲解，使我对兵团在建设边疆、保卫边疆、维护社会稳定等方面的作用和贡献，有了更加深刻、更加具体的了解，对兵团和兵团人的精神有了进一步的认识，深受感动和教益。做同样一件工作，在新疆的同志，特别是兵团的同志与内地同志相比，要付出更多的艰辛，因此理应得到我们更多的理解和更大的敬意。

我这次到新疆是来参加第六届陈云与当代中国学术研讨会，昨天凌晨刚从哈萨克斯坦飞到乌鲁木齐，上午即走访了自治区方志办。兵团志办的设置与兵团本身一样，带有很大的特殊性，与省级方志工作机构是并列的。因此，到了乌鲁木齐如果只到自治区方志办而不到兵团志办，那是不行的。但昨天下午我参加自治区领导与出席会议的部分领导的会见，今天上午参加会议开幕大会，明天上午还要去八路军办事处纪念馆和乌鲁木齐博物馆参加活动，下午要参加会议闭幕大会，后天一早

---

* 这篇讲话曾发表于《中国地方志》2012 年第 11 期。

就要离开乌鲁木齐。所以，只好利用今天下午会议分组讨论的机会请假出来，走访兵团志办。首先，我代表中国地方志指导小组和陈奎元同志，向兵团史志办的同志，并通过你们向全兵团修志战线的全体人员表示亲切慰问和崇高敬意！

一个地方的地方志工作能否搞得好，关键取决于这个地方的领导。兵团历届党政领导都把史志工作纳入工作议程，各级主要行政领导一直担任史志编委会主任，并由分管领导负责常务工作。每当年度史志工作会议召开时，兵团领导都要亲临会议讲话，还经常听取史志部门的工作汇报。兵团机关就修志工作的政策、人员、机构等问题，也多次下发文件，具体解决许多影响兵团史志工作的实际问题。兵团第二轮修志规划印发后，编委会与承编部门的领导还签订了《承编责任书》。这些说明，兵团党委对修志工作是十分重视的，为修志工作的顺利开展提供了可靠保障。

兵团史志机构是“两块牌子、一套机构”，兵团志办和党史研究室合在一起，编制才有16人，其中方志处仅4人。兵团14个师的史志办，每个编制只有2至3人。团场一级的史志工作没有机构，由兼职人员负责。但是，到目前为止，兵团首轮修志已出版三级志书326部，综合年鉴25卷，师团简史130部。兵团第二轮修志工作正在有序推进，15个试点单位的志书稿已有2部通过师级评审，5个师启动了第二轮修志工作。兵团志的编纂工作也取得了阶段性成果。这么少的人，要干这么多工作，而且出了这么多成果，没有一股子干劲是做不到的。这些说明，兵团修志队伍真正发扬了兵团精神和方志人精神，是一个爱岗敬业、开拓进取、埋头苦干、甘于奉献的战斗集体。

兵团于2009年正式启动第二轮修志工作以来，召开了修志动员暨兵团志续修启动大会，制定了工作规划和兵团志的编纂方案、试点工作方案，以及三级评审验收办法等配套文件。兵团还将编纂兵团、师（市）、团三级志书的任务分解为三批，确定15个试点单位先行一步，并采取“提前介入、工作前移、时时跟踪”的办法，抓试点单位的人员培训，强化督导和分类指导工作。这些说明，兵团的修志工作每一步都做得很扎实，并且是富有成效的。

兵团志办除了认认真真抓修志和年鉴编纂工作以外，还利用自身优势，为各级机关、各个部门、各个单位提供图片、史料及各类咨询服务，积极发挥史志工作资政、育人的作用。兵团志办通过举办新闻发布会，做客“兵团网”，接受访谈，创办《资政参考》，向各地援疆建设项目提供地情资料，为各省市援疆干部做兵团历史和兵团精神的专题讲座等形式，积极开发利用史志资源。这些说明，兵团各级志办对开展读志用志工作非常自觉非常主动，也很有成绩。

总的看，我认为兵团志工作做得很好，能做到这一点很不容易，应当充分肯定。

对今后工作的意见，我在自治区方志办讲了五点，在这里着重谈以下三点意见：

第一，充分认识兵团志工作的重要意义。

连绵不断地编纂地方志是中华民族的优良传统，它的主要意义在于传承文明、资政育人。但兵团志工作除了这种普遍性的意义之外，还具有一种特殊的意义，就是通过自己的工作，要使兵团人更加热爱兵团，使兵团更有凝聚力；同时，要使兵团之外的人更加了解兵团、熟悉兵团，更加认识兵团的作用，更加支持兵团的工作，从而有利于新疆的跨越式发展和长治久安。这个特殊意义是新疆的历史和地理位置所决定的，是兵团所承担的屯垦戍边的职责及特殊历史使命所赋予的，也是建立在国家和自治区有关法律、法规基础之上的。因此，要充分认识兵团志工作的重要意义，就要充分认识兵团的特殊意义；要充分发挥兵团志存史、资政、育人的作用，就要把兵团修志工作与兵团的特点更加紧密地结合起来。可以讲，兵团修志工作搞得好不好，关系兵团工作的开展和兵团作用的发挥。

第二，充分认识运用马克思主义立场、观点、方法编纂地方志的重要意义。

修志与写史不同，史书要史论结合，论从史出，以史带论，而志书则是述而不论。但这绝不等于志书没有立场，没有观点，不需要指导思想。相反，修同一个地方的志书，站在不同的立场上，运用不同的观点，秉持不同的指导思想，记述肯定大相径庭。例如，同样是写 1949 年的新疆志，站在中国绝大多数人的立场上，运用历史唯物主义的观点，必定会把国民党新疆维吾尔自治区警备司令陶峙岳和省主席包尔汉率领军政人员通电起义记述为新疆和平解放；而站在国民党反动派的立场上，用历史唯心主义的观点，则会把这一事件记述为陶、包"叛变投共"；站在民族分裂主义者的立场上，更会把这一事件记述为是对"新疆独立"计划的沉重打击。可见，志书虽然述而不论，但不等于没有观点，只不过是把观点寓于记述之中罢了。这一特点决定了方志工作者同样要努力学习马克思主义的基本理论，学习党的路线、方针、政策，否则志书是写不好的。我们常说修志一定要以马克思主义为指导，这绝对不是一句空话，而是有具体内容的，需要落到实处的。我们鉴定志书的质量，首先要看志书是不是真正站在党和国家的立场上，是不是符合马克思主义和党的路线、方针、政策。

第三，充分认识加强国史编研与地方志编修相结合的重要意义。

如果说首轮志书只有一小部分内容进入新中国历史的话，那么第二轮志书的记述对象已经完全属于新中国的历史了。史和志既有联系，又有区别。如果说史书更侧重理论而志书更侧重资料的话，那么修史的人就应当更多地从志书中寻找和汲取史料，而修志的人则应当更多地从史书中寻找和汲取其理论观点。例如，应当如何正确地看待新中国历史的主线和主流，这个问题便是二轮修志中需要面对和把握的重要理论问题。要正确认识这个问题，就需要学习党中央关于新中国成立以来历史问题的重要决定、讲话和报告，以及符合党中央文件精神的国史书。看了这些就会清楚，新中国成立至今60多年历史的主线是中国共产党带领全国各族人民为探索建设中国的社会主义道路，争取早日在中国实现工业化、现代化，捍卫中国的国家安全、主权和领土完整而不懈奋斗；主流是国家的富强，人民的富裕，民族的团结和社会的进步。只有把这些问题搞清楚，才可能更准确、更全面地记述二轮志书时段中各行政区域内政治、经济、文化、社会等方方面面的发展状况。

既不能搞“一本书主义”，更不能搞“没有书主义”*

——在海南省地方志办公室座谈会上的讲话

（二〇一三年一月七日）

海南省各级领导对修志工作都很重视，尤其是去年《海南省政府工作报告》中两次讲到修志工作，《海南省人民代表大会常务委员会工作报告》《海南省高级人民法院工作报告》中也分别提到地方志工作，表明省委、省人大、省政府和各部门对地方志工作的认识十分到位。省、市、县修志机构队伍齐整、精神面貌好，对方志编修和资源开发利用都很有热情，对史志馆的定位也很准确。所有这些，都为海南地方志工作的全面、可持续发展奠定了坚实基础。我代表中国地方志指导小组和陈奎元同志，向全省地方志机构工作人员和志书参编人员表示亲切慰问。

这次到你们这里调研，主要是想了解当前方志工作中存在的倾向性问题，为今年全国地方志工作机构主任会议做些准备。刚才听了梁振球主任和海口、陵水、安定、琼海、三亚、

---

* 这篇讲话是根据《中国方志通讯》2013 年第 11 期《中国地方志指导小组常务副组长朱佳木在海南调研和指导方志工作》的报道整理而成的。

五指山等市县志办主任的发言，对我很有启发。当前，地方志事业正面临前所未有的好形势。然而，形势越好，越要保持清醒头脑，越要看到存在的或潜在的倾向性问题，研究和拿出可行的解决或防范措施。只有这样，才能巩固和发展大好形势，才不至于使大好形势发生逆转。

从全国范围看，地方志工作中目前既存在忽视方志理论研究和开发利用方志资源的问题，也存在忽视志书编纂的问题；既存在忽视志书质量的问题，也存在忽视修志进度的问题；既存在忽视志书自身特点的问题，也存在忽视志书统一规定的问题；既存在忽视地方志工作创新的问题，也存在忽视地方志工作总结经验、继承传统的问题；既存在忽视地方志工作机构履行组织、指导、督促、检查等职能的问题，也存在忽视地方志工作机构自身编纂业务提高的问题；既存在忽视地方志工作人员培训的问题，也存在忽视地方志工作人员选配的问题；既存在有关部门忽视解决地方志工作中实际困难的问题，也存在有关部门忽视志书修志客观规律的问题。对这些倾向性问题我们都要注意，都要防止。毛主席曾经说过，在反对一种主要倾向的同时，要防另一种被掩盖的倾向。这是对我们党的历史经验的深刻总结，对其他工作也是具有普遍指导意义。

当代地方志工作与古代修志相比，内容是极大丰富了，因此绝不能再搞“一本书主义”。但编纂志书毕竟是地方志工作基础的基础，是地方志工作机构的根本，因此，更加不能搞“没有书主义”。如果别的方面搞得热热闹闹，却放松了志书编纂的进度和质量，放松了自身的编纂业务，那么，一切成绩都会黯然失色，一切工作都会“归零”。希望大家高度重视这些问题，把倾向性问题解决在萌芽状态，千万不要使问题发展到不好解决的程度时再回过头来抓，那样损失就大了。

志书不是畅销书，但却是生命力最强的书*

——在甘肃省地方志办公室座谈会上的讲话

（二〇一三年六月二十七日）

我自从分管地方志工作以来，还是第一次到甘肃。刚才听了俞建宁①同志关于甘肃省情及近年来省政府加强和推动地方志工作所做主要工作的介绍，以及李虎主任代表省地方史志办公室对全省地方志系统基本情况和近年来工作情况的汇报，了解到甘肃第一轮修志已总体完成，第二轮修志进展顺利。我认为，这是全省地方志工作者辛勤努力的结果，更是省委、省政府高度重视、大力支持的结果。这种重视和支持，表现在以下一些方面：一是省地方史志编纂委员会由省长亲自挂帅，省上“四大家”、省直有关部门负责同志和市州行政“一把手”都参加，显示阵容大、规格高；二是市、县地方志工作机构绝大多数独立设置，这在全国来说都是少有的，尤其县级方志机构的独立设置，对职能发挥很有好处；三是以省政府名义下发

---

* 这篇讲话是在刊登于《中国方志通讯》2013 年第 34 期《中国地方志指导小组常务副组长朱佳木到甘肃调研指导工作》的基础上修改而成的。

① 俞建宁，时任甘肃省人民政府副秘书长、省地方志编纂委员会副主任。

《关于进一步加强地方志工作的意见》，并与各市州签订目标责任书，这在当前压缩文件的形势下，尤其难能可贵；四是决定组织编纂《舟曲特大山洪泥石流抢险救灾和灾后重建志》，这在工作任务繁重、财政经费紧张的情况下，做到也是很不容易的，有效拓宽了地方志作的业务。在此，我代表陈奎元同志和中国地方志指导小组，向全省各级修志机构和广大地方志工作者表示亲切问候，向甘肃省委、省政府领导表示衷心感谢！

关于如何进一步做好地方志工作的问题，我在这里只强调三点，供你们参考。

第一，以更高的热情来对待地方志工作。

地方志是记述特定行政区域内自然与社会、历史与现状的资料性文献，而甘肃历史积淀深厚，自然形态多样，因此，可记述的内容非常丰富。在自然方面，甘肃既有黄土高原、大漠戈壁、山地草原，也有黄河、石林和丹霞地貌，既有塞北严寒，也有类似江南的温暖气候。在社会方面，甘肃既有8000年前新石器时代的历史遗存和中华民族发展史上各个阶段的文化痕迹，如伏羲文化、农耕文化、周秦文化、丝路文化等，也有西路军悲壮历程那样的红色文化，还有各个历史时期涌现的在中国历史上起过重要作用的杰出人物。这些都为甘肃地方志工作的发展提供了前提条件。因此，在甘肃省从事地方志工作大有可为。方志工作者应当认清使命，以更加饱满的精神状态投入工作，在前人创造的基础上书写无愧于时代的新篇章。

第二，以更高的责任感来对待志书的质量。

志书不是畅销书，但却是保存价值最大、生命力最强的书。我曾打过两个比喻。一是说，如果一条船上装运了很多书，其中大部分是畅销书，如文艺书；也有不大畅销的书，如学术著作；还有最不畅销的书，如志书。船行到河的中间漏了，需要往河里扔书，扔什么书呢？肯定是先扔文艺书，其次扔学术著作，最后只剩下史书和志书，还需要扔一种，我是搞历史研究的，但要我选，肯定是扔史书。因为，留下志书，我还可以写出新的史书，如果扔了史书，我就写不出新的史书，更写不出新的志书。二是说，如果今后人类要去别的星球，宇宙飞船船舱有限，只允许带一种书，带什么书呢？我想，人们肯定会带志书。因为，在所有著作中，对人类历史、现状、方方面面记载最为详尽的只有志书。因此，一定要树立质量第一的意识，以对历史、对后人负责的精神核准每一个史实，书写每一个文字。对于年鉴编辑和旧志整理，也要把提高质量放在首位。省史志办不仅要保证自己编纂的志书和年鉴不出差错，还要抓紧、抓好各参编部门和市、州、县区志书、年鉴的业务指导和书稿的评议、审定，确保各级志书、年鉴的质量不出问题，多出精品佳志。

第三，以更高的自觉性来对待地方志资源的开发利用。

志书编纂出版只是完成了任务的一半，另一半或者说更重要的任务是开发利用地方志资源。这不仅因为修志的目的在于应用，而且因为新编地方志的内容和篇幅比起过去任何时代的志书都要多得多、长得多。如果志书出来后不去做开发利用工作，书中宝贵的资源就很可能躺在那里“睡大觉”。这不仅失去了修志的意义，而且也是修志人力、物力、财力的巨大浪费。当前，开发利用最有效的手段就是建设方志网和方志馆。对于方志馆，我们要把握好定位，不应当把它作为方志办的办公室加志书馆，而应当把它看成是国情地情的展示中心和爱国爱乡的教育基地，是运用沙盘、模型、展板、多媒体等形式把志书内容加以实物化、形象化的一种载体，是使广大观众特别是中小学生用较短时间宏观地生动地了解本地区历史、地理、现实概况的便捷途径。对于方志网站，我们要搞好设计，加快建设速度，并在建好后注意不断完善。

地方志编纂要体现中国特色社会主义的价值取向*

——在天津市地方志办公室座谈会上的讲话

（二〇一三年十月二十八日）

我做中国地方志指导小组工作 12 年来，利用出差开会的机会，已先后走访过上百个省、市、县的地方志工作机构，其中，省级方志办已基本走完，有的不只去过一次。但大概是由于距离北京太近的缘故，天津市志办反而从未来过。第四次全国地方志工作会议和第四届中国地方志指导小组是在 2008 年年底召开和成立的，至今已满 5 年，即将换届，所以利用这次到天津参加中国延安精神研究会纪念毛泽东同志 120 周年诞辰理论研讨会的机会，赶紧补上这一课。

刚才，我参观了你们的方志馆，走访了你们的每一间办公室，又听取了苏长伟主任的汇报，我感到天津市志办的工作指导思想是明确的，天津市委、市政府对地方志工作是重视的，天津地方志工作的成绩是显著的，天津市志办同志的精神也是饱满的。你们提出要把地方志工作放在天津发展大局中找准定位，要树立

---

* 这篇讲话是在刊登于《中国地方志》2013 年第 11 期的《朱佳木同志到天津市地方志办公室调研侧记》的基础上改写而成的。

“事在人为、路在脚下”的理念，要改变“孤陋寡闻、孤家寡人、孤芳自赏”的被动局面，要自觉服务于天津发展、把“冷板凳”坐热，这个思路很对很好。在此，我首先代表中国地方志指导小组和全国政协原副主席、中国地方志指导小组组长陈奎元同志，向天津地方志战线的全体职工表示亲切慰问和崇高敬意！

利用这个机会，讲几点意见。

第一，要进一步抓紧抓好志书质量的提高。

我们要充分认识志书的“政书”“官书”性质，始终坚持志书的政治标准、史实标准、文字标准，严格按照中指组印发的《地方志书质量规定》和二轮修志的指导意见把好质量关，做到一丝不苟、精益求精。你们对市志的56部分志都要一一审读，这样做虽然很辛苦，但对于保证志书质量却是十分必要和有效的。现在参与志书编修的单位约有几十家，人员约有几百人甚至上千人，他们所提供的志稿良莠不齐，如果市志办不严格把关，志书质量是难以保证的。

第二，要不断拓宽地方志资源开发利用的渠道。

我们要充分认识国家在编修地方志方面巨大财政投入的意义，紧紧抓住当前信息化时代的机遇，加快地方志系统的信息化建设，使地方志更好地为当地经济、社会事业的发展服务，为广大读者服务。你们在有条件建设独立的方志馆时，要从如何更好地回报国家、服务社会的角度出发，把方志馆作为开发利用地方志资源的又一个有力手段，而不要仅仅把它变成办公室加图书馆。

第三，要更加自觉地开展地方志的学术研究。

我们要充分认识到方志的学术研究不完全等于方志学研究，它既包括地方志的基础理论研究，也包括地方志的编纂方法研究、旧志的整理和研究、地方志的资源开发利用研究等等，一切与地方志工作有关的理论性研究。通过这些研究，一方面可以传承、弘扬地方志的优秀文化；另一方面，可以增强地方志队伍的理论素养，有利于把各级地方志办公室切实办成学习型、研究型、创新型、服务型、和谐型的方志办。

第四，要认真学习、领会、贯彻2013年全国宣传思想工作会议的精神。

我们要充分认识到，地方志工作虽然不是宣传工作，但同样具有强烈的意识形态性；志书虽然与史书不同，只述不论，但绝不等于它没有立场、观点；新编地方志工作虽然属于资料性的著述工作，但同样是党领导的社会主义文化事业的组成部分，同样要代表广大人民的根本利益、体现党和人民的意志，同样要以马克思列宁主义、毛泽东思想、邓小平理论、“三个代表”重要思想、科学发展观和以习近平同志为总书记的党中央的一系列重要论述为指导。习近平同志在全国宣传思想工作会议上的讲话强调要巩固马克思主义在意识形态领域的指导地位；要讲清楚中华优秀传统文化是中华民族的突出优势，是我们最深厚的文化软实力；独特的文化传统、历史命运、基本国情，注定了我们必然要走适合自己特点的发展道路。我们学习、贯彻全国宣传思想工作会议的精神，就要更加自觉地正视地方志的意识形态性，坚持地方志工作的正确政治方向；更加鲜明地从选取材料、遣词用字、辨别是非、褒贬善恶、传承知识、汇总经验等各个方面，体现中国特色社会主义的价值取向；更加有效地发扬地方志这一中华民族的优秀文化传统，使它在新的时代背景下创造出新的辉煌。

最后，祝愿天津市志办抓住机遇，乘势而上，以更加优异的成绩迎接第五次全国地方志工作会议的召开，为天津市经济、社会、文化事业的发展做出更多的贡献。

（四）会见有关领导和接受记者采访的谈话

认真总结首轮修志的经验*

——在听取福建省地方志编纂委员会负责人汇报时的谈话要点

（二〇〇五年十月二十一日）

福建省的地方志工作过去一直做得很好，有很好的基础，希望他们再接再厉，在第二轮修志中继续走在全国前列。

关于第二轮修志工作，仅谈了以下几点意见：

第一，开展第二轮修志的首要任务应当是认真总结第一轮修志的经验。对第一轮修志取得的成绩应当充分肯定，同时也要实事求是地分析工作中存在的缺陷和不足，以便在第二轮修志中加以克服和弥补。这涉及地方志工作的定位问题。我们从一开始就明确，地方志工作是“党委领导，政府主持，各级地方志编委会组织实施”的一项工作，是党领导下的政府行为。因此，对修志的成绩和不足，必须用党的基本理论、基本路线以及党中央关于历史问题、宣传问题的决议决定为指导，来加

---

* 关于这篇谈话的报道曾刊登于《中国方志通讯》2005 年第 52 期。当时，朱佳木代表中国社会科学院在福建省武夷山市出席中国社会科学院哲学所与福建省社会科学院、武夷学院等单位联合创办的宋明理学研究中心挂牌仪式，期间听取了福建省地方志编纂委员会负责人的工作汇报，并看望了武夷山市地方志办公室全体工作人员。

以衡量，加以判断。

第二，第二轮修志在确定上下限时，应体现历史阶段的完整性。第一轮志书的下限大部分是20世纪70年代末、80年代初，为了使改革开放在志书上反映得更完整，可以考虑把第二轮修志的上限大体定在1978年，下限到党的十六大或全国人大十届会议召开，即20世纪末、21世纪初，以便完整记述党的十一届三中全会到基本实现小康这段重要历史时期的巨大变化和辉煌成就。

第三，继续加大读志用志的力度，充分发挥地方志作为国情书、地情书的重要作用，为党的中心工作服务，为促进经济与社会各项事业的发展服务。

澳门修志很可能后来居上*

——在会见澳门特别行政区政府社会文化司司长张裕一行时的谈话要点

（二〇一〇年五月三十日）

崔世安特首在担任社会文化司司长时，曾受前任特首何厚铧委托两次到京，与中国地方志指导小组接洽，商谈有关澳门修志事宜，认为这是事关文化传统回归的大问题，理应由政府主持、全额资助，之后又亲自出席澳门地方志编修的启动仪式；在出任特首不到半年时间，即指示张裕司长来京，洽谈有关进一步启动澳门修志事宜。这种对于地方志工作的认识和热情，令人钦佩，也值得内地很好学习。

新编地方志工作自20世纪80年代开展以来的30年，大体可分为前后两个阶段。前20年，主要是解决修志普遍化、制度化的问题。连绵不断地编修地方志，是中国悠久的文化传统，元明清三朝更是反复颁布修志诏谕，民国时期还下令各地设立方志馆、方志局，要求编修省市县三级志书。但是，过去

* 关于这篇谈话的报道曾发表于《中国地方志》2010年第7期。当时，朱佳木代表中国社会科学院和中国地方志指导小组，在北京会见了澳门特别行政区政府社会文化司司长张裕一行五人，并就澳门特区政府进一步启动地方志编修事宜进行了座谈。

并没有完全做到由政府主持修志。中华人民共和国成立初期，虽然继承了政府主持修志的传统，但直至“文化大革命”之前，全国开展新编地方志工作的仅有20多个省、市、自治区的530多个县，写出初稿的县也只有250多个。改革开放后，在党中央、国务院的空前重视下，全国不仅普遍开展了修志工作，而且基本做到了省、市、县三级都设立专门机构，拨给专门编制和经费，从制度上保证了修志工作的进行。这是历朝历代都没有做到的。近10年来，我们主要解决修志法制化和志书数字化、网络化的问题。2006年，国务院颁布了《地方志工作条例》，规定省、市、县三级都要设立地方志工作机构，地方志书每20年左右编修一次，标志修志工作进入了法制化阶段。许多省市已开始结合本地实际情况，制定修志的地方性法规。同时，随着信息技术的进步，各地的方志机构纷纷建立网站，将志书做成数据库，纳入互联网，为开发利用地方志资源开辟了最为广泛、最为方便、最为快捷的途径，标志修志工作进入了数字化、网络化阶段。目前，我们正在推动修志工作向理论化阶段迈进，要解决的主要问题是使地方志工作的丰富经验上升到理论高度，逐步建立和健全作为学问的方志学学科体系。为此，我们正在抓紧启动《方志百科全书》的编纂。

从事地方志工作，要认识和遵循修志的特殊规律。地方志书不是畅销书，但却是生命力最强的书。我常用一种比喻来说明志书的生命力，我说假设有一条装满各种书籍的船遇上了风浪，需要扔掉一些书，人们首先扔掉的肯定是各类畅销的小说，其次是诗词、散文等文学作品，再往后是各种理论书籍。最后剩下史书和志书，还要往外扔一种，如果让我选择，我肯定扔史书。因为，留下志书，以后可以写出史书来，如果把志书扔掉而留下史书，以后是无法再写出志书来的。方志是一个地方所有资料书中最全面、最系统、最翔实的资料书，凡是有水平的领导，都懂得志书的价值。南宋理学家朱熹到南康郡（今江西省星子县）上任，一下轿便问当地属官有没有带来《南康志》。毛泽东主席每到一地，也总是先看志书。他对当地的历史情况、地理沿革、文化掌故、风土人情以及古人写的有关当地的诗文，往往比当地干部知道的还多还细，原因之一就在于他爱读志书、善用志书。中国古代志书流传下来的大约有八九千种，占现存古籍的十分之一。我们今天在整理旧志时常常要评论哪本志书好，哪本志书不好。同样，后人也会评论我们编修的志书。因此，编纂地方志一定不能急于求成，不能赶进度，而要从设计框架时就把质量放在第一位，成稿以后还要反复打磨，反复推敲，力求观点、事实、文字都经得起历史检验。在这方面，我们同样要反对不正确的政绩观。

修志要具备两个条件，一是充足的经费，二是充足的资料。香港启动修志虽然比澳门早，但它是民间修志，具备这两条困难较大。因此，澳门修志很可能后来居上。张裕司长就任后第一次来北京，就和我们研讨地方志工作，足见澳门特区政府对地方志工作的重视程度之高。当然，澳门与内地毕竟是一国两制，内地编修地方志的体制不一定都适用于澳门，一些做法和经验也难以完全照搬过去。但是，中国地方志指导小组在经验交流、队伍培训、人才支援、资料提供等方面，一定会一如既往地对澳门修志工作予以支持。我相信，澳门修志的前景是非常光明的。

凡是工作做得好的省志办，后面肯定有省领导的大力支持*

——在会见广东省副省长肖志恒一行时的谈话要点

（二〇一〇年十二月九日）

广东省地方志工作的成绩很突出，这与广东省委、省政府对地方志工作的重视和支持是分不开的。广东在志书编纂、年鉴编纂、旧志整理、地方志理论研讨和地方志资源开发利用等方面，都是走在全国前列的，属于全国地方志工作的“第一梯队”。据我观察，凡是地方志工作做得好的身份，一定有一个好的地方志工作机构的领导班子，而且后面一定站着一个对地方志工作非常理解、非常关心、非常支持的分管省领导。事实证明，广东地方志工作之所以做得好，就和肖志恒副省长对地

---

* 关于这篇谈话的报道曾发表于《中国地方志》2011 年第 1 期。当时，中共广东省委常委、副省长肖志恒率省地方志办公室有关领导，前往北京中国地方志指导小组汇报广东省地方志工作情况。肖志恒在汇报中指出，改革开放以来，广东人民创造了辉煌的历史，广东目前正在开展、即将完成的第二轮修志，全面记录了这段历史的辉煌；自从国务院颁布《地方志工作条例》以来，广东依法开展了地方志各项工作，加强了地方志机构与修志队伍的建设，加大了对地方志工作的投入，促进了地方志事业的科学发展。他表示，广东地方志工作所以能取得一些成绩，离不开中指组的关心指导与支持帮助，希望今后能得到中指组更有力的指导与帮助。

方志工作的一贯重视与大力支持密切相关。据我所知，到中指组来商谈地方志工作的省级领导，肖副省长也是第一位。我希望广东地方志工作机构在省委、省政府的坚持领导下，再接再厉，继续走在全国地方志工作的前列，不断创造出新的业绩和经验。

巩固和发展地方志工作的大好形势*

——在接受《中国社会科学报》专访时的谈话

（二〇一一年四月二十五日）

自《地方志工作条例》颁布以来，地方志事业出现了前所未有的好形势，同时也暴露出一些不足和问题。如何正视和逐步解决存在的问题，使地方志事业的大好形势不断得到巩固和发展，是摆在方志界面前的一大课题。就这个问题，中国社会科学院副院长、中国地方志指导小组常务副组长朱佳木近日接受了《中国社会科学报》的专访。

《中国社会科学报》：从第四次全国地方志工作会议召开到现在，已经过去了将近两年半的时间。在这段时间里，全国各地的方志工作取得了哪些新的成绩？

朱佳木：这两年多来，全国地方志系统在贯彻《地方志工作条例》及各地的地方志工作法制化建设方面迈出了新的步伐，第二轮修志工作得到了新的加强，理论建设和队伍培训工作有了新的进展，旧志整理和出版取得了新的收获，地方志资源开发利用工作获得了新的成效。国务院交办的《汶川特大地震抗震救灾志》编纂任务，要求高、头绪多、时间紧，在有关

* 这篇访谈曾发表于2011年5月3日《中国社会科学报》。

各方共同努力下，已陆续拿出初稿，开始进入总纂阶段。由人力资源和社会保障部与中指组联合进行的全国地方志系统第二次评选、表彰先进活动，受到各地高度重视，反响十分热烈。此外，中国地方志协会完成了换届工作，还与中华人民共和国国史学会等单位合作，举办了以“中国当代史研究与地方志编纂”为主题的学术研讨会。对方志学科建设具有重要意义的《方志百科全书》编纂工程终于启动。十集电视纪录片《方志中国》也在中央电视台黄金时段播出，扩大了地方志工作的影响。所有这些成绩的取得，是全国各级党委、政府关心、支持、指导的结果，也是各地及军队、武警系统方志人共同奋斗的结果。

《中国社会科学报》：您认为目前工作中存在哪些问题？

朱佳木：当前，地方志工作的主要问题是法制化、制度化建设有待进一步推进，体制机制有待进一步健全，理论研究和学科体系建设有待进一步加强，资源开发利用工作有待进一步深化，尤其是质量第一的原则有待进一步落实。《地方志工作条例》的颁布实施只是使地方志工作在国家层面有了法规，还需要各地制定实施细则或地方性法规予以贯彻。另外，有了法规和制度，各地各部门还有一个是否严格执行的问题。如果说前些年需要防止的主要倾向是对二轮修志不重视、迟迟不予启动的话，那么近些年来需要防止的主要倾向则是忽视质量、急于出书。现在一些地方之所以急于出书，原因有很多，其中不正确的政绩观的作用，不能不说是重要原因之一。全国二轮修志大体始于20世纪末、21世纪初，按照条例关于志书每20年左右编修一次的规定，其结束时间和第三轮修志开始的时间，应当在2020年左右。因此，二轮修志的时间还是充裕的。各地在部署任务、制定计划、设计篇目、组织队伍、开展培训、收集资料、起草初稿等方面要抓紧时间，要快，但定稿出书不要着急，要慢些，否则质量难以保证。陈奎元同志在第四次工作会议上指出："志稿形成后，要仔细推敲，反复打磨，广泛征求各方面意见，认真加以修改完善，不要为了赶进度、急于出版而降低志书的质量标准，更不能为限期完成任务而草率收场，使质量不高甚至粗制滥造的志书出版发行。"我们一定要抱着对人民对历史负责的态度，认真贯彻这一精神，把提高志书的编纂质量作为地方志工作头等重要的大事来抓，把质量第一的原则真正落到实处。

《中国社会科学报》：您在今年全国省级方志工作机构主任会议上的讲话中强调，要繁荣发展地方志事业，必须在前人宝贵经验的基础上不断创新。请问，创新主要表现在哪些方面？

朱佳木：现在，全国上上下下、方方面面都在谈创新。地方志工作要繁荣发展，同样离不开创新。地方志作为中华民族的优秀文化传统，从 2000 多年前连绵延续到现在，本身就是一个不断创新的过程。今后，仍然有需要创新也可以创新的空间。具体讲，我认为创新主要体现在或应当体现在九个方面，即制度创新、体制机制创新、工作内容创新、志书编纂创新、资料收集创新、质量管理创新、学科理论创新、方志资源开发利用创新、修志队伍组织与培训创新。在志书编纂创新中，还包括编纂指导方针的创新、篇目设置的创新、编纂体例规范的创新以及编纂方法的创新等。以上这些只是我在方志界同志多年实践基础上的归纳，其中很多创新举措是已经做了的或正在做的。应当看到，创新是一种艰苦细致的工作，不能随心所欲，更不可能一蹴而就。创新既要开动脑筋、解放思想，又要实事求是、深入调研；既要大胆探索、勇于试验，又要埋头苦干、不怕失败。只要把创新精神与科学精神、求实精神、虚心学习的精神、艰苦奋斗的精神、百折不挠的精神结合在一起，就会使地方志工作在原有基础上不断发展。

自从《地方志工作条例》颁布实施以来，各地各级党委、政府对地方志工作的重视程度普遍提高、支持力度普遍加大，地方志工作的内涵普遍扩大，二轮修志的进程普遍加快，地方志工作队伍的士气普遍增强。经验告诉我们，越是在形势好的时候，越要保持清醒的头脑，越要看到工作中的不足和问题，越要谦虚谨慎、兢兢业业地工作。只有这样，地方志工作才能不断迈上新台阶，地方志事业的大好形势才能得到巩固和发展。

把方志馆建成展示地情、国情的展览馆*

——在会见海南省方志办新主任时的谈话要点

（二〇一三年五月十五日）

近年来海南地方志工作在省委、省政府的重视和支持下，克服了人手少、任务重的困难，取得了很大成绩，全面完成了第一轮修志任务，启动了二轮修志工作，并已形成了良好的工作机制，尤其是建立了省志办对市县志稿进行严格审查验收的制度，充分体现了省志办对《地方志工作条例》认真贯彻落实的态度，为地方志工作机构全面履行职责树立了榜样。

编纂地方志的过程，是对地情国情进行深入、持久、全面调查的过程，可以说没有比地方志更全面、系统的地情、国情调研成果了。但遗憾的是，现在真正了解志书价值、充分发挥志书作用的人还不多。正因为如此，地方志工作机构更有必要做好开发利用地方志资源的工作。值得庆幸的是，我们赶上了信息化、网络化的时代和国力日益增强的时期，不仅可以将志书数字化、上互联网，还可以办方志网站，建方志馆。这两个新事物，是目前开发利用地方志资源最便捷

---

* 关于这篇谈话的报道曾发表于《中国地方志》2013 年第 7 期。当时，刚刚履新的中共海南省委党史研究室及海南省地方志办公室主任毛志华一行专程赴京汇报工作。朱佳木会见了他们，并就方志馆建设问题同他们进行了座谈。

最有力的手段。

关于如何建好海南史志馆的问题，我仅就其中地方志部分的布展工作提三点意见：

第一，找准定位，抓住核心。

现在要建的方志馆不应是地方志工作机构的名称，因为名称已经有了，就是地方志办公室；也不应是办公楼加图书馆，因为如果为了办公，用不着那么多面积，为了存放志书，可以和图书馆合并；也不应是修志知识的展览馆，因为这种展览全国有几个就足够了，不必每个省每个市都办。因此，所谓方志馆应当追本溯源，把它办成和地情办、地情书相对应的地情馆。就是说，办成展示地情国情的展览馆。这应当是方志馆建设的核心，只有牢牢抓住这个核心，才能使方志馆真正成为开发利用地方志资源的重要手段，面向社会、服务社会的文化设施，进行地情国情教育的教育基地。

第二，突出特色，避免雷同。

方志馆虽然也要存放一些志书和修志中积累的档案资料，但它不同于图书馆和档案馆；虽然也要运用沙盘、展板、多媒体等形式，但它不同于规划馆；虽然也要介绍历史、展示物品，但它不同于历史博物馆和自然博物馆。方志馆应当在布展中充分体现地方志的特色，那就是全面系统展示一个行政区域内的自然与社会、历史与现状，做到横中有纵、纵横交错。例如，方志馆的沙盘只介绍历史与现状，不必介绍规划（可为远景做些预留）；历史部分只介绍大事年表和重点事件、重要人物，不必面面俱到；相反，要多介绍一些其他场馆不大展示的东西，如气候、降雨量、资源及物产等等。总之，不要搞重复建设。

第三，解放思想，大胆创新。

要争取运用最新的高科技手段，通过沙盘、展板、模型、塑像、实物、多媒体等多种表现形式，让人们在较短时间内对本地区方方面面的情况有一个宏观和形象的了解。这当中沙盘的分量最重，可以说是整个展览的核心和关键。因此，一定要多下些功夫，选择有资质有经验的公司承建，精心设计，精心施工，利用声、光、电、多维、遥控、动漫等高科技手段，使人能宏观、直观、形象、生动地看到本地区的地形地貌、山川河流、行政沿革、城镇布局、基础设施。只要方志馆能起到生动展示地情国情的作用，能把城乡居民、中小学生、旅游者、打工者、经商者、投资者、求学者、出差者、考察团等等都吸引过来参观，它的申报立项、投资建设、场馆布展等工作就一定会得到有关领导、有关部门的大力支持。

（五）为会议和书籍写的贺信和序言

为“上海通”网站开通给上海市地方志办公室的贺信*

（二〇〇四年五月二十四日）

喜闻上海市地方志办公室“上海通”网站在上海解放五十五周年之际正式开通，我谨代表中国地方志指导小组表示热烈祝贺！

“上海通”网站充分运用了先进的计算机技术和网络通信技术，是上海市地情资料库建设的重要组成部分。它的建成开通，标志着上海市地方志工作走上了数字化、网络化、信息化的发展轨道，必将对上海市地方志事业的繁荣发展产生积极的推动作用。同时，它的开通也为全国地方志系统内部沟通信息、交流技术、传递经验、相互学习搭建了一个新的平台，是对地方志工作信息化建设做出的一大贡献。希望网站开通后能不断补充新的内容，并为各地地方志办公室网站的建立提供宝贵经验。

---

* 这篇贺信曾发表于《上海志鉴》2004 年第 4 期。

给广东省第五次地方志工作会议的贺信*

（二〇〇六年九月四日）

正值全国地方志系统学习贯彻国务院《地方志工作条例》之际，喜闻贵省召开第五次地方志工作会议，我谨代表中国地方志指导小组向会议表示热烈祝贺！

进入21世纪以来，在中共广东省委、省人民政府领导下，广东省各有关部门积极贯彻党中央和国务院关于地方志工作的方针政策，认真落实“一纳入、五到位”的要求，努力开展地方志各项工作，取得了很大成绩。目前，广东省第一轮修志即将收尾，第二轮修志已经全面开展，地方志事业被列入《广东省文化大省建设发展纲要》，地方志立法工作被列入省政府“十一五”立法规划，《广东省地方志事业2006—2010年发展规划》已经制定下发，全面收集、系统整理和出版广东历代旧志的工作正在有条不紊地进行，省方志馆的建设项目也已得到正式批准。所有这些成绩，都说明广东省委、省政府对地方志工作是高度重视、大力支持的，说明广东省地方志工作者对地方志事业是全力以赴、尽职尽责的。

广东省毗邻港澳，是我国改革开放的前沿，备受全国乃至

---

* 这篇贺信曾发表于《中国地方志》2006年第10期。

世界的瞩目。当前，广东省正在按照胡锦涛总书记视察广东时发表的关于广东要继续当好全国排头兵的重要讲话精神，稳步实施以“经济强省、文化大省、法治社会、和谐广东、实现全省人民的富裕安康”为阶段目标的发展战略。我相信，广东省地方志工作作为政府的一项重要的基础性工作和文化事业，一定能与广东的经济、社会事业同步发展，成为全国地方志工作的排头兵。

预祝大会在进一步学习贯彻国务院《地方志工作条例》，加强地方志工作机构与队伍建设，总结第一轮修志经验与推动第二轮修志，加强地方志信息化建设和地方志资源开发利用等方面，取得圆满成功！

祝广东地方志事业“十一五”发展规划顺利实施，并胜利实现预定目标！

《主编的印迹——段柄仁方志文丛》序*

（二〇〇八年四月）

从 20 世纪 80 年代大规模开展的首轮新编地方志工作目前已基本结束，并陆续进入第二轮修志。第二轮修志应当如何在首轮修志的基础上把工作做得更好一些，把志书质量再提高一步，是摆在全国近 2 万名专职地方志工作者和 10 余万名兼职修志人员，尤其是地方各级地方志工作领导者面前的一个严肃而紧迫的课题，也是我这个承担中国地方志指导小组常务工作的人经常思考的一个问题。正在这时，中国地方志指导小组成员、地方志编纂委员会常务副主任、《北京志》主编段柄仁同志将他的文集《主编的印迹——段柄仁方志文丛》（以下简称为《主编的印迹》）的书稿送给了我，并希望我能为这本书写个序言。我既没有编过志书，对方志学也没有研究，由我写这篇序言并非合适人选。但一来盛情难却，二来毕竟自己与地方志工作有一定关系，三来在和段柄仁同志的接触中感到，他是一个对地方志工作既十分热心又确有一些独到见解的同志，于是便答应下来。由于多年养成的习惯，给别人的书写序，一定要看书稿（这也是我之所以很少答应给人写序的原因）。因此，

* 这篇序言曾发表于《中国地方志》2008 年第 10 期。

我利用工作间隙，把《主编的印迹》断断续续看了三遍。这使我为写序做了必要的准备，也使我进一步了解了段柄仁同志的工作精神和观点，增长了地方志编纂的知识。

段柄仁同志的这部书稿，是由他近十年来担任北京市地方志编纂委员会常务副主任、《北京志》主编期间，有关地方志工作的讲话、发言、文章组成的，按照难题求解、编纂意见、志书评论、工作引导四个专题编排。但我感到，无论是讲话、发言、文章，还是难题求解、编纂意见、志书评论、工作引导，都始终贯穿着三条主线，那就是：第一，作为地方志编纂委员会的常务副主任，重视并善于总结首轮修志的经验教训；第二，作为志书的主编，肯于并勤于对志书编纂中的具体问题提出对策性的指导意见；第三，作为多年组织地方志工作的领导者，提倡并带头在方志理论研究上进行探索。我认为，这三条主线既是这部书稿的三大特点，也是提高第二轮志书质量的三个关键性问题。

先说注重总结。如果讲在首轮修志基本结束后的最初一段时间里，一些地方的主要倾向是认为地方志工作可以结束了，对启动第二轮修志持怀疑和观望态度的话，那么在近些年第二轮修志普遍启动，尤其是《地方志工作条例》颁布后出现的新的倾向则是，不认真总结首轮修志的经验教训，急于编书、出书。应当看到，中国虽有上千年的修志传统，有着丰富的修志实践经验，但那些实践和经验毕竟是古人的，而新编地方志的实践不仅有着鲜明的时代特色，而且完全属于我们这代人，是我们自己的亲身经历、亲自实践，无论是成功的经验还是不成功的教训，都属于我们自己。如果不深入总结，不认真消化，不注意新老传授，就不可能变成自己的宝贵财富，从而无法在第二轮修志中发挥作用。根据《地方志工作条例》，每轮修志间隔20年，如果第二轮修志大体从21世纪初开始算起的话，那么第三轮修志开始的时间大体应在2020年左右。因此，第二轮修志首先拿出一些时间总结首轮修志的经验教训，然后再编书、出书，是完全来得及的。如果一上来就匆匆忙忙编书、出书，第二轮修志的质量不仅不会比首轮修志提高，甚至还有下降的危险。在这方面，《主编的印迹》的大量论述，对我们肯定会有所裨益。

《主编的印迹》在反复强调“质量第一，不急于成书”的同时，用大量篇幅总结了北京市首轮修志的经验。书中既从修志组织工作的角度概括出了五条基本经验，即：党政领导重视，特别是党政一把手认识到位、领导到位；建立一支骨干稳定、敬业精神较强的修志队伍；选一两位本地区、本部门有威望、熟悉情况、思想水平较高、有组织领导和文字能力的同志担任主编；加强制度规范建设和审查验收工作；搞好后勤保障工作（见本书《历程、经验、问题》）。又从志书编纂的角度提炼出了需要处理好的12个关系，即新修与续修、进度与质量、新人与老人、政府与社会、写志与用志、编志与做人、真实与政治、选择与全面、主观与客观、共性与个性、历史与现实、继承与创新（见本书《第二轮修志的新形势和需要妥善处理的十二个关系》）。另外，书中还总结了首轮修志过程中的主要教训，如干部更换时没有及时向新任领导宣传地方志工作的有关知识，致使有些单位的工作处于打打停停、时断时续状态；机构改革时，有的修志机构被压缩、合并甚至撤销，致使一些修志骨干被分流或退休，多年采集的资料被分散或流失，造成修志的被动局面；很多单位对用志仅仅停留在口头提倡上，没有给用志创造良好的环境；修志工作在理论准备不足的情况下仓促上马，理论滞后于实践的问题比较突出，对实际工作的指导性不强；有的志书资料不完整，记述不全面，个别史料失实，选取材料存在主观片面性、随意性，观点不准确，议论不恰当，文字表达政治化、宣传化的问题（见本书《为高质量地锻造先进文化的基础工程做出新的贡献》）。

除了在客观层面上进行经验总结外，《主编的印迹》也在一些具体问题上总结了经验。例如，志书的体裁究竟是纲目体好还是章节体好，对这个问题，方志界历来存在不同看法。《主编的印迹》依据首轮修志的实践，对二者的优劣进行了具体分析，指出："纲目体的优点是容易编写，便于检索；缺点是内容难以区别轻重主次，层级不清，结构松散，缺乏内在联系。章节体的优点是内容分不同层次，轻重主次一目了然，结构严密，上下有连续性，左右有关联性，系统状态比较清晰；缺点是不太便于检索。从志书编纂体例的历史演变看，章节体逐步取代纲目体而形成了志书的主流。"书中还指出，选择章节体并非因编纂者的喜好，而是志书作为资料性著述的客观需求决定的，是由于资料性要求真实、准确、全面，著述性要求把资料放在特定系统中，以突显其类别、主次和传承。在作了上述分析后，《主编的印迹》得出结论，认为"对志书来说，章节体优于纲目体"（见本书《对第二轮修志几个问题的探讨》）。又如，编纂志书要特别注意哪几个问题，是方志界十分关心的话题，对此，《主编的印迹》也依据首轮修志的实践给予了回答。书中指出，首先要注意材料的真实性，一时搞不清楚的事宁可不写，不勉强迎合某种政治风向，不要只记成绩不写缺失；其次要注意材料的全面性、系统性、完整性；再次要注意在收集资料的同时，认真设计、充分讨论、反复调整、逐步充实志书的总体框架，做到大事不漏，要事不略，各种事件归位适当、编排合理（见本书《对编修〈北京市残疾人事业志〉的几点意见》）。正因为重视对首轮修志经验教训的总结，《主编的印迹》一书对第二轮修志肯定会起到重要的借鉴作用。

再说指导具体。新编地方志与古代修志一个显著的区别在于，古代一本志书往往出自一两个人或少数几个人之手，而新编志书都是众手成志，少则几十人，多则上百人参与撰写。这与首轮新编地方志修志时间跨度大有关，也与当代社会经济远比古代门类众多、内容丰富有关，是必然的，也是合理的。唯其如此，更显得主编作用的重要。现在一些志书质量不高，内容前后重复、左右矛盾、详略不当、良莠不齐，究其原因，很大成分出在主编不得其人，或虽得其人而没有到位上。从首轮修志看，一部县志至少上百万字，一部市志更有几百万字，一部省志动辄上千万字、几千万字。这样规模的书，如果主编只是挂名，不看书稿；或者知识准备不够，看了而看不出问题，不能做到事先提出具体的指导意见、事后提出具体的修改意见，更不用说亲自动手去统稿。那么，志书质量不高便是意料之中的事了。与此相反，《主编的印迹》充满对于志书编纂富有真知灼见的具体意见，为地方志工作系统大大小小的主编们树立了一个很好的榜样。以下试举几例。

其一，志书的总述如何写，就是一个具体的普遍会遇到的问题。《主编的印迹》从总述的目的、写法、特点三个方面，提出了指导性意见。指出，总述的目的是给读者阅读志书起提纲挈领、客观认识和思想引导的作用；写法上可以是对志书所述历史的简要介绍，也可以是对志书主要内容和编纂结构的简要介绍；特点是综合性、思想性、概括性的统一，是介于志书和史书之间、有叙有论、观点鲜明的论著（见本书《说说地方志的总述》）。

其二，人物志是志书中撰写难度较大的一种，古人就说过：“修志之难，难在于人物。”《主编的印迹》没有回避这个难题，而是迎着难题上。在人物入志的方式、原则、标准、写法等几个方面，都拿出了具体意见。归纳起来，这些意见主要有以下几点：首先，关于入志方式。“生不立传”不等于“生不入志”，活人入志可以采取以事系人，即在记载事件时把相关人物带出来，略作生平介绍的办法。也可以采取分门别类，搞生平简介的办法。其次，关于入志原则。一是要先确定总量，在总量控制下选择；二是要厚今薄古，现代人入选多于古人；三是要适当照顾在本地出生和活动的名人（针对首都而言）。再次，关于入志标准。一是要看对历史影响的大小，无论是功绩卓著的伟人还是恶行累累的坏人，只要是名人，对历史起过重要作用的，都应入志；二是要看在每个行业中的地位，不能只重政治，而轻文艺、轻学术、轻民间；三是现代政治人物入志要有“硬杠杠”，标准要明确具体，具有唯一性。最后，关于入志的写法。对每个人物介绍都要有统一的、规范的要求，规定必须有的要素，如姓名，性别，籍贯，民族，生卒年，出生地，主要学历、经历、思想和影响，有定论的历史评价等等，也要规定不能用的内容，如形象化的描写，编者的议论和评价等等（见本书《对第二轮修志几个问题的探讨》、《撰写〈人物志〉的难度》《关于编纂〈北京志·人物志〉的意见之二》）。

其三，图片如何编排也是修志中普遍遇到的问题。许多编者要么对图片入志不重视，没有广泛搜集、精心制作；要么选择标准不当，过多使用各级领导人的标准像或视察照、会议照，政治化倾向突出；要么编排不科学，没有和文字搭配好。针对这些问题，《主编的印迹》提出，志书编纂一开始，就要把图片纳入计划，广泛搜集，周密设计，使图文一体，相互映照；要多选择和制作一些示意性、社会性、文化性的图片，如疆域图、城池图、山川图、规划图、风景照、文物照、古迹照、美术作品照等等，少选和不选会议照和领导人的标准像，尤其不能把志书变成编纂时在任的地方主要领导人的宣传册（见本书《对第二轮修志几个问题的探讨》《关于编纂〈北京胡同志〉的意见》）。

另外，《主编的印迹》中还收入了对编纂北京志的《中央机构志》《共产党志》《政府志》《自然环境志》《科学技术志》《亦庄经济技术开发区志》《胡同志》《云居寺志》《明十三陵志》《著述志》等志书的意见。从这些意见中也可看出，段柄仁同志对志书编纂的指导是十分具体、十分细微的。例如，他在审读《政府志》稿后提出，要调整篇目结构，补充“经济管理”“城市建设”“社会管理”三篇，同时撤销原有的“专记”篇，把其中的四章十七节的内容分别纳入其他各篇正文。再例如，他在审读《胡同志》初稿后提出，封面设计应当突出胡同，让人一看就知道是讲胡同的书；后记与概述重复的内容要删去，只记编书过程的感触、答疑和为此书做出贡献的单位与个人；图片过多，重复的、反映外地的可删去，反映宏观的应放大；文字要规范，每个条目分多少个自然段要有统一标准（见本书《关于〈北京志·政府志〉的修改意见》《关于〈北京胡同志〉初稿修改的意见》）。

再说勇于探索。连续不断地编修地方志是中国独特的文化传统，至今少说已有上千年历史。在这个过程中，有不少关于方志编纂的理论著述，有的甚至达到很高的水平，被公认为方志学的权威。但毋庸讳言，用现代科学的标准衡量，无论古代方志学还是新方志学，都没有形成独立、完整、系统的方志学学科体系。正因为如此，目前国家公布的学科专业目录中仍然没有方志学，高等院校中除个别开设方志课、方志班外，也基本没有方志专业、方志系；也正因为如此，当代地方志工作者的一个历史使命是，在编纂地方志的同时，加强对方志理论的学术研究，努力构建合乎科学规范、反映时代特点的方志学学科体系。在这方面，《主编的印迹》同样进行了大胆扎实的探索，提出了一系列独到的、有益的见解，给方志界尤其是有志于方志理论研究的同人带来了一股清新的空气。

例如，地方志的作用究竟是什么，是否可以“推动扩大开放，融入世界经济合作”“为治国方式和模式提供依据”，能否说它应“揭示社会主义社会经济发展的基本规律”“反映城市和小城镇建设的普遍规律”？方志学的学科理论体系应由哪些内容组成，能否说其核心内容是政治理论、基础理论、应用理论“三位一体”？对于这些问题，《主编的印迹》都依据对志书属性的基本认识，做出了实事求是的回答。书中指出：地方志是地域性著述，难以为治国方式提供依据；地方志是资料书，不承担揭示规律的任务；方志学“三位一体”所说的三个理论不在一个层次上，难以成立，应当把政治理论纳入基础理论，同时增加编纂理论。这些意见在学术界充斥“拔高”“浮夸”之风的今天，能够直截了当地提出来，反映了作者对理论问题的严肃态度和理论争鸣的勇气，实在是难能可贵的（见本书《方志学的理论架构及其他》）。

尽管地方志已经编纂了上千年，但志书究竟是什么，仍然众说纷纭。这个问题不解决，不仅方志学要成为一门学科不可能，就连志书编纂体例、体裁都难以确定下来。对此，《主编的印迹》从志书与百科全书、词典、史书，以及人物志与人物传区别的角度，进行了深入探讨。书中指出，百科全书虽然也要求资料的真实准确，但它追求的不是资料性，而是知识性，质量高低的重要标准是知识的丰富性，因此它是“书”不是“典”；辞书、词典虽然也用纲目体，但其基本单元是词条，只要求说明“是什么”，不要求说明“为什么”，所追求的是提示性，因此它是“典”不是“书”；史书虽然也多用章节体，但它是通过对史料的研究去探索历史发展的必然趋势，所追求的是规律性，对资料的运用是为观点阐述服务的，因此它是“史”不是“志”。另外，人物传虽然也要以真实史料为依据，但它是以作者对传主的主观认识为主，可对人物及其史实发议论、作评价，挖掘其内在的精神境界；而人物志则只能依据真实史料对人物作客观介绍，不能引申发挥，不必从作者角度去评价人物的功过是非，因此是“志”不是“传”。正是通过这些比较，《主编的印迹》阐述了对志书特殊属性的认识（见本书《对第二轮修志几个问题的探讨》）。

讲政治与讲真实究竟应当是什么关系呢？这在方志界是经常遇到的一个实际问题，同时也是一个理论问题。因为，一方面，讲政治是社会主义社会新编地方志的一条重要原则，也是自古以来所有志书撰修者自觉或不自觉遵循的原则，区别只在于，我们今天所要讲的政治是以马克思主义为指导，维护人民群众的根本利益及其最重要的保证——社会主义制度；而封建时代所讲的政治是以那个时代统治阶级意识形态为指导，维护封建阶级的根本利益及其最高代表——皇权。另一方面，讲真实也是地方志的一条重要原则，而且从一定意义上讲，是更为重要的原则。离开了真实性，志书便失去了存在的价值。究竟应当如何看待和处理它们的关系，对这个问题，《主编的印迹》照样没有回避，而是迎难而上。作者首先肯定，志书是意识形态，讲政治是题中应有之义，对于先进的阶级来说，讲政治与讲真实是一致的，并不矛盾，“求真应当是讲政治的本质特点”；然后又指出，我们所说的讲政治不等于“政治化”，不等于只“唱赞歌”，更不等于只唯上、唯书，所说的讲真实不等于事事求全、面面俱到，也不等于不讲保密纪律。通过这些分析，《主编的印迹》从理论和实际的结合上，比较全面地说清了讲政治与讲真实的关系（见本书《讲政治与讲真实》）。

段柄仁同志在《主编的印迹》的“前言”中戏称，他的这部文集是担任北京市地方志编纂委员会常务副主任、《北京志》主编十年的“副产品”，是十年“垒堵墙”。但我想，全国从省、自治区、直辖市到市、地区、自治州，再到县、区和县级市，有数千个地方志编纂委员会，上万部地方志书，但地方志编纂委员会的主要领导人和地方志书的主编，在自己担任这一职务的期间能产出这样的“副产品”，垒出这样的“墙”来的，恐怕不多。段柄仁同志兼任北京市地方志编纂委员会常务副主任时，其主要职务还是市委常委、秘书长；后来兼任《北京志》主编时，仍在市人大常委会副主任的任上，政务不可谓不忙。但就是在他负责地方志工作的这几年，北京市首轮修志的进度由原先占全国倒数几位，迎头追赶，到今年已大约可全面完成。为什么他能一面从事政务工作，一面对地方志工作抓得这样紧、这样具体，而且还能进行经验总结、理论探索呢？这固然与他的志趣情操有关。但我想，这更与他的事业心、责任心相连，是他的正确政绩观的一种表现。尤其在他从市级领导岗位上退下来后，没有从事人们所向往的经济部门顾问一类“实惠”的职业，而是全身心投入到编纂地方志、百科全书、辞典这类既劳神又寂寞的“爬格子”“钻故纸堆”的事中，这说明他确实是把地方志工作当成事业在做。正如有人讲的那样，他“不求做亿万元富翁，只求做亿万字富翁”。

人们常讲，地方志工作要“一纳入、五到位”，其中的第一个“到位”就是领导到位，这是做好地方志工作、保证志书质量的关键所在。一些地方的地方志工作之所以搞不好，志书质量之所以提不高，究其原因，根子往往在于编委会的主要领导人和志书的主编“不到位”，“只挂帅不出征”，当“甩手掌柜”。如果方志界多一些像段柄仁同志这样的领军人物，多一些“在其职，谋其政”，对地方志编纂从组织领导到编写指导、审稿修改都真抓实干、倾注心血的人，何愁第二轮修志的质量得不到保证，得不到提高。

《主编的印迹》并不是也不可能是所有的观点都对，其中也有可以商榷的地方。对此，相信读者自会辨别长短。但我认为从总体上说，它是一本言之有物、给人启发的书，很值得方志界的同人一读。

《辛亥革命福建英杰图志》序*

（二〇一一年九月八日）

为了纪念辛亥革命一百周年，福建省地方志编纂委员会的同志早在两年前就开始着手编纂《辛亥革命福建英杰图志》（以下简称《图志》）。现在，这部书即将付梓，嘱我作序。我并非辛亥革命史研究领域的学者，很难在这方面发表什么意见。然而作为一名地方志系统的工作者，我确实可以也应当写几句话，向《图志》的出版表示祝贺。

辛亥革命从酝酿到兴起到高潮的整个进程，都能看到福建籍志士的身影。他们中有的很早就开始追随孙中山先生，或发起或参加反清革命组织，开展革命宣传，为革命捐资筹款；或策划或参加武装起义，并往往冲锋在前，为推翻清王朝专制统治、缔造共和不惜抛头颅、洒热血。他们中还有的热情参与中华民国的筹建，为立法建制出谋划策；积极响应和参加讨袁的“二次革命”，捍卫民主共和的成果。其中最令人称道的事例，是参加广州“三二九”起义的130多人中，福建籍义士竟占40多位；被誉为“黄花岗七十二烈士”的人中，福建籍烈士有名有姓的就有19位之多。最令人感动的故事，是林觉民烈士赴

---

* 这篇序言曾发表于《中国地方志》2011年第11期。

义前给妻子写绝笔信，以及方声洞烈士和其哥、嫂、姐、妻一家“举族赴义”。但至今为止，还没有一本全面介绍福建在辛亥革命中作用的书籍。因此，用《图志》的形式把福建英杰们的事迹记录下来，彰显他们在那场革命中发挥的重要作用，是一件很有意义的事情。这是我要向《图志》出版表示祝贺的第一个理由。

无论进行史学研究还是地方志编纂，史料都是头等重要的依据。同时，志书并不是单纯的史料堆积，而是史料性著述。这就要求地方志工作者高度重视对史料的收集、整理、辨析和编纂。对于辛亥革命的研究，早在那场革命尚未结束时就已经开始了，至今仍在持续进行。这些研究工作挖掘和保存了大量史料，使我们能够比较完整清晰地了解革命的全过程。但是，由于主客观的种种局限，并不是所有承载历史信息的资料都进入了人们的视野。另外，随着时间的推移和研究的深入，又有许多新鲜史料不断被人们挖掘出来，需要史志工作者继续深入研究。福建地方志编委会的同志通过广泛、深入、细致的搜集、整理、辨析史料，使这部《图志》在辛亥革命的史料方面，大大前进了一步。其中，搞清楚了一些过去不大清楚的史实，披露了过去没有披露过的档案，刊用了过去没有刊用过的老照片，还发表了不少为了生动再现福建籍志士们在百年前那场革命的事迹而补拍的文物，以及他们成长、战斗过的地方的图片。这些史料如果不抓紧时间搜集、整理、辨析，过十几年、几十年再来做这件工作，难度无疑会更大，有的甚至会留下无法弥补的遗憾。从这个角度看，《图志》的编纂也是很有意义的一件事。这是我要向《图志》出版表示祝贺的第二个理由。

福建地方志编委会的同志在编纂这部《图志》时，不仅借鉴了中国传统图经（或称图志、图记）的编纂形式，也运用了条目体的编纂形式。据我所知，在已出版的志书中，把这两种编纂形式结合在一起的还不多见。我们现在正大力提倡用创新精神推进地方志工作的发展，《图志》编纂中的这种结合也可以说是在志书编纂体例和方法上的一种创新吧。这是我要向《图志》出版表示祝贺的第三个理由。

最后，我希望福建省地方志编委会的同志以《图志》出版为契机，再接再厉，埋头苦干，与时俱进，开拓创新，为繁荣和发展地方志事业，为凝聚民族精神、增强中华文化的软实力，不断做出自己新的贡献。

给第八次安徽省地方志工作会议的贺信*

（二〇一一年十二月十二日）

安徽省地方志办公室并转安徽省地方志工作会议：

值此安徽省地方志工作开展30周年和第八次全省地方志工作会议召开之际，我谨代表中国地方志指导小组和陈奎元同志表示热烈祝贺！并向一贯重视、支持地方志事业的安徽省委、省政府，以及各级党委、政府的历任领导表示崇高敬意！向长期关心、帮助地方志工作的各有关部门和各界人士表示衷心感谢！向省地方志办公室全体同志，并通过你们向全省广大方志工作者表示亲切慰问！

安徽省地方志事业开展30年来，广大方志工作者在省委、省政府的正确领导下，以邓小平理论和“三个代表”重要思想为指导，深入贯彻落实科学发展观，默默耕耘，无私奉献，锐意进取，积极工作，做出了显著成绩，取得了丰硕成果，为改革开放和现代化建设提供了有益历史借鉴，为子孙后代留下了宝贵文化财富，为促进安徽“经济强省、生态强省、文化强省”和地方志事业的繁荣发展发挥了积极作用。与此同时，安徽省地方志系统形成了一支素质高、作风好的修志队伍，涌现

---

* 这篇贺信曾刊登于《中国方志通讯》2012年第2期。

出一批具有学术影响力的专家、学者，积累了丰富的工作经验，为地方志工作的可持续发展奠定了坚实基础。

不久前胜利召开的党的十七届六中全会，决定深化文化体制改革，推动社会主义文化大发展大繁荣；提出坚持中国特色社会主义文化发展道路，努力建设社会主义文化强国；强调大力发展哲学社会科学，使之更好地发挥认识世界、传承文明、创新理论、咨政育人、服务社会的重要功能。这对于作为社会主义文化事业和哲学社会科学组成部分的地方志事业来说，不仅具有重要的现实指导意义，而且提供了难得的发展机遇。希望安徽省地方志系统的同志认真学习领会全会精神，牢牢把握历史机遇，借助第八次全省工作会议的东风，把安徽省地方志工作再大大向前推进一步，在全面贯彻《地方志工作条例》、切实提高志书质量、认真开展年鉴工作、不断创新方志资源开发利用途径、大力加强理论研究和学科建设、充分发扬“方志人”精神等各个方面，都取得新的更大的成绩，继续走在全国地方志工作的前列。

最后，祝会议圆满成功！

给浙江省地方志工作电视电话会议的贺信

（二〇一二年二月五日）

浙江省人民政府地方志办公室：

欣闻浙江省地方志工作电视电话会议召开，我谨代表中国地方志指导小组和陈奎元同志，向会议的召开表示热烈祝贺！并借此机会，向多年来一直关心、支持地方志工作的浙江省委、省政府，以及各级党委、政府的历任领导及相关部门，表示衷心的感谢！向浙江省地方志工作者致以崇高的敬意！

这次会议是在浙江省委、省政府的殷切关怀下召开的，是浙江省委、省政府贯彻落实中共十七届六中全会精神、推动社会主义文化大发展大繁荣的重要举措。浙江省素有“文献之邦”“方志之乡”的美誉，是全国现存旧志最多的省份之一。改革开放以来特别是近年来，浙江省委、省政府高度重视文化建设，率先提出建设文化大省的战略构想，极大地推动了浙江省文化的发展，也促进了浙江省地方志事业的繁荣。

浙江省新编地方志工作自 20 世纪 80 年代初开展以来，取得了丰硕成果。据不完全统计，全省编修的省、市、县三级志书，乡镇村志，街道志以及各级部门志，专业志，山水志，特产志，寺观志等共有 2000 余种，总字数约 10 亿字。省、市、县大多开展了综合年鉴的编纂工作，且在质量上处于全国的前列。省地方志办公室和杭州、宁波、萧山、义乌等市县的地方志工作机构，近年还大力开展了旧志整理工作，整理出版的《宋元浙江方志集成》、清雍正《浙江通志》、民国《重修浙江通志稿》等旧志和地方文献，极具史料价值和研究意义。在读志用志方面，浙江省方志工作者通过网站、期刊以及志书、年鉴数字化、音像化等途径，极大拓宽了地方志资源开发利用的渠道。由省地方志办公室编写的《浙江 60 年发展历程纪实》丛书、《浙江改革开放三十年大事记》、《浙江历史大事记》等著述，在浙江经济社会和文化发展中发挥了重要的咨询作用。

当前，随着《地方志工作条例》的颁布和深入贯彻，地方志事业出现了前所未有的好形势。我希望浙江省地方志系统的同志能抓住全党全国正在贯彻落实中共十七届六中全会精神、推动社会主义文化大发展大繁荣的有利时机，发挥优势，乘势而上，把浙江的地方志工作再推上一个新的台阶，在坚持依法修志、强化行政推动力度、开展第二轮修志、提高志书质量、开发利用地方志资源、加强方志理论研究等方面，采取新举措，取得新突破；在服务浙江的政治、经济、文化、社会建设和建立现代方志学学科体系等方面，做出新的更大的贡献。

祝大会圆满成功！

《松江邦彦画传》序

（二〇一三年十一月十五日）

2011年10月我到上海松江区调研地方志工作时，看到了《邦彦画像》石刻的拓本，并听区方志办同志说，他们已决定在对松江旧志整理的基础上，与南京博物院合作，出版一本集石刻本、册页本、人物传记为一体的《松江邦彦画传》。对此，我深以为然，并期待着这一计划的早日实现。现在，这部图文并茂的作品在地方志工作者和文物工作者的共同努力下，在各有关部门的大力支持下，即将由“中华再造善本工程”定点影印单位——华宝斋富翰文化有限公司印刷、西泠印社出版社出版了。听到这个消息，我感到十分高兴，因为它不仅是历史文献保护与研究的一个盛举，也是开发利用地方志资源，发挥地方志服务社会作用的又一个成功范例，实在值得祝贺。

《邦彦画像》是清代康熙乾隆时期著名人物肖像画家徐璋的代表作，其中囊括明代松江府所辖华亭、上海、青浦三县状元、进士、举人等杰出人物的画像及其小传，被誉为“松江三宝”之一。据考证，该画册最初画有约一百多位人物，现在仅存99幅画像，内含100个人物。清光绪年间，有人又将画像刻于石上，藏在松江府学明伦堂，后移置醉白池公园。但这个石刻本的题款过于简单，而藏于南京博物院的册页本又是常人难得一见的国家一级文物。因此，将石刻本、册页本合在一起出版，并通过志书对每个人物的简历加以考证补充，使它们珠联璧合、相得益彰，这无论对于发挥文物的实用价值、普及人们的文化知识，还是对于补充上海古代史研究的史料，都是很有意义的。

《松江邦彦画传》是一部具有文物价值、学术价值、艺术价值的精品力作，也是一部生动形象的乡土教材，它的出版必将在学术界、方志界、艺术界和松江父老乡亲中引起热烈反响。我希望上海市松江区方志办公室以此为契机，进一步开发利用地方志资源，更好地发挥地方志存史、资治、教化的功能，不断为中国特色社会主义建设和社会主义文化大发展大繁荣做贡献。

《军事志概论》序

（二〇一三年十一月二十二日）

绵延不断地编修地方志是中华民族优秀而独特的文化传统，在这个过程中，军事始终是志书编修的重要目的和内容，后来更出现了独立的军事志。新中国特别是改革开放的历史新时期，中华民族的这一文化传统得到了极大发扬，不仅中央一级建有地方志工作的指导机构，省、市、县三级建有专事修志的工作机构，而且规定地方志每隔20年续修一次；不仅各级地方志书都把军事作为其分志之一，而且解放军还成立了全军军事志指导小组，在省军区、军分区、人民武装部三级独立开展编修军事志的工作。30多年来，军事志经历了两轮编修，仅第二轮修志启动至今，就已出版军事志书3000余部、军事年鉴500余部、军事大事记近2500部。在此基础上，全军修志人员还开展了军事志的基础理论和应用理论研究，产生了众多研究成果。由南京军区司令部编研部陈赋斌部长主持的全军军事科学规划的立项课题——《军事志概论》，便是其中的最新成果，而且是关于军事志理论的首部专著。

《军事志概论》把军事志的基础理论与应用理论、编纂方法与宣传和开发途径、编纂组织管理与人才培养等问题结合起来研究，基本理清了军事志发端、发展的历史脉络，全面总结了第一、二轮军事志编修的经验教训，系统提出了军事志的编纂原则、框架设计、体例规范以及篇章撰写、质量管理、队伍建设的基本要求，深入探讨了军事志宣传和资源开发的手段问题，详细阐述了军事志信息化的内涵、特征、建设规划和管理系统设计，突出强调了军事志服务国防和军队现代化建设的目的性，及对于保存历史资料、提供决策借鉴、加强全民国防教育、培养当代革命军人核心价值观的重要作用。因此，它既是一部学术著作，也是一本普及读物；既深化了对军事志性质、功能、编纂原则和方法、未来发展方向等问题的认识，也有助于广大地方志工作者开阔眼界和军事爱好者增长知识。

2006 年国务院颁布的《地方志工作条例》规定，县以上地方人民政府负责地方志工作的机构，职责之一是“推动方志理论研究”。这是因为，第一，方志理论不仅包括方志学，也包括地方志的编纂方法、组织管理、资源开发利用、工作拓展等方面的理论性问题；不仅学者需要研究，广大修志工作者也应当研究。第二，地方志编纂虽然属于文化性质的工作，但从认识论角度看，它又是一项实践活动，要把这种实践活动中产生的感性认识上升到理性认识的高度，只能通过去粗取精、去伪存真、由此及彼、由表及里的理论研究。第三，随着时代的发展和社会分工的增加，新编地方志工作机构组织管理方面的职能日益突出，但不管怎样，这一工作都是建立在修志基础之上的，地方志工作机构中无论是从事编纂业务的还是进行组织管理工作的人，只有了解和掌握地方志的性质和志书编纂的规律，才能把志书编好，把修志的组织管理工作做好。正是由于这些原因，从事地方志工作的同志应当积极参与到方志理论研究中去，而且具有从事方志理论研究的一定优势。在这方面，《军事志概论》一书主编陈赋斌同志为我们树立了榜样。他从事军事志工作 15 年，具有丰富的修志经验，为了完成军事志理论研究中这一具有开创性的课题，率领课题组同志耗时 3 年，五易其稿。他们这种不辞辛苦的钻研精神和勇于探索的创新精神，不仅值得军事志工作者学习，也值得广大地方志工作者学习。我祝愿他们再接再厉，在军事志编纂和理论研究两个领域都能取得新的更多的成果。

（六）在中国地方志指导小组办公室会议上的讲话

练好内功，提高效率*

（二〇〇二年一月三十日）

为适应地方志工作形势的发展变化，指导小组办公室要把加强理论研究作为重要职责，以便更好地担负起指导小组参谋助手的任务；同时，要减少中间层次，以便进一步提高工作效率。为此，经中国社会科学院党组决定，今后指导小组正副秘书长要与指导小组办公室正副主任合一，方志出版社要归指导小组办公室领导。要做到领导制度健全，决策民主化、制度化、科学化。

2002 年指导小组办公室的工作，当务之急要办好以下三件大事：

第一，抓紧传达与落实贯彻指导小组三届一次会议和全国地方志第三次工作会议精神的有关工作。

及时将李铁映同志讲话、会议纪要、工作报告、总结讲话印发各地，并向国务院、中共中央办公厅、国务院办公厅、中共中央宣传部写出有关会议情况的报告；将会议文件摘要刊登

---

* 这篇讲话是根据《中国方志通讯》2002 年第 2 期《中国地方志指导小组常务副组长朱佳木同志在中国地方志指导小组办公室全体人员会议上对指导小组所属机构改革及 2002 年工作作重要指示》的报道整理而成的。

在《光明日报》和《中国社会科学院院报》；通过新华社参编部编发几期关于地方志工作的动态清样，供有关党政领导参阅；另外，还要根据各方面的意见，抓紧修改《关于全国地方志工作的若干规定》，待成熟后，连同指导小组副组长毛福民同志的说明一并发至各地，继续征求意见。必要时要召开小型会议，了解各地贯彻两个会议精神的情况和工作中存在的有关问题。

第二，抓紧制订今明两年的工作计划。

今年的任务十分繁重，必须做好规划安排。比如，今年或明年上半年要召开首轮修志工作总结表彰大会，地方志协会要换届，方志馆要争取立项，《中国方志通鉴》等教材要编写，要办修志人员培训班等。这些都有大量前期工作和具体工作要做，如果不提前计划好，或考虑不细致、不周到，工作就会受影响，甚至被耽误。

第三，抓紧搞好自身建设。

自身建设的内容很多，有制度建设、队伍建设、业务建设、作风建设等。这些不能齐头并进，更不能一蹴而就，但每年总要有所前进。办公室在努力做好指导小组交办的各项任务的同时，要从以下三个方面加强自身建设：

1. 要根据办公室的工作方向，重新调整内部机构，明确各自职责，并相应调整干部，特别是要积极稳妥地从外单位调入或从应届毕业的硕士、博士生中招收一些立志从事地方志工作并学有专长的人进来，切实加强自身的业务建设。

2. 要经过充分酝酿和民主选举，产生办公室第一届机关党委，以切实加强自身的思想建设、组织建设。

3. 建立健全工作制度，整顿规范工作秩序，切实转变工作作风，提高工作效率，以切实加强自身的作风建设、制度建设。对国家有关制度规定，都要不折不扣地贯彻执行，做到有章必依，违章必纠。凡是制度上有空白的，要区别轻重缓急，着手建章立制，堵塞漏洞。要将全国方志界的工作动态编成简报，印发有关领导和部门。

地方志事业是关系民族文化传承、社会主义制度巩固、经济与社会发展的千秋大业，方志工作是专业性和政治性很强的一项工作。在地方志办公室工作，要求高，责任重，待遇低。大家在这里埋头苦干，是很不容易的，是要有一定觉悟的。希望大家在指导小组领导下，一如既往，继续坚持讲学习、讲政治、讲正气，认真实践“三个代表”重要思想，练好内功，团结奋斗，扎实工作，开拓进取，为开创新世纪地方志工作新局面做出自己应有的贡献。

加强自身建设，担负历史使命*

（二〇〇三年三月二十日）

这次会议本应在去年年底召开，因为各种原因推迟到现在。我想利用这个机会，讲以下几个问题：

第一，关于单天伦和秦其明同志的交接班问题。

早在前年筹备地方志指导小组换届时，中国社科院考虑原来的几位秘书长大部分年龄过线，要退下来，因此决定单天伦同志再留任一年，作为新秘书长接任前的过渡。一年来的事实说明，单天伦同志的过渡任务完成得很好。他现在虽然由于年龄原因退了下来，但还在担任地方志协会的常务副会长。我希望他在这个岗位上仍能一如既往，继续发挥好余热。秦其明是一位有着丰富工作经验的同志，我希望他接任秘书长的职务后，要当好指导小组办公室新领导班子的班长，团结和带领大家，把方志办的工作再推上一个新台阶。同时，我也希望大家维护以秦其明同志为班长的这个新的领导班子，这是我们搞好工作的最重要的条件之一。

第二，关于贯彻指导小组三届二次会议精神问题。

不久以前，中国地方志指导小组召开了三届二次会议，李

* 这篇讲话曾发表于《中国地方志》2003 年第 4 期。

铁映同志在会上做了重要讲话。他指出，当前和今后一个时期，地方志工作的中心任务是学习和贯彻党的十六大精神，这就要求我们拓宽地方志工作的思路，在理论和实践、内容和形式、方法和手段等方面，不断创新，开创地方志工作的新局面，用我们的工作成果为全面建设小康社会服务，使志书真正发挥资政、育人、弘扬和培育民族精神的作用。李铁映同志在讲话中还强调，编修志书必须把质量放在第一位；把地方志工作的队伍建设作为今后一个时期的工作重点；把用志摆在与修志同等重要的位置，加大用志工作力度；加快数字化建设，通过互联网发布有关地方志的信息，以供社会使用。这些也是指导小组三届二次会议的主要精神。对此，办公室的全体同志一定要深刻领会，认真调研，逐条落实。比如，如何提高志书质量和如何加强修志队伍建设、提高修志人员素质的问题，看似两个问题，实质是一个问题，而且是涉及全局性和长远性的问题。我们要在这个问题上拿出对策性意见，就要先搞调研，了解全国方志队伍的现状，存在的实际问题，包括目前2万人的专职队伍的年龄、学历、职称的状况等等。只有先把情况摸清楚，才可能在加强队伍建设的问题上拿出切实可行的办法。另外，对于志书质量上存在的问题，我们也要认真调研，弄清楚哪些问题是体例的，哪些是政治的、史实的、表述上的。然后，根据了解到的情况，向指导小组提出确有见地的建议。搞好调研有难度，要下功夫，花力气，但只有这样做，才能使指导小组名副其实，才能真正起到指导的作用。各省的地方志机构主要任务是研究本省的问题，对整个国家地方志工作中带共性的问题、宏观性的问题，主要要靠我们来研究。当然，光靠我们也不行，我们还要动员和组织广大地方志工作者和相关学科的专家、学者共同来研究。但无论怎样，这项工作总要以我们为主来进行。这是指导小组办公室义不容辞的责任，也是落实三届二次会议精神的题中应有之义。

第三，关于加强指导小组办公室自身建设的问题。

今年办公室工作计划中有一条，就是要加强自身建设，我认为这是完全正确的。我经常跟办公室的领导同志讲，要“先治窝，后治坡”。这是借用以前大寨那句“先治坡，后治窝”的话，反过来说的。意思是先要把自己的机关整顿好，然后再对外开展工作。因为只有把自己内部搞好了，理顺了，做强了，才有可能去指导别人。今年社科院工作会议很快就要开了，其中一个主题就是要办好研究所。李铁映同志多次指示我们，方志办对内要按照研究所来办。这句话说得非常正确，也非常准确。当然，这是针对指导小组办公室说的，并不包括各地的方志办。但其精神，我认为也适用于各地的方志办。因为方志办虽然具有行政职能，但他们并不是纯粹的行政部门，如果单纯按行政部门来办，是肯定办不好的。现在有的方志办只起一个组织写稿的作用，没有参与具体编修，甚至稿子汇齐后也是请别人去审，这样搞，志书质量是很难保证的。所以，方志办，首先是指导小组办公室的工作，应当建立在研究的基础上，对内要按研究所的标准来办。同时，其他工作也要从基础抓起，比如搞好制度建设、队伍建设、作风建设，以便使机关工作逐步走上制度化、规范化、程序化的轨道，更好地履行国家赋予的行政职能。

党的十六大以来，中央又召开过几次重要会议，发布了一些重要文件。其中最重要的有十六届二中全会和刚刚开过的人大、政协两会，还有胡锦涛同志在西柏坡学习考察时的讲话。这些会议和文件虽然是面对全党、全国的，但其中许多重要精神，尤其是关于要牢记“两个务必”、发扬艰苦奋斗的精神，对于我们来说也同样适用。十六大提出全面建设小康社会，到2020年国民生产总值要再翻两番。实现这一宏伟目标，需要我们各行各业都发扬艰苦奋斗的精神。现在提倡艰苦奋斗，我理解并不是要人们回过头去过苦日子，而是要人们在工作中不怕苦，肯吃苦。比如，在工作中要勤于动脑；要认真负责，一丝不苟，精益求精；要甘于寂寞，不追逐名利；要在必要时加班加点，并且不计较报酬等等。这些我认为都叫艰苦奋斗，要搞好办公室的自身建设，就要提倡这些精神。只有这样，才能承担起第三届指导小组的历史使命，才能完成指导小组交给办公室的各项工作任务。

第四，关于本届指导小组的工作目标问题。

本届指导小组任期五年，到今天已经过去了一年零三个月。我常常想，每一届指导小组都有自己的历史使命，本届指导小组到底有哪些使命呢？我考虑，有以下几件事是应该做也必须做的：

1. 要最终完成第一轮修志，并且全面启动第二轮修志。

2. 要使地方志工作向制度化、法制化迈进。最低目标是争取在国务院那里颁布一个关于地方志工作的法规；最高目标是草拟一部关于地方志工作的法律，争取拿到人大常委会去审议。

3. 要使修志队伍的素质有一个明显的提高。这个任务虽然不便于量化，但可以对修志人员的学历、职称的构成提出指导性意见，比如，大学本科、硕士、博士应当分别占多大比例。现在每年高校毕业生的数量都很大，我们可以要求各地方志办抓住这个机遇，改善地方志工作队伍的人员结构。

4. 要在学科建设上拿出一些新的举措，最终使方志学能上教育部的学科目录。做成这件事也是不容易的。到目前为止，中华人民共和国史虽然在个别高校设有本科专业，也能培养研究生，但作为一个学科还没能上他们的目录，更没有硕士和博士的授予权。对方志学，目前只有宁波大学设有本科专业，还不能招收研究生。所以，方志学要成为一门学科，必须经过奋斗，首先是方志界自己要拿出系统的、成熟的、经得起推敲的理论。我们要争取在这几年里编出一批方志学的理论书籍，逐步建立起方志学的学科体系，争取在更多的大学里设方志学专业和研究生培养点。通过这些工作，促进教育部对方志学科的认可。

5. 要总结并且推广用志的成功经验，逐步把他们系统化和理论化，使志书在经济建设和社会生活的方方面面发挥出更加显著的作用。现在用志没人反对，有些地方还通过电视、电台、台历等多种手段，把用志搞得有声有色。但总的来说，地方志还不为广大群众所知，看过地方志的人就更少，能应用地方志资料于日常工作的更是微乎其微。这种情况在今后几年里，应当有一个明显的改观。各省的通志一般都有几十卷，干部群众不要说看，连放都没地方放。因此要考虑编一套简志，以便使尽可能多的读者接触志书。

6. 要把年鉴工作推向一个新的水平，形成地方志系统的年鉴体系。现在很多地方都在编年鉴，积极性很高。其中有地方志工作机构，也有其他机构。应当说，年鉴和地方志工作关系密切，地方志工作向年鉴扩展的方向是对的。但目前，地方志系统的年鉴工作还不统一，基本处于各行其是的状态。去年，指导小组办公室创办了《中国地方志年鉴》，这是一个好的开端。但要把地方志系统的年鉴工作组织起来，还有很多工作要做。地方志年鉴要自成体系，不能靠行政手段，而要靠学术水平，靠编辑质量，靠自身产生的凝聚力。在年鉴工作上，我们要想办法拿出一些新的东西，要有所创见。

7. 要加强地方志系统的数字化建设，基本实现系统内数据库的联网。

8. 要推动有条件的省、市、自治区建成一批方志馆，特别是争取完成国家·北京方志馆的立项与建设。

把第三届指导小组的使命概括为以上八条是否得当，是否全面，请大家也思考一下。现在距离本届指导小组任期届满还有三年零九个月，要做成这么多事，确实是时间紧，任务重。但只要我们用事业团结人、凝聚人，兢兢业业，艰苦奋斗，我相信这些任务是能够完成的。

中指组办公室要有一个好的室风*

（二〇〇六年七月十九日）

刚才中国社会科学院人事教育局赵岳红副局长宣读了秦其明、田嘉同志的任免决定，秦其明、田嘉同志也分别讲了话，表了态，他们讲得都很好。下面，我利用这个机会，讲几点意见。

秦其明同志是2001年年底被任命为第三届中国地方志指导小组副秘书长兼办公室副主任的，从2003年3月起担任指导小组秘书长兼办公室主任。在秦其明同志主持办公室工作期间，指导小组做成了几件大事，其中包括：配合国务院法制办起草、制定并颁布了《地方志工作条例》（以下简称《条例》），使地方志工作纳入了法制化轨道，做到了有法可依；与人事部联合召开了全国地方志系统第一次表彰先进集体、先进工作者大会，大大调动了方志战线干部职工的积极性。在此期间，指导小组办公室也办成了几件很有意义的事，其中包括：开展了全国地方志系统年鉴的评比活动，进一步提升了年鉴工作在地方志工作中的地位；把《中国地方志》杂志由双月刊改为了月刊，加强了地方志理论阵地的建设，扩大了杂志的影响；召开了全国地方志系统第一次读志用志经验交流会，有力

* 这篇讲话曾发表于《中国地方志》2006年第10期。

地推动了读志用志工作在全国地方志系统的开展；加强了指导小组办公室的内部建设，制定了二十多个规章制度，并建立了全国地方志系统的信息报送制度；积极进行了国家方志馆建设的申报立项工作，并取得了重要进展。另外，在这段时间里，办公室还承办了几次指导小组的全体会议，举办了全国省级方志办主任和全军、武警志办主任会议。这些工作无论哪一件要做成都不容易，一个人在自己的任期里能干成其中一件事就是很大的成绩。当然，这些成绩不能都记在秦其明同志一个人身上。应当看到，这里面首先有陈奎元同志的正确领导，有指导小组各位成员的关心指导，有社科院和国务院各有关部门以及全国各地方志办的大力支持配合，有办公室全体同志的共同努力。但是，秦其明同志作为办公室的主要负责人，起到了他应当起的作用，是有很大功劳的。他在指导小组秘书长兼办公室主任的岗位上，兢兢业业，勤勤恳恳，尽职尽责。他的工作精神，是值得大家学习的。现在，他虽然因为年龄原因从领导岗位退了下来，但他还是中国地方志协会的副会长。我希望秦其明同志能一如既往地关心地方志办公室的工作，为地方志事业的繁荣发展发挥余热。

田嘉同志是2002年8月来到指导小组办公室工作的，当时担任的是指导小组副秘书长兼办公室副主任。田嘉同志在来办公室之前，没有接触过地方志工作，但是到任后虚心学习，深入调研，积极配合秦其明同志工作，在分管机关党委、《中国地方志》杂志编辑部、方志出版社、年鉴处工作的同时，还协助秦其明同志抓了后勤和基建工作，使这些工作有了很大起色，有了开拓性的进展，也使自己在这个过程中较快地熟悉了地方志工作的业务。我刚才说到的那几件秦其明同志任期做成的大事，也都有田嘉同志的一份心血。另外，通过这几年的工作，田嘉同志还与指导小组办公室的其他同志、与各地方志机构的同志、与各有关部门的同志之间，建立了良好的工作关系。所以，田嘉同志完全有能力、有条件胜任指导小组秘书长兼办公室主任的工作，是接替秦其明同志合适的人选。现在，田嘉同志肩上的担子很重，从一定意义上讲，比秦其明同志在任时的担子还重。我希望大家要支持田嘉同志的工作，真正做到以工作为重，以团结为重，以大局为重。同时，我也希望田嘉同志团结带领办公室全体同志，在已有成绩的基础上继续前进，不辜负党组织的信任和办公室同志的期望。

本届指导小组的任期到现在还剩下五个月了。三年以前，我曾就本届指导小组的历史任务讲了八件事。我说，做成这八件事，这一届指导小组就可以交差了。现在回过头来算算账，这八件事有些已经完成了，比如《条例》的制定；有些虽然有进展，但还没有完成，比如国家方志馆的建设；有些在这一届内，还可以继续推动一下，比如首轮修志的扫尾；有些在这一届要完成已经来不及了，只能留给下一届，比如方志系统数字化、网络化工作。还有一些工作，以前没有提到，但现在必须着手进行，比如第四次全国地方志工作会议的筹备。我们必须认清当前地方志工作面临的新形势，明确新任务，分析完成这些任务的有利条件和不利条件，抓住重点，尽可能化不利条件为有利的条件，使我们在剩下的不多的时间内，再多干一些事，多干成一些事。

对办公室当前工作的重点，我想到以下几个：

第一，为推动首轮修志任务的完成再努一把力。

2001 年第三届指导小组上任时，全国省、市、县三级志书的完成率是 75.8%，通过这些年的不断推动，截至 2005 年年底，完成率已达 91.7%，提高了近 16 个百分点，这是一个非常大的进展。但是，我们要清醒看到，毕竟还有8.3%的任务没有完成，其中，省志还剩下12%，县志还剩下5%。剩下的这些，肯定都是“硬骨头”。但只要我们积极推动，在后面的五个月里，肯定还会有一部分完成。努力不努力，结果是不一样的。当然，现在要实现全部完成也很难做到，我们也不必追求这个目标。

第二，大力抓好《条例》的学习宣传和贯彻落实。

《条例》的颁布，对于方志事业来说，是具有里程碑意义的大事，必将产生重大而深远的影响。《条例》规定了各级政府的职责，对于志书断限、编纂等都有了明确的规定。我们要抓住当前有利时机，大造声势，乘势而上，把《条例》颁布的文章做足。应当看到，《条例》的颁布只是完成了地方志工作法制化任务的一半，另一半任务，或者说更大的任务，是如何保证《条例》的实施。现在，指导小组已经下发了通知，要求各地反馈学习贯彻的情况。我们要注意收集反应，积极督促检查，主动推广经验。可以考虑在9月底各地信息收集上来之后，召开一次全国学习、宣传、贯彻《条例》的经验交流会，把这项工作再向前推动一步。

第三，继续推动全国第二轮修志工作的深入开展。

现在，已有29个省、自治区、直辖市（包括新疆生产建设兵团）发出了启动第二轮修志工作的文件。从了解到的情况看，各省的进度有很大不同，需要我们加以推动。但摆在我们面前的一个更加突出的问题，我认为是不少地方对总结首轮修志的经验教训重视得不够。办公室正在制定《关于第二轮地方志书编纂工作的若干意见》（以下简称《若干意见》）。这个文件已经制定了近两年时间，改了几十稿，也在方志系统内征求过多次意见。这个修改的过程、征求意见的过程，就是总结经验教训的过程。我们一定要使这个文件具有指导性和可操作性，通过制定这个文件，推动各地总结首轮修志经验，指导二轮修志工作。另外，办公室还在制定规划备案制度。规划上报一事已在《条例》中有明确规定，制定这个备案制度不过是把法律具体化，进一步体现修志的严肃性。这个文件，也征求过各地的意见，修改过多次。目前，这两个文件已基本成熟，要抓紧时间，使它们，特别是《若干意见》，再进一步完善，争取在第四次全国地方志工作会议之前出台，或者拿到会上作为讨论文件。

第四，促成国家方志馆的最终立项。

要争取国家方志馆建设列入明年国家计划，现在看还有希望。要按照发改委有关领导的要求，进一步做好工作，年底前解决立项问题。

第五，进一步加强办公室机关内部建设。

不必讳言，由于历史的原因，办公室以前的工作基础较为薄弱，有些关系没有理顺。这几年，通过抓党的建设、业务建设、制度建设、队伍建设，情况有了很大改观。但是，办公室目前的工作水平，与作为对全国地方志工作进行统筹规划、组织协调、督促指导机构的要求相比，还存在一定差距。加强机关内部建设，要从建章立制入手。但仅仅有规章制度还是很不够的，还要抓思想、抓作风、抓责任感、抓事业心。在当代中国研究所，近几年来我们抓了一个方针、两个目标、三个氛围、四个作风、五个要求的落实，简称“一、二、三、四、五”的建设。一个方针，就是以科研为中心；两个目标，就是出人、出书、走正路和建设以马克思主义为指导、汇聚一流科研人才、具有一流研究水平的国史基地；三个氛围，就是又有集中又有民主、又有纪律又有自由、又有统一意志又有个人心情舒畅、生动活泼的氛围，尊重知识、尊重人才的氛围，讲政治、讲学习、讲正气的氛围；四个作风，就是求实、务实、踏实、落实的作风；五个要求，就是坚定方向、崇尚真理、严谨治学、勤奋工作、团结进取。指导小组办公室跟当代所的工作任务、机构性质、历史情况不大一样，不能用一个标准来要求，但其中的道理我想是一样的。比如，指导小组的工作方针在《条例》上已经明确，就是统筹规划、组织协调、督促指导，这是法定的国家地方志指导机构的任务。但作为这个机构的办事机构，我们的工作方针到底应当把“指导”放在前面，还是把“服务、协调”放在前面，就是一个需要大家进行研究的问题。再比如，在办公室内部建设上，也有一个方针问题。我以前说过，要“先治窝，再治坡”。意思就是，要先把重点放在办公室自身建设上，练好内功，打牢基础，然后再把重点放到向外开展工作上。再比如，办公室同样存在建设一个什么样的室风的问题。同志之间相互比，比什么，是比工作、比思想、比水平，还是比生活、比待遇、比级别。不同比法，风气会大不一样。如果比工作、比思想、比水平，肯定出干劲、出团结；如果比生活、比待遇、比级别，肯定是出懈怠、出涣散。这是毫无疑问的。我这样说，不是要大家在第三届指导小组任期的最后五个月内使工作水平、作风达到一个什么样的高度，而是希望大家重视机关建设、队伍建设。因为，只有把地基打好，楼房才能盖得高。我们要利用剩下来的五个月时间，进一步搞好机关建设、队伍建设，以饱满的精神、充沛的干劲、崭新的姿态，迎接第四次全国地方志工作会议的召开。

总之，现在时间很紧，任务很重，希望大家齐心协力，各负其责，把第三届指导小组任期最后阶段的各项工作做好，使指导小组办公室的工作再上一个新的台阶。

善于发现倾向性问题，当好中指组的参谋和助手*

（二〇〇七年八月二十一日）

刚才中国社会科学院人事教育局赵岳红副局长宣读了院务会议关于李富强同志的任职决定，李富强同志也发了言，表了态。大家对他都熟悉，我就不多介绍了。他自从到方志出版社主持工作后，出版社工作发生了很大变化，这是有目共睹的。我相信他到新的工作岗位后，也一定会协助田嘉同志把方志办的工作搞得更好。当然，由于工作原因，他还需要继续兼任出版社社长。

按规定，中国地方志指导小组的秘书长应为一正二副，但自从第三届以来，长期是一正一副，特别是秦其明同志退休后，变成只有一位秘书长，办公室形不成领导班子。对此，中国社科院党组很关心，院人事教育局也多次来办公室进行民意测验和考察。现在，院党组决定任命李富强同志为指导小组副秘书长兼办公室副主任，这是从实际出发采取的加强指导小组办公室领导班子的措施。今后，社科院还会根据实际需要和可能，进一步加强办公室的领导班子。选拔班子成员的标准只有

---

* 这篇讲话曾刊登于《中国方志通讯》2007年第53期。

一个，就是德才兼备，能团结群众一道工作。我希望大家支持田嘉和李富强同志的工作，也希望他们二人能带领大家把办公室的工作再向前推进一大步。

近一年多来，指导小组办公室的工作又有了很大起色。但是，不能就此满足。这是因为，自《地方志工作条例》（以下简称《条例》）颁布后，全国地方志工作出现了很好的形势，不仅方志工作者的积极性有了很大提高，而且各地领导部门对方志工作的重视程度也有了普遍提高。现在，香港、澳门也提出要修志，并主动与我们联系，要求我们给予支持、帮助。这一切都给指导小组办公室的工作提出了新的更高的要求，要求我们进一步提高自身的工作能力和水平，以适应全国不断发展的形势。所以，我想借这一机会，就指导小组办公室今后一段时间需要着力抓的几件事，谈以下几点意见：

第一，注意抓倾向性问题，做好指导工作。

前几年，当首轮修志基本结束时，有些地方的领导对地方志要续修还不太理解，迟迟不予启动，有的甚至把机构撤了，人员散了。因此，那时的主要倾向是不重视第二轮修志的问题。但最近一年来情况变了，全国除西藏把第一、二轮修志合并进行外，所有省、市、自治区都已下发了启动第二轮修志的文件，并召开动员大会，布置续修工作。在这种新的形势下，有些地方又出现了另一种倾向，那就是急于完成第二轮修志任务，急于出版志书，不大注意总结首轮修志的经验和教训，对志书的质量问题重视不够。我们强调第二轮修志从一开始就要把质量放在首位，如果不注意总结首轮修志的经验和教训，第二轮志书的质量怎么能得到保证呢？《条例》和指导小组即将出台的《关于编纂第二轮志书的若干意见》，以及《关于建立地方志书编纂规划备案制度的规定》等文件，从起草到最后定稿，都用了不下三年的时间，其间不知开了多少次征求意见的会，修改了多少稿。这个过程，实际上就是对首轮修志经验和教训进行总结、消化、吸收的过程。《条例》规定，志书每二十年一修，就是说，第三轮修志大体要在 2020 年左右启动。因此，只要我们把第二轮修志启动起来，抓紧进行，时间是比较充裕的，完全可以拿出一些时间，先对首轮修志的经验教训进行认真总结。为什么急于出书？我想，这恐怕与地方领导要换届有关。地方领导还有方志办的领导，希望在任期内出版志书，心情可以理解，但志书与其他书不一样，它要传之后世，要经得起历史的检验，因此必须对党、对人民、对历史负责，而不能只对某个个人负责。用两三年或三五年匆匆忙忙搞出来的志书，质量肯定是难以得到保证的。这里面也有一个树立什么样的发展观和政绩观的问题。我几年前就提出，方志出版社要搞精品工程，就是要抬高自家的门槛，凡是质量达不到要求的志稿，就是送上门也不要。但直到今天，他们没有找到一本可以列入精品工程的志稿。这难道还不能说明当前修志中，质量不高是一个普遍问题吗？当然，带倾向性的问题还不止这一个。目前一些地方把方志办当成安排干部的部门，恐怕也是带有一定倾向性的问题。总之，我们要善于发现倾向性的问题，并研究和提出相应的对策，这样才能发挥指导作用。

第二，注意抓方志理论的研究与学科建设，做好组织工作。

我国编修地方志有 2000 余年的历史，新编地方志工作已有五十余年的历史，新时期首轮修志也有二十多年的历史了。长期以来，方志界对理论的探索不乏其人，也取得了很多重要成果，但从总体上看，地方志的理论还不够系统、不够完整、不够规范。正因为如此，方志学至今仍未能形成独立学科，在大学（除个别之外）也未能形成独立专业。这种状况不利于方志人才的培养和修志人员业务水平的提高，不利于方志学在学术界的发展。现代地方志工作与古代、近代相比都有很大不同，不可能只靠几个人，而要组织政府各部门、各方面的人来编写。因此，地方志工作机构必须具有行政管理职能。但是，地方志工作机构的行政管理工作是建立在地方志编纂基础之上的，也就是说，是建立在学术之上的。而现在，一些地方志工作机构行政色彩和事务化倾向越来越重，不大关心和重视方志理论的研究；同时，在方志理论上有造诣的人由于年龄等原因，从工作岗位上退下来的也越来越多。因此，我们今后要有意识地把精力更多地用于方志理论研究和学科建设的组织与推动上。要充分发挥《中国地方志》杂志的作用，加大学术探讨在杂志中的分量，大力提倡在学术上的百家争鸣。要利用《中国地方志年鉴》，及时反映理论研究上的动态。要尽早组织力量编纂《地方志百科全书》，以促进方志学科的规范化，并在这一基础上，适时撰写《方志学概论》，使方志学理论更加全面、系统、完整，最终作为大学教材，进入课堂。要更多地发挥地方志协会的作用，多开展一些有关方志理论的学术研讨活动。同时，要进一步加强指导小组办公室自身理论研究的力量，并加强与各地老专家、老学者的联系。

第三，注意抓方志资源的开发利用，做好督促检查工作。

修志为用，然而长期以来，各地在用志方面虽然做了不少工作，但从总体上说，仍然是重修轻用。现在志书部头普遍偏大，读者难买、难放、难读，更谈不上用。因此，要让广大读者，尤其是各级为政者读志用志，必须加强地方志资源的开发利用。《条例》规定，县级以上人民政府负责地方志工作的机构的职责中，有一条是“组织开发利用地方志资源”。我们要落实这一条，就要采取一些切实的措施。否则，志书出版之日，很可能就是束之高阁之时。在用志方面，指导小组办公室不仅负有督促检查的责任，而且应当发挥带头示范作用。例如，方志出版社可以以志书为依托，多出一些小部头的地情丛书，可以是分省、分地区的，也可以是专题性的；开本一定要薄，而且要简装，要便于读者翻阅、携带。条件成熟时，指导小组办公室还可以考虑制定一个有关读志用志的指导性文件，并且经常推荐典型，推广经验，以此推动全国的读志用志工作。

第四，注意帮助各地方志部门解决实际问题，做好服务工作。

目前，一些省份的地方志工作部门不同程度地存在着机构级别过低和归属不顺等问题。我们要在力所能及的情况下，通过适当方式和途径，尽力帮助他们解决这些问题。

做好以上工作，需要进一步加强办公室内部的制度建设、队伍建设、作风建设和党的建设，进一步提高大家的思想觉悟、业务能力、工作质量和办事效率。目前，有大量工作等着我们去做，摆在大家面前的任务很重，容不得停下来喘息。指导小组办公室走到今天这个局面很不容易，希望大家要倍加珍惜，倍加爱护，努力创造团结办公室、和谐办公室，当好指导小组的参谋和助手。

再接再厉，逐项完成第四届中指组任期内的任务*

（二〇〇八年十二月十一日）

中国地方志指导小组办公室领导班子敢于开展批评和自我批评，生活会开得实实在在，体现出团结向上的精神；特别是对取得的成绩能客观估计，对存在的问题能清醒认识，既没有盲目乐观，也没有妄自菲薄，展现了你们开展学习实践科学发展观活动的成果。

今后一个时期，指导小组办公室要以巩固开展学习实践科学发展观活动的成果，以第四次全国地方志工作会议为起点，协助指导小组努力把全国地方志工作推进到一个新的发展阶段，使之迈上新的台阶。对于指导小组办公室来说，坚持以科学发展观为指导，最主要的就是要做到以不断提高志书质量为中心，以推动第二轮修志为基础，以加强方志资源的开发利用和学科建设为重点，充分发挥作为地方志指导小组的参谋和助手、全国地方志工作的桥梁和纽带的作用。同时，要进一步强化政治意识、责任意识、服务意识和效率意识，搞好自身

* 这篇讲话是根据朱佳木同志在中国地方志指导小组办公室民主生活会上的讲话整理而成的。

建设。

根据第四次全国地方志工作会议精神，指导小组办公室在第四届指导小组五年任期内，起码有以下十项任务是必须完成的：(1) 进行全国首轮修志的扫尾工作，以调研、考察、发文件等形式，促进难点问题的解决，推动尚未最终完成首轮修志任务的少数省份加快进度，结束剩余的工作；(2) 组织对已出版的第二轮志书的评奖活动，启动方志出版社的精品工程，促进志书质量的提高，使二轮志书的质量比首轮有一个明显的提高；(3) 组织编纂地方志百科全书，推动方志理论的系统化、规范化，促进方志学的学科建设；(4) 召开全国方志理论研讨会，促进方志系统理论研究的广泛开展和深入发展；(5) 高质量完成国务院交办的编纂《汶川特大地震抗震救灾志》的组织协调工作和其中三个分卷的编纂任务；(6) 完成中国地方志协会的换届工作，发挥协会作为方志学学术研究与交流平台的作用，加强全国方志界学者的联系与合作；(7) 成立地方志系统的年鉴学会；(8) 开通中国地方志网站，力争使全国地方志数据库、年鉴数据库初具规模；(9) 建成并启用国家方志馆；(10) 加强指导小组办公室的自身建设，使机关无论在健全规章制度、严格工作程序、提高办文水平上，还是在人员政治思想、业务素质、工作能力、工作作风上，都能有一个比较明显的变化。

从现在起距离第五次全国工作会议的召开虽然还有近五年时间，但与本届指导小组的任务相比，未来五年的时间就显得十分紧迫了，希望你们团结带领指导小组办公室的职工，再接再厉，紧张有序地完成各项任务，不断取得新的成绩。

搞好领导班子建设是搞好机关建设的关键

（二〇一一年十月十三日）

刚才，张冠梓同志[①]宣读了中国社会科学院党组关于地方志办公室成立党组，党组书记由田嘉同志担任，以及任命李富强为指导小组秘书长兼办公室主任、田嘉不再担任秘书长兼办公室主任的决定。对这两个决定，我完全拥护。

我自分管地方志工作以来，在方志办全体人员会上共讲过四次话。第一次是在 2002 年 1 月，宣布院党组关于机构改革的决定；第二次是在 2003 年 3 月，宣布单天伦同志退休、秦其明同志接任秘书长兼办公室主任；第三次是 2006 年 7 月，宣布秦其明同志退休、田嘉同志接任秘书长兼办公室主任；第四次是 2007 年 8 月，宣布李富强同志任副秘书长兼办公室副主任。另外，我在 2008 年 12 月领导班子民主生活会上也讲过一次话。另外，我还在方志办公室和方志出版社领导干部变动时，同领导班子集体谈过几次话。这些讲话、谈话的中心意思，都是希望加强方志办机关自身建设，着重整顿秩序，端正作风，增强素质，搞好团结，提高效率。今天，利用这个机会，我代表院党组再提三点要求，中心仍然是加强机关自身建设。

---

① 张冠梓，时任中国社会科学院人事教育局局长。

第一，充分认识中组部批准方志办设立党组、院党组决定方志办党组组成，以及方志办主要领导干部人事调整的重要意义。

指导全国地方志工作是我院受国务院委托代管的一项事业。长期以来，方志办由于种种原因，内部领导体制一直不顺。2001 年以后，领导体制虽然理顺了，但很长时间只有一个秘书长兼办公室主任，形不成领导班子，成立不了党组。因此，包括干部问题、机关党委工作，只能以主任办公会的形式进行研究和决定，等于行政代行了党的职权。

2006 年，院党组在向中组部请示当代中国研究所设立党组时，也将方志办一并考虑在内。但那时方志办只有一个主任，2007 年增加了一个副主任，仍然只有两个领导，因此无法形成党组。2010 年，院党组又任命了两位副主任，使领导人数达到 4 人，具备了成立党组的条件。于是，经院党组研究，决定就方志办设立党组一事向中组部做出请示，并且在去年年底研究全院干部问题时，做出了方志办成立党组后主要领导干部调整的决定。今年 2 月，中组部的批复下来了，但全院干部调整方案一直没有敲定，所以方志办成立党组和主要领导干部调整的决定直到现在才宣布。

从以上过程可以看出，方志办设立党组是来之不易的，是中组部、社科院党组从方志办工作性质和特点出发做出的一项重要决定。我认为，其意义我认为起码有以下两个：

其一，健全了方志办机关内部的领导机构，理顺了党政之间的关系，解决了过去以政代党的问题。

其二，有利于方志办加强党的领导和党的建设，更好地履行《地方志工作条例》赋予的协助指导小组“统筹规划、组织协调、督促指导全国地方志工作”的职责。

我希望大家正确认识中组部、院党组决定的意义，把思想统一到院党组的两个决定上来。

第二，认真做好方志办党组成立和主要领导干部调整后的相关工作。

1. 明确党组的职责和任务。目前，社科院各单位绝大多数实行的都是党委领导下的行政领导（所长）负责制。党组和党委是有区别的：党委要选举，要对党员代表大会和上级党委负责；而党组不用选举，由上级党组任命，直接对上级党组负责。但是，二者在基本方面又是相同的，即都要发挥领导核心作用，都要负责贯彻、执行党的路线、方针、政策，都要讨论和决定本单位的重大问题，都要做好干部管理工作，都要团结党外干部和群众，都要完成党和国家交给的任务，都要指导机关和直属单位党组织的工作，具体到方志办，就是指导机关党委和方志办出版社党支部的工作。

2. 处理好党组与行政领导的相互关系。党组是单位的领导核心，必须发挥领导核心作用；但同时要明确，我们既不能以政代党，也不能以党代政，必须做到党政职能分开，各司其职。党组的主要任务是管好党要管的工作，如重大决策、干部问题、机关党委和直属单位党组织的工作等。这方面的事情，都要拿到党组会上，在经过集体讨论决定后，由党组成员根据各自职责，分头执行。

这里，我着重谈谈党组书记和主任的关系。

从一定意义上说，党组和行政的关系主要是书记和主任的关系。方志办党组和行政能否协调运转，党组成立及主要领导调整后工作能否比过去做得更好，关键看书记和主任的关系处理得好不好。

书记是党组的主要负责人，主持党组工作，是党的第一把手，在党的工作中要负主要责任。但同时要指出，党组和党委的工作原则和制度是一样的，即都要实行民主集中制原则，实行集体领导和个人分工负责制相结合的制度。凡属重大问题都要按照集体领导、民主集中、个别酝酿、会议决定的原则，由党组集体讨论、做出决定。党组在讨论决定问题时，必须执行少数服从多数的原则；决定重大问题时，要进行票决。

主任是单位中的行政主要负责人，主持机关行政和业务工作，是行政第一把手，负有行政和业务工作中的主要责任。但方志办的主任也是党组成员，因此，虽然属于日常业务范围的工作由主任负全面责任，但重要问题都要提交党组会议研究。即使不用提交党组会的问题，凡属重大一些的，也要提交主任办公会研究。

无论书记还是主任，都要把自己放在领导集体之中，根据分工切实履行好自己的职责。《中国共产党党章》规定，“任何党员不论职务高低，都不能个人决定重大问题；如遇紧急情况，必须由个人决定时，事后要迅速向党组织报告。不允许任何领导人实行个人专断和把个人凌驾于组织之上。”只要我们切实按照《中国共产党党章》的要求办，彼此尊重，遇事商量，相互配合，顾全大局，书记和主任的关系是不难处理好的，党组成员之间的团结也是不难搞好的。

3. 建立健全党组工作制度。要做好党组成立后的工作，党组成员特别是书记和主任之间的相互配合固然重要，但更重要的是建立健全党组工作制度。因为，制度更带有根本性、全局性、稳定性、长期性。党组成立后，要着手制定一些必要的制度。例如，党组要有会议制度，开会前要协商议题并发会议通知，会议要有记录（记录人要政治可靠、组织纪律性要很强），事后要发会议纪要。与此同时，机关党委和支部的工作制度也要相应完善。

方志办过去在行政方面虽然建立了一些制度，但还需要进一步完善。除了现有的主任办公会制度，今后条件成熟时最好建立室务委员会，吸收处室领导参加。大些的问题开室务会议，有关机关内部的事务性问题由主任办公会解决。无论室务会还是主任办公会，也都要形成会议制度。遇有重大问题，可以请党组书记列席，以便相互通气。

院党组决定在方志办设立党组，并让方志办的党组书记和行政领导由两个人分别担任，目的都是为了加强党的领导和党的建设。我希望，方志办在设立党组和主要领导干部调整后，各项工作会比过去做得更好。

第三，紧紧抓住方志办党组成立和主要领导调整的机遇，切实把方志办各项工作搞上去。

第四次全国地方志工作会议召开到现在已有两年零 11 个月。在近三年时间里，方志办在中指组的领导下，做了大量工作，取得了许多显著成绩。例如，进行了第二次全国先进集体先进个人的评选，推动了《汶川特大地震抗震救灾志》的编纂，启动了《方志百科全书》的编纂，召开了首届方志国际研讨会暨方志学术年会，与国史学会联合举办了“中国当代史研究与地方志编纂”理论研讨会，纪念了《地方志工作条例》颁布 5 周年和新编地方志事业开展 30 周年，完成了地方志协会的换届，成立了方志系统年鉴学会，开展了国家方志馆建设的后续工作，等等。但同时又要看到，我们的工作距离党和国家的要求，距离刘延东、陈奎元同志在第四次工作会议上讲话的要求，距离社科院党组的要求，还有不小的差距。因此，方志办在党组成立和主要领导干部调整后，一定要集中精力，紧紧抓住当前面临的主要工作，团结带领全办同志，扎实推进，抓出成效。

1. 尽快摸清首轮修志的遗留问题，分别不同情况予以妥善解决，适时宣布首轮修志结束。

2. 以保证质量为中心，推动二轮修志健康发展，适时开展全国性的志书评比活动。

3. 抓紧《汶川特大地震抗震救灾志》的编纂和编纂的组织协调工作，力争在明年地震四周年之前出版。

4. 以建设方志网站和方志馆为重点，推动地方志资源的开发利用工作，引导全国地方志工作机构为各地的经济与社会发展做贡献。

5. 积极开展方志理论研究，推动方志学科体系建设，高质量完成《方志百科全书》的编纂出版，将学术年会制度坚持下去，并适时将协会更名为学会。

6. 抓好方志馆内部装修、机构设置、人员培训、机关搬家、图书上架、展厅布展等工作，力争明年正式启用。

7. 抓好方志出版社的体制机制改革，用改革推动精品工程的实施和内部管理的加强。

8. 抓好方志办机关的自身建设。

这里，我着重谈谈机关建设的问题。

所谓机关建设，第一位的是领导班子建设；班子建设的核心是领导干部的自身修养，也就是胡锦涛总书记在“七一”讲话中说的“自重、自警、自励，讲党性、重品行、作表率，立身不忘做人之本、为政不移公仆之心、用权不谋一己之私，永葆共产党人政治本色”。只要每个领导干部以身作则，领导班子就会方向正、干劲大、作风硬、团结紧。领导班子搞好了，不愁机关建设搞不好。

领导干部要搞好自身修养，我认为最重要的是坚持以下三条：

第一，自觉地学习马克思主义、毛泽东思想和中国特色社会主义理论，提高自身马克思主义理论修养和政治素质，真正做共产主义远大理想和中国特色社会主义共同理想的坚定信仰者、科学发展观的忠实执行者、社会主义荣辱观的自觉实践者、社会和谐的积极促进者。理想信念、工作干劲、精神状态都源于理论学习，不学习是百病之根。在2010年全国方志机构主任会议上，我提出要建设学习型、研究型、创新型、服务型方志办。现在，各地对此都很认同，积极打造“四型方志办”。我们作为中指组的办公室更要走在前面，起到带头作用。例如，由领导班子带头，在机关干部中办读书小组。常言道：“正人先正己”“身教胜于言教”“喊破嗓子不如做出样子”。只要领导干部带头学习、带头坚定理想信念，带头艰苦奋斗，机关就一定会形成浓厚的学习空气，一定会发扬革命传统，一定会有精气神，一定不会松松垮垮。

第二，慎重地对待自己手中的权力，真正做到权为民所用，情为民所系，利为民所谋。领导干部一定要牢记，我们手中的权力是人民赋予的。在领导岗位上，要像周总理教导的那样，“如临深渊、如履薄冰”。千万不要忘乎所以，以为当了官，手里掌握了一点权力，就可以为所欲为。要有组织观念，该请示汇报的要请示汇报。要树立群众是真正英雄的观点，把群众放在心上、放在眼里。“群众的眼睛是雪亮的”，这句话绝不是一句空话套话。每个领导表现得怎么样，是不是把心思用在工作上，是不是按原则办事，是不是严格要求自己，群众看得清清楚楚。不是讲“金碑银碑不如群众的口碑”吗？在我看来，分量重的不是年终拿什么奖杯，而是群众在下面的议论和评价，特别是将来从领导岗位上退下来之后的评价。俗话说："人一走、茶就凉"。但我相信，一个全心全意、兢兢业业为人民服务的领导干部，在退下来之后，他的"茶"只会在患"势利眼"病的人那里"凉"，而在群众的心目中是不会"凉"的。只要自己坐得正、行得端，行使管理之权，群众就一定会服气。明代有个知县在石头上刻了一个座右铭，据说朱镕基同志很推崇，上面写着："吏不畏吾严而畏吾廉，民不服吾能而服吾公。公生明、廉生威。"我在当代所也常讲，做领导要有"两不怕"——一不怕吃亏，二不怕得罪人。只有自己不怕吃亏，才能不怕得罪人。只有不怕得罪人，才能把管理工作做好。一个不能严于律己的领导，一定是不敢大胆管理的领导。

第三，主动地做好维护团结的工作，切实像爱护自己眼睛一样爱护领导班子的团结，有利于团结的话多说，不利于团结的话绝不说；有利于团结的事多做，不利用团结的事绝不做。每个党组成员、领导干部对班子的团结都负有责任，都要起好作用。要维护好班子的团结，领导干部必须具备三种精神。首先，要有虚怀若谷的精神。要多看别人的优点，不要总是看自己一朵花，看别人豆腐渣。那样是搞不好团结的。尤其是主要领导、主持领导班子的人，胸怀一定要宽广，要有容人之量，要善于团结人，要爱惜人才。不怕人家说错话，就怕人家不说话；不怕别人有本事，就怕别人没本事。其次，要有以我为主的精神。有了矛盾，要各自多做自我批评。无原则的问题不纠缠，原则性问题也要从团结的愿望出发开展批评，以我为主地主动搞好与其他班子成员的团结。再次，要有光明磊落的精神。有了意见分歧，要拿到党组会、民主生活会或领导班子其他会议上说，不要会上不说，会下乱说；更不要跑到群众中，扩散领导之间的分歧。一个单位正气能不能占上风，关键在领导班子是不是团结。班子不团结，搞内耗，单位工作肯定做不好，正气也肯定上不来。只要领导班子是团结的，党的建设、机关作风、工作效率、队伍素质、同志团结等等，都是可以抓好的。

院机关党委最近转发了中组部通知，要求今年各级组织的民主生活会在10月—12月安排。每个院领导除了参加院党组民主生活会，还要参加基层党组织民主生活会。我已报名参加当代所和方志办的民主生活会，请方志办定下时间后报告院机关党委。我希望方志办党组把成立后的第一个民主生活会开好，开成一个交心的会、团结的会、鼓劲的会。

方志界同志普遍认为，在党中央、国务院的指导和支持下，在以陈奎元同志为组长的中国地方志指导小组的指导和以陈奎元同志为书记的社科院党组的领导下，在各地党委、政府的高度重视下，在方志战线全体工作人员的共同努力下，我国方志事业正在出现前所未有的大好形势。近几年来，大家的情绪都很高，劲头都很足，主动精神、创新意识也都很强。我们要适应这个形势，并且走在前面，引导形势健康持续地发展。现在距离第五次全国工作会议还有两年，许多工作等着我们去做。我希望方志办全体同志支持以田嘉同志为书记的方志办党组，支持以李富强同志为秘书长兼办公室主任的行政领导班子。同时，我也希望田嘉、李富强同志按照《中国共产党党章》的规定，按照党的十七大报告和胡锦涛总书记“七一”讲话的精神，按照社科院党组的要求，加强方志办党组和领导班子的自身建设，团结带领大家为全面完成第四次工作会议提出的各项任务，为巩固和发展方志事业的大好形势，再接再厉，继续奋斗，不辜负党和人民的重托、社科院党组的信任和方志办、方志界广大群众的希望。

（七）附录

绝句四首——方志人之歌*

（一）

古往今来志述陈，
青山绿水笔传神。
著书岂为菽粱计，
存史资国化英魂。

（二）

精益求精费苦心，
披星戴月未惜身。
十年一剑寻常事，
换取鸿篇万古存。

（三）

漫道耕耘只恪勤，
不闻笑语放歌音。
世间何处长欢乐？
且看今朝写志人。

---

* 该诗最早发表于《中国地方志》2011年第11期，后由武汉市地方志办公室主任舒炼谱曲。

（四）

我们方志人，
忙碌又欢欣。
集体春风暖，
神州处处亲。